陽明後學文獻叢書

錢明 主編

北方王門集

下

[明]穆孔暉 尤時熙等 撰
鄒建鋒 李旭等 編校

印正稿

［明］張信民 撰

序

吾宗理學最著者，宋横渠、南軒兩夫子，宜陽家思叔先生亦伊川高弟。有明之世，澠池曹月川而後，則家抱初先生，距今百有餘歲矣。

予行縣過澠，方懷想風流，適有生共立途次，挾册迓予，前而言曰：「我固抱初之後也。先抱初公舊有祠，今廢，所著《洗心録》、《四禮述》、《印正稿》諸刻俱不存，存者僅此繕本耳。」予受而讀卒，見所論著皆發明性命之言。讀《年譜》，聞其幼小時尤異。先生生而洞見五臟，其尊人見而驚詫，不欲舉。其外祖父曰：「此異兒也，吾聞薛文清公如是。」尊人始舉之。自是二歲即能讀，三歲能書，五歲能文字，學駸駸乎日益。方先生幼時，與諸兒戲，畫地爲城郭，形狀外方而内員。先生曰：「非也。我聞天員而地方，天包地之外，盍員外而方内乎？」聞者驚異。自嬉戲時，已抉乾坤之奥義矣。比長學成，凡一言一行，動中矩矱，用是上嗣三張，粹然有道，吾將異世而師其人，惜所論著記者文詞之不潔也。

予再過澠，乃進生而語之曰：「先生書固可傳，惜記者詞不善，吾又無暇爲芟繁就潔，盍待諸？且建祠刊書，力未逮。時澠池劉令方修書院成，予命題曰蘇穎濱書院。謂蘇子由曾爲澠主簿，俾澠中人士追祀而師法之，示所尊也。書院成，請增置二木主，月川左，抱初右，令朝夕講習者讀其書而師其人，不愈於專祠而特祭者乎？」生悦吾言，乃退。漢於是懷思澠士，又復慨然也。澠自子由主簿之世，距今五百年。遥想當時從其遊者，必有文章特達之士興起一時，乃至於今澠人文頽敝極矣。祀子由而追師之，俾有所蕩滌性靈，力求先正，振衰起廢或尚有日。事有曠世而相感者，其在斯人歟！其在斯人歟！月川、抱初之徒，計日復起也。予因序《抱初集》，欲徧以是言告之。

時乙巳孟冬上浣，河南尹石屏後學宗人漢拜記。

序

學問之道，以中正爲鵠。孔子者，即中正之鵠也。後賢氣質清明、德性純粹者，自皆循於正鵠而行。其有過與不及者，乃由乎禀賦之偏，所謂狂者、狷者是已，然皆不遠離乎正鵠者也。故學者全在涵養德性，以化氣質，日磨月礲，而亦可以底於中行也。惟有遊心高遠之儕，揚金谿之波，以倡頓悟簡捷之徑，乃大離乎正鵠者矣。

澠水張抱初先生自幼穎異，天性純孝，學行政績表著後世，其講學爲己任者，慨世道之陵夷，士風之日下，乃會講芝泉、甘棠、韶陽、川上，四方從遊者猶雲集，所著有《洗心録》、《理學日抄》、《四禮述解》、《一噱録》、《印正稿》，惜罹兵火之餘，僅存《印正稿》、《年譜》而已。予於簿書之暇，剪燭讀之，乃知先生之學，真實爲己，深切誨人，伊洛之傳、舜水之學皆從事焉。惟善則從，前徽是溯，敦本勵薄，切於日用，可爲後學之津梁，士子之裘葛，乃可以印正乎正鵠者矣！

但《印正稿》與《年譜》皆門人所記，又經喪亂之後，摭拾補輯，致有辭氣不臧、理言未純之處，然講論之宗旨大意固在也。因芟其繁蕪，釐其紛淆，使塵垢一洗，而圭璧之光可復瑩矣。箴輿敬仰先生之孝行政績，故敢校正遺稿，以成先生之德業，且付之剞劂，以垂教後世，使學者不致遠離乎正鵠。其爲印正也，豈惟於會講之日而已哉？

寶應王箴輿拜識。

卷一

正學會語

會日，見諸同志屏息斂容。先生喜甚，曰：「即此可見心存敬畏所在，然能時存此心於處事接物之際，與此時一轍，便是爲學真實處。若只一時，猶借人之物，少刻還去，非己之所有矣。蓋學者功夫，離不得『敬』字。自克欲存養於學問事業，非此一字，不能有成也。雖下至僕隸，無敬心，便不能成規矩。昔孟老師學極純粹，而跬步不離乎敬。嘗侍食，見僕人供饌，俱肅然無聲。師曰：『這便是此輩學問。』可見通上下，徹貴賤，不可無此敬字。故敬也者，乃聖學之所以成始而成終也。」

會日，因正學會所成，中有對聯曰：「學以正爲宗，遠超寂滅虛無之教；道以中爲至，近在飲食日用之常。」又曰：「有大綱維，真真切切，盡性達天爲要領；無多徑路，坦坦平平，誠身明善是功夫。」有詢正學之旨者，先生曰：「正學二字，乃孟老師所定。前語皆發明正學之義，蓋所謂正學者，非二氏寂滅虛無之學，則彼非正而我爲正矣。然正者即堯舜以來相傳之中也。子思得仲尼之傳，只是中庸。外此則素隱行怪，即非中庸之道。非中庸之道，即非正矣。」

問：「達天即是知天否？」先生曰：「夫子五十知天命。蓋天命者，乃天道流行而賦於物者。故天命即在事物之中。知天，則事事物物，其翕張變化，各有條理，而與天道相合，便是達天。而人之性，亦天之所賦。能盡性亦即是達天。」

張本德問仁。先生曰：「性也，天也，中也，皆仁也。近在日用，吾盡之達之明之誠之，乃爲仁也。」

箴輿曰：仁之道大，故孔子罕言。門人問仁，如司馬牛、樊遲，就其偏近處指點，若仲弓、顏子已造乎仁域，故教以用力處體認，使體用一徹，則心德純全矣。然仁之大原，夫子終未講明。惟於《易傳》發明最著最精切，曰：「天之大德曰生。」又曰：「元，善之長也」、「君子體仁，足以長仁」。蓋在天之大德曰生，而人稟此生理曰仁。故人之原出於天，而與天之大德同量同體也。乾元始生，萬物無不在所生之中。於時爲春，於人爲仁，爲衆善之長，故君子體仁，無物不在所愛之中，而足以長人也。程子曰：「天地絪蘊，萬物化醇。生之謂性，萬物之生意最可觀，此元者，善之長也，斯所謂仁也。」又曰：「非仁則無以見天地之心，故仁者以天地萬物爲一體，莫非我也。」又曰：「觀仁於靜中，皆是春意。」此誠善於發明仁之原、仁之體而深有功於《易傳》者也。夫乾之德一元盡之，而亨利貞皆元中之所有也。而心之德一仁盡之矣，而禮義智信皆仁中之所有也。人之行，一「孝」字盡之矣，備五倫之道，而至於聖人亦只完得一孝字耳，而全孝之道其實又本乎仁也。仁之體用，豈不至極至大？非德業深造者所可聞，是以夫子罕言之也。學者識得仁體，只要義禮栽培，以誠敬存之而已。其切實下手處，只在克去物欲，則仁體自全。

會日，同志有憂旱者。先生曰：「造化、人事，其理一也。造化雨暘不時，則不能下濟上行，而萬物不生。學問工夫不繼，則不能日新月盛，而道理不得頃見。麥田有水灌溉者便茂盛，否者便枯槁，亦如學問然，有涵養者，氣象便睟盎，識見便高遠，否則便消沮卑屈。誰謂學問可間？且學有間斷時者，非以道爲束縛。昨自山中來，見樵者歷嶮巇如康莊，浮者涉波濤如行潦，何也？習故也。故習於山者不見山，非不見山也，不見山之爲嶮巇也。習於水者不見水，非不見水也，不見水之波濤也。習於道者不見道，非不見道也，不見道之爲束縛也。不見束縛則必習，習則悦，於道未有不得者。」

有頃，馮則中讀《會約》語畢。先生曰：「諸君聽此語，初間或亦儆發，聞之日久，便不關心，只當一場説話過去。即如讀經書者，我自我，經書自經書，何嘗體貼到身上來？故今日會一番，便須求益一番，方始有得。毋以入會爲了人事。蓋學問原是兼善，爲學則在自己，在於日有所得，便是日進工夫。此會之設，所望後學，誠然在是。否則何所爲乎？」又講：「先儒言，人能於難抽身處抽得身，方謂有學力。昔新安郭梅山先生平素使酒，一時省悟，自拜尤老師後，一滴不以入脣，終身講學讀書而已。若梅山者，於酒之難抽身處抽得身，即是爲學勇處。吾儕倘於名利色中皆抽得身，則更上一層樓矣。」

會日，垣曲魯樂尹偕其侄庭試賫《孝經宗旨》一書謁先生論學。先生詢其師，魯生曰：「辛天齋。」詢其宗，魯生曰：「復性。」先生曰：「此文清公之旨也。」魯生曰：「敝老師宗程朱，正文清公一派，雖以復性爲宗，然亦不拘此爲講。」先生曰：「不拘於此亦得。即執以爲宗，何害？昔堯舜之中，文武之敬，孔子之仁，孟子之仁義，《大學》言心不言性非遺性也，《中庸》言性不言心非遺心也，旨各不同，其理一也。」魯生曰：「王陽明先生言『致良知』可也，而曰『無善無惡心之體』，分明是禪語了。」先生曰：「看先輩書，且當於其是處着力，其有不合者，姑放過以俟融通，不必深非也。故象山先生有詩云：『未曉不妨權放過，切身須要急思量。』」魯生曰：「敢問老師所得，願持以用功。」曰：「道一而已，只將令師所言，一一體會，不使間斷，常自惺惺，便是工夫。」魯生曰：「常惺惺即是敬否？」先生曰：「是也。敬者，聖學之所以成始而成終也。」

先生問曰：「平日『致中和』一節如何看？」魯生曰：「此皆實事，惟聖人能之。」先生曰：「此學通上下而一之，何獨聖人？在昔看舉業，亦説天子建中和之極，便只歸之天子。不知天子有天子之中和位育，諸侯有諸侯之中和位育，卿大夫有卿大夫之中和位育，士庶人有士庶人之中和位育。有講學者至一書室，見案上有書籍筆硯，散亂無紀，則云：『便是天地不位、萬物不育了。』其言甚痛快。」

詢「天下歸仁」之説，先生曰：「註言『歸猶與』也，言克己復禮則天下皆與其仁，其言效速如此。而程子所註之旨，一日克己復禮，則事事皆仁，而天地萬物皆吾一體，更無復有不仁者參乎其間，此説更細，可從。」魯生曰：「克己復禮爲仁，言去己私，復還天理，即不理一事，不對一物，亦是歸仁氣象，還在人上説。若前意，則復禮中已有，何必再言？」先生曰：「若論復禮中已有，爲仁由己，亦已有矣。但聖人言能自復禮，則天下皆歸於仁，更無不仁了。此工夫由己，而豈由於人？語氣不得不如此。又曰非禮不視聽言動，則視聽言動皆禮矣。不是存理在一邊，遏欲在一邊。蓋存理則人欲自然退聽，不待遏欲而自無不遏耳。若有人欲竊發，亦因存理有間斷處耳。若是存理無間，人欲何至竊發？所以謂存理爲不遏之遏也。尚在遏上用功，則遏一欲，復生一欲，滅東生西，如何遏得？不幾勞苦終日乎！」

箴輿曰：人欲者，乃吾心逐於物而爲物之所蔽。所謂習染之汙，非吾性中之所固有也。平時習染既深，欲念自常竊發。學者當時警時惕，隨起隨滅，若奮勇克敵然，乃下手吃緊工夫。《易》曰「君子以懲忿窒欲」，《書》曰「雖收放心，閑之維艱」是已。而存養者，存吾心體，勿令偏倚出入。《易》曰「閑邪存其誠」，又曰「成性存存，道義之門」是已。蓋克欲存養，互爲其功，不可偏廢也。

魯生曰：「晚生頗知向學，於幽獨中或能自慎，至大庭廣衆，應事接物，生一好名之心，便不能慎了。」先生曰：「慎獨非獨在幽獨處慎。即大庭廣衆，應事接物，何者非獨？何者非慎？且好名亦有辨，如謙與諂之類，於何處辨？大率有爲而爲諂也，無爲而爲謙也。好名與不好名，亦在此處，早辨之。」

會日，講「學者以實爲貴，則與天地爲一」一節。先生曰：「法天之學只是實。蓋天無有不實，暑便是實暑，寒便是實寒，始能長養萬物而各成功。學者仁便是實仁，義便是實義，始能克盡人道而成聖人。實則自無一息之間，所謂至誠無息者也。」

會日，魯樂尹偕其邑同志李多聞、劉澄遠來。魯生曰：「李子字小崗，劉子字閒齋。」先生曰：「余何以爲教哉？小崗即以小字用功，閒齋即以閒字用功，何也？人惟心不小，則縱其所之，奚所不至？惟常存小心，擇地而蹈，謹密周慎，何事不成？在昔堯兢兢，舜業業，文王翼翼，周公几几，皆是也。只此修爲，即所遭不齊，不過晦明寒暑之代謝，何足芥蔕？」曰：「不免人謗毀，奈何？」先生曰：「此却須大其心可也。蓋德修謗興，道高毀來，理之常也。若此處立脚不定，則慎而無禮，流而爲葸。故必明目張胆，直下承當，斯是非不撓，中立不倚。倘毀言一至，輒爾消沮，則又小之害也。至於心閒，亦非易事，必平日朝乾夕惕，不自暇逸，使此心空空洞洞，雲靄不生，然後得閒。故無欲乃所以閒也，惟不閒而後能閒也。若憧憧往來，思慮萬端，貌托乎閒，固不可。即寂滅其心，俾如槁木死灰，一念不起，名爲閒静，亦閒其所閒，非吾之所謂閒也。」

魯生隨問動静之義。曰：「月川先生云：『學者要看得静字分曉。不是不動是静，不妄動方是静。』故閉目趺坐，游心千里，静亦動也；同室有鬬，披髮纓冠，動亦静也，即此可以析動静之旨。」

有絳州陳宗正來問學，號思川，蓋思親意也。先生曰：「旨哉，學寧外是？人惟不知學，則忍於忘親多矣。思而在親，是孝思也。孝子一言出而不敢忘父母，一舉足而不敢忘父母，故思則一言一行必求合理，不則虧體辱親，不孝莫大焉。是一思親而學在，又安有他道乎？」

會日，同志俱默坐無語。先生曰：「默坐亦是澄心之法。但遇會期，須執疑問難，方有啓發。昔孟老師於及門士，命各置一册，上書所得語，或難處事，或未明書旨，於會日持以相正，師親註數語爲答。即張子所謂有得即登記之説，甚是有益。蓋此語必留心學問者，方能有之，不然則浮浪過去。此不惟得所折衷，且因以驗其勤惰。若只默默而來，默默而往，竟何裨乎？」

有言其異母弟，種地不納糧，催糧者責其賠糧，無所措，典伊地畝完糧，繼母因此逐日撻罵，奈何？先生曰：「當典地時，亦曾與令繼母商量否？」曰：「母與弟俱在外，急迫中從何商量？」先生曰：「既未商量，俟其來時，亦必説明方是。如其不與，當另有處，不可執住。係伊糧，典伊地，自家原無不是，只管硬做。致親如此，似還未善，人正於難處中觀學問。舜所遭便是繼母，看他當日如何事奉，便是個樣子。只學舜那一點夔夔齋栗之心，不患父母不感動。」

會日，先生曰：「此道何人靡有？只不能體察之耳。如夫婦居室，雖至愚極陋之人，不至喪失其心者，亦必嚴内外，别嫌疑。其有瀆亂混雜者，無不惡之。父母在堂，亦必以孝養爲重，不敢觸犯其親，是誰不範圍於道中？惟行不著，習不察，所以終身由道而不知者衆耳。嘗觀虞、芮質成，豈其性原好争哉？蓋由利令智昏，未嘗見得争與讓之理。及見耕讓畔、行讓路，良心遂興，不争而返，咸歸於讓。可見人各有心，皆能爲聖，只在著察不著察之間。吾輩各宜自勉，勿爲日用不知之民。」

會日，讀「聖人一生未嘗自説無過」一條，先生曰：「人不能無過，只要能改過。惟有文過諱過者多，所以害事。昔成湯爲聖也，只是改過不吝。孔子曰：『苟有過，人必知之。』又曰：『可以無大過矣。』聖人家法每每如此，今人規過，原是美意，反因而相仇隙者有之，豈不可惜？」

會日，方坐，先生舅氏郭永吾至，先生爲避席，曰：「夫子席不正不坐，非是必欲南面坐，東西南北各有所宜，坐不失宜便是正。」又曰：「人誠真實有必爲聖賢之志，自能孝順父母，以愛其身。愛身則知不誠非愛，不敬非愛，自欺非愛，不慎非愛。自然先立其大，日在義理上用功夫，尚何僞與邪之爲累哉？夫子從心不踰，始於志學，良有以也。」

會日，先生曰：「嘗觀先輩善讀書，案無雜書，只留一册。讀盡再取一册，則心專志一，愈積累愈廣大，最可爲法，吾輩宜共遵之。且讀書多，則聞見廣，學自日益而不自知。」

卷二

會日，垣曲會長王永錫，字反己，徒步來謁，問曰：「家師辛先生言，前看敬字是嚴肅的，今看敬字是活潑的，未知是否？」先生曰：「最是，最是。昔孟老師與山東孟我疆先生於同志中最善。我疆任山海關，老師偕王幼真往候之。我疆見幼真過於謹飭，曰：『學是樂的，不是苦的。若拘促甚，反苦而不樂，何以爲學？』即此可以得敬字旨。蓋敬者，主一無適之謂，陽明先生云：『謂主於一理而無他適也。』主於理則敬亦是樂，何嘗不活潑也？令師可謂知言矣！」又問：「孟子道性善，程子謂兼氣而言，何如？」曰：「天命之性，本爲人生之理，無氣則理將安附？言理而氣在其中，是一時事，何必規規然曰『此兼氣，彼不兼氣』，名目繁多，反致道不明也。如聖人說『性相近也，習相遠也』，何等簡明直截！解云『此所謂性兼氣質而言』，學者遂心内惶惑，如何爲義理之性，如何爲氣質之性，難於分辨，莫知適從。信然，天下有二性乎？」

箴輿曰：義理之性，指不雜氣質者而言，所謂「繼之者善」也。氣質之性，指性之墮於氣質之中，乃隨氣質而各一其性也。所以有下愚不移者，非性有二也。蓋性一也，而氣則雜揉矣，故性墮於雜氣之中則變矣，所謂各一其性也。學問第一在變化氣質，乃工夫吃緊處，而氣質之性可不辨乎？

會曰，聞觀風發落消息，考者多愕然失措。先生曰：「此處正見學問。蓋考時須用心作文字，會文切理，毋得潦草粗疎，此即謂之執事敬。卷一投入，便須安心順聽，或高或下，付之無心，不以動念。若便手忙脚亂，憧憧不寧，豈成學問？蓋學者試盤錯而不驚，履危疑而不亂，今日處小事，即他日處大事也。又况名次已定，忙亦無益，適足以見歉於養而擾於心也。」

會曰，學師言楚中有一先生，經史百家無不通曉，嘗言：「如《論語》首章連用三個『乎』字，二章用『其』字起頭，三章不曰『其仁鮮矣』，而曰『鮮矣仁』，何等奇特，是從來諸子百家文法所未有者，即有宋腐儒亦説不到。」衆聞之喜甚。余謂兒輩曰：「此索隱行怪之流，何以爲學？若吾學，不講『乎』字，只講『時習』；不講『其』字，只講『孝弟』；不講『矣』字，只講『仁』字。若徒在語言文字上求奇，把聖賢立言本旨反不見了，是聖賢亦只是口頭伎倆，而非有用之實學矣。且謂宋儒爲腐，則誰非腐者？有宋五星聚奎，以故諸大儒後先輝映，表章六經，方成文運休明之世。有宋三百年精神命脈，全在於此。使國無賢者，則國非其國矣。人不能見道，但以是新奇可喜之説衒名耳，甚勿爲所惑也。」

會日，有陝西孝子，通刺爲制晚生。相見畢，先生問曰：「尊制爲誰？」答曰：「先兄。服期已久矣，但先父早逝，凡事俱仗先兄，故不忍釋。」先生曰：「過矣。王制不可違，豈可過期？且惟父母之喪而後稱制。兄而稱制，其何以加於父母？兄喪止於期年，過已非制。而又稱制，益非制矣。以非制爲制，可乎？素服隨便，素冠宜易之。」答曰：「聞之禮：『父母存，冠服不純素。父母亡，冠服不純采。』設吾父母俱亡，純素似亦無傷。」先生曰：「禮所謂不純采者，謂不純於采耳，未嘗言純素也，只是不忍忘親之心。孝子有終身之慕，豈在區區冠服間哉？若以冠服論，但冠素服素，足了其不忍之心，此外遂不之慕乎？昔余初謁先師，爲有祖母之喪，椁木未得，過期未葬，亦尚服素冠。先師詢知其故，曰：『易之。服止期年者，遵制也；慕之必終身者，孝思也，自并行而不悖者也。』余有省，遂易其冠。此乃中道，過則非中，非中即非道矣。」

會日，有一友久未來會。先生詢之，曰：「爲不能化子侄，遂没面目來會。」先生曰：「子侄不好，我們須自反，不能實心教訓他。或但以言教，而未能以身教，越發該來會，愈求進修，以爲觀法纔是。孟子云『中也養不中，才也養不才』，須要乘機化導纔是。」

會日，講邵子詩：「乾遇巽時爲月窟，地逢雷處見天根。天根月窟閒來往，三十六宫都是春。」巽下斷，本是三畫乾卦，陽極而變下畫爲陰，成巽，月窟也。震仰盂，本是三畫坤卦，陰極而變下畫爲陽，成震，天根也。閒來往者，即一陰一陽之謂道。知一陰一陽之道，則時闔時闢。所爲各當其可，則乾三連是三，坤六斷是六，成九；震仰盂是五，巽下斷是四，成九；離中虛是四，坎中滿是五，成九；兑上缺是四，艮覆碗是五，成九，共成三十六宫。各因九而後成，非三十六宫都是春乎？

箴輿曰：《姤》卦，陽極之時，而一陰生於其下，爲陰之長，故曰『月窟』。《復》卦，陰極之時，而一陽生於其下，爲陽之長，故曰『天根』。『閒來往』者，陰陽運行不息也。『三十六宫』者，八卦互變，陰爻陽爻各半，陽奇陰偶，奇畫得十二，偶畫得二十有四，共三十六也。『都是春』者，乾坤之内，無非是生意化機，所以謂之皆是春也。學者體之，樂境得矣。

問「鳶飛魚躍」之旨。先生曰：「遇親便孝，遇長便弟，遇夫婦、朋友便有别而信，推之言動，無處不慎不敏，則此心時時在天理上，便是鳶飛魚躍景象。有一不盡道，便不活潑，便非飛躍了。程子云『鳶飛魚躍』與『必有事焉』之意同，知所謂有事，則知所謂飛躍矣。」

又問《中庸》「無聲無臭」之旨。先生曰：「篤恭不顯，底於渾化田地。孔子七十從心所欲不踰矩，正是此境界。夫從心所欲而自不踰，何聲臭之有？然天雖不言，而其生其成，那有停機？德雖不顯，而其刑其平，帝力何有？然則無聲無臭，又豈淪於空寂也哉？」

卷三

脱粟會語

會日，有友約脱粟會。先生偕馮則中洎日睿徒步赴約，行倦，憩於道左。先生曰：「昔夫子周流列國，曾止大樹下，就與群弟子講學。今憩此地，亦勿放過，方是時習學問。」

至會，有孟縣何竹林及平贊畫在焉。坐定，先生曰：「此會何由而起？蓋因在正學會所中，論世風奢靡，追憶古人脱粟一飯，情意相洽，今之羅列珍羞，而反面相仇者，在在皆是，豈不薄甚？」一友躍然起，曰：「今便立一脱粟會何如？」先生曰：「可。」遂訂期約會。又念會非爲飲食，必質疑問難，方始有益。今後須如簿所云「過相規，德相勸，心相下，情相親」方可。

上官允化問良知之説。先生曰：「良知是孩提知愛知敬，孺慕的一點心腸，無絲毫情欲夾雜，故謂之曰良。今人誰無良知？第不知講學，反將此知埋没。故講學爲喫緊工夫也。」

平曰：「聖賢大都天資高。」先生曰：「聖賢不説天資，只説學力。故有人一己百、人十己千工夫，雖愚必明，雖柔必强，况非愚柔者乎？人人可以致良知，只爲無人指引，反以講學爲迂。

講學原貴躬行，不然學人口語，拾人餘唾，有何益處？」

平曰：「不講能行，其實愈於講而不行者。」先生曰：「不然。不講則所行有差，如贊畫行兵，若不講明兵法，能不喪師辱國否？」

潘若璧問曰：「潔覺多言。」李實甫曰：「自己病在不言。」先生曰：「默語自有中道。如孔子於鄉黨，似不能言，在朝廷即便便言，於回終日言，於賜欲無言，總之不可膠固。惟當言而言，當默而默，神而明之，存乎其人耳。」

又顧謂周天顯曰：「令尊前者持齋，聞吾言即能開齋。此之謂躬行，此之謂大孝。當日會説孝不在持齋，只立身行道、不敢毀傷便是。不但割破流血是毀傷，如父母生吾之目，原是明的，原不視非禮的，或視非禮，便被非禮之色將吾本明之目毀傷了；父母生吾之耳，原是聰的，原不聽非禮的，或聽非禮，便被非禮之聲將吾本明之耳毀傷了。至於口體，莫不皆然。此曾子之孝，只在戰兢保身。大舜之孝，只在德爲聖人。此外皆不足爲孝矣。」

何曰：「所論甚善，小子非見老先生，幾錯過一生。但平日以卜爲業，何能進道？」先生曰：「聖人胚胎，人人都有，只爲無志，所□□□落下，虛度歲月，今只立定個必爲聖人之志，不肯退托，便是有益。」

箴輿曰：聖人因人而教，活潑潑地，并不執定一説，使人同途而同歸也，觀門人之問孝、問仁、問政，可知矣。亦無教人皆爲聖人之理。子曰：「中人以上，可以語上也；中人以下，不可以語上也。」知此則教人無躐等之弊也。

允化曰：「請問戒慎恐懼爲樂。」先生曰：「吾心原是樂的，只率性而行，自然戒慎恐懼，兢業時勤，則此心渾是天理，活活潑潑，與鳶飛魚躍同一機趣，烏得不樂？故君子戒懼則樂，放縱則不樂，豈不是戒慎恐懼爲樂？若小人自汩其性，樂其所以亡者，豈得與君子例論？」

會日，王向學曰：「家間或遇不如意事，只在不怨不尤上用功。」先生曰：「須從正己上來。《中庸》云：『正己而不求於人，則無怨。』學求正己，只見的自己不是，怨尤何自而生？不然，不能正己，雖加强制，其所怨尤多矣。故不怨尤，治標也；正己，治本也。本末之際，盍明辨諸？」曰：「不知過何以寡？」先生曰：「此亦是治標了，惟日在存理上用功夫，則家無長物，賊不窺伺，過不期寡而自寡矣。」

曰：「『克復』、『三省』兩章，可以互看否？」先生曰：「『克復』、『三省』，俱求爲仁也，何不可以互看？蓋孔門之學，只是求仁。師之傳，傳此；弟之習，習此。『傳不習乎？』正省其爲仁否耶，至於講忠信友，則天下歸仁之氣象矣。吾日三省，由己四勿、請事之功也。會得時，不但此兩章可以互看，四書六經何不可互看？孟子云：『夫道一而已矣。』」

會日，李實甫問曰：「自己嘗無過人處，生平只是一忍爲先。」先生曰：「白沙先生《忍字贊》有云：『當怒火炎，以忍水制。不亂大謀，其乃有濟。』則忍字當先是已。又嘗聞先師云：『立志必欲爲聖人，自然愛人，自然不憎人，自然無嗔無怒，心平氣和，渾是一團春融意思。』此治本之説，將有不期忍而自無忍之可言者。且張公藝之百忍，不如孟子之三自反。蓋謂之忍，猶有硬着力意，惟有自反之心，則忍之念頭不覺劃然而解。」

上官汝敬問曰：「慎母在堂，慎凡事一於順從，何如？」先生曰：「順親爲孝，未嘗不是。但《論語》云：『事父母幾諫。』又有不當以從命爲恭者。《中庸》説誠身斯能順親，則又知本之論。」

王向學曰：「虚心順理，學者當守此四字。」先生曰：「《易》云『君子以虚受人』，孟子云『禹之行水，行其所無事也』，夫虚心則能受，順理則無事，此真學之要法。吾友能守此，盡乎學矣。」

潘若壁問「理」、「欲」二字。先生曰：「理、欲之端甚多，亦甚微。大率無所爲而爲者，理也；有所爲而爲者，欲也。即從師講學一事，豈不是理？然藉此以濟其私，則雖理亦欲也。若中心無爲，縱人謂我趨利，謂我附勢，獨何傷？是似欲亦理也。以此推之，可以類見。」

日復曰：「邵子云『四肢由我任舒伸』，是心廣體胖否？」先生曰：「人惟心爲形役，則營營擾擾，便作的四肢亦不自由。故先立乎其大，則其小者弗能奪也。以是知心廣體胖，由有德而後有潤身，此謂知本之學。」

會日，李海涵問曰：「衰老性燥，乞教之。」先生曰：「性燥固是病，倘用於學問，食息不寧，寢處不遑，燥亦何病？但恐流而爲决裂，則病學甚矣。」

周希孟曰：「志爲人，自來不敢欺一事。」先生曰：「《大學》云『毋自欺也』，不欺自是學。程子云『懈意一生，即自暴自棄』，孟子云『吾身不能居仁由義，謂之自棄也』，可見一有懈意，一諉於不能，皆自欺者也。故飭於事猶易，信於心爲難。」

張本德問曰：「三重平日默默檢點，有過即速改之。」先生曰：「妙在『默默』二字，所謂不言而躬行者也。有過速改，又妙在『速』字，速則勿憚改矣。」

潘若壁問曰：「天地至大，人必何如而可以參爲三才？」先生曰：「月川先生云：『人之所以爲天地參三才者惟在此心，不是軀殼中一塊血氣。』自是明白。」

汝敬問曰：「敢問爲人之本。」先生曰：「汝敬前會問順親，即此便是爲人之本。《孝經》云：『愛親者不敢憎於人，敬親者不敢慢於人。』不敢憎、不敢慢，此是立身行道。立身行道，便不虧體辱親，便揚名顯親，故曰孝之終也。孟子曰：『守身，守之本也。』煞可體認。」

日睿問曰：「何以曰天理無欠無多？」，先生曰：「堯舜以一中授受，原無過不及。中者何？天理也，原無過無不及，然亦不過滿其分量而止，非以意爲增損也。」

會日，潘霖雨問修身齊家之事。先生曰：「《大學》曰『欲齊其家者先修其身』，則我之所能爲者，惟修身一事耳。身果能修，則如文王之無憂，父作子述，固齊也。即有朱、均之不肖，亦未始非齊也，何也？其所能者人也，其不能者天也，於聖人乎何病？不然，是堯能親九族，獨不能化丹朱；舜能致底豫，獨不能化商均耶？今惟盡修身事，則家之齊者常也。即有不齊，亦無損於自修也。蓋生理不虧，意外之遭自不足累耳。若因家不齊而懈於自修，且謂家不齊有累於自修，是欲出堯舜上矣，有是理乎？事末忘本，失學之序。曰：此謂知本，此修齊之至要也。」

潘若璧問曰：「『雲淡風輕近午天，傍花隨柳過前川』，何以爲樂？」先生曰：「嘗聞王心齋先生《樂學歌》有曰：『人心本自樂，自將私欲縛。』人惟不知有真樂而以私欲爲樂，日馳逐於煩惱場中。遂所私則樂，不遂則不樂。得所欲則樂，不得則不樂。患得患失，那有樂得時候？將視風雲花柳，俱屬可憎之物，而一般意味，誰人能知之？聖賢胸次，如天空海闊，天地萬物皆吾一體，故風雲花柳，咸是樂境耳！以流連光景方之，懸矣。」

上官汝敬問曰：「孝弟忠信，當以何者爲先？」先生曰：「孝弟忠信，雖有四者，然總不過一真實之心。真心不失，遇親便能孝，遇長便能弟，自盡便爲忠，與人便爲信，無多岐也。欲求其先，一孝可以該之。蓋天下焉有孝子而猶有不弟、不忠、不信者乎？倘猶有不弟、不忠、不信，尚得謂之能孝者乎？汝敬是知孝者，則當知所以爲弟與忠信之道。」

潘彥甫問曰：「家父年老，雖生二子，無一孝者，奈何？」先生曰：「夫孝，豈必於甘旨之奉哉？唯是盡心竭力，承顔順志，即菽水可以承歡，又何人不可自盡？吾盡吾孝，至於弟也，不扳他，也不怨他，必有感化的時候。况他是我的同胞，有機可乘，尚欲其同歸於孝，而可藏怒宿怨爲？且父既年老，正人子一則以喜、一則以懼之時，而暇二三其念乎？」

馮則中問曰：「近聞同志有不能虔始而厚終者，吾儕不可不因此益加勉勵。」先生曰：「人之爲學，只要有真志。且如孔子十五志學，直至七十，日日有日日的工夫，年年有年年的工夫，如何能罷手。今人始而志學，原不是真志。若有真志，方將富貴不淫，貧賤不移，威武不屈，欲罷不能，死而後已，肯有始無終耶？」

潘善述問曰：「人須勤苦，若不勤苦，得成人乎？」先生曰：「所謂勤，須在學問上勤，方筭的真勤。如存好心，幹好事，樂善不倦者，勤也。［就受許多貧窮，耽許多憂愁，千辛萬苦，總謂之勤。勤則道積，厥躬自無苦矣。不然，孳孳爲利，是貪也，非勤也。貪則求而不得，徒自苦耳。故貪利當不得勤，受貧亦不是苦。若真勤不是真樂，簞瓢陋巷，何曾苦顔子來？」

潘彥甫問曰：「修德知命，當如何用功？」先生曰：「人只有修德一事，故夫子曰：『德之不修，是吾憂也。』人惟不知修德，往往邀福，僥倖希免，無所不至。一遇不如意事，便抑鬱無聊，連此身不能作主。誠一意修德，則德日明矣。遇不如意處，即曰『此命也』，自能順受其正，便是真知命者。惟修德至此，所以受命者歸諸大德。」

日省問事父母兄長之道。先生曰：「事父母兄長之道惟在自己。嘗内省，曰我曾有欺父母兄長處否？我曾重財利而輕父母兄長否？我曾在父母兄長前能承顔順志否？我之事父母兄長也，或外面勉強而不由於中心否？有則改之，無則加勉，如是而已。」

又問曰：「業農者見時雨則喜。業儒者見正人避，其識見反出農夫下，何也？」先生曰：「弟子之職，要在而親仁。子賤之爲君子，只是個尊賢取友。今見仁人君子，輒爲避去，乃樂」放縱而惡拘檢的心腸〔二〕，何由至於成德？今之幼學，惟是汲汲親賢擇友，日求進益，勿爲農夫笑也。」

會日，先生云：「學進則識進，識進則量進。」

潘彦甫問曰：「學求真樂，何以君子有三畏？」先生曰：「畏者，此心之惕勵。君子以戒懼

〔二〕［］内文字底本原闕一葉，今據北大圖書館藏清道光刻本補。

而成其爲君子，所以坦蕩蕩；小人以無忌憚而成其爲小人，所以長戚戚。然則畏非至樂耶？」

張日復問曰：「德行、文章只是一事。陽明先生曰：『只從孝弟爲堯舜，莫把詞章學柳韓。』然《原道》諸篇，斯道賴以闡明，而爲不學，可乎？不能無疑。」先生曰：「德行、文章，原不可分之爲兩。陽明先生之意，正謂文章由德行而出，則爲有本之文，有德有言，乃爲可貴。不由德行而出，則爲枝葉之文，務華絶根，斯不足觀。當時文稱韓柳，故以韓柳二字叶韻，又豈以韓子爲不可學乎？」

會曰，潘若璧問曰：「還樸先生詩云：『若問源頭何處是？良知活潑是源頭。』必良知何如，纔能活潑？」先生曰：「良知人所同具，本自生生不息，即是活潑景象，但不致則不能自得，焉得左右逢源？惟致其良知，則盡心知性以知天，纔能復其活潑之本體，而源頭流派，一以貫之矣。」

上官允化問曰：「人皆飲食而卒不知味，何也？」先生曰：「天下有至道，便有至味。味即道之味也，非道外别有味也，故行忠方能知忠之味，行孝方能知孝之味。不能知味，只是不能行道。人莫不飲食，鮮能知味。正以人皆備忠孝之德，而不能知忠孝之道，爲不知味。倘知忠孝之味，安肯不行忠孝之道？」

潘若璧問曰：「挾知故問，人言未終，即伸己意，此潔之病痛，未知何如以克之？」先生曰：

「人各有病，患不病耳。病病則不病矣，先正有云：『知如此是病，便不如此是藥。』能持此修服，病痛何難克去？」

王向學問曰：「如何發其誠敬，消去欲心？」先生曰：「發誠心，消欲心，亦不是截然兩事。能發其誠敬，則欲心自去。蓋誠敬者，理也。立誠主敬，皆存理也。能誠則誠中不容有妄，能敬則敬中不容有私，尚何欲心有不消去者乎？此聖學精一之旨也。」

日復問曰：「見悖倫滅性之人，不覺髮指，不知當否？」先生曰：「聖學怒之中節，亦謂之和。蓋怒所當怒，與未曾怒一般。君子之處横逆也，惟是自反，惟是不校方得。不見是而無悶，龍德家法。不然而一觸即動，淺孰甚焉！昔有憾白沙先生者曰：『我見陳氏子，必途辱之。』及見白沙，平心易氣，其人反低面而去，至今何損於白沙？益見白沙先生之大也，此最可爲法。」

會日，潘若璧問曰：「先正有詩云：『而今洞徹玄元竅，還是當年舊主人。』不知主人爲誰？」先生曰：「心主宰乎一身，故曰『主人』。主人在堂，百體從令，故事得序、物得理。不然一爲私欲遮隔，即盜賊竊發，反令主者畏避不敢出頭，則淵微之理失而靈竅塞矣。今惟存理以遏欲，則渠魁盡殲，主反其宅，還是當年舊主人，非所謂加也。」

潘彦甫問曰：「守心之法如何？」先生曰：「心活物也，如何死煞守得？惟心一於理，則常在腔子中，即守也。如此爲守，有時而執極不變，固守也；即有時而變易從道，亦守也。」

張日睿問曰：「心無一物，便是存神。若不化，何以爲神？若不過化，何以見存神？將『過』作『過涉』之過看，何如？」先生曰：「存神過化，知之者鮮。據子言，似有所解悟矣。然此二句，亦不難知。即所謂『廓然大公，物來順應』者也。廓然大公，所存尚不神乎？物來順應，所過尚不化乎？存神然後能過化，過化始足見存神，亦無兩樣。」

日復問曰：「『知者行其所無事，故曰『知者樂水。』』」先生曰：「水之流行坎止，俱因其所宜。然即禹之行水，亦行其所無事，故行所無事，智斯大也。謂行所無事爲樂水，亦看得精。」

會日，程以忠以「學」、「問」二字爲問，先生曰：「《中庸》云：『博學之，審問之。』則學、問二字相須而不可偏廢也明矣。」

王汝德問曰：「何謂理義？」先生曰：「觀諸孟子云：『心之所同然者何也？謂理也，義也。』理義即是心之同然，豈有不知？故曰：『是非之心人皆有之。』但爲物欲遮蔽，故可知者終於不知耳。今惟潛心講學，則何者爲理，與何者爲似理非理；何者爲義，與何者爲似義非義，了然明白，而所行自無過差處。」

日睿問「大羹玄酒」，先生曰：「大羹是不和之羹，玄酒是水，總是淡的意思。《中庸》曰：

『淡而不厭。』則天下何事不起於淡？試觀『繪事後素』，正以素則可繪，而繪則不可素也，則大羹玄酒之爲至味也明甚。聖門往往重忠質而憫文勝，全是此理。」

會日，馬孫賞問曰：「之驥自覺性躁心粗，願學養性，願學去客氣，何如？」先生曰：「孫賞之問，皆爲切己。但學者欲將自己病痛一一思着要治，則百私叢生，何處下手？只要能養性，將客氣不去而自去。躁性粗心，不必强制，而自歸和平矣。何謂養性？性非他，即吾本來之仁義禮智是也。誠涵養得完，則滿腔中無非慈祥，無非裁制，無非中正之寔，無非幹事之妙，尚有與人爭長競短，此心擾擾不寧耶？」少頃，又曰：「人心非學則私欲蝟起，那有清寧時候？故無事者少。惟純於學者，心一於理，則不見可欲，常若無事，此即酬酢萬變，皆爲所當爲，謂之有事可，謂之無事亦可。」

會日，李實甫問曰：「偶感《蓼莪》之詩，見父母於我有九我之恩，我於父母曾無一日之養，静夜思之，不覺流涕。吁嗟！反慈烏羔羊之不如了！」先生曰：「實甫感九我之恩，動思親之念，誠仁人孝子之用心，足動父母云亡者無已之懷，但事勢至此，無可奈何。今只想我既受父母罔極之恩，成就一個人，則凡所以做人的道理，無所不至，將無愧於人，乃爲無忝於事親，然後可以爲孝。若必欲承歡膝下，孝養口體，則所遇不同，豈能必得？縱吁嗟流涕無益也。」

會日，李實甫問曰：「自從講學後，凡事一遵乎禮，然猶不能無過。偶有一行一言之差，即獨思獨念，幾日放不下。」先生曰：「如此用工，孔子所謂『見其過而內自訟者』，於今見之矣。第孔子又云改之爲貴，能自知自悔，而隨即改圖方是，似不可幾日放不下也。嘗記吾師曰：『悔過之念不可無，留滯之私不可有。』蓋恐因藥生病也，念之。」

會日，李實甫問曰：「適見人家兄弟有不和爭訟者，却憶當時先兄亦極性氣，罵不敢言，撻即迴避。父母去世之後，凡田產器皿，任兄揀取。後來先兄不惟不撻罵，有事且來商議。今之爲弟者，亦只用這個拙法，當自和好，那裏還有爭訟之事？」先生曰：「至誠不動者，未之有也。使當時讓兄念頭少有間歇，安得有此和好？可見人只患誠之未至，不患人之難化，即此一事，凡君臣父子夫婦朋友，莫不皆然。」

卷四

會日，諸生歌「許大乾坤許大身」詩。先生曰：「詩言一毫無愧便不是貧，可見不聞道之謂貧。故曰：『富莫富於蓄道德，貴莫貴於爲聖賢；貧莫貧於不聞道，賤莫賤於不知耻。』知言哉！夫自反無愧，則順亦樂，逆亦樂，便是赤手扶元化，不混世塵之樞軸。吾輩勉之。」

又歌「莫負男兒過一生」詩。先生曰：「俗言前生今生來生，謂之三生。前生來生人未見，所見者只今生耳，且人生百歲，七十者稀。倘虛浪過去，至於四十五十而無聞，真是辜負一生，殊爲可惜。詩中云肩往聖擔，主斯文盟，立乾坤，清波濤，自任何大也！能完其大，則不問貧富，皆可扶元化矣，始爲不負男兒一生。」

會日，魯樂尹問格物之説。先生曰：「昔陽明先生言，念所到必有事，事所在即爲物。格其不正，以歸於正，是爲格物。吕涇野篇内言：一日與門弟子論格物，衆多未達，適茶至内，一人不俟遜讓，先取一盃飲之。吕先生曰：『年有長幼，喫茶自當讓之，若因渴先飲，全不遜讓，便是不能格茶之物。』衆皆有惺。即此推之，則格物之旨明矣。大抵聖人之學是求於内，不是求於外。故格物只是格吾心之物，何等簡易！」

魯生曰：「晚生自拜辛先生，有一書辨感發，一介不取，即欲出衙門，何如？」，先生曰：「余亦聞，一代書聞講學，即欲不寫狀，余曰：『亦不必然。』昔嚴君平賣卜，遇父講命，便與之言慈；遇子講命，便與之言孝，感發甚多。如寫狀者，遇有理，與之分豁；無理，迎機勸化，其感化亦豈少乎？則無地非學，無人非學也。何必棄去？」魯生喜甚。

有言好看閒書者，先生曰：「是亦無傷也。一書中有言行好的人，即有言行不好的人。我取其好者爲法，不好者爲戒。即孔子『三人行必有我師』之意也。如此方謂善看書。」

會日，陳宗正偕李子、葛子入會。先生曰：「昨思川求見，願學聖人，夫聖人豈有甚高難行之事乎？不過全其爲人耳。觀其字義，口耳之王便爲聖人，故口與人同，而不與人同言非禮，則口高出人上而爲口之王；耳與人同，而不與人同聽非禮，則耳高出人上而爲耳之王，以至心思行事俱與人同，而盡性則與人異，所以人上加之以聖，明其不離於人也，下此則爲凡人、愚人而已。今欲學聖，只求爲人。盡我人理，聖即在是，何假遠求哉？然欲盡人理，不過一言一行求合乎理而已。如三友業典當，便在典當上做工夫，輕利息，平出入，正大營生，不爲罔人利己，不爲奢靡放蕩，學寧外是？」

會曰，講「不肯爲俗人，時時責志」一條，先生曰：「此只看志向何如。有一俗念即爲俗人，便責志曰『此又落在世俗窠臼中了』，便猛起不爲，能常常如此，何患不聖人也？」

有友問浩然之氣。先生曰：「心慊之謂浩然。蓋即之理而安，則心慊。心慊則內直，雖斂氣致柔，亦浩也。不慊則內屈，雖好剛使氣，亦餒也。論理不論氣，此不動心之要法，所以爲約，所以爲浩然也，以倖倖當之左矣。」

會曰，有問「有鄙夫問於我，空空如也」當從何說。先生曰：「先正嘗云孔子空空，顔子屢空。就心體上説，人心原自空虛，只爲功名富貴，是非榮辱，生死念頭，柴栅其中，所以不得空。聖心太虛無物，安得不空？」

有友以老不能學道爲解者，先生曰：「信如此言，果以人老便無學耶？伯玉行年五十而知四十九年之非，行年六十而化。武公九十，進德不倦，何論老少？《詩》云『瑟兮僩兮』，但須嚴密武毅，自老當益壯耳。世稱八僊，此寓言也，蓋謂不論文武、老少、貴賤、男女皆可入道之意，豈以易簡之學，反以老諉乎？」

會曰，先生曰：「昨閲《鷟座新書》，内云一商貿易吴城，入厠，解腰纏六十金置短牆上，去而忘之。行百武許始覺，急覓之，意必爲人所得，至則一丐者守焉，舉以與之分其半，不受，與五金，亦不受，且爲肩至舟中，酬酒而去。夫人至丐者，貧極矣，尚能砥節如此。世有衣冠之士，苟貪務得，反拜丐者下風，誠可愧死。」或曰：「此古人事，今何能及？」先生曰：「今人而行古之道，則古人矣，何論古今？若只能言而行不逮，何以爲學？」

會日，先生曰：「憶昔游成均時，有曲周冀年丈諱爌者，容色枯槁，步履艱難，詢之，則曰：『余病虛勞，諸藥不效，奈何？』余曰：『弟有妙劑，可以藥兄，只清心寡欲四字耳。』彼時言之，不知其果能行之否。後數年謁選，又見之於長安街中，趨進謝余曰：『受兄教愛多矣』。余不知所謂。曰：『兄曾記以清心寡欲四字誨弟乎？自領教後用之，病遂愈，從今之年，皆兄賜也，敢不謝教？』夫清心寡欲，養德也，而遂能已病，則養德養身，只是一事，豈不信然？」

會日，講「願車馬衣輕裘」一章。先生曰：「此見聖賢萬物一體之學，車裘在我猶在人，何不可公於人？善勞在我猶在人，何可以矜於人？若夫子，則老少朋友，渾爲一身，安信與懷，渾爲一心，所以必安、必信、必懷而後快。不然，不知如何負痛也者，非惻隱情真，何以有此？無在無老少朋友，則無在無安信懷的心，隨其分位，無不可行，此學固人人皆能也。若於車裘而挾以自私，於善勞而挾以傲衆，則視人之疾痛疴癢，了不相關，欲其安信懷，得乎？故一體則視人如己，觸之即動，惻隱之發，自不容已。如不能一體，則惟知有己，不知有人，觸之不應，一膜之外，皆秦越也。知惻隱則知一體，知一體則知學矣。」

愼動曰：「異端所言，與吾儒似不相遠。但其無父無君之教，與吾儒大不相同，所以吾儒每辭而闢之。」先生曰：「釋迦亦有妻子，老聃亦有君臣，但其教欲出世，日漸流落不好。恐君臣累，便絶了君臣；恐父子累，便絶了父子；恐夫婦昆弟朋友累，便絶了夫婦昆弟朋友。一味以虛無寂滅爲高，然究竟不能離此五者。若吾儒，君臣還其爲君臣，父子還其爲父子，夫婦昆弟朋友還其爲夫婦昆弟朋友，乃是經世之學。只因物付物，天下國家一齊都理了，故曰：所惡於智者，爲其鑿也。智者行其所無事，則智亦大矣。彼異端者流，豈不自謂明心見性？推之天下國家便行不去，蓋異端以槁木死灰爲心，吾儒以視聽言動爲心；異端以知覺運動爲性，吾儒以萬物一體爲性，此吾儒異端之辨也。」

會日，有奉佛教者亦來聽講，先生曰：「汝之教何如？」曰：「惟持齋誦經。」先生曰：「吾儒非無齋也。如齋戒神明，心齋坐忘，把世俗名利色心一切都淡，惟澄然保個素心。雖飲酒而不及亂，雖食肉而不使勝食氣，於用酒肉之中，得不困於酒肉之妙，這便是不齋之齋。汝教持齋者或齋於外，未必齋於内；齋於共見，未必齋於獨知，能有是乎？至於誦經亦只是口中誦念，求如吾儒六經即我、我即六經者，未之有聞也。」其人默然，良久乃曰：「我聞父母固當孝順，亦不可不朝夕焚香敬天地，喫着皇王水土，亦不可不敬皇王，不然便惹下罪了。」先生曰：「汝怕惹罪，是求福利耳。不知存心養性，所以事天也；修德砥行，所以敬君也。然亦只孝順足以當之，能盡孝則爲天地之完人，爲朝廷之良民，福利孰大乎？反是而逆天犯君，豈焚香拜禮所能禱而免其罪耶？」其人悚然有醒。

會日，王向學賫贄求執弟子禮。拜畢，先生曰：「道，己之道。學道，己之事。恐怠惰心生，故須有所師承，以爲嚴憚。然指引者師之功，而時時刻勵，乃自己的事。」馮則中曰：「夫子云：『爲仁由己，而由人乎哉？』豈不在己？」

少頃，張本德率爾言曰：「鄉間蓮花盛開。」衆默然不答，先生顧謂向學曰：「此便是當學處。見此人言不中節，便自省曰：『我得毋如是之率易乎？得毋如是之支離乎？』果能時時刻勵，凡見人一言一行，皆以自反，無在不以此用功，則學在是矣。即以蓮論，人之所取在盛開，而吾所取者不在於是。長於汙池，吾取其善下；生有多孔，吾取其虚中；出泥不汙，吾取其清操；挺勁卓立，吾取其直節；亭亭獨秀，吾取其不倚；馥馥香氛，吾取其令聞。以此言蓮，則蓮誠花中君子，而以蓮之德爲我之德，則蓮亦爲我用矣。此周子所以不容已於觀也，斯所謂善觀蓮者也。」

有講「朝聞道」一節，先生詰之曰：「如何是聞道？知聞道則知夕死之可。」俱説不透。先生曰：「聞非耳聞，是心聞。一向用功，茫茫蕩蕩，未知旨歸。一旦解悟，如曾子志唯一貫，陽明之悟『致良知』是也。蓋悟則一悟俱悟，德立道明。盡道而生人之理完矣，即死有何不可？先正詩云：『也知生死原無二，生順方能道死安〔二〕。』知生順死安之爲可，則知生不順，即死不安，其不可也明矣。」

有以四書五經、《通鑑》、《性理》無一字不知爲聞道者。先生曰：「昔上蔡見明道先生，舉《通鑑》不遺一字。明道先生曰：『賢可謂玩物喪志。』上蔡聞之，不覺汗流浹背曰：『不幾枉過了一生。』可見聞道不在記誦詞章已也。」

〔二〕「生」字前原有「理」字，其右側原有一三角形之旁批，當是表明删去。今從之。

卷五

會日，郭允升初入會，先生謂之曰：「有好根器，必須琢磨，方成美器。學問也者，正琢磨之法也。」允升曰：「鄉間獨居，無有師友，亦無好書可看，如何有學問？」一友曰：「郭兄家有好書，亦多看書。」先生詰之曰：「甚麽書？」曰：「《三國演義》。」先生曰：「隨所看甚書，只要善看。如《演義》中有好人，我便學他；有不好人，我便戒他。雖所行的不得一般，而以彼之事爲我之事。設身處地，觸類引伸，亦自無窮。」

少頃，講「自誠明謂之性」并「子罕言利」二章。鄭明翁發揮已畢，復請於先生。先生曰：「明是明善，如何者是外道，何者是正道，辨得明白，便只從正道上行。今日如此，明日如此，久久純熟。善積諸躬，實有諸己，非誠乎？若然，則我便是聖人，胡明誠之不可爲誠明耶？『罕言利』，只是不欲人貪利的意思。利不但財帛，凡討便宜，要好看好聽，皆是。」日睿曰：「『利』字直貫到命與仁處，如至命之學，實實修身不貳，若窮通得喪横於中，亦利也；求仁之學，實實先難後獲，若欲速助長之念横於中，亦利也，所以罕言。」鄭明翁喜曰：「此説甚有意味。」

會日，鄭明翁、李培巖偕同志來馬嶺同樂堂講學，飯至，先生曰：「村居無備，每人一器，各人各喫。蓋此學原是家常飯，非争人所有，亦非益己所無，在自有而自喫之耳。」明翁曰：「雖各人喫，却都是老師的飯。」先生笑曰：「獨善未嘗非兼善也。」又曰：「各人的飯，必要各人喫飽，便如此學，須由善信而美大至於聖神，方是飽處。不然半塗而廢，與未喫同。」

少頃，一友曰：「人生只是貧富二字撻攪的不得快活。」先生曰：「人須認得這貧字，如孟子云『雖窮居不損焉』，便是認得貧字。認得則貧亦是樂，不認得則富亦是苦。然學未有樂而不由於苦者，昔顔苦孔之卓，不苦，何以到卓爾地位？苦所以至樂也，樂不苦矣。其於學也幾乎？」又講「白沙云程子見人静坐」一條，先生曰：「静坐工夫，紛擾者用之誠爲得力。若不至紛擾，則出門同人，亦未爲不可，只慎其所之便是，豈可離群索居？」潘本初曰：「即此是動亦静之意否？」先生曰：「然。」時有侍者剖瓜以進，生熟不一。先生曰：「熟者味甘，人便食。不熟者味澀，人便不食。可見只是熟者好。夫仁亦在乎熟之而已矣。我能熟於仁，則完此人理，人豈有不善者乎？不能熟此仁，則失此生理，人豈有不惡者乎？學雖不以人之喜怒爲進止，總見爲學工夫貴熟也。」

會日，有友久未來會。先生詢其故，曰：「爲疥瘡痛癢，未得領益。」先生曰：「即此痛癢，便可觀學。昔陽明先生云：『自家痛癢自家知，痛癢何須更問爲？』蓋自痛自持，自癢自搔，他人何得與力？而亦非人之所能與也。昔人有搔癢者曰『上些下些』，皆搔不着，惟自家伸手一搔，其癢立止。且所謂上，即太過；所謂下，即不及。惟搔至於癢處，然後止，此執中之喻也。凡事恰當處即中也，過不及皆非矣。擇中在己，執中亦在己，尚何待於人乎？又陽明先生極善轉化人。嘗自街市來，聞兩人厮駡，此一人曰：『你没天理。』彼一人曰：『你没天理。』先生笑謂門人曰：『小子當自省悟，其人厮駡皆言天理，皆不肯認没天理，非講學而何？』

時有王近文入會，郭永翁曰：「近文一向要來，但恐行不將來。」先生曰：「有甚難處？即如適間所説天理，便是道。自家立起個志念，每日看何者是天理便行，何者是没天理便不行。今日也在天理上用功，明日也在天理上用功，則所行都是天理，即是聖人了。此只在自知而自行之，有何難處？」

座間有言：「今人動曰升西天。」先生曰：「如此豈不墮落在苦海了？嘗聞西域人皆欲生中華，今中華却欲升西天，不知何見？且佛言西天有極樂國，亦非以地言也。西天只在眼前，人不善體，往往都以升西天爲福。不知人行好便是極樂，便是升西天。如一家之中，父慈子孝，兄友弟恭，夫和婦順，雍雍熙熙，有多少自在處，即此便是極樂國。若父子兄弟夫婦之間乖戾不和，絲粒必争，睚眦必報，終日憂愁煩惱，就是真地獄。然則天堂地獄，俱在乎我，又何事於他求哉？」

日睿問曰：「學問二字，總係於一念之勤怠。何以使此心常勤無怠？」先生曰：「只常勤勿怠便是，故勿忘，勤也，勿正勿助亦勤也。忘固怠也，正而助焉亦怠也。必有事焉，之謂真勤。」

馮則中曰：「昨看《論語》『有子』章，劈頭便説『其爲人』三字，可見學聖只爲人。」先生曰：「是。昔盧陵曠亦曰：『今人語以學聖，都以爲難，惟説學做人，便不能推諉了。』蓋曰學聖猶以此學彼，故有能有不能。惟是以我學我，尚何不能？冉求當日見夫子之道，以爲力不足。使其如顏子，知道爲我之道，則欲罷不能，何至於畫耶？」

張本德曰：「『游心天理内，步趨規矩中』，是否？」先生曰：「規矩是甚麽？」曰：「猶準繩。」先生曰：「規矩固猶準繩，但與天理是一是二？」本德默然。先生曰：「規矩準繩，皆天理也，須要識得。」馮則中曰：「天理人欲不容并立。」先生曰：「天理人欲，亦不是對待的物事。出乎理即入乎欲，如道心人心，豈有兩心？只不是道心，便是人心了。能存天理便是爲人，常存天理便是有恒，亦有兩樣。」

張本德問曰：「如何做聖賢工夫，如何過名利關頭？」先生曰：「聖賢做工夫，只是不成名，只是罕言利。故過不得名利關，如何叫做聖賢？既是聖賢，則名心利念，尚何得爲祟？今但從樸實處做聖賢工夫，名利關不期過而自過，尚何過不去之有？」

會曰，馮則中問曰：「《易》云『君子上交不諂』，《孟子》云『禹聞善言則拜』，可見聞善拜便是交不諂否？」先生曰：「恭不近禮，始謂之諂。若聞善則拜，雖極其恭，亦不可謂諂。此其間甚微，非知幾者何能與此？不然，而當恭不恭，反以傲自處矣。昔舜問蒭蕘，問工瞽，蒭蕘、工瞽可下，况其上焉者乎？」

日復問曰：「孟子三自反，固矣。而顔子之不校，諒不是有意不與之計較，只是顔子之心，若無若虚，視犯者就是多能的人，方將問以滌德寡過之道，而暇與之計較乎？」先生曰：「浮雲不足障天之虚，犯者豈能障顔子之虚？顔子之心亦天也，自然不動，自然不校。説不與計較，猶是有意，猶非顔子之學。」

張本德曰：「自揣好親聖賢，常不識聖賢之所爲。好讀聖賢書，亦不知聖賢之心事。躬行易得，至道難聞，所以常致怨尤，而不知天地之高厚。」先生曰：「我只自反，何患怨尤之不去？我只躬行，何患至道之難聞？蓋聖賢之所爲，與經書之言，皆自反躬行之實也。能如此，何患不知聖賢，不知書理，不知天地？」

馮則中曰：「『理到明時添智慧，心機静處見中和。』可見非明理則心無由静，而日流於愚不肖，何以見得中和？」先生曰：「邵子云『眼明始會識青天』，即是此意。然欲眼明，非自强不息不能。」

王向學問曰：「以反求諸己爲要法，以言人不善爲自戒，是否？」先生曰：「前會問『虚心順理』，能守此四字，尚不反諸己耶？尚肯言人不善耶？但要實實落落做去，自有進益。若只當一場話説，則問過成故紙矣。且忠爲人謀，亦是求諸己。朋友相規，説不得言不善，學者須要知此。」

張端養問：「命如何知？」先生曰：「余嘗書『顧諟明命』四字而爲之聯云：『命不在天，顯見隱微常耿耿；顧非以目，云爲動静此惺惺。』知此方是知命真工夫。命出於天，在人爲性。知命即能知性，知性即能立命，一而已矣。」

王向學問曰：「君子之學，要其所歸而已。學而爲名，内不足也，是否？」先生曰：「學要所歸，成始成終之學也。内有不足，名心爲累耳。何以要所歸？此自是正論。第爲名足以病學，而無名又不足以徵學，蓋名實二字相連，無名是無實也，無實則并其名而無之。名實俱喪，胡以爲歸宿地？故爲名之名不可有，徵實之名不可無。不可不辨。」

會日，日復問曰：「動看『知及之』一章，不能無疑，豈有知及仁守之人而臨民猶不莊乎？動之猶未善乎？不莊、未善，可謂知及仁守乎？」先生曰：「此章原重在仁守，見孔門求仁之學也。蓋不明其所謂仁，何以守仁？故曰知及。一疵尚存，不可爲仁，故必要之至善而後已。夫子正恐不莊以爲仁累也，故曰莊涖；正恐無禮以爲仁病也，故曰動禮；正恐不莊、無禮，不可爲知及仁守也，故曰未善。總之纖欲不留，方造純仁之地。」

張本德問曰：「有聖賢之道而不大興，有仁心而不成名者，何也？」先生曰：「孔子云：『古之學者爲己，今之學者爲人。』惟其不假此以求興求名，所以興與名歸焉。今所學尚未能追古人萬一，而遽咎道之不大興，名之無所成，是徇外而爲人了，豈是真實學問？孔子曰『先難而後獲』，何嘗要興要名來？」

王向學曰：「學須覺今是而昨非，日新月盛，方可長進。若只照舊，安有長進時候？」先生曰：「人惟不留心學問，終日蠅營狗苟，利令智昏，明爲欲障，那有覺時？詎知道人人俱足，欲仁仁至，反求即得，特患少一覺耳。覺則自然知非，自然遷善改過，日日長新，尚不是長進耶？孟子要人著察，要人思，要人求，正是此意。」

日睿曰：「見石佛菴有衆手衆目菩薩，果當時有此人歟？見有喜悦彌勒，豈能悦諸心耶？」先生曰：「佛是西方聖人，於理極明，只是偏於獨善，故不能治天下國家。其寺中塑像，只是假像明理。千手千眼即《大學》十手十目之意，言指示多也。吾心原是悦的，彌勒之笑，欲吾心常常悦豫的意思，明心體也。至金剛亦形容道心之堅白，始能降伏私欲，羅漢亦形容喜怒哀樂之情，當求中節。以此推之，莫不皆然，不但此也。能善看則異道俱吾自修之助。」

日復曰：「須臾不離之道，子臣弟友之道也。惟有知而不行，所以講之爲貴。」先生曰：「子臣弟友之道，是謂庸行。孔子惟恐其不足而不敢不勉。今惟知而不行，便不得爲真知，是知行兩失了。故惟講而知，知而行，方見講之爲貴。不然清談廢時，則亦無爲貴講矣。」

上官汝敬曰：「鄉約之事，責成於慎，然講說不明，奈何？」先生曰：「鄉約之事，不過欲人爲善。吾願汝敬以身講，不願汝敬以言講。身講將其事漸明，不然，即能解説文義，終非善講也。」

卷六

會日，馮則中問曰：「近有以清談視講學者。不知晉之清談，原是舍却身心性命與天下國家之道，而爲放曠之言。若講學，則『執中』二字釀成風動時雍，『修身』一言括盡均平齊治。堯舜以之而平天下，夫子以之而教萬世。文之所以經邦，武之所以戡亂，皆是物也。而有謂不可以禦東虜者，何哉？」先生曰：「天地所以不毁，宇宙所以常存，恃有道在。吾道之所以常存不毁，恃有講學之人在。今之不知講學者，動以講學爲空談，不知功業由道德而出，則功業亦道德也。故以功業爲功業，終是一時伎倆。以道德爲功業，方是吾儒作用。此講學不講學之辨也。」

日睿問曰：「凡人幹事不從實地做，終覺不穩。」先生曰：「無論虚事終必敗露，即神魂夢想，亦必不安，豈能穩乎？故君子居易，小人行險。從實爲善者，居易也，終必穩。不從實爲善者，行險也，終必不穩。吾子能覺破，自當常常在實地做工夫。」

王向學問：「博文約禮如何？」先生曰：「博文約禮不是相對而言。博文是約禮的工夫，約禮是博文的主意。如親，理所當孝，若所謂温清定省，問安視膳，承顔順志之類，不一而足，皆文也。欲盡孝道，必須要盡温清定省等事。盡温清定省等事，總之成就一個孝而已。故盡温清等事者，博文也。成就一個孝者，約禮也。則此四字，究竟只一件。」

日復問曰：「吾人一生，舍却講學别無安脚處，動固知之。但自反獨知，常有走作，終日悠悠，無長進事。即極力剗除，前念謝而後念方來，奈何？」先生曰：「既知走作，便不要走作；既知悠悠，便不要悠悠；既知後念來，便不要來，便是工夫，便是長進。若自知之，仍自昧之，便不是真講學，何以了得自己事？」

張本德曰：「三重幼而失學，不能文，又不能著述，奈何？只效孺子不失其心罷。」先生曰：「孟子云『大人者，不失其赤子之心者也』，果真心不失，斯爲大人。大而化之，便是聖人。一粒真種，只是此心。苟區區於能文能著述而已者，則務華絶根，豈是所貴？」

上官汝敬問曰：「學道只求諸己，何如？」先生曰：「須要認己之真切。己非一膜以爲己，而合人始成其爲己。故成人之美，規人之過，不忍一己之獨正，而胥人同歸於正，則惻隱情深，方是欲立立人、欲達達人度量。故夫子以克復告顔子，而即曰天下歸仁；以敬恕告仲弓，而即曰家邦無怨。至其言志，即曰『老者安之，朋友信之，少者懷之』，何嘗遺的了人？」

王向學問曰：「操心不定者，視心如寇賊，不是事累心，便是心累事，如何用功？」先生曰：「心者，存主之事。事者，發見之心。本只一件，今欲求其功，亦只有操心一法。操如操練之操，蓋千軍萬馬，任其懈弛，何以禦敵？惟一大將出，不時操練，嚴紀律，肅隊伍，日日點查。一有所儆，或驅之前，或驅之後，或驅之左，或驅之右，將無所往而不得意矣。操心亦然，誠以必有事焉爲其操，則深造自得，左右逢原，又何有事累心、心累事乎？」

日睿問曰：「適有所感，覺的學道不惟足以養身，亦足以傾動人。」先生曰：「内外交相養，互相發，原不是兩事。故根心則必生色，不重則必不威，此一定之理。學者只是養重，非假以傾動人。心術所關，固自不容易易耳。」

會日，潘彦甫問君子之道。先生曰：「子路問君子，子曰『修己以敬』。司馬牛問君子，子曰『君子不憂不懼』。内省不疚，夫何憂何懼？惟敬，則内省方能不疚，君子之能事畢矣。非敬，則内省多疚，何以爲君子？」

日省問曰：「學莫先於養心，不知心何以養？」先生曰：「如事親而心乎孝，則心日順，即以孝養也。事兄而心乎弟，則心日和，即以弟養也。事師而心乎敬，則心日肅，即以敬養也。推之而言不妄發，即以謹言養心也；行必當理，即以慎行養心也。何在非養心之地？何人非養心之資？不患養心之無術也。」

會日，劉明德問曰：「孟子云『學問之道無他，求其放心』，不知人心原自常存不放，何必假學問以求之？」先生曰：「人心原自常存不放，而常存者幾人，不放者幾人？如視惡色，則放於色矣。聽惡聲，則放於聲矣。當畏敬而傲惰，則放於傲惰矣。故惟視思明，斯謂之心存於視也。聽思聰，斯謂之心存於聽也。戒慎恐懼，斯謂之心存於敬畏也。此非勤學好問，胡以能然？今之從師問業，矻矻窮年，果專爲掇青紫而遺學問，是假天爵而要人爵，得人爵而棄天爵，吾子甘之耶？」

會曰，崔子玉問曰：「何者爲道？」先生曰：「道不可名，故就人所當行處强名曰道耳。君在則當忠，行忠便成個忠道。親在則當孝，行孝方成個孝道。推之悌兄長，別夫婦，信朋友，莫不皆然。盈天地間，何者非道？何處不當行道？故可行則爲道，不可行即非道矣。道豈可以一端盡耶？」

周希孟問曰：「志欲存天理、學聖賢，何如？」先生曰：「天理、聖賢，不是兩樣。聖賢之所以爲聖賢者，只是個存天理而已。故能存天理，便是學聖賢。學聖賢必須存天理，又非在聖賢身上求天理也。惟存自家天理，則我即聖賢了。」

張本德問曰：「知命不怨，乃立身行道之則。不知耕芸勞苦，亦有道乎？」先生曰：「既知知命不怨爲立身行道之則，則耕芸勞苦即知命不怨之事，而可謂之非道乎？蓋當勞苦而勞苦，則勞苦爲道；當倦勤而倦勤，則倦勤未始不爲道。當時大禹胼手胝足，八年於外；虞舜端躬無爲，逸於得人。道固各有攸當，不可執此律彼也。《中庸》曰『素富貴行乎富貴，素貧賤行乎貧賤』，自是素位不怨之法。若憂勤惕勵，則固合富貴貧賤而一之矣。」

馮則中問曰：「伯寮愬子路，而景伯即欲肆諸市朝，夫子第云『其如命何』，是聖人直視小人如浮雲之過太虛，漠然無所動於其中也，是否？」先生曰：「學到耳順地位，則於天下毀譽屈伸，得失生死，處一化齊。順固順也，逆亦順也，故於伯寮而曰命，於生死而亦曰命。生死不足以動念，矧他乎？此即心齋先生『夭壽只如常』之意。不然，人不知而慍，豈所謂悅心之學？」

又問曰：「人不知雖不慍，然必竟有個憫人的意思。」先生曰：「此是一體學問。但須好學，方不流於爲人。故曰：『好仁不好學，其蔽也愚。』學之不可已也如是夫！」

日睿問曰：「不假矯揉便是天，何如？」先生曰：「昔齊景公問天而仰視，晏子曰『天非蒼蒼之謂也』，可謂知天矣。故率性即是達天，天豈遠耶？邵子詩云：『天聽寂無音，蒼蒼何處尋？非高亦非遠，都只在人心。』説人心，亦自無矯揉也。」

馮則中曰：「偶疑夫子不夢周公，是到無夢地位，而云吾衰者，乃聖不自聖之心，是否？」先生曰：「此疑亦善。余嘗玩『至人無夢』句，非真無夢也。蓋夢境恍惚虛假，不是真境。故人之見道不真者，必説夢。□之至人，則此心真真實實，空空洞洞，尚何有恍惚虛假者參於其間，而日有夢耶？不然，必無夢而爲至人，則不但孔子之夢周公，而文王之夢飛熊，武丁之夢良弼，俱不得爲聖人矣，有是理乎？」

張本德問曰：「書要讀得多，理要見得明，事要知得透，世要治得平，纔謂有益學問。」先生曰：「書籍萬卷，如何能盡讀得？事理萬端，如何能盡見得知得？世界甚大，如何能盡治得？以此求讀，求見，求治，皆所謂事末而忘本也。惟是讀書而得聖賢之心，則書亦糟粕矣。處事而得事理之窾繫，則事理不難明透矣。處世而篤近舉遠，由親逮疎，則世不難平治矣。噫！非窮理盡性，吾誰與歸？」

上官汝敬曰：「學須順理、誠實，何如？」先生曰：「理無不實。順理自然誠實，不順理即爲僞妄。故順理、誠實，亦不得分之爲兩。但自順理而行，則誠實在其中。若視爲多歧，今日求順理，明日求誠實，何時是歸一之地？」

王向學問：「窮理之道，只是反己，求之於心，盡性至命，皆由此而知否？」先生曰：「窮理而歸之反己，求之於心，可謂真能窮理者也。求之於心，則良知精明，一徹俱徹，豈不是窮？性，心之生理，窮之所以盡之也。命，心之稟賦，窮之所以至之也。又豈不皆是此知？故窮理盡性至命，是一時事，不得分成三層。」

馮則中問曰：「昔程子謂雞雛可以觀仁，先正以雞雛無争鬥解之。竊謂不止於無争鬥。如一離雞母，即急尋叫；一離同群，即急尋叫。此處最可觀仁，此處殊爲負媿。」先生曰：「仁只是個惻隱之心。故孩提之愛、稍長之敬，皆一念不忍之良，所以不容已者。雞雛之不忍離母，不忍離群，與此心何異？特物不能充，而人能充之。是以擴而塞天地，育民物，參贊裁成，胥不外此。故曰『天地之大德曰生』。道何大也？今之親師取友，正求此仁。」

劉育德問曰：「『識在前言往行之先，有默默貓捕鼠意。識在多學之後，則有如貧子暴富之意。』此語謂何？」先生曰：「讀書原爲尋道。識在前言往行之先，則一意於道，默默如貓之捕鼠，專專一一，無有他向，此謂不□而躬行者也。識在多學之後，則誇多鬥靡，一味炫耀，淺亦甚矣。俗語云：『窮而乍富，腆腰大度。』此貧子暴富之説也。」

日省問曰：「或問『未出門使民時』，南皋先生曰：『自家痛癢自家知。』何不直示之曰『未出未使時，宜常如見賓承祭時』乎？」先生曰：「鄒老先生亦是此意。蓋以出門如見賓矣，未出門時能如此否？使民如承祭矣，未使民時能如此否？此皆自家能知之。能如此，則加勉勵；不能如此，則加工夫。何須更問他人？」

上官允化問「慎獨」二字之義。先生曰：「不明慎獨二字，盍即『學道』二字思之乎？天下止有此道，是之謂獨；吾人止有此學，是之謂慎。蓋止有此道，則無加無偶，非獨而何？止有此學，則惟幾惟勑，非慎而何？故只在學道上用功，不敢一念暇逸，這便是真慎獨。」

洪仁夫曰：「容老矣，惟尊老師教誨，一一忍讓，何如？」先生曰：「忍讓自是好處。第未知凡事果求於心無愧否？極而人欺人辱，亦果然如天空月霽，無一毫芥蔕否？則其動静之間，必能自辨。」

會日，上官允化問曰：「一鯉從師問學，今老來眼目不明，意還是心之不清所致與？」先生曰：「心與眼原是一事。難道眼不明不是心不清處？但老來眼病，亦是常事，何妨爲人？只恐心病不自見耳。果然於人所不見處，着實用工夫，返觀内照，不蔽真明，則人將曰：『允化眼雖不見，心有真見，何嘗礙他作聖？』故世上誰無好眼？只無好心。是以見人不見己，作出多少不合道理事，竟不如眼不明而能見道者之能自全也。」

洪仁夫問曰：「承老師至教，願於横逆之來，只學三自反。然三個小兒不能卓然成就，日夜不寧，敬請以教。」先生曰：「三自反，乃孟子至教，無復可疑。今欲諸郎卓然成就，亦只盡義方之訓，立身行道，日不暇給，將日漸月化，必入於規矩而不自覺，此顯親揚名之道，合之皆一事。仁夫以爲何如？」

張弢甫問曰：「人皆篤信一切術數，爲邀福避禍之階。紹光以爲全在人心。心苟善，隨地隨時，無非善機；心苟惡，即良時吉地，亦化爲凶境。是否？」先生曰：「歸重人心，此探本之論，𢼊甫之見理明矣。第論道理，未論工夫，余以爲尚未盡也。放勳曰：『匡之直之，輔之翼之，使自得之，又從而振德之。』此聖人教民從善，費盡多少辛勤？在吾儕何可自蹈因循怠惰之弊？亦必自匡自直，自輔自翼，自爲振德，然後能釋回增美，而底於純全也。」

馮則中問曰：「游於藝，則藝即道，固矣。何以志於道者，不謂之志於藝，而直謂之志於道？」先生曰：「藝固即道，然惟得道者，始知即藝即道。若於道未得者，豈能見的即藝即道？故夫子欲人立志，又恐人志於他歧。惟以吾道端其趨，而從此得之則爲德，純之則爲仁。斯有實德而底於化境，於道始熟，則無往非道。琴瑟簡編，藝也，即道也。乃謂之游，游如魚之游泳，莫知其然而然者。如是始可以語游，不然則溺矣。」

李實甫問曰：「朋友一也，而有君子小人，吾儕只親君子，何如？」先生曰：「固說得是，然君子小人，亦何常之有？小人而回心嚮道，則君子矣。君子而改節易行，則小人矣。吾儕又不敢以小人待人，至無與爲朋，必乘機指引，便未可歇心也，君子之心每如此。」

馬孫賞問曰：「之冀素禀粗率，動輒過差，近領至教，偶有所感，頓覺客氣强制不行，益信講學之功大。不識後日講學之益，更當何如？」先生曰：「克伐怨欲不行，夫子以爲難，而終之曰『仁則吾不知』，可見客氣不行，止可以爲難，不可以爲仁。又觀『勿求於心，勿求於氣』，告子之學，全是强制，故孟子謂之『義襲』。孫賞始知用功，便强制不行，可謂有勇力矣。但工夫太難，恐非率性之常，或畏難中止。必日日有事，方是善養之功。心齋先生云『樂然後學，學然後樂，不樂不學，不學不樂』，學必至於樂，不見其難，乃冀有進。今曰『素禀粗率，動輒過差』。既知粗率，便不要粗率；知過差，便不要過差，此知病即藥之說也。又曰：『不識後日領教之益，更當何如？』此日新又新之說也，勉之無懈。」

馮則中問曰：「昨有一人言我只忠信罷了，忠信之外更有何道，而俟講學乎？庸思夫子說『主忠信』，便說『無友不如己，過則勿憚改』，又說『徙義』，說『好學』，不一而足，而人言若此，然則忠信果可爲駐足之地乎？」先生曰：「擇交改過，徙義好學，何者不是忠信的事？何者離了忠信能幹出？天下事蓋事理多端，須要主忠信，方能事事盡善。故夫子說個道理，必說主忠信。則謂只忠信了罷，此外更有何道？但未知說者果能忠信否？恐不能身體力行，只爲一塲話說，便還是不忠不信了，如何算的主忠信？」

劉師曾問曰：「自省初不知道理，今幸問學於老師，始知潔己愛人，仁慈謹信，以無負此生，不識即此足當行孝否？」先生曰：「安命自修，只此便是行孝。精進之，使道明德立，則去聖域不遠，不更可爲大孝也哉？」

馬孫賞以失言致謗，故問謹言之道。先生曰：「方失言即來謗毀，是謗毀也乃教我也。若求謹言之道，何事他求？只勿失言而已矣。有何難哉？」

馮則中問：「門多士君子，即爲居家之祥。」先生曰：「昔孟子云『一鄉之善士，斯友一鄉之善士』等語，則修身體道，意氣感孚，不問可知。吾輩方則其言行以自修缮，其爲致祥亦不問可知。由此而一國，而天下，愈勵愈廣，其釀攘攘之福，又不問可知。故曰視履考祥，曰自求多福，理所宜然，豈爲異乎？」

張抱初先生印正稿跋

竊觀吾師張先生洗心有年，己正物正，誠有如天齋先生所云「月印寒潭」也者。凡我同志，囿於光霽中者，樂師範之陶鑄，喜同學之砥磨，亦必效法洗心，而有以印正之，庶不負愧此生。昔孔子傳聖經，第曰「正心」，而孟子承之曰「我亦欲正人心」。今先生乃獨得孔孟之心印，以正人心者，於世道人心詎云小補者哉？同志皆述其稿，故繼《洗心録》而刊行之，欲爲有志求正者之一助云爾。觀者請自印之。

時崇禎戊辰中秋之吉，古宜門人馮奮庸百拜謹跋。

張弘山集

［明］張後覺 撰

弘山先生教言序

秋籍茌邑，因祖移居安平鎮，去縣百餘里。入庠時，初見先生德容睟然，詞氣和平，心切慕之，意其超然世俗之表，何修而得此？再踰歲，會同進朱友，問之，乃曰：「吾茌弘山張老師也，村居，樂孔孟之道有年矣，子獨不聞乎？」秋曰：「願往見焉。」次黎明，即約朱友步其廬，遂見先生。先生曰：「子來有志於學乎？」秋曰：「孔孟世遠，不知何所謂學，請教之。」先生即授以良知之學，言之終日，其言真切，其旨透徹。秋遂忻然有省曰：「不遇先生，終成瞶瞽。」遂師事先生，執弟子禮。留數日，日聞其所未嘗聞者。别來此志奮然，就而與同志趙允升諸友相講學焉，因遂遍交海内理學先生，聽其言，聆其旨趣，益信先生之學誠孔孟真傳也。

先生年益高，學益精，我穎翁宗師督學山東，聞其學，相與益切，爲建願學書院於長清山中，群弟子而授之，四方同志者日往歸焉。秋侍先生二十有餘年，於學雖無得，凡有所聞，即私記之，以爲書紳法。今以宦遊去先生三四載，未獲親炙其真意，而切磋於友朋，願備述其始末教言，録之與同志者一誦法云。

萬曆二年冬茌平門生孟秋頓首書。

重刻語録敘言

先大父生平不喜著書，所訓誨諸子姓者，家法具在，若索之竹素則無矣。存日《教言》一册乃我疆孟先生所紀録，非家藏也。即嘗遊燕邸，適金陵，入水西，日與諸鉅公宗匠上下其擬議，非不多所講説。時不肖方舞象爲諸生，不獲從遊，豈直不能録，亦無繇録也。兹録所載，悉昌黎講道堂中語，齊君輩録之，而壽之梓則浙右樂先生也。夫昌黎齊君，我疆先生門下士，録皆與先大父面談。若樂先生與先大父爲兩世，顔色未始接，謦欬不相聞，乃以齊君所録爲先大父壽梓，則先大父之邀惠於樂先生者爲何如？儻所謂異世同符，非耶？已而少山朱尊師於燕得一帙，示不肖，不肖曰：「先人緒餘，繼在後人，後人弗繼，如愆忘何？是故物而委之塗也。」因赧且泣，日惟家聲之隳是懼。遂手録重梓，藏諸家廟，用告先大父，俾知當今世猶有知己如樂先生者。若夫箕裘有托而衣鉢無傳，則繼述之羞，不肖淳且又自愧矣。

萬曆己亥不肖孫尚淳謹識。

卷一

教言

秋初見先生問學，即講「天聰明」三字，謂：「吾人是非邪正，一觸而知，是聰明也，何慮何學，乃天然聰明也，如今順我天聰天明應去，便是聖學。」秋遂恍然有悟，因歌之曰：「耳本天聰，目本天明，因物付物，人道乃成。」

一日問孔顔之樂，先生曰：「『飯疏食』一章見之。孔子説我饑了喫些飯，渴了飲些水，倦了曲肱而枕，樂在其中矣。若不義，富貴如浮雲。然看他饑食渴飲，無一毫意必安排，正是天然順適，不假人力，便是真樂。顔子不改其樂，亦是此意。」

先生嘗教人曰：「一得永得方是真知，方是聞道。暫得暫失，算不得知，算不得得。」

先生與陳鐵峯書云：「吾兄天機自運，不落形色，須朋友常相聚會，更見穩實。」

先生與秋書云：「聖人教人，千言萬語，俱是入門話頭，到宗廟之美，百官之富，只是常常見此而已，更無他説。」

秋一日舉顏山農《快活歌》請教，先生曰：「所謂快活者，非樂光景之謂也。性體原自充滿，無少欠缺，原自生生不息，活潑潑地，此是真快活。若有一毫私意，便不快不活。」

聖人學問第一義，只論性，不論過。

聖人學問只在明上做，不在照上做。

作聖須先透性。透得此性，只順此性，便是聖學。

嘗問：「聖學有功乎？」先生曰：「待説有功夫，却是無工夫。待説無工夫，却是有工夫。此間最妙，當自得之。」

學問不在講説，只在默體。彼此真意相觀，自有進益。

嘗問：「孔子説『七十不踰矩』，前此猶踰矩乎？」先生曰：「凡孔子説話都是實話。嘗説：『吾嘗終日不食，終夜不寢以思，無益，不如學也。』孔子豈果終日不食，終夜不寢哉？當食而食，當寢而寢，此便是學，便是不踰矩。當食而思，當寢而思，此便是思，無益，猶是踰矩也。觀孔子云：『久矣，吾不復夢見周公。』其學益進矣。」

嘗問「發憤」一章。先生曰：「此是聖人真實語，吾人只是一個學，樂亦只是學，天地間只是一途，順逆有兩境。舉食則凡富貴功名之類皆是也，舉憂則凡貧賤患難之類皆是也。憤是樂之真機，樂是憤之本體。憤亦樂，樂亦憤，無二理也。聖人如此而憤，如此而樂，不見食之可願，不見憂之可戚。無窮通，無得喪，無久暫，不知老之將至也，此是至誠不息處。所謂『學而時習之』一章，亦是此意。」

問：「白沙詩云『至樂終難説』，何如？」先生曰：「孔子開口都是説至樂，孟子雖説『難言』，却言許多。天下無有説不得。」秋曰：「程子云：『人生而静以上不容説。』竊嘗疑之，由此觀之，可見無有説不得。」

嘗問「一貫」之説。先生曰：「夫道，一而已。道只是一就盡了，非謂以此貫彼也。」又問曰：「何爲有萬殊之説？」曰：「萬亦只是一。」問曰：「曾子唯一而言忠恕，何也？」曰：「忠恕就是一。程子説『中心爲忠，如心爲恕』，甚有理。」

和而不流，中而不倚。和是不流之和，何等强！中是不倚之中，何等强！這中和至死不變，方是君子。聖人論學，原無方所。見得透時，説聖賢的話，即是説自家的話。

逸民之行有可不可，終是執着。孔子無可無不可，無意必，無方所，活潑潑地，所以爲聖之時也。

嘗問：「聖賢學問，言各不同，如何？」先生曰：「只是一個真。真感真應，更無他説。」

先生不著述，嘗勸之，先生曰：「五經、四書，聖賢論學俱已詳透，但人不肯體察耳。聖學只要傳人，不在著述。」

嘗問：「動静分得否？」先生曰：「人心原是活的，原無不動時。動而無動，便是静。聖人主静，君子慎動。動亦静，静亦動也，只是一個。」

人心是活的，原無無念時，原無無感時。正感正念，便是實功。

問聖經一章。先生曰：「聖學之要，只在誠意。」秋曰：「明公云：『意者，心之動。心無不善，動而後有不善。』此言信否？」先生曰：「子以爲何如？」秋曰：「意者，心之動。心無不善，意何有不善？意原自誠。誠其意者，復其本然之善而已。」先生曰：「然。」

或問「誠意」章。先生曰：「惡惡臭，好好色，何等真切，便是毋自欺，便是誠意。」

或又曰：「此處人皆可能，如何云天下鮮矣？」先生曰：「只是無有作好、無有作惡便是。公好惡便是意誠。平天下、絜矩只是公好惡。如今人作的意思多。」

或問爲政。先生曰：「堯舜之智，只是急親賢。爲治之道，善用人而已。」

問：「『誠無爲，幾善惡。』幾者，誠之動也。誠無爲，幾何有惡？揆孟子性善之説，似有未穩。」先生曰：「然。」

心、性、情、才、氣，原是一個，須要會得。

人之神明謂之心。心者，貫於一身，無在無不在，所謂神無方而易無體也，不可錯認。

爲學只是要真心，心有不真，終日講説還是假的，不謂之聞道。

孔門顔子以下，美質莫如子貢，夫子拳拳啓之。子貢以博施求仁，夫子教只在心上做，不在博上做。子貢以多能稱聖，夫子曰：「君子不在多能。」子貢以多學而識目聖，夫子曰：「吾道一以貫之，不是多學。」子貢以言語上觀聖人，夫子教以無言，曰：「天何言哉？四時行，百物生。」屢啓而不悟，故曰：「莫我知也夫！下學而上達，知我者其天乎？」由此觀之，聖學只在易簡，不在多學。故曰：「易簡而天下之理得矣。」此作聖之要也。

明公「知行合一」説發得極透，孔孟後無人看破。

明公「致良知」之學真作聖之的訣，言出於孟子，却能發得透徹廣大。

先生在鐵峯山莊夜坐，與邢一齋、張定菴論著察之説，曰：「良知昭明，如此燈光明，何等著察。」聞之者皆有省。

人好動固是病，好静亦是病。

問：「不睹不聞，如何戒懼？」先生曰：「不睹不聞，性之體也，所謂隱微也，獨也。戒懼者，保此性體而已。不睹不聞，是未發之中，就是已發之和，無兩個。誠明只是一個，誠則明，明則誠，無二理也。」

問「克己復禮爲仁」。先生曰：「聖學只在復禮上做。禮，即仁之條理也。視聽言動，一於禮而已，非禮非仁也。」秋因問曰：「視聽言動，文也。復禮，禮也。顔子曰『博我以文，約我以禮』，此之謂與？」先生曰：「然。」

問曰：「孔子群弟子問仁，孔子答之不同，果有異與？」先生曰：「皆是。顏子第一義，無二説也。」

處貧難，貧而無怨難。處富易，富而無驕易。貧而怨難者，富而必驕易，一機也。

問「勿忘勿助」。先生曰：「只必有事焉，便不消説勿忘勿助。勿忘勿助即是必有事，忘却忘在何處？助長便是忘，只是一個病。」

過化存神，是説君子身上事。所存所發，神而無方，化而無迹，是天地之神化也。是以殺之不怨，利之不庸，遷善而不知也。

問曰：「孟子曰：『仁，人心也。』又曰：『仁者，人也。』可見心即仁，仁即人，人即心也。是否？」先生曰：「然。」

性也，有命焉。命也，有性焉。性命只是一個。孟子互言之，正見其同也。

問「寂然不動，感而遂通天下之故」。先生曰：「寂感是一時，原無二界。」

思是聖功之本。只是「憧憧往來，朋從爾思」，便是亂思，便是私意。聖功之思是何思之思？無思無不思爲聖人思，何無得？

一日問精一之説。先生曰：「道心最爲微妙，道心不雜便是精，道心不貳便是一，便是執中。無稽之言勿聽，弗詢之謀勿庸，便是精一工夫。」

皋陶學問最精，説個天聰明，何等透徹明白。

「昊天曰明，及爾出王。昊天曰旦，及爾游衍」，此便是天體流行，何等著察，故存心養性所以事天。爲學須做真人，聖學不明，縱是爲學，還是假的。孔子之學，群弟子都會推尊，但不如孟子善形容。觀他説「可以仕則仕，可以止則止，可以久則久，可以速則速」，何等活潑。無意必，正孔子所謂無可無不可也，所以爲聖之時，所以願學。孔子觀聞楚狂之歌，便下與之言；聞子路之告，便使反；見魯人獵較此處，亦爲之兆，便是無方無體。自生民以來，未有孔子也。

問：「伯夷、柳下惠何以不同道？」先生曰：「孔子好學故博學，故謂之集大成。伯夷、柳下惠不如孔子好學，只是學成一家。」

嘗問：「顏子不遠復，意孔子稱顏子有不善未嘗不知，知之未嘗復行，顏子知不善，不行不善，此顏子得一善拳拳服膺處，所謂不二過、不違仁也。《易》曰：『復其見天地之心乎？』復是心之本體，顏子不遠于復，便是不改其樂。孔子所以許其『惟我與爾有是夫』也。先儒以顏子未達一間，似説不穩。觀周子『處一化齊』之説益見。」先生曰：「然。」

先生與秋書云：「近年來只體得一個良字，願吾子時時體此。千里之祝，亦只有此而已。」

右門人孟秋録

《大學》聖經議

先生曰：「大人之學，其道安在？在『明明德』而已。明德而不親民，失之空虛而無實用，故又曰『在親民』。天之生此民，都只在事事物物上做去，能各得其職，方謂之親民。親矣，或不出於天然自有之良，容有一毫人爲矯强之私，則亦不足以語至善矣，故又曰『在止於至善』。善而曰至，學之極也，吾人之所止也。知止就是止至善。人能真知至善而止之，則定、静、安、慮、得皆從而爲之後矣。此止至善之妙用，説後就是先，無本末終始先後之謂也。到了『物有本末，事有終始』，乃是着落在事物上，不知親民原有至善，而人爲雜於其間，其所親者不免着落於形色，斯其爲末爲終矣。能不着落于形色而親其民者，皆本來自有之良，則本始在我，又以何者爲末終乎？知本始當先者而先之，末終當後者而後之，去道復何遠之有？不觀古人爲學乎？先其本始，後其末終，在古人則然也。明明德於天下，是在國則明於國，在家則明於家，在身則明於身，隨其所在皆明其明德。至於天下、國、家、身、心、意、知、物，嘗有不得其理者，固皆着落於形色，是數者俱不免爲末爲終而已。然末必有本，終必有始，於其本終者求其本始而先之〔二〕。國，末

〔二〕「本終」，據上下文疑爲「末終」之訛。

終也，不先其國而先治其國，則以吾本來自有之良而治之矣。家，末終也，不先其家而先齊其家，則以吾本來自有之良而齊之矣。身，末終也，不先其身而先修其身，亦惟以吾本來自有之良而修之矣。至於心、意、知、物，莫不皆然。由是物格於先而後知之爲末終者，復其本始而致矣。知至於先而後意之爲末終者，復其本始而誠矣。意誠於先而後心之爲末終者，復其本始而正矣。以至身、家、國與天下莫不皆然，是以格、致、誠、正、修、齊、治、平爲本始，而物、知、意、心、身、家、國、天下爲末終。知所先後，此古人學得其要，而後世所當法也。其在於今，自天子至於庶人，亦惟學古人之所學，各以修其身爲本而已矣。只說一修字，則誠、正、致、格及齊與治等都該盡了，還是上文以本始爲先之意。苟本始不先，則其本亂而末終治者否矣。本始，其所厚者而薄之；末終，其所薄者而能其厚，是形不端而影得其正，有是理哉？」

諸友會大雲寺，時王見虞公在座。先生曰：「吾輩此講俱出真意，即此可謂之行否？」諸友於「合一」之説有省。比静坐良久，先生曰：「此際不假言説，真意相觀，即無言亦可謂之講否？」諸友於「合一」之説又有省。

問：「『民可使由之』章作王道看之，何如？」先生曰：「父母不使子知，王者不使民知，惟不使之知，所以民日遷善而不知。若使之知，則歡虞矣，豈王道乎？」

門人有問用功苦難者。先生曰：「還不是本體用事，自生紛擾，自生廻避，所以苦難。透得本體，則天真自運，不假人爲，就簡易矣。何難？」

問：「先儒云『存養是主人翁，省察是奴婢』，此説何如？」先生曰：「心一而已。存養的個甚？存養此而已。省察的個甚？省察此而已。省察既是此，則省察亦存養矣。省察亦存養，則省察亦主人翁矣，有二乎哉？」

問：「古人云『自得』，必用功而後得乎？」先生曰：「功夫便是自得。夫本體原自得也，用功不當，不得本體，是不得也。用功停當，得此本體，是得也。不假安排，是自得也。彼求益於本體之外者，是多也，非得也。置此於空虛之地者，是迷也，非明也。非明，非得也。自得之學，自味之而已。」

問：「古人云『懲忿如摧山，窒欲如填壑』，如何？」先生曰：「謂甚功夫做得難？山可摧乎？壑可填乎？愈難而愈遠矣。懲忿如釜底抽薪，窒欲如紅爐點雪，如此用功，方是高手。功夫是本體上做。真知是忿，忿自懲；真知是欲，欲自窒。消息之者，在我而已。學原易簡。」

先生會穎泉鄒先生曰：「某近覺得『良』字甚爲有力，透得此處，真是作聖之基。外此言知，不是真知；外此言能，不是真能。此本然之善也，生而有者也。知則天知，能則天能，天心不假人力。復之者，復此者也，故曰：『大人者，不失其赤子之心。』善學聖人者，孟子而已。」

有舉朱陸異同之説者。先生曰：「汝輩且於自家良心上體察，莫在儒先上體察。良心之所同者，吾同之。良心之所異者，吾異之。儒先之同異，求之可也，不求可也。區區於朱陸之異同，乃於自家良心置之不顧，是自異也，非君子之學。」

門人有專事講説者。先生曰：「學問不在講説，只在實踐。實踐得，則講説亦是真功；實踐不得，縱所言悉當，空談而已。孔子云：『耻躬之不逮。』正是吾黨藥石。」

門人問舉業之爲累者。先生曰：「即此亦是遵制，但無願外之心而已。古人云：『得之自是，不得自是。』以是心爲之，雖百工之事，亦不爲累，况舉業乎？不以是心爲之，雖名爲聖賢之學者，急功襲效，爲累不淺，况舉業乎？君子之學，盡分而已。」是日，諸友於實踐之説有省。

先生謂陳鶴涯先生曰：「學問既識本體，須日日天體用事，不落塵埃，方有長進。若只正一正，對一對，既作復止，非功也。」

鶴翁曰：「若功夫做不去，如何？」先生曰：「不怕做不去，只怕種不真。」

人須是學復自家本等的全人，學聖人猶貳也。自家若非原是聖人的全體，何以學到聖處？如顔子起初，步亦步，趨亦趨，猶是學聖人。至於不伐不施，知爲己矣，猶未免有迹也。到得智聰不事，同於大通，則人即是我，渾然無間矣。大舜善與人同，亦是如此。

先生謂羅近溪曰：「今之爲學者，知其可而爲之，知其不可而不爲，以爲是亦足矣。不若天體靈融，真機自著，不必求知其可，而所爲自可；不必求知其不可，而所不可者自不爲。此則所謂無可無不可也。由所知以造於聖不可知，其爲知也，不益精乎？」

問「不睹不聞」。先生曰：「不睹不聞，非無所睹聞之謂也。在形聲之中而有不落形聲者在，即至善之理也，此子思得曾子之精處。在天謂之無聲無臭，在人謂之不睹不聞，在《中庸》謂之中和，在《大學》謂之至善，一而已矣。」

問「何有於我哉」。先生曰：「聖人望道而未見，故不見己之有也。不見己之有，所以爲聖人。學者惟見己之有，故不能到聖人地位，故滿最害事。」曰：「『我無能焉』者，亦不見己之有歟？」先生曰：「然。惟不己之有，故不自以爲能也。堯舜事業，自堯舜視之如一點浮雲過太虛，此正好看聖人之心。」

周公真聖人也，其曰：「不識不知，順帝之則。」説文王是説自家的，此天然語也。小子何莫學夫《詩》！

問「先天之學」。先生曰：「先天人不識，至道古難傳。將以爲遠耶？即目前俱足。將以爲近耶？亦誰能透得？非道之難傳，在不識者難之。待汝心體無累時來説。」新因豁然有悟，遂歌之曰：「每道先天在眼前，眼前無處不通玄。直須坦步青雲上，日日説天不是天。」

右門人趙惟新録

一日後仲問「觀過知仁」。先生曰：「聖人不觀他人之過，亦未有既謂之過，猶可謂之仁者。

蓋吾人之過，黨類甚多。非但爲不善而後謂之過。一念一事不本於天然之良，即謂之過。天然之良，仁也。知其所謂過者，斯識仁之體矣。」

問「克己復禮」。先生曰：「己即真我。孔子說修己，說求諸己，說爲己，都是一個。禮乃天則，不落人爲，復我天則而真己能全，斯仁矣。歸仁是舉天下而仁之。己即天也，爲仁由己，是時時事事本乎天。若曰以軀殼之我做仁，是人爲也，妄也，而由人乎哉？禮既復矣，則時時事事皆天則運用。視聽言動，肯着在非禮上？就是知之未嘗復行了，就見顏子請事斯語之意。」

問「萬物皆備於我」。先生曰：「真我無時不在，悟得這個天機，雖未事君而忠者自在，雖未事親而孝者自在，完完全全，一時俱有。一事不停當，都不停當了，性體虧矣。反身而誠，樂此全備者；强恕而行，復此全備者。」

問「色取仁而行違」。先生曰：「所謂『色取仁』，非但善其顏色也，是實實的做去，所以皆信之。就似霸者也，是着實做去，所以民皆驩虞，俱是着了色相，只在人爲上打點，不是本來自有的運用，所謂色取仁而行實違乎仁也。質直好義，天性也，方是不落形色。」

右弟張後伸録

山中會語

先生曰：「世之英傑皆始於知其可而爲之，知其不可而不爲，只一知字，便屬在我，而非天然之知，不可以語良矣。不知其可而所爲自可，不知其不可而不可自不爲，斯謂之良，斯爲孔子之學。」

天然自有之謂良，良乃真我。人我之我，去真我遠矣。人我之我不去，則真我不復，雖從事於學，何益？

今人開口就有自家作主張意思，此自家乃是軀殼上起的，便屬妄了。若是真自家，就從生天生地、生人生物一點靈明加減分毫不得處來的，故謂之良。此良本無蔽塞，本無昏暗，故又謂之明。

誠意説個毋自欺，這自乃是原來自家不欺了。原來自家纔是誠意，惡惡臭、好好色都是原來的，一毫作主張不得。識得此意，就識得「良」字，這便是自慊，這便是獨得於天者，故君子慎之。

天性如何離得形色？只不着在形色上，就謂之天性。性出於天，即謂之良。這良無精粗、無隱顯、無本末、無始終。自失其本良，着落在形色上，然後以形色爲粗者，爲顯者、末終者。即不失其本良，則形色亦精而隱、本而始矣。《中庸》不睹不聞、無聲無臭，都是此意。

山中得子成書，説今之所謂良即昔之所謂真，最是最是。但真有天人，真出於天，正是良。真自人爲，都是妄。出於天者，此中光光浄浄，無分毫渣汁，物來則順應之而不窮。真自人爲，雖不虚詐，便有自以爲是的意思在，便不可以語良矣。良知二字不可分，良就是知，知就是良。良外無知，知外無良，須要識得只是一個。

問：「子夏問孝，夫子曰『色難』，色果難乎？」先生曰：「若着了色相，則難矣。事親豈能外服勞奉養上？惟落在服勞奉養上，是在色相上做，而非天然自有之良矣。豈足以爲孝乎？」「今之孝者，是謂能養。」養親非不是孝，但不是天真自然。靠在養上便不是孝，故曰：「至於犬馬皆能有養。」人養果出於天真則敬矣，則孝矣。

「富貴貧賤」章。不以其道而得處乎富貴，君子舍乎富貴而不處；不以其道而得去乎貧賤，君子安乎貧賤而不去。工夫全在「造次」上緊要。造是造詣之造，次是次舍之次，次第相成，再無間歇，都是此仁運轉。終食顛沛，都是造次中事。

右男張一本録

暹問：「學求易簡，事變恐應不來，如何？」先生曰：「乾至易而能知險，坤至簡而能知阻。天地間萬物萬化，多少煩細，只一易簡得之。人只怕不到易簡處，若真易簡，堯舜事業可爲。」

宿東山中，問「天道」、「人道」之説。先生曰：「天道、人道原無二理，人道做的即是天道。一復永復，純是天體流行，不費人力，一個學問。」

暹問「赤子之心」。先生曰：「聖人之心，到老是赤子之心，不曾加分毫。赤子之心，良知也，一點靈明，完全不昧。孔子無知，文王不識不知，皆是心也。若仁者見之，知者見之，便非良知，便失其赤子之心矣。」

先生同張鈞石會香山寺。先生問曰：「如何用功？」張君曰：「本體上用功。」曰：「何爲本體？」曰：「不睹不聞，便是本體。」曰：「應物如何？」曰：「本體靈明，物來自會應用。」曰：「恐有内外意思在。」曰：「直内方外，舊有成説。」曰：「直内處就是方外，原無二界。」

右門人趙暹録

卷二

語録

昌黎學道堂講語

先生曰:「『大學之道,在明明德,在親民,在止於至善。』夫大人之學,其道安在?在明明德而已。上『明』字無工夫,此句全着落在『親民』句,蓋明德而不親民,則失之空虛而無實用,故又曰『在親民』。民,人也,凡身之所接,如家國天下而爲臣子、夫婦、長幼、朋友者,皆是親。亦不是一槩的親去,只是能各得其職,就是親。親民,出於天然自有之良,就是至善,故又曰『在止於至善』。是至善者,學之極也。」

君子有三畏,君子之心只是常常畏此三者:畏天命,畏大人,畏聖人之言。天所命於我者,如何不畏?畏只是保守而已,不是恐懼畏怕之意,《詩》云「畏天之威,于時保之」是也。大人者,全此天命之理者也,以畏天命之心畏之。大人往矣,聖人之言在焉,則於聖言畏之。畏大人只是法那大人，畏聖言是行那聖言，只是個畏天命。

先生謂諸生曰：「韓子，子鄉賢也。子知若人之學乎？韓子學問最精，《原道》篇引聖經止於誠意，正見他學問一貫處。蓋心、意、知、物皆身也，正、誠、致、格皆修也，一修身焉，胥舉之矣。故下止言一『修身爲本』，而不及他。見的透時，説修身處止也得，説誠意處止也得，未有意誠而不能格物致知也。再觀明公格致之説，益信韓子之有見焉。宋儒謂韓子無頭學問，不是。」

先儒譏韓子「博愛之謂仁」句，却不看下句「行而宜之之謂義」了，然行却行個甚？

近時只體察出個良字，覺得此字最妙，只説一良字，再不消説知字。説良，而知自在其中矣。

人能體此良字，自然本體靈明，日覺有益。

天生將下我來，完完全全的這等一個人，聖賢也只是這等一個人。曾不説些甚的，吾人不如聖賢處，只是不如聖賢不失了原來作人的道理。原來作人的道理，良心也。聖人之心，到底只是這個良心。吾人把這良心遮迷了，其有怍於人、愧於天也，多矣。若肯思量我也是個人也，是天生的個人，把良心時時體驗，一猛裏打過這利害關頭，使天體日日用事，不落人爲，就是不失赤子之心，如何不如聖人？

良是人心原來自然本體，光光浄浄，無絲毫人爲的意思。一有心爲善，就筭不得良了。

諸生有問應事苦難者，天下事只要以本體應去，自然停當，不用許多筭計。以本體應事，如何苦難？如此就可以知孔顏之樂。

吾人爲學，不要在人爲上用工夫，只天機自運而已。天機到了熟處，就是從心所欲不踰矩的地位。

學問只怕執着，若執着甚，就着在甚上。執着在應上用工夫，就着在應上了。執着在静上用工夫，就着在静上了。只是常静常應、常應常静而已矣。孔子毋意、毋必、毋固、毋我，亦此意也。

人人都有這個良，只以此良應將去，就是聖學了。今人全是自家意思作主張，故喪失其良耳。若自家意思作主張，則心不虚矣。心不虚則善何自而入乎？此正是吾人爲學的大病處，直須拔去病根，時時在良上體驗，方是聖學下手的工夫。

一日，問：「天理要存又存不來，人欲要去又推不去，如何？」先生曰：「汝只在良上用工夫，久之，天理不待存而自無不存，人欲不待去而自無不去。若有心存天理、去人欲，則存者未必存，去者未必去，徒自憧憧往來耳，非學也。存天理、去人欲，只是一件事，存得天理在，人欲自然去了。」

先生謂諸生曰：「『學而不思則罔，思而不學則殆。』學、思只是一個，汝等發之。」諸生發之不透，請教焉。先生曰：「這個只在良上默體，不學之學是真學，無思之思是真思。譬諸孩提愛親敬長之自然真切處，就是學；愛親敬長之靈明昭著處，就是思。若這思一思，這親當愛乃愛之，這兄當敬乃敬之，非良也，無得於靈明，罔焉而已，不安於自然，殆焉而已。」

聖人、吾人所以異處，只在學不學耳。聖人不是天生的，全是學成的。吾人學不如聖人，是故人品不如聖人。若心聖人之一念，就是一念的聖人。若行聖人之一事，就是一事的聖人。久之，念念、事事都是聖人的心、事，是亦聖人而已矣。故曰「聖人可學而至」。

舜好問好察，禹聞善則拜，孔子自以爲不如顏淵，是數聖人之心何等的樣虛〔二〕！惟虛，所以受天下之益，爲天下之大聖也。心聖人之心者，當先心聖心之虛。

一日，問：「改過遷善，何如？」先生曰：「改過就是遷善，原無兩樣。人不患有過，只患不能改過。改之，久則無過矣，無過則善矣。若文過遂非，就不是遷善了。」

顏子不遷怒，無怒也，奚其遷？不貳過，無過也，奚其貳？總是見他天體光光浄浄，無有毫釐染着，所以爲顏子復禮之學。若以常說，把顏子說低了，如何叫做復聖？

問：「聖人有怒否？」先生曰：「聖人未嘗不怒，可怒者怒之而已矣，己不與也，雖是有怒也，叫不得怒。怒而無怒，聖人之怒耳。推之喜與哀樂，莫不皆然。此便是未發之中，就是已發

〔二〕「的樣」，疑爲「樣的」之訛。

之和。」

心即事也，事即心也。心與事只是一個，二之則不是矣。

會講德堂，諸生侍坐，默然良久。先生曰：「只此是學，不在講說。此心常常如此，再不間歇，就是聖人之心。」

聖學只在心上做，不在迹上做。

一日，問「聖人之心」。先生曰：「聖人之心，常常的是個乍見孺子入井之心，此真心也。人皆有之，不能全之，惟於乍見時有之。人能時時體驗，保守得此心常如乍見之心，就是聖學。」

這個良是我天然自有本體，無有分毫人爲的意思。若有一毫人爲，縱所爲悉當也，筭不得良。筭不得良，却是色取仁而行違，霸者之事了。

問孔子惡鄉原章。先生曰：「鄉愿譏狂狷，譏的也是。說『善斯可矣』，說的也是，他也是實實的去爲善，其所以可惡者，只是闇然媚世處，惟其如是之心，所以彌縫的甚好。忠信廉潔，無可舉，無可刺，而衆皆悦之，彼亦自以爲是，此正不狂不狷，似中道而非中道也，故孔子惡焉。五霸亦是這個學問，但五霸淺而易見耳，故曰：『高之爲鄉原，卑之爲五霸。』孟子賤霸，亦孔子惡鄉原意。」

或問「誠意」章。先生曰：「『勿自欺也』，這個『自』是我原來自然有的，勿要欺了我這原來自有的。這個自，見惡臭即惡，見好色即好，何等快足？就是自慊，就是勿自欺，就是誠意。下句『慎獨』，『獨』字是我獨得於天者，即自也。慎獨只是保守我這獨得於天者，不可失了。前輩説『真心爲慎，人爲爲僞』有理，子思『莫見』節亦是曾子這個學問。」

或問「費隱」章。先生曰：「費處就是隱，非費中另有隱者在，孟子『形色天性』意亦類此。夫婦與知與能，良知良能也；聖人不知不能，無不知無不能也。孔子無知，文王不識不知，是以天地運行皆是此道，總見得天地聖人足以盡道。朱註把天地聖人就小了。天地聖人苟不足以盡之，道果何道也哉？是道也，無形無聲，天下豈能載得？無物不有，天下豈能破得？『鳶魚』節，鳶魚亦是道，飛躍亦是道。『上下察』的『察』字，是著察之察。即鳶魚之飛躍，見察上下的一節耳，正是莫能載、莫能破處。註謂：『皆費也。』所以然者，爲隱未穩。費就是隱了，下節特結言之。」

問「誠」、「明」之説。先生曰：「誠、明是一貫的道理，直從聖經誠意、致知出來。誠就明，明就誠。時説『誠則自然明』，是也。『明則可以至於誠矣』，非也。曾子、子思、孟子言各不同，只是這個學問。」

問天道、人道。先生曰：「道之天然處是天道，人所當爲處是人道。天道不外人道，人道做的即是天道。人只打從天然處做去，自然大體流行，只是一個道理。明公曰：『不離日用常行内，直造先天未畫前。』『先天未畫』，就是日用常行的故也。」

問「尊德性」、「道問學」節。先生曰：「存心、致知分不得。德性，良知也，道問學即是致良知，都是存心。孟子曰：『學問之道無他，求其放心而已矣。』求放心即盡了學問之事，世俗不知此義，只把馳騁詞章、番閱經史當作問學。此豈學問乎？不過學問之一事耳。鵞湖之辯，彼宜爾也。況下文精微、中庸、知新、崇禮，并無如世儒所云者，吾子默體之。」

問「學習」章。先生曰：「時習即是學，悦也是學，樂也是學，不愠也是學，所以爲君子之學。」

或問「賢賢」章。先生曰：「此就良上看。吾人只良處見賢就賢，而輕易其好色之心，事父母就能竭盡其力以事之，事君就能委致其身以事之。二『能』字，良能也。註云『委致其身，謂不有其身也』，未穩。不有其身，何以事君？只是致極吾身以事之而已矣。與朋友交言就信〔二〕，全是天真運用，就是學了。」

或問「仲弓問仁」章。先生曰：「仲弓是個簡的人，簡易至於忽畧，故以『出門』二句告之。見大賓、承大祭不是加意敬謹，但此時只是真心。然出門無人是心之易縱時也，我去使民是心

〔二〕「言就信」，疑爲「就信言」之訛。

之易湜時也，故獨以出門、使民言之。出門之心如見大賓之心之真，使民之心如承大祭之心之真，時時處處，此心真切，將己所不願欲的勿施於人身上，在邦無怨那邦人，在家無怨那家人，這個就是仁了。亦是顏子克己復禮之意，不可以上章爲乾道，此章爲坤道，只是一個道理，告諸子問仁都是此義。」

聖人一生只是學，幹事也是學，如舜好問就是那學問的。孔子自少至老，無一事不是學，亦無一時不是學，誦詩讀書是爲學中之一事。

顏子不愛不求，子路不忮不求，吾人把這愛求的心一刀兩斷，方可爲學。若割不斷這個病根，不謂之大勇。

右齊鳴鳳録

先生初至學道書院，即講「孝弟忠信」四字，謂：「吾輩在天地間，只四個字終身用不盡了。外此言學，便不是學，堯舜之道亦曰孝弟而已。孝弟只在徐行後長，豈難事哉？故曰『所不爲也』。徐行後長者謂之弟。只徐行後長，在座者莫不皆然，卒不得爲孝弟者何？蓋徐行後長乃是不學不慮，天機順適，真性運用，故謂之弟。即此真性，隨在皆然，便是堯舜孝弟。但人除此徐行一節，多非真純用事，對此徐行不過，故不謂之孝弟。」諸生於良知之説有悟。

堯舜之道，不過曰孝弟。至宗族稱孝，鄉黨稱弟，又爲士之次，孝弟豈有二乎哉？但曰「稱孝稱弟」，便是着落在色相上做，便非堯舜孝弟。故子夏問孝，子曰：「色難。有事，弟子服其勞；有酒食，先生饌，曾是以爲孝乎？」「色取仁而行違」，所行者非不是仁的事，但着在色相做，故謂之色取仁而行實違乎？原來自有之仁，若不是實做個仁的事，如何在邦在家必聞？霸者之學，正是如此。「巧言令色，鮮矣仁」亦是此意。

問：「鄉黨稱孝，宗族稱弟。彼所謂孝弟乃色取仁也，彼所謂稱乃邦家必聞也，是否？」先生曰：「然。」

先生曰：「窮理、盡性、至命只是一個，只是一時，即今真心聽講，窮理與？抑盡性與？」粟曰：「所謂窮者，盡也。如今在坐者真心聽講，更無雜思妄念。凡孝弟忠信之禮，此時完完全全，無少缺欠，便是窮理，便是盡性。是否？」先生曰：「然。」

問「著察之説」云：「『良知昭明，如此燈光明，何等著察！』此言何如？」先生曰：「性體靈明不昧，原自著察，行之習之，豈有不著察者？行之不著乃不著之行，非行也；習矣不察乃不察之習，非習也。故曰終身由之而不知其道者衆也。」

周子云：「不思無不通爲聖人。」豈惟聖人？吾人亦是不思無不通，惟王心齋見此。學、思只是一個。學而不思是不思之學，故謂之罔。思而不學是不學之思，故謂之殆。

爲學之道，只了當下，了此當下，又有當下，終其身只有一當下而已。

事君能致其身，非不有其身之謂也。蓋死天下之事易，成天下之事難。必委曲其身務成君之事，方謂之忠，如甯武子之愚是也。苟徒不有其身，無補於國家之敗亡，何益？非子夏「必謂之學」本旨也。要之，不有其身，特事君一節耳。

顏子到「如有所立卓爾」，便却與道爲一了。非卓爾之外，又有可從者在也。卓則一，無高堅，無前後也。從則二，如我去從人一般。然則既立卓爾，而又復何從哉？故曰：「末由也已。」

問：「『仁者安仁，知者利仁。』利是利順之利。仁、知是一個，安、利無二途，就安仁上説謂之仁者，就利仁上説謂之知者。是否？」先生曰：「然。」

爲人謀而不忠，非爲人謀事之謂也。蓋所謂「人謀鬼謀」之人謀也。人在天地間，凡職分之所當爲，皆人謀也。人謀而忠，是全具天然自有之良，此曾子自省意也。

即今真心聽講，更無妄念，便是實踐工夫。但離此會，定不如坐講之真心耳。志學者，常常守此可也。

陽明先生教人如猫伺鼠，如鷄伏卵。我則以爲不然，只體一「良」字，何等省力！此是捷徑工夫，聖學之要。

爲學須要勇猛，方濟得事。世有一等剛惡人，若移之爲善，則其爲善也甚易，故周處所以能變惡爲善也。

世有非議講學者，此輩敢於非議，定有一段勇敢之資，若一有悟便可與入道，此孔子所以思狂者。

問：「『思者，聖功之本』，思果何謂？」先生曰：「無思之思是謂真思，有心之思皆妄也。此思即『何思』之思，『誠意』之意，故曰聖功之本不可錯認。」

右宋餽粟録

爲學要常會善人。古云與善人居，如入芝蘭之室。所謂幾日不見黄生，鄙吝即生，以黄生善人也。常會善人，則薰陶日久，自不覺其入於善矣。

薦問先生云：「知其善而爲之，知其不善而不爲，此是下手工夫否？」先生曰：「亦是。但着色相上去，不如隨吾良處做，自無不善，自不爲不善。」

薦問仁知合一云：「吾心一理也。而曰『仁者樂山』，莫非山静物也，遇其静而樂之，故謂之仁；『知者樂水』，水動物也，遇其動而樂之，故謂之知乎？」先生曰：「然。」

薦問「是故惡夫佞者」。先生云：「子路使子羔爲費宰，實以害之。聞夫子説他，就舉一段有理的言語答應，實非使之本意，故夫子惡他，非是惡他説的不是，惡他昧了本心，取辦於口以文之也。堯舜之道，孝弟而已矣。愛親敬長，人之良能也，堯舜不過順此良而已。父母愛他固是此孝，父母惡他亦是此孝，只管順其良心以盡孝弟，初不知父母之愛不愛也，所以父母畢竟底豫了。《書》曰：『不格奸，蒸蒸乂。』不格奸者，不正彼之不是，只管順我之良以盡我之道，人自化之。正如物在籠内，火到氣足，物自熟了，故曰『蒸蒸乂』。父母雖底豫，父母何嘗知乎？堯舜何嘗知乎？惟其不知，只順此良做去，所以於變時雍，四方風動，成了大治。堯舜之道，不是孝弟是甚麽？」

右王薦録

先生群弟子坐於北寺，説：「學而不思則罔，不思之學則爲罔；思而不學則殆，不學之思則爲殆。學即是思，思即是學，學、思本是合一。」

世人只是有這些知見，是以不能順着良上應事。且看左右服役，他只是無知見，所以唯命是從，畧無勉强。他若有些知見，便不能如此自然矣。世人若能順這良上應去，不要參之以知見，自然廓然而大公，物來而順應。

先生南還，憩於旅舍，對諸生發明性命之旨曰：「天命之謂性，本是一個。故耳目口鼻四肢之欲，性也，有命焉。是性即『維天之命』，使離命而言性，是性君子不謂性也。仁義禮智天道，命也，有性焉。是命即『成之者性』，使離性而言命，是命君子不謂命也。孟子互言之，正是性命之同」。

先生將行，孟先生問爲政，曰：「鑒空衡平。」問牧民，曰：「民之所好，好之；民之所惡，惡之。」

右吳大定録

國祥問：「事君能致其身，如何？」先生曰：「事君能致其身，非不有其身之謂也。『能』字乃能爲之能，『致』字乃委致之致。謂人臣事君，善能委曲其身以事之，如甯武子之愚，能濟其君，又能保其身是已。如不有其身，則身已無有矣，如何謂之能致？」

問「賢賢易色」。先生曰：「『賢賢易色』，『易』字乃容易之易，非易其好色之心之謂也。蓋錫馬蕃庶只此形色，雖好賢之所不廢，而真好之心，猶以此爲待賢之常，人之所易盡焉耳。如曰賢人之賢，而易其好色之心然，理欲不并立，安有易好色以好賢乎？況當好賢之時，無此許多變易也，即有此變易，亦非真好。」

問：「持志養氣，如何？」先生曰：「志、氣原是一個，養氣即所以持志，非養氣之外又有所謂持志也。孟子謂『必有事焉而勿正』者，謂有事來則順事應去，而勿正心。如正其心，則有意必矣，故曰『勿忘勿助長』也。」

右張國祥録

先生率諸生偕鄉先生會於學道堂。曰：「我輩學無他，孝弟忠信是已。人於他事或僞爲，獨孝弟乃是真心。觀之孩提愛親敬長，有何莊飾？不過率性之良，自然愛敬。古之聖人做的事業光明俊偉，亦是此孝弟之真心發見爾，故曰：『大人者，不失其赤子之心也。』且如徐行後長，是真心否？」衆皆默然。「吾人見長者，不待計較，就能徐行，非真心乎？然謂所不爲也。吾人見長者時有此心，不見長者時便無此心，便做不得聖賢。堯舜之道孝弟而已矣者，只是常存此心，無一事不做到恰好處，不以親長存没而易此心，此堯舜之所以作聖也。吾人不如堯舜，全是私欲障蔽，習非日久，有始無終。孩提一童子也，則能愛親敬長，我輩頂天立地，則不能愛親敬長，願與諸公改圖，永堅此志，則道不在堯舜而在我矣，故曰人皆可以爲堯舜。」於是衆皆忻然。

人之應事，惟以良心應之，斯事無不善。此『良』字是我原來本體，渾渾淪淪，忘物忘我，再無知見。《詩》曰：「不識不知，順帝之則。」《易》曰：「何思何慮，天下同歸而殊途，一致而百慮。」再不用知識思慮穿鑿，只以自然應之便了。如孔子無可無不可，不知其可不可而所爲自無可無不可也。我輩應事，便添許多知見，便不是本體了。知見甚害事，無思而無不通，方是聖人地位。

「回也其庶乎，屢空。」空者，無欲之謂，即良也，聖人之道也。顔子心齋坐忘，少了許多知見億度之私，故曰：「其庶乎屢空。」若賜不受命而貨殖焉，貨殖亦無害，但「億」字是大害。且如貨殖一事，其獲利多寡任其自來，何用億度？彼則每日億度其利，便是憧憧往來，非良也，寧不爲心害耶?故夫子曰:「賜,不幸言而中。」

士農工商,皆可以入聖。

「所惡於上,毋以使下」等句,只是我心如是,使上下四旁亦如是。人己只是一理,又用去度,然後方些使之得所。「能近取譬」亦是此意。此正恕者之事,故程子曰:「如心爲恕。」

「畏天命,畏大人,畏聖人之言。」畏者,不是恐懼,是保守天命之理。《詩》曰:「畏天之威,於時保之。」畏大人者,體大人之行於身也;畏聖言者,體聖人之言於身也。此正孟子「終身之憂,如舜而已」之意也。

人心最良,不可染着色象,亦不可有執持。今之論道者曰:「人心本是快樂的物,吾只快樂,此是偏向執持乎?」樂,着於樂之色象矣。不知人心本無一物,當樂自然樂之,没有一毫偏向之心,斯之謂良也。推之喜怒哀亦然。

問「行矣而不著」章。先生曰:「著察只是一理,不可分當然、以然。蓋著即察也,其曰『不著不察』,謂徒行矣,不見斯道之昭著;徒習矣,不見斯道之著察。道在天下,本光明正大,無處不呈露。夫人之行習,多邪僻暗昧,何以謂之著察?所以終身由之而不知其道者衆也。」周曰:「所謂著察者,亦是良心之著察乎?」先生曰:「然。」

右宋維周録

一日，論本末，祥因問：「先傳後倦分本末否？」先生曰：「本末原分析不得，洒掃應對就是誠意正心。孰爲先傳，孰爲後倦？如草木大的也有本末，小的也有本末。君子教人又如何分析本末，誣人也。有始有卒，即是聖人。子游不知一貫道理，故有本末之分。」

問：「知者樂水，仁者樂山，果是樂山水否？」先生曰：「仁知自有真樂，無動無静，一天機也。山水一遇，天機自運，自不覺心地活潑。遇水便樂水，遇山便樂山，總不遇，亦只是常常如此而已。」

問「修己以敬」一章。先生云：「修己之道不外於堯之欽明、舜之温恭，看當時於變風動氣象，天下何等安然，亦只是一敬。子路不知主敬合一道理，故少之。子貢博濟求仁，亦中此病。」又問：「黎民既於變風動，夫子又如何説『堯舜其猶病諸』？」曰：「此正是至誠無息的意思。」

一日，在學道堂論「養生者不足以當大事，惟送死可以當大事」章。先生云：「人子養親，難道説不是大事？但孝親之心，一有不至，猶望盡於他日。惟送死之事，必誠必信，無一毫假借，這纔是真心，這纔是當的大事。説送死，正教人養生處如此方是。」

又論「大人者，不失其赤子之心」一章。先生云：「世人説大人自是與赤子不同，不知赤子就是大人，非赤子之心别有大人也，特不察原來的道理故耳。吾人能涵養本源，良心不失，即是大人矣。觀人心，莫不有，仲尼之説自見。」

右齊應祥録

天下之道只在當下，聖人之學只求當下。當下學到終身，終身只是當下。學者終身無成，只因當下放過。

孔子一生實是學知，不是謙辭。觀其言，不曰「爲之不厭」，則曰「丘之好學」。不曰「好古敏求」，則曰「擇善而從，多見而識」。分明是學知工夫，故曰：「我非生而知之也。」好學如夫子者，顔子一人而已。

尚澹從遊書院，坐良久，先生曰：「此時覺心體上如何？」對曰：「覺有妄念。」曰：「覺得是妄念，便是進益。」澹又問：「洒掃應對，如何便精義入神？」先生曰：「我叫你聲名字，你便答應，不假思索，不落知識，便是精義入神了。洒掃亦是此義。」

或問：「牽機者行，往東又往西，何所持循？」先生曰：「該往東就往東，該往西就往西，何所不持循！」

右張尚澹録

卷三

文

明故先考府君墓誌銘

先考府君寢疾久，進不肖孤後覺曰：「吾將以後事屬汝。夫墓之有誌，以紀實也。若必求達人以粉飾其辭，不可以傳。且所聞不逮所見之親，即不諱，汝自誌以成吾志。」孤泣曰：「謹受教。」乃嘉靖辛丑七月四日，府君卒，不肖孤罹荼蓼之苦，不勝悲號，强援筆以誌。

府君張姓，諱文祥，字德符，别號東社。世居在平東界社郎口，古之興利鎮也。先世爲元宦族，祖塋尚列翁仲。奈神道碑歲久字畫剥落，兼譜誌無存，不可考矣。五世祖諱景初，避亂南遷。逮我朝混一，仍還兹土。景初生得山，得山生大勝、大玉、大廣、大智。孤之大父諱訪，大玉所生，府君之考也。俱有隱德。

府君體貌魁梧，性行醇雅。少慧聰，日記數千言，大父每撫而教之曰：「吾先聲待汝嗣，其勉之。」以鄉居罕所取法，命入邑受師館，寄親識之家。府君方十二三歲，承順親志，童蒙玩嬉一無所事。受《毛詩》，即了大義。及弱冠，經史子集無不究其奧。補邑博士弟子，歷督學使者，皆試第一，鄉邦咸以致遠相期，府君處之愈恭。教授諸弟，悉有時名。大父喜，謂曰：「汝弟亦成立，門祚可保無墜，慰吾夙望，惟汝力。」府君益齊慄夔夔，常視天下事物如己，遇有急危，輒思拯濟。清平縣幕素無識，時罹誣訟，有司鍛鍊成獄，人咸冤之，無敢言。府君爲進白，獲免。後復完人幾敗者數事，而不求人知，率類此。邑掌教潘公遷憲廉其垂恩於不報之地，嘆曰：「行業如斯，而猶屢科不偶耶？」至正德己卯，乃領山東鄉薦。是歲冬，丁祖母楊氏憂。嘉靖甲申，大父繼逝，府君自製誌文，喪葬俱如禮。以故春官試期兩不獲與。戊子秋，慨然曰：「吾既不能蚤荷君禄以養，行年五十有四而功業尚未建，將若之何？」遂就廣昌縣令。

廣昌邇邊鄙，民儉俗陋，最稱難治。府君蒞之，恩威并濟，日懋成功。邑民馬麒、郭鼐黨與豪横，邦人畏之如虎，前尹皆莫能制。府君力請於憲撫殛之，境内晏然。冀北道參議高公登考其績，曰：「貌篤而心實，政平而訟理。」人服其確論。府君奉公守法，恥於媚人，竟違時尚。歷政三載，致爲臣而歸。歸之日，約宦耆數公，月有二會，考論德業，鄉人範之。踰年疾作，右手足雖不便舉動，猶嚴庭訓，每戒諸孤曰：「爾曹各勤乃業罔隋，一有驕奢淫佚，無相見也。」日羅列諸孫於前，教以小學，矩度少欠安詳恭敬，則有戒飭。孤聞聖賢心學於永新中溪顏先生，趨歸以告，府君喟然曰：「此孔孟正脈也，惜吾衰老不能從事，汝必進友海内高人以終此學。」即于病間，用左手親書對句曰：「武公九十而自修，問學之功不替；伯玉六旬而克己，省身之力尤加。」進修之志老而彌篤如此。丁酉冬，復風傷，卧床四載，乃竟不起，傷悼將何如哉！感慕將何如哉！

府君生於成化丙申五月十三日，距卒享年六十有六。娶同邑陳氏，弋陽典史君瑋之女也，有婦道。弟六，文耀，見任東明縣簿；文華，引禮官；文桂，監生，早卒；文郁，生員；文重、文振，業農。子男五，長後知，醫官，早卒；孤後覺其次也，生員；次後昌、次後奇，行將冠帶省祭；次後伸，女侍王所出也。女一，適庠生李克勤，僉憲方池公節義之子也。孫男八，一本、再思、三聘、四教、五美、六箴，皆業儒；七發、八統尚幼。孫女四，長適長清縣李範，孀居，餘皆幼。重孫女一，始生百日。是年冬十月十有八日，别葬于城東北十里許之平原，以祖塋前窆下，從治命也。孤既次敘其槩，復系之銘曰：

嗟嗟我考，履道孔安。肆力于學，小試于官。禄養弗逮，祖訓允邁。報政爰歸，厥修匪懈。順化長寐，命孤自誌。慟剌貞珉，百世罔墜。

書屏

嘗觀天下事，八九不如意。若要事如意，此心百倍費。
何如静味書，免却閒雜累。古今多少人，幾個知義利？
義利辨不明，讀書不識字。君子正路由，小人壟斷立。
正路終坦平，壟斷多顛躓。營營逞機關，荒却方寸地。
冉冉老更催，子孫難耕治。區區數年來，着力祛斯弊。
窮達已在天，温飽非吾志。

良知歌

良知兩字甚莫分，致良便是致知人。此中消息誰能得，好向羲皇路上尋。
羲皇道路山中有，山中大路誰肯走？醒即睡兮睡即醒，此間便是羲皇友。

閒吟

從來尼父欲無言，須信旨中已躍然。悟到鳶飛魚躍處，工夫原不在陳編。

書

報孟我疆

學問須要時時自家真機流行，不必立開講門户爲是。苟因門户不必立，遂致沉溺，更一大厄也。何如？何如？齊河房備吾，春會得一聚首，切當著實，不可多得者。曾期與吾子常會，果爾必大有益。塾江黄先生甚可畏，前疑豁然矣。去日戀戀不忍舍，期得再會，此願定有遂也。

二

聞吾子率盛徒問學勤懇，此區區夢寐所深願者。今一見之，何幸！何幸！貽《教言》板，足領厚情。但非吾所當受者，將傳笑於四方矣，愧愧！佳論諸友甚稱揚，競相分去。貴治諸友俱知此學爲自家故物，定是歇手不得。肯各以新得見示，更望！更望！

三

秋初携王見虞有江南之遊，長至方來東郡，值羅近翁轉官，陪送别，與願學書院歸，計離家半年矣。江南得力友，惟蕪湖居多。近數載只悟一「良」字，大畧與令姪從吾言過，冀吾子時時體此，千里之祝，亦只有此而已。餘懷縷紛，何日傾倒？前賜佳音，歸意懇懇。方爾進用，乃出是語，不可不可。况諸老再得起薦，新春大會靈濟宫，協力振揚斯道。衰老拭目望之。何如？何如？

與鄒穎泉

客歲春，願學書院登領尊教，覺曾告以「書院久居，自仲夏抵季秋，日對三峯，求掃知見，茫乎無所得也」。瘧疾偶發，舍弟輩迎生以歸。越三冬而求友一念勃勃乎不可遏。聞令器聚所先生倡學都城，遂買舟北上，果得與良會，多所受益。未幾而天臺耿老先生至，生得趋候，先生成就後學之念，如饑如渴，尤不可及。當與老師協力化成，以底位育之功，此天下後世一大幸也。顒望！顒望！

吾徒昌黎子孟秋介諸生數人來迎，生入其境，見山峯奇特，若加斧鑿然，南望北海，濤浪連天，此伯夷所居以待天下之清之地，私謂斯處當有賢人萃聚。既而諸生質疑問難，燕問日夜[二]，

[二]「燕問」，康熙五年刻《荏邑三先生合刻》作「無間」。

其一段淳樸篤厚之資，令人愛戀，不忍舍去。蓋悦鄒魯之學，而鄒魯之士未能或先，皆昌黎子教養力也。起衰濟溺，不獨一韓子，當大有望於後。於是私竊自嘆，有一昌黎子，足了吾願矣。將圖南旋，仰念老師三世一轍，海内所共宗法而向慕者。謹此修候，惟不靳教示，使生終身佩服。并乞爲道珍重。天下幸甚！

寄李定菴

嘗讀《禮》云：「敬爲上，哀次之，瘠爲下。」吾恐子痛親之未見，哀毁失節，不免蹈賢知之過。吾儕相期天真應用，不宜至此。念之！念之！

卷四

弘山先生墓誌銘

丁懋儒

弘山張先生歿，余哭之慟。嘅正學失傳，權謀功利，鼓惑人心，而士習日趨益下。明興二百年間，始倡於河東薛夫子，繼盛於陽明王公，今之言道學者宗之。先生崛起于北方，一聞良知之説，潛心力踐，純篤明粹，自得夫不睹不聞之秘，實天之所畀。乃不憖遺，寧非斯文所共惜哉？先生歿既數月矣，孤一本蠲吉暮春望日葬祖兆，懇余爲誌銘。嗚呼！後死者之責，義悳容辭！

按門人趙維新狀，先生諱後覺，字志仁，因寓號，學者稱弘山先生，聞于四方曰茌平張弘山云。上世無考，諱景初者，元末兵起避地而南〔二〕，至國初復還茌平。景初生得山，得山生大玉，大玉生訪，訪生文祥，以賢科宰廣昌〔三〕，號東社，行實有誌。文祥生五子，長後知，醫學訓科；次

〔二〕「南」，原作「雨」，據文義改。

〔三〕「賢科」，《茌邑三先生合刻》作「孝廉」。

即先生；後昌，壽官；後奇，巡檢，辛未進士維翰父也；後伸，邑庠生。

先生生有異質，幼不好弄，長無妄言，體貌魁偉，容止端肅，于人無所忤，然亦弗苟合。屢試場屋，聲譽雖隆，竟不獲一第，時論爲之稱屈。以歲薦就華陰教職，甫三年，引歸教授。爲諸生時，夢孔廟水流入其家，厭舉業套習，取《太極》、《西銘》、《定性》諸書，沉潛玩索，至忘寢食，有得則隨筆記録，慨然有任道之志。邑博顔中溪，學陽明者，以良知誨人，先生聞之曰：「把柄在我矣。」復見波石徐公於東藩，自是深造遠詣，直欲上法孔子，顔孟而下勿論也。道日益弘，四方之士雲集，科目多出其門。不喜著書，曰：「辟如寫真，儀狀不殊，精神則遠。」門人請刻教言，却之。或曰：「學者須識真心，今之所謂良知，其真與？」曰：「此良字生天地生人，渾然至善，一毫加減不得。真出于天便是良，若是人爲還是妄。」曰：「學孔子是學自家的，若在步驟間，遠孔子者也。」曰：「學，合人己而後成，非徒明諸己而已。」曰：「朱子儘是學孔子，只爲下學心太重，未免落在形聲上。晚年謂不睹不聞是入聖口訣，殆於天載之妙有默契焉者。」

東社公有疾數年，先生事之以道，務得其歡心。及陳夫人歿，哀毁皆踰制。麤衣糲食，築室獨處，頹壁蕭然，悉人所不堪者。居鄉以禮教人，在風因而丕變。于兄弟曲盡友愛，子姓恂恂，見者知其爲弘山家人也。道行於華陰，雖名位在上者皆待以隆禮。地震，人多乘機爲亂，先生視邑篆八日，戢不撿數，人民賴以安，上司褒異。及歸，士民泣送者絡繹不絶。登華山，履險躋巔，東望有丘壠之思，歸志由此而決。抵家，結廬親墓，日夕掃除，祭必哀泣，人以終慕稱焉。嘗會講于長清之王遇嶺，學憲鄒穎泉爲創願學書院，詳見記中。聘先生于湖南，俾六郡士師事之。郡守羅近溪欲建見泰書院，先生與羅公最契，晤語別載。先生北遊京師，與聚所、楚侗諸公論學。南遊石城、水西之境，盡友諸名公。至姑孰，語余曰：「比向來覺長進，知之乎？」曰：「知。」相視一笑，蓋於性體上盤桓，即不睹不聞之旨也。凡仕于其土及道經往山者多造廬請益。撫院李公漸菴，兩至山居，討論忘返。先生病不能爲禮，竟促席飽蔬食焉。戊寅春，病少間，訪余巽曲山房，信宿而去，後漸不起。易簀前，使人招余永決，諄諄以孔學不明爲憂，無一語及他事。則先生任道之心，有生死不二者矣。

嗚呼！先生之道之大，論學惟患私己，治天下在于用人，乃齎志而歿，至於行誼純備，此特著其大都，曷以盡知先生哉？距生弘治癸亥正月初七日，卒於萬曆戊寅七月三十日，享年七十有六。配趙氏，封文林郎經之女。子二，長一本，冠帶生員，娶馮氏，王府教授持衡女；次三聘，中殤。女一，適余長子奉祀正夢田。孫男四，尚默，早卒；尚朴，娶楊氏；尚淳，府庠生，娶劉氏，庠生忠信女；尚欽，娶商氏霖之女。孫女二，一適王府教授欒鳴周子庠生棟，一適納級指揮李英子庠生成棟。重孫女一，尚幼。銘曰：

天生仲尼，以天自處。行無轍迹，《易》陳《傳》序。思孟以來，周程有緒。大明中天，良知斯起。不睹不聞，實契厥旨。曰洙曰泗，孔廟之水。流入其家，淵源所渭。邑北高原，茌山之址。蔥鬱佳城，千載伊始。子孫家焉，曰文先生之里。

弘山張先生傳 門人孟秋

先生世家茌平，初爲諸生，從中溪顏先生游，獲聞良知之旨，欣然有省，輒以斯道爲己任。中溪歸，會者落落。先生結草廬於十里之園，鋭志力行，樂孔孟之道，而邑人士師先生若趙維新輩甚衆。先生見益徹，行益純，令望日遠。恩邑王見虞、阿邑陳鐵峰諸公，翕然宗之。而山東興起者益甚衆，是時波石徐公乃得心齋之印，而接統於陽明者，適參我東藩。先生率諸友往從之，聞天聰明之説，而良知之學益進。

先生學既有得，日與遠近同志聚樂不倦。嘗曰：「天地間只有此，是其欲罷不能之時乎？」乙巳夏秋，得領先生教，明白簡易，精透直截，遂受學焉。先生教之，每曰：「學先透性，透得此性，只是順性，此外無學。」蚤歲論學，嘗曰：「耳本天聰，目本天明，如惡惡臭，如好好色，此便是天聰明。若有一毫作好作惡，便非天體。」其論著察則曰：「『昊天曰明，及爾出王。昊天曰旦，及爾游衍。』此乃天體流行，何等著察也。」中歲授華陰訓，尋致仕歸，居山中。論慎獨則曰：「在天謂之無聲無臭，在人謂之不睹不聞，在《中庸》謂之中和，在《大學》謂之至善，一而已矣。故君子慎之。」論孔子之學則曰：「世之英傑，始於知其可而爲之，知其不可而不爲。只一知字便屬在我，而非天然之知。惟不知其可而所爲自可，不知其不可而不可者自不爲，斯所謂無可無不可也，斯謂之良，斯爲孔子之學。」以至克己復禮之説、形色天性之説、功夫本體之説，諄諄發所自得，載之《教言》者可稽也。

嗚呼！先生之造深矣，言約而義精，學正而道大，擴先儒所未發者。時海内理學若近溪羅公、穎泉鄒公，相與印證，莫不信服。兩建書舍以風四方，而來學者日以濟濟，先生之道亦既見於時矣。惜其厄於所遇，而不得大展其學於天下也。先生平日不作詩，不談禪，不用術士，不事著述，樂志有光風霽月之懷，應事有閒雲流水之適。和而莊，恭而安，孝友孚於宗族，忠信重於鄉閭，化教僅行於一邑，聞望實隆於四海，此先生歷行之大端，非小子所能盡述者也。

嗚呼！哲人既逝，儀刑日遠，瞻望弗及，予將安歸？悲夫！

弘山張先生墓表 張元忭

有明正、嘉之際，王文成公倡道於姚江，維時及門之士，自大江以南，無慮千百人。而淮以北顧寥寥焉，誠阻于地也。既一再傳，諸門人高弟各以其學流布於四方。然後一二傑者，始興起於齊魯燕趙間，而其毅然自樹，超然獨得，顧有出於及門諸賢之上，何哉？今夫世胄之家，其子弟有父兄之教，或不能率；有父兄之書，或不能讀。其得之也易，故其守之也不堅，如是而有成者，十無一二焉。甕牖繩樞之子，崛起於布素，非有所承藉也，得一師則敬信而從之，得一書不成誦不置，得之彌艱，守之彌固，蓋鮮有不成者。嗟乎！學者徒傍門墻、務口耳，其信不若自修自悟者之爲堅哉！

予頃居京師，得一友曰孟子成氏。子成，山東茌平人也，其守介，其學特立而深，諸子每叩其所由，則稱曰：「吾師云，吾師云。」已而叩其師，則曰：「吾邑弘山張先生也已。」又叩先生之所由，則曰：「先生故嘗私淑於文成之門人江右中溪顏公、波石徐公而得之者也。」一日，出《弘山教言》數十條示予。予受而讀之，既終業，嘆曰：「文成之的傳，其在兹歟？」江以南諸君子著書以明良知之説者多矣，大都高者或過于玄遠而無當，其次或湊泊牽附而未融，予甚愚下，誠不能無逆於心。今觀先生書，簡直融貫，無一言不本於心得，無一言不契於宗旨。其最著明者有曰：「耳本天聰，目本天明，順帝之則，何慮何營？」有曰：「良即是知，知即是良，良外無知，知外無良。」有曰：「人心不死，無不動時，動而無動，是名主静。」有曰：「真知是忿忿自懲，真知是欲欲自窒。懲忿如沸釜抽薪，窒欲如紅爐點雪。摧山填壑，愈難愈遠。」凡此類直揭本體，非高遠，非湊泊，即令文成復起，且首肯之矣，斯道將不在先生歟？

先生名後覺，字志仁。自弱歲爲諸生，獲聞良知之説於兩公，輒自信此心與仲尼無二。久之，益深思力踐，洞朗無礙已。又以取友未廣爲愧耻，於是南結會於香山，西結會於丁歸，北結會於大雲，東結會於王遇，齊魯間學者舉知有弘山先生。海内大賢道茌平者，必造先生之廬。近溪羅公守東郡，穎泉鄒公視學東藩，爲先生兩建書院，曰願學，曰見泰。先生北走燕，南走金陵，入水西，日與四方諸同志證其所學，歸而與其門人孟子成秋及趙暹、趙維新輩，日夕相琢磨，蓋不知其身之不遇與老之將至也。

先生狀貌魁梧，美鬚髯，軒眉廣顙，見者傾斂。其事親孝，遇宗黨有恩，與人交，恂恂恭讓，里中稱長者。其仕終華陰訓。當在華陰時，會大震，殞者亡筭，先生獨無恙。奉檄視篆，未匝月起仆弭亂，境賴以安。家居踰二十載，以萬曆戊寅七月三十日卒，享年七十有六。其明年三月十五日葬於城北十里原之先茔，其世次具其父東社公誌中。其子一本介於子成，請予表其墓。

嗚呼！先生仕不顯于時，其學之可用僅一試於華陰，而平生又不喜著書，向微門人録其教言以傳，則遂没没而已乎？雖然，以先生卓爾之見，上接乎文成，則其人雖死，其神固不死也，又豈以書之傳不傳爲顯晦哉？世有知先生者，當不以予言爲過。

弘山張先生祠記 王汝訓

當嘉、隆間，茌平張弘山先生倡道齊魯之間，士人從遊者以百數，獨同邑孟符卿得其宗。符卿由甲第荐陟九列，粹修懿範，士論歸之，卒之日，臺使鍾公檄縣建祠祀於鄉。萬曆庚子，郡守李公行部過邑，顧謂諸生曰：「符卿之學，淵源先生。祀符卿不及先生，其何以揚摧明德而明師承所自？」乃屬縣卜城西北隅易地建祠，前後各三楹，肖像其中，斥買祀田二十畝，諸子姓歲時蒸嘗如儀。

逾年辛丑，長君一本屬汝訓記成事。不佞嘗謂吾郡密邇鄒魯，歷千餘年而正學湮没弗振，豈惟沉痼詞章聲利之習，病在牽文拘古，帖括自耀。譬如窶人盛談猗頓之富而棄其家寶，是以多識而愈晦，縷析而益離。至國朝弘、正間，穆文簡公、王文定公，崛起東土，各以理學自命，由是吾道始振。

先生自爲諸生，厭治博士家言。下帷發憤，潛心理性。已聞良知之學于波石徐公，伏思穿几，至忘寢食，一日豁然悟曰：「吾今而後知學矣。理品節萬殊，吾知以吾良，而非探索；事曲折萬變，吾循良而應，而非强合。」是道也橐鑰子輿氏，至姚江啓其扃鍵，雖當時及門之士不能驟解。先生私淑遺言，洞契宗旨，反復提誨，直指本體，汎掃一切支離之習。聽者初駭其徑易，久之益信服，如呼寐解醒，人人自以爲快。或問朱陸異同，先生曰：「若盍體察吾心？良心之所同者，吾同之；良心之所異者，吾異之。舍己而區區紙上之辨，是益之障也。」聞者灑然。先生精義造約，氣和養存，由歲薦仕華陰訓導，攝邑事。會地震，多起仆弭盜功。尋解綬歸，門弟子益進。督學鄒公、郡守羅公兩建書院居之，海内名賢過往山，咸紆軫請益。先生猶孳孳取友于四方，垂老力學不倦。門人勸之著述，曰：「六籍備矣。傳道以言，孰與傳道以人？勉旃！在二三子。」世俗方詬講學以飾聲者，談天語聖，超然自以爲頓悟，而中鮮實詣，遂槩天下賢者于僞。先生繩趨尺步，自童丱以至白首無間言，故非有所承藉。學士大夫聞風嚮慕，雲合景附，此足以明真心之契合，無論遠邇顯晦矣。

先生没後，門人梓其《教言》若干篇，少宗伯楊公、宫諭張公，盛推其學得姚江法門。李公甫下車之日，首事表章，無亦精神氣脈曠世而相符與！公既祠先生于邑，又于郡城建四賢祠，祀王、穆二公暨符卿與先生。夫以吾郡理學寥寥，遭際聖世，名儒項背相望，豈地氣與運偶會而生，抑亦風化相感以勸其成也。先生不階名位，攟往哲之未發，振正學于久晦，以視三君子，力勤而功倍。吾黨志學之士，其以先生爲鵠，矧郡大夫標軌樹風，吾知其相率而趨于道，蒸蒸盛矣！先生名後覺，字志仁，人稱弘山先生。李公名士登，號瀛陽，洛陽人，萬曆庚辰進士。

名公評附

王龍谿先生《答張陽和書》云：來教所述張弘山論學之言，其義頗精。有曰：「耳本天聰，目本天明，順帝之則，何慮何營？」有曰：「人心不死，無不動時，動而無動，是名主静。」直揭本體，非高遠，非湊泊，殆有契於師門宗旨。其與徐魯源論學之言謂：「古之聖賢以一心建立萬法，未嘗有所摹擬于前，况於動静語默食息起居之微，又安能一摹擬之而後謂之學乎？陽明先生揭出致良知三字，真是千古之秘傳。時時提醒，時時保任，不爲物欲所遷，意識所障。易簡廣大，入聖之捷徑也。」尤可謂卓然自信，勇於任道，確然不易乎世者矣。

王泓陽先生《郡人物志》：張後覺，字志仁，茌平人。事父母至孝，居喪哀毁骨立，三年不御私室。早歲得王文成之學於顔博士鑰，屏棄舉業，深思力踐。雖隆冬盛暑，不爐不扇。久之充然有得，嘗曰：「耳本天聰，目本天明，順帝之則，何慮何營？」又曰：「真知是忿忿自懲，真知是欲欲自窒。懲忿如沸釜抽薪，窒欲如紅爐點雪。摧山填壑，愈難愈遠。」當時門人孟秋、趙暹、趙維新獨契宗旨。海内名流道茌山者，往往紆軫請益。督學鄒善、郡守羅汝芳兩建書院，集齊魯諸生，其中延升席，使爲都講。以歲薦仕華陰縣訓導，會地震，視邑篆，起仆弭亂，境内安堵。歸之日，士民遮道泣送。里居教授，所著有《弘山教言》。

王見虞先生《牧壽先生序》：隆慶壬申，先生、孺人偕稱七十。人日乃先生嶽降之辰，諸縉紳學士率有言以賀。牧事先生久，受教最深，乃申之以私祝曰：諸君子亦有記《漢儒林傳》否？漢承秦火，齊魯先生裒集六經，家各一説，人持所見。其以經術進者爲國家圖大政，決大疑，不自爲也，曰臣師誰也、師説云何。而當時天子習其教，不違其情，國家有大政，有大疑，疇而咨之曰：「汝師誰也？師説云何？」而申公時以師顯。其不然者，獨抱遺經與之終始曰「吾所受於師者然爾」，皓首不敢易一言，故亦能各以其學名世。夫直經師爾，猶然信今而傳後。我弘山受學中翁，得聞粤中心學之傳而毅然以孔聖爲可師。自始學至從心，務識本性，不假知見，不落言論，日從事於無可無不可之學。而其曰：「世之忠臣義士，其一時成就，非不傑然有立，皆始於知其可而爲之，知其不可而不爲，乃孔子無心於可而可者自爲之，無心於不可而不可者自不爲。孟子曰：『可以仕則仕，可以止則止，可以久則久，可以速則速，孔子也。』知孔子者孟子而已。」督學鄒公聞先生學，招留省邸，以風多士，兩建書院，悉先生主之。精神孚契，如春風鼓舞，萬物皆有生意。時出一語，心目躍然，談詩解頤，不啻如匡章輩，乃化隆宣室，教被方隅，豈天心尚有在耶？牧遠去京、翼，墨墨守一説以自淑，無能褒揚先生之學，余罪也！余罪也！先生門人張子仰峯、孟子我疆，從子忠菴，皆以進士領天子之下邑。日將入覲清光，給事左右，倘從容爲上言曰臣師誰也、師説云何，將無有安車蒲輪以迎如申公者乎？先生必能爲國家建萬世無窮之計，不至默然一語而退。後世輯理學言行録，當必以先生爲首稱，而因以嘉孺人之多助，此其爲壽遠矣。乃圖海屋，問三老，偃仰呼吸以求所謂壽，此野人芹也，不敢獻。

弘山先生教言後序

先生之門人孟子成氏，遊宦永平之昌黎，以違範日遠，乃取平日教言，刻之自勵。先生聞之曰：「嘻！言不可執以爲至也。前之所是者，今或以爲未是。今之所謂已然者，後或以爲未然。學問無窮，安可執以爲至？雖吾言之，亦與衆共商確之耳，刻何爲哉？」新復於先生曰：「道貴公諸其人耳。一人聞之，不若百千萬人聞之之爲廣；一世誦之，不若百千萬世誦之之爲長。爲其鳴於世而刻之，則書不可刻；爲其公諸人而刻之，則不刻不可也。雖刻之，亦與天下後世共商確之耳。使今日言之，天下後世從而是之，亦與天下後世共是之也，非吾一人執之以爲是也。天下後世從而改之，亦與天下後世共改之也，非吾一人執之以爲未是也。君子之學也，如日月之明焉，亦與天下後世共照見之耳，明晦又奚恤也？」先生曰：「不然，著書猶寫真也。容色耳目，非不相肖；精神命脈，迥乎其殊，傳真以言，不若傳真以人，恐夫人據迹而遺心，是又以吾之自誤者而誤人也。」新曰：「是亦即寫先生之真耳。先生之道在心，先生之可以喻諸人者由心之言也。」

先生長矣，羣弟子離散分處，當其時，猶不能記先生之言以附書紳之末，況後世欲因言以識心也，得乎？雖然，至寶在途，乃瘞之而不爲世重，見之者之過也。使後世以真感真，諒必有得先生之心者。復以所聞教言條附之，敢忘狐裘羔袖之嫌？萬曆二年冬，茌平門生趙維新頓首序。

弘山先生語録後序

萬曆丙子春，愚宰黎，聞弘山先生北遊燕邸，會楚侗諸公相與論學，以印孔門正脈。愚遣人迎之，至昌黎則暮春矣。是時館於蕭寺，講於書院，鄉先生及生徒素志學者數十人，晨夕相繼，請益不間。既而登水岩寺，遊觀海亭，瞻仙臺頂，對五峰三岫之奇，海山之大觀備覽之矣。凡所至止，諸生從之遊，質疑求正。先生循循誨之，亹亹不倦，每聆教言，即時紀之，備在語録中。雖精微玅旨，非諸生可悉，而閱其大端，亦宛然授受意也。愚收而集之爲一帙，將以備誦法也。時戊子夏，愚如京，執此以往。一日出示復所，楊君玩之曰：「此文成之真傳，孔門之正脈也。」愚請序諸首，楊君欣然就焉。適浙之樂君在，一覽而悦諸心，鋭意謀梓之。愚不敢隱，遂携去。所謂聲應氣求，二君之謂乎？我先生之學，得楊君之文而益彰，得樂君之傳而益遠矣。至於性命微言，孔孟宗旨，録中具載，達者閲之當自見矣，何敢復贅。愚感二君美意，備述諸篇末云爾。

萬曆戊子六月，門人孟秋頓首拜書。

感述録

[明] 趙維新 撰

感述録序

昔夫子感獲麟而作《春秋》，而他日又曰「述而不作」。不感不述耶？感者麟耶？感之者麟耶？夫人心無一息無感時，無一息無述時。故孩提之幽夢，未有喚之不覺者也。祖父之朽骨，投之數十世，一滴之血，未有不入者也。《易》曰：「觀其所感，而天地萬物之情可見。」奚夫天地萬物之情？是堯舜以來相傳之意也。蓋至我明，而陽明先生者實始以是傳之心齋，心齋傳之波石，波石傳之弘山，弘山傳之我疆、素衷。感于彼，應于此，一生生之意，運之無窮，於乎大哉！然則先生之爲是書，其感於弘山之没耶？其感於弘山之生耶？其感於弘山之没也，則無人註，奚先生何述焉？其感于弘山之生也，則不目而視，不耳而聽，不手而指，不足而行，是爲何物？可不思乎？《語》曰：「未知生，焉知死。」《傳》曰：「生生之謂易。」夫生則惡可已乎？是數服執其隨，咸隨則服；思從于朋，咸朋則思。手之爲舞，足之爲蹈，口之爲詩，藝之爲文。不因水流，不因花發，不因山頽，不因木萎，師非師，我非我也。善述人之志，其如示諸斯乎？

郡伯岳石梁先生讀先生書，想見其爲人，亟欲公諸海内，夫亦欲喚人之所爲弘山、素衷者以運之無窮乎？是亦夫子二千年一滴之血，有感之而無感之者也。郡伯如此，人人如此，吾亦如此。後有作在，其亦有感于此夫？

發干後學張鳳翔題。

感述録序

岳子入東郡，則魃之未蘇而螟之將沴也，有感焉，紛挐於修敬修備之牘，而胸中若有格格矻矻，捍而不入，應而不恬者。時取行縢一二儒先語體理之，則嬰之於乳矣，跛之於杖矣，瞽之於詔矣，或觸而捍，或觸而應，或入而恬，或入而不恬，格格矻矻者，十失其八九，而一二者時有焉，則過而問之文部張蓬玄先生。文部曰：「茌山有趙素衷先生者，聞道君子也，信其師弘山先生之學，以與其友我疆尚璽，紹明心齋、波石之緒，以升文成先生之堂，其人九十有二矣。其束躬澄懷，時含豪以有寄。備日而炊，縷衣而卧，饑餓不能出門户，而自浩然于天地之間，其言當有合。予聞其名，不一覿其面，子曷過而問焉？」屬畢，令君敦延之。令君爲余言，先一月逝矣。其生也，見之令人意消；而其去也，思之令人憮憛而不釋。試從其家取遺言以進，則有《感述》二録在。

其言曰感述者，感弘山師而有述志範也，言不盡出於師，亦必繇師而有言。韙哉之言也，夫何感？夫何述？感弘山耶？其自爲感耶？述弘山耶？其自爲述耶？彼與後弘山有格格矻矻者，則不能感，而烏乎述？彼自有格格矻矻者，則不能述，而烏乎感？而世之讀是録者，或入或否，或恬或否，其有格格矻矻者存耶？否耶？其自有可感者，不存乎見少；則自有爲感者，不存乎見多。其于述也，若人之肖天，而子孫之貌，真于祖父母父母則已矣。夫圓頂方趾以肖天，而我之顯仁藏用之心，則有違背捐棄而不能述者。頭面手足、耳目口鼻類吾親而事之，而求之規似而色澤遠，求之色澤而神理遠，有彷佛離岐而不能述者。廼升中而鳳皇至，饗帝而風雨節，孝弟之至者，往往通於神明。則天與人無聞焉，而子之事親也，可見似目懼，聞名心懼，雖累年曠日，而有肅然、愾然于聲容嘆息之間者，有所以感而已矣。知弘山與素衷之所以感者存，而後文部不必面覿，可遥思；予不必生事，可默寤。讀其言者，可千里同堂，萬年共息，不必肩摩足抵，聲氣相屬。素衷之録感述者，此物此志也。不則，如余之於郡而有格格矻矻者，感魅而魅，感螟而螟，其於兹録也，河漢之矣，而奚以述爲？吾願夫讀之者求所以感，毋使魅螟之屬得以攖其中□□□□則弘山、素衷之相爲感者，至今在矣。

萬曆丙辰長至日，長水曹和聲書於東郡之沃柳堂。

感述録序

感述者何？感弘山先生而述之，志範也。子貢曰：「子如不言，小子何述焉？」夫不言何述？言而可無述耶？但先生不喜著書，新日侍側，而傳者何寥寥耶！無亦先生意在言前，而述者語落言後，如之何能述先生也？雖然，執言失言，執意亦失意，即述先生亦奚不可也！是以新之述先生也，非盡爲先生言，亦皆用先生而有言，何也？述先生之意不以言也。丙戌歲，新以明經薦入都，晤同門我疆曰：「子述先生未？」余曰：「自顧譾陋，不足以志先生。」我疆曰：「志先生，自志也；述先生，範後人也。君子之學也，計琢磨不計瑕纇，取其是以傳先生之神而已，子奈何無述耶？」居數歲，再至都，適我疆在告，居數日死矣。嗚呼！余有述而烏乎證耶？述中有「先生曰」者爲先生言，無「先生曰」者爲新述先生言，所謂述先生之意而傳先生之神者也。嗚呼！我疆往矣，海内之知先生者不少也，尚相與駁正之，俾無失先生之言，即無失先生之意矣。謹識以俟之。

萬曆庚寅夏日，茌平趙維新書。

卷一

大學

問明德，先生曰：「德，吾性也。性體純白無疵曰明。《大學》一書，首三句道盡。首三句，『明明德』一語道盡。通天下只是一個明德，通天下皆明其德便了，所以説『明明德於天下』。新民是明德中事，止至善是滿吾明德分量。明德而非新民，非明也；非至善，非明也。」余謂：「斯世斯民，孰非吾五官百骸之分？即民即新，孰非吾心精元氣之流？此見得盡人性即是盡己性，民德之新即是己德之明。即體即用，即用即體。」

問知止，先生曰：「總來只一知字，在本體爲明，在作用爲知。知不止便茫昧不定，知止則志有定，非向也。至善在吾心，更向何處去？静謂知不馳逐，安謂知之穩貼，慮謂知之精明，得謂知之歸宿，皆至善，皆明德，德明而新民之能事該矣。謂向者，馳；分志心身者，支。」

問本末始終，先生曰：「本末始終原是一個。有物便有事，有本末便有終始，有終始便有先後，非截然兩對也。近道即止至善，語有直婉耳。」又曰：「天下國家總是一個心、一件事，但發端處由吾本體一點真明做去，漸充而大，纔有本末終始意思。」

先生謂新曰：「明、新兩在也，以爲一事，何耶？」維新對曰：「世未有離人而立於獨者。且如一身在此，方其澄然無事，天下國家之本已涵，非一人之私有也。中間不能無人，即吾同德之人；不能無事，即吾共明之事。真機相關，何分爾我？處一家之人盡善，便是新一家之民，吾之德明於一家；處一國之人盡善，便是新一國之民，吾之德明於一國；處天下之人盡善，便是新天下之民，吾之德明於天下。民猶未新，是己德不明；己德欲明，便是民德俱新。若曰『吾明己德，尚未及民；吾新民德，始推自我』，不知當其修身時，豈離人自修之哉！非大人同體之學。」先生曰：「善。」

先生謂新曰：「汝從事格致久矣，直指勿蔓。」對曰：「這個知是性分中自有的知，這個物是真知中貫徹的物。知、意、心、身、家、國、天下，皆物也，皆知之物也。『天生蒸民，有物有則』，莫不各有正當的道理。隨其感遇，即於正當處透得，即於正當處做得，毫無爽差，毫無邪謬，即此便是。意之物格，知以不妄而誠；心之物格，知以不偏而正；身之物格，知貫百爲而修；家之物格，知洽倫理而齊；國之物格，知周四境而治；天下之物格，知遍九州而平。離物言知，失之玄虚；知外格物，失之逐物。非大人之知與物也。」先生曰：「善。」

問「修身爲本」。先生曰：「身者，天下國家所共有之身也。身一修而天下國家之治舉矣。

天下國家非末也，對身云爾。本端而末自理，本亂而求末治，是所厚者薄而其所薄者厚，有是理哉？」

問：「誠意章『如惡惡臭』，註言皆務決去；『如好好色』，註言求必得之。竊意似皆着重，何則？臭與色皆不在我也。夫惡固去之矣，惡臭亦必去之而後已乎？善固得之矣，好色亦必得之而後已乎？喻未切，惡用是？如爲《傳》之意，蓋不以是爲快足也，何則？人之情，好惡之未甚者，其爲欺淺，淺故易知也；好惡之過甚者，其爲欺深，深故難知也。《傳》蓋謂『如惡惡臭』是謂惡之甚，與無畏而惡者殊；『如好好色』是謂好之甚，與無欲而好者殊。均非鑑空衡平之體，視吾誠意之分量，均爲不足而歉也。歉斯欺矣，皆獨之當慎也。獨慎則無歉無欺矣。本體原自平易，着重便欺。」先生曰：「何以？」曰：「性本無惡，惡之而已，惡斯去矣，不必如惡臭之惡也；性本有善，好之而已，好斯得矣，不必如好色之好也。以此言好惡便平易，便不欺，纔是大公順應本體，此便是誠。」先生曰：「從來無人說出。」

或問：「誠意章『勿自欺矣』，又曰『慎獨』，何也？」先生曰：「自，獨也；勿欺，慎也。毋自欺者，毋自欺吾獨知之真也。毋欺便慊，慊便意誠，總是一點獨處用功，故云必慎其獨。」

問：「『其嚴乎』是『謹嚴』之『嚴』，即上文『慎』字意，語意直截。若曰『可不謹乎』，即此便是誠意。但云『可畏之甚』，似在指視中，疑爲前一層。」先生曰：「然。」

問：「『有所忿懥』四『有』字，説者以爲着意，又取釋典中『三心不可有』爲質，不知孔門絶無此旨。新意只平平看，若曰有所忿懥而不得其正者，有所恐懼而不得其正者，有所好樂而不得其正者，有所憂患而不得其正者，如此則心不在焉。心一不存，百爲皆錯，不能修吾所視之身也，不能修吾所聽之身也，不能修吾所食之身也。正心之係於修身也如此，欲修其身者，心安可以不正乎？故曰『此謂修身在正其心』，只不得其正自明，不必在『有所』上刻意，如以『有所』爲着意，則下文之『其所』又何以乎？」先生曰：「得之。」

問：「大道必忠信以得之。竊意大道，忠信也。得忠信，便是得。驕泰，非忠信也。失忠信，便是失。二者之外論得失，恐非真契。何則？忠信，誠也。一誠而天下舉矣。」先生曰：「然。」

問：「『生財大道』與上文『大道』同乎？」先生曰：「小道有不同，大道無不同。明、新，一也。以此用人，以此理財，其間自有絜矩，亦一也。生衆，道所當衆；食寡，道所當寡。生衆，生也。食寡亦以有節而不冗，亦生也，而恒足於食矣。爲疾，道所當疾；用舒，道所當舒。爲疾，生也。用舒亦以有節而不妄，亦生也，而恒足於用矣。食之寡，民無冗食之供；用之舒，民無侈用之供。上無横征則下孳息，以此散之，非分所有以予之也。」

卷二

中庸

先生謂新曰：「天命章可詳言乎？」對曰：「天非有所命也，天地人物總是一個。若曰天之命，即是我的性，率此性便是道，修此道便是教。修之者，修其所率云爾。」「何爲其不可離也？」曰：「修字對廢字看，離字對合字看。不修則廢，廢則離，離非率性矣。性可離乎？蓋性是身之主宰，無性則真宰離而身非其身。君子知其然也，以爲此身賴性以爲人。性超形聲而爲道，其體道也，豈待見顯以爲功哉？嚴乎其無形之視也，以全此不睹；凛乎其無聲之聽也，以全此不聞。」「屬存養乎？省察乎？景象何似？」曰：「存養自察，外無察也，中境惺然，但有虚靈者在。」「何爲其慎獨也？」曰：「道無兩境，功無二用，非戒懼外别有慎獨功夫也。人情每在皮面做事，祇爲無本之學。故不睹，隱矣，君子以爲莫見；不聞，微矣，君子以爲莫顯。莫見、莫顯具在隱微之中，隱微之中正是不睹不聞本體。這個去處天機在我，毫無外預，所以爲獨。這獨知處豈不深密？然而通天地者在是，同人物者在是，這便是中和之宰、位育之原。此處一錯，安往非錯？所以當慎。慎之云者，戒懼而已矣。」「戒懼不已，便是須臾不離，何爲其未發也？」曰：「非截然不發而後發也，性體流行，毫無間斷，常寂然，常感通，常大公，常順應，即用即體，即顯即微。特以其未嘗着落於形色，故云未發。渾然在中，故謂之中。發而中節，是天然自有之節，無所乖於在中之本體，故謂之和。這個中，那個不根底乎此？故曰大本。這個和，那個不由此運用？蓋順此便正，違此便乖，所以必本此通行，故曰達道。」「其言性情之德，何也？」曰：「舉中和是入此境界，如止明性情之德，則數言遂成虛境，功夫反不喫緊。蓋慎獨，則中和在我，大本達道，渾化無迹，天地人物已統而會之於一心矣，即此便成位育。天地位，只是這獨處經緯；萬物育，只是這獨處□成。學問到此只是全了這天命之性，於本分未□有加，如註中『戒懼而約』、『謹獨而精』諸説，體用兩途，終難措手。」先生曰：「幾矣！四子中有當發明者，惟吾子悉焉！」新唯唯。

問「時中」。「識得首章意，則隨處皆在這中，是我性分中自有的真宰。君子體道不息，常戒懼則常是本體，常是本體則常是中，故云『時中』，言時時是中也。若謂有君子之德，而又能隨時以處中，分兩境矣。何也？德，一中也，有君子之德，則有中矣。曷云又能？不然，何以曰『中庸之爲德』？蓋非中非德也。」先生曰：「然。」

問：「『人莫不飲食也』，似不必深求。只説誰不飲水，飲有正味，水之中也，其誰知之？誰不喫飯，食有正味，食之中也，其誰知之？即今崇儉者，其氣抑，深自菲薄；尚奢者，其氣揚，過求精美。日用間那個没有恰當處？只是人不省的。賢智愚不肖之過不及，皆此類。」先生曰：「然。」

問：「學問只一個中。中是心之本體，斯謂善。顔子能不失了此心之中，便是得善。『擇』與『得』皆心也，『拳拳』是功夫不懈，『弗失』是得之永久。言奉持，言膺胸，似着形迹。學者不知此中在我，動稱天下之事、天下之理，不思心便是事、心便是理。此心一錯，任是窮極於無窮，有何來歷？此心不錯，從他人横竪顛倒，壞我些不得。這壞我不得處，便是此中常在，纔是服膺弗失。心外求中，非中也。」先生曰：「善。」

問：「强以三言，何也？」先生曰：「三言皆一意。子路是過剛的人，言南柔之也，言北抑之也，言不流之和、不倚之中，合有道無道而不變，引之也，惜也聞之而未能行。」曰：「塞訓未達，何耶？」曰：「塞是心之實處。」「至死不變，何耶？」曰：「只是言這真實處到底不變耳，非以厄難期之。」

先生問「費隱」，對曰：「識真哉，子思之言也！言費不言有，言隱不言無。」「聖人不知不能，何也？」曰：「堯舜之上善無盡，道固不盡於知能也。使聖人而盡知盡能，道斯窮矣。」曰：「聖人亦有所限耶？」曰：「聖人亦盡其可知可能者耳，必欲求其知且能者，無一毫之不盡，豈所以觀聖人耶？亦非所以觀道矣！」「人猶有憾，何也？」曰：「天地之載亦如天之覆，若曰能載而不能覆，不可憾矣！只物有不遂其生便憾，與天地奚歉？」「莫載莫破，何也？」曰：「有外非道也，有内非道也。包乎六合形氣之外，孰得而載之？即天地可知。密於幾微隱約之中，孰得而破之？即鳶魚可知。」「造端夫婦，何也？」曰：「此人情易懈之地，此處一錯，縱有好處，終是懸空做事。此處不錯，徹上徹下，纔是真實學問。」先生曰：「吾與子。」

問：「『行遠』章承上言，『道不遠人』，不必過求高遠，世未有舍脚下而求前者，自邇便是行遠，自卑便是登高。只在脚下走，日日行遠自邇，日日登高自卑。父母兄弟妻子，於我至親至近，豈不邇卑？只父母順、兄弟宜、妻子和，雖有家日用之常，以此盡倫，以此盡性，高遠自在。」先生曰：「理透。」

問「鬼神之爲德」。先生曰：「鬼神只是性體流行，不必説情與功效。一於顯，一於微，不是盛微之顯，廼是盛體物不遺，不是爲物之體。即物上體驗，一些遺漏不得，實理自著，故不可掩。」

問「無憂」。先生曰：「此是承舜説來，上有瞽瞍，憂不得於親；中有傲象，憂不得於弟；下有商均，憂不得於子。舜未嘗無憂也。其惟文王乎？作述在性分，不在勢分，只是從太王來，一點爲善之心，後先相承不替。一戎衣有天下，惟不愧乎此心，故曰『惟我文考無罪』。武王末受命，不欲急於伐商也。前此猶俟紂之改耳，迨夫紂惡既盈，八百畢集，武王亦有不能自已者。存商之心，視服事之心不減也，故不失天下之顯名。雖然，文王賴武王無憂矣，豈知武王遺文王之憂也哉！」

問：「子述之，不特武王已也，成文王之德者，有周公焉。周公制禮，以此事先人，成文武也；以此開後人，成文武也；以此治天下，成文武也；達孝在周公矣。下章『達』字承此章『達』字意説，下章『述』字承此章『述』字意説。周公以相道述者，善述，故達。」先生曰：「然。」

問：「『達孝』、『述事』亦是繼志，只這一個心一個理，通乎前後上下，只不拂乎此心此理。『郊社』、『禘嘗』不必説義意之深遠，心一也，武、周以此事親，以此事天，以此制禮，以此治天下。當制斯禮也，明斯義也，治天下蓋易易矣。今天下之所以不治者，非不有武、周之禮在也。無武、周之心，不能因禮而明其義耳。果能以我之心體武、周之心，因武、周之心明武、周之禮，於其所以事親事天者、治天下者了然會通而無遺，未有得武、周之心而不能致治如武、周者也。故曰：『其如示諸掌乎？』夫子嘗曰：『吾觀於鄉，而知王道之易易也。』夫聖人一觀於鄉，便知當時治天下之所以易。獨此云義意之深遠，是舍性分之外求深遠矣。」先生曰：「然。」

問「哀公問政」。先生曰：「『其人存』至『人也』，數『人』字俱指君説。哀公是君，所□□在君身上培植。觀章首專言文武字，可見人□□存文武之人，敏政是敏於文武之人，在人是在文武之人，取人是欲得文武之人。取猶觀也，取人如文武之人，必觀其所以修，如文武之身可也。非他也，取之修身而已。修之者，何以道也？以仁也。『親親』處直指人也。見得能盡仁，方是存文武之人。曰『親親』，曰『尊賢』，豈謂其臣哉？其爲君身明矣。君身欲仁，須求賢以輔之。以下方說尊賢爲政在君身上，故不得以不修身事親。知人知天，皆修身事，所以行之者一也。智、仁、勇有三達道，此一也；生、學、困有三知之，此一也；安、勉、利有三成功，此一也。俱指修身。人或以身爲近粗，不知道德皆爲修身也，故曰：『知斯三者，則知所以修身。』九經首言修身，而歸盡於誠身。以上不言誠，至誠身始露誠字。哀公資□下，明言誠尚懼不解，豈有含糊之理？況四『一』字□尾指『誠中』二字，又不指誠。非註明言，雖學者不□□析況哀公乎？誠身既言誠，下文即繼之□□□□□□人自爲之哉？天□本然之誠也，既爲達道之本，然則誠之者，亦人道當然之誠也。聖人是人的樣子，以下皆誠身之事。博學五事，學此、問此、思此、辨此、行此，兩條不分。學、利、困、勉亦不分志功。上條是名目，下條是如此做。己千己百是孔子着力望哀公處。哀公愚者也，柔者也，故孔子以明强啓之，都在君身上提掇，方好用人行政。不然君身不修，雖有賢者，其疇用之。」

問「明辨之」。先生曰：「近多以辨爲辨之於內，恐其近於問也。不知思而得已辨矣，而又辨焉，不又近於思耶？問是我求知於人，辨是我申說於人。蓋問而答，可思矣；思而得，有見矣。又以明辨於友，不徒已知之已也。問是見之未定，辨是思之已審，原不相礙。世以辨之內者爲細，辨之外者爲粗，未深體也。」

問：「至誠、盡性，原無界限。蓋誠便是性，非性之外有誠也。誠至而性無餘理。一性盡而天地人物皆舉之矣！必己性盡而後盡人，必人性盡而後盡物，畢□□已往也不是了，原無此功。」先生曰：「然。」

問「至誠前知」。先生曰：「誠至便先事而知，非億也。誠自明也，非徒知之已也，便有潛移默補意，所謂造化轉移自我者也，故曰：『知幾其神乎？』」

問：「曲不是誠，曲處充滿，斯誠。」先生曰：「然。」

問：「『自成』章誠道二字，承上『問政』章誠身以下說來，子思責成於人之意，緣學者不解。是前章抽出來申說的言語，故每解不透。蓋天地間總是一個道，實理故誠。上言『誠之者』矣，安勉不同，要皆自我而成之也，故曰『自成』。上言『天之道』、『人之道』矣，天人不同，要皆自我而道之也，故曰『自道』。所以自成自道者，何也？以誠爲物之終始故也。誠既爲物之終始，故誠則有物，不誠則無物。誠之得失，係物之有無，如此物之貴誠也，明矣，是以君子誠之焉。然豈自成己而已哉！蓋誠非一人獨有，共有之也；亦非一人之獨成，共成之也。何謂成己？廼是一點良心不壞，自此充滿天理以全以成己言，故曰仁。何謂成物？廼是一點良心不昧，自此貫徹天機以著以成物言，故曰『智』。然仁智異矣，皆所性之固有曰『德』。外內分矣，而皆此理之通行曰『道』。仁智而非，合措未宜也，然皆性也，實異名而同源。外內而非，合措未宜也，然皆道也，實兩在而一致；物我而非，合措未宜也，然皆誠也，實形殊而理一。夫安往而不宜哉？以此自成，誠斯至矣；以此自道，道斯體矣。蓋此理本是自然渾成的，故必自我而成就。本是自有的道理，故必自我而蹈。廸若自成處已言實理賦物，到物之終始處，便重復難説。章首先言誠，章末只言道，總是一個。以本言，以用言，二也。」先生曰：「然。」

問「至誠無息」。先生曰：「首句功用包括盡矣。誠至故不息，故久。誠合內外，故徵。以久而徵者，自悠遠，自博厚，自高明。博厚以淪洽言，高明以俊偉言，非積久而後發也。厚載成物，單指至誠功用，至配天地無疆，亦只是同乎天地，不分體用。天地之道只是不二，博厚、高明、悠久只是不二。不二便不息、不測，非由此以致盛大也。『於穆不已』當串看，單言不已無着，蓋曰高明覆物。天也高明，而於穆不已，天之所以爲天也，見高明中有深遠無窮意。光輝宣著，文也，不顯而純，乃文王之所以爲文也。『不顯』對『於穆』看，不必言顯。至誠也，純也，不二不測也，不顯不已也，一也。」

問「大哉聖人之道」。先生曰：「聖人即上章至誠，成物便是育物，其功配天，故云『峻極於天』。上章言其理，此章詳其事。三千三百皆聖人範圍真意，發育峻極全在此。蓋天地間只是一個禮，兩條分大小近支，蓋云所以發育峻極者，以三千三百爲之曲盡也。『道問學』是『尊德性』的功夫，『盡精微』是『致廣大』的功夫，『道中庸』是『極高明』的功夫，『温故』是『知新』的功夫，凡此皆所以敦厚以崇禮也。五事五言固盡，单言亦盡，隨事感宜便是育物意思。崇禮，『禮』字總承禮儀二句説來，又開下文禮樂張本。」

問：「『議禮、制度、考文』，通章禮字貫。度，禮之度也；文，禮之文也。『非天子，不議禮』一句截蓋度、文，對禮不過□書行皆禮也。觀下文，一則曰作禮樂，二則曰作禮樂。曰夏禮、曰殷禮、曰周禮，禮外無及。居上爲下，皆禮也。通天地間，禮之功用爲實。」先生曰：「良是。」

問：「『三重』還是德位時觀。下文曰『無徵』、曰『不尊』，而歸重於『本諸身，征諸庶民』，其爲德位明矣。『寡過』在禮樂上見，就王者身上説，不指百姓。不謬、不悖、無疑、不惑，『寡過』也。世道、世法、世則，有望不厭，『寡過』見於行事之實也。無德位時而作禮樂，過也，故曰：『君子未有不如此，而蚤有譽於天下者也。』『有譽』正言『寡過』，正在君子身上。中和位育，只是己分上無缺，故曰『寡過』。」先生曰：「得之。」

先生曰：「至聖具生知之資，涵天淵之德，故足以有臨。通章以『足』字貫其有臨也，取諸仁義禮智而足也，仁義禮智之貫徹。『時出之爲』見言行而足也，以故敬信悦而足也，洋溢施反而足也。至通覆載照隊□及尊親而足也，故曰配天。」

問：「爲己，知幾。」先生曰：「兩言一意。知幾者，知其幾之在己也。遠之幾在近，風之幾在自，顯之幾在微。君子知在己，關係甚大，故只在己上做。若爲己而後知幾，舛哉！」

問：「『尚絅』承上言聖人之德，至矣，亦何自而入哉？入之以尚實之心而已，尚實自闇然，自淡，自簡，自温，自日章，自不厭，自文自理，自近自微，是用功之地。這便是人之所不見，便是不言不動之時，此處敬信便是首章戒懼，無兩層功夫。合動静而一於敬，故動固敬，不動而亦敬。合語默而一於信，故言固信，不言而亦信，總之只是一個，總之無有形迹。以此言德，不顯也；以此言恭，篤恭也；以此言平，潛移默化，形聲泯也。蓋至於平天下，只此不顯之德而已。故聲色末矣，不顯非聲色也；毛有迹矣，不顯非迹也。惟天載聲臭俱無，正是此德本體，相對無一毫欠缺，所以爲至得之大者。如此，合之聖者；如此，不過一點真實之心爲之。真心焉可忽也？夫功惟一致，人恒岐於兩層，夫是以勤苦無得。」先生曰：「然。」

卷三

論語上

問「學」、「習」。曰：「學訓做，時習是常做。做是悦上做功夫，時習是常在悦上做功夫。悦是性之本體，常做則性體常融，真機日著，故常悦。樂是悦之通諸人，非樂乎人之我知也。不愠是不以人之不知而改此悦，非悦乎人之不知也。蓋性體本自悦易，今也此悦融洽，故云亦此便是行。註云『將以行之』，非功也。或云『功夫到而後能悦』，不知功夫必有指，那處可以做功夫，那功夫可以悦也，再詳。」

問「孝弟」。曰：「孝弟，仁之實也。不犯上作亂，仁之餘也。人能孝弟則心一於孝弟，心一於孝弟，故所好在孝弟，所不好在犯上作亂也。未有好之而不爲之者，亦未有不好而爲之者。如此則心心念念都在孝弟上做，事事物物都從孝弟上出，君子於此可知務本之益矣。其所凝神注念在此，其所培植灌漑在此，其所植立充實在此，其所滋暢榮舒在此。本與道一理也，立與生一機也，非生於本之外也。務者道，而立者亦道；立者本，而生者亦本也。塞天地、横四海，施諸後世皆生也，皆孝弟之生生也。人知仁之當爲矣，舍孝弟求之，是絶華之根而求榮也，有是理乎？孝弟，生而有者也。從生而有者這點真機做去，充融淘汰，渾脱無迹，天真藹然可掬，這便是仁。若曰『性中只有個仁義禮智四者而已，□當有孝弟來』，不知無所謂孝弟，亦無所謂仁。謂『仁無迹也』，孝弟亦安有迹耶？不過是良心真切，在親長則爲孝弟，在民物之惻怛則爲仁，舍孝弟求仁，仁與孝弟俱罔矣，未驗孩提之良。」

問「本立道生」。曰：「本，一道也；孝弟，一仁也。務是爲之真切，立是植本固生，是機不息。誠在孝弟上真切，日真切，日培植，日滋長，敦化日深，川流日裕。孝弟之生生，一仁道之生生也。不然何以曰置之、溥之、施之不匱耶？故曰『親親，仁也』，又曰『仁者，人也』。親親爲大，學者務此可推矣。不然，外孝弟爲仁，或必功覆天下爲仁，是謂棄本而徇末。蓋根心之仁無盈縮，務其純而約，無務其泛而遠。」

或問：「孝弟爲仁之本。仁本作人，首言其爲人也孝弟，終言孝弟爲人之本，見孝弟是人之根本，以見當務，何如？」先生曰：「近之。」

或問「巧令」。曰：「巧令不但媚悦之私，如止媚悦之私，人皆知其爲不仁，何待夫子闡發？」曰：「是何如人？」曰：「當時有以言取仁者，人便因言而信其仁；有以色取仁者，人便因色而信其仁。這便是巧令。夫子恐人不識，故言曰『以巧令取仁者，難乎其爲仁矣』，故云『鮮』。

如有言者不必有德，象恭者不必爲君子之類。

「三省」章所言皆忠恕之事，事則有三，省身則一。平日之得者，皆臨時之所唯也。夙昔皆已融洽，故應對不假擬議。世皆以三省爲未聞一貫以前，尚歉於一致，不知所由雖曰謀、曰交、曰傳之殊，而皆一於反身之約。一點真誠，在謀則爲忠，在交則爲信，在傳則爲習，皆忠恕之道，無二理也。

問：「『弟子職』章通是孝弟貫，謹是行孝弟而有常，信是言孝弟而有實。衆即同胞，愛衆是由孝弟而徧及於人，推廣此心也。仁即親長，親仁是本孝弟而上交於賢，培養此心也。學文是體察孝弟之當否，印證此心也。」先生曰：「然。」

古人德行見聞合而爲一，故讀書爲養心之務。今人德行見聞歧而爲二，則讀書侈聞見之資，如《論語》「弟子」章爲時人之讀書而不力行發也，非一無聞而偏於行也，非數事之後而始一讀書也。蓋古人八歲以上，日事誦讀，但專以爲善爲事，當行而行。無事則讀書以養德，當讀而讀。有事則真心以應事，如孝親弟長，謹言慎行，容衆尊賢，行之從容而有條，適順而成章，即此便是學問。如日始一讀書，則又偏枯槁，非善養全材之方矣。去聖人愈遠，學問難明，凡此皆當善看。如前執着力行，後執着讀書，皆非夫子本意。蓋學，學問也；文，文章也，一也。踐履之成章，亦文也；出話之真實，亦行也，非二也。

夫子□曰：「行有餘力，則以學文。」奈何專學文耶？

問「賢賢易色」。曰：「人情好賢，多致飾於色，體貌隆而真意罕。烏乎！誠今移去其致飾之意，則發自真誠矣，即此便易色。」先生曰：「然。」

問：「『學則不固』，竊意威儀皆學也，學問真實則威儀自重，不威重便是學不固，浮薄勝，忠信日漓也。故學必以忠信爲主，求益友輔此忠信者，速改過去之不忠信者，何如？」先生曰：「然。」

問：「『可謂孝矣』章重父之善處。少之時惟父所命矣，人固有貌從而中違者，故觀其志；志不違親，孝矣，人固有存順而没改者，故觀其行；行不違親，孝矣，人固有暫守而久背者，故又必三年無改，三年則不忘親之心惻然如一日也，故謂孝。何如？」先生曰：「然。」

問：「子貢以『無諂』、『無驕』爲問，夫子以『樂』與『好禮』啓之。□賜一聞斯言，悦然滌去舊習□躋乎心逸日休□地，豈不超然一大觀耶！顧曲證旁觀，影響對□無沉淪，光霽胸襟。夫子泠然，以吾方與汝論學，□及於《詩》，由今以往，始可與言《詩》已矣。《詩》之外，未易言也。蓋以我説的是耶，你知的是這，溺於推測之故習，猶然向日一賜也，安可與論道耶？似非許與，何如？」先生曰：「子言是。」或曰：「『商也，可與言《詩》與！』此顧不同耶？」曰：「有『起予』二字先之，有多少好處，况所悟有不同耶！」

問「患不知人」。先生曰：「患不知我之爲人而已。能知我之爲人，孳孳焉求盡人之不暇，人之不知奚患焉？彼急知人而忘自知，則徇外而自治疎，可患者矣。他日嘗曰『不患人之不己知，患其不能也』，觀此可見。」曰：「然。爲可□□□云何曰『亦求我之可知者而已』，求我可知，不□□莫患焉。求我所立，無位奚患焉。若曰見知之實□□是爲人而知也，去自知遠矣。□□□□□疾之憂。」先生曰：「孟武伯不以父母之疾爲憂也，如以子之疾爲□□倒説矣。」

問：「色難，非舍勞與養也。服勞，色在服勞；奉養，色在奉養。色一非，二者皆非矣。二者勉的，這個勉不的，所以爲難。」先生曰：「然。」

問：「夫子之知回，恐不待回之退也。退即退藏於密之退。私，己之私也。退省猶内省反觀也。發是性體發見，亦生生意也。蓋夫子言之，回即内省其私焉。内省則私忘，私忘而天機徹矣！故云足發。足發又奚愚也？如聞克復而請事，請事已仁矣。語之而不惰，不惰已行矣。恐不待回之退也。然與？」先生曰：「善。如云因其既退而省之，是夫子潛窺之也。益非矣。」

問：「視其所以，人品不同，行事亦異。有視其以者，有觀其由者，有察其安者，隨而觀之，無遁情矣。蓋聖人之於人，可望而知也。而視以，而觀由，而察安，需次始盡，是常人之觀也，非聖人之觀人也。」先生曰：「然。」

問：「温有涵養意。良知本來有的，所謂故也。只在本來處涵養，則此知日日發生，非知於所性之外也。可以自爲，亦可以爲人，曰『師』。若解舊聞涉記問，非故也，新何以知？」先生曰：「然。」

子張是多聞見而疑殆不闕者，夫子懼其多，非教之多也。即此便是尤悔，非禄也。闕慎而尤悔自遠，即禄也。如云得禄之道，又教之干矣，非夫子意。尤，自尤也；悔，自悔也；禄，天禄也。自外至是爲人，非爲己。疑而不闕，尤也，不待言之失；殆而不闕，悔也，不待行之失。

問「損益」。先生曰：「此理亘古今，只是一個。所不同者，小節耳，非一因之、一損益之也。是殷因着夏禮爲損益，周因着殷禮爲損益，如此便百世可知。君子不先天以開人，未至者，不逆可也。」

諂與無勇，夫子嘆當時也。徇非祀者，不以爲僭而以爲諂。知諂則僭心息矣。徒見義者，不以爲廢義，而以爲無勇。知無勇，則奮心起矣。

問「是可忍也」。先生曰：「從奚取例，則忍爲似是。但季氏首惡也，夫子有嚴斥意，則容忍爲似。人以僭八佾者季氏也，非三家也；僭《雍》徹者三家也，不獨一季氏也。不知《雍》徹之僭，自八佾啓之，則是僭《雍》徹者亦一季氏也。觀首書季氏而列書三家，夫子之意可知。是故嚴其詞，誅僭竊也；誅僭竊而叛逆消矣。」

問「繪事後素」。先生曰：「人情所尚在絢。詩人之意，以素爲文，所尚在素，所不尚在絇。把繪事都丟過後了，便是繪事後素。」「其言禮後，何也？」曰：「是禮以煩文爲後，非禮後於忠信也。所重在忠信，所不重在煩文，把煩文都丟過後了，便是禮後。禮與忠信，一也。」曰：「起予者，何也？」曰：「當時溺於煩文，自林放探本，夫子大之，商以煩文爲可後，夫子許之。」

問「文獻不足」。先生曰：「嘆魯也。」「何爲其歎魯也？」曰：「杞、宋不足存夏、商之禮已矣！周固在也，周之禮固在也，而魯不足以存，僭故也。夫子嘗曰『周公其衰矣』，曰『吾不欲觀之矣』，曰『不知也』，皆爲魯也。」曰：「然則『知其説者之於天下』，如何？」曰：「禹犯分也。若曰今天下之不治，不知禘也。不知禘，犯分也，知禘則君臣各循其分，而天下治矣。」曰：「郊亦禘也，《春秋》何爲不譏郊也？」曰：「《春秋》書郊甚詳，書郊不言譏，譏固在也。且當時有跛倚臨祭者，有舉國若狂者。誠敬者，一夫子耳。夫子曰『吾不與祭，如不祭』，傷之也。所不當祭，僭不可言也。其所當祭，怠不可言也。魯之不爲杞、宋能幾何哉？是可嘆也。」

問「郁郁乎文哉」。先生曰：「是由中達外，非表暴之文也，所以可從。」

問：「成事不説，宰我不言所當言也。當時坐視哀公之懦而不言，夫子説你放着可成的不説，可遂的不諫，已失的不咎，區區言松、言柏而屬意於栗，竟何益哉？如以爲已成、已遂、已往不足責，必待未萌者爲可責，是終無可言時矣。況戰栗既聞，未聞哀公有獨斷之舉，安在其必遂耶？」先生曰：「子言是。」

不寬、不敬、不哀，是全失也，無可觀矣。不在得失之間。

問「擇不處仁」。先生曰：「擇，所以自處，而不於仁，以心言，不以擇里言也。《孟子》即此章之註疏。」

『能好人』章，好的是便是能好，不必説怎麽樣着好。下倣此。

先生曰：「不以其道得處富貴，不處也；不以其道得去貧賤，不去也。」

先生曰：「聖人只貴聞道，既聞，吾事畢矣，死不死何害？彼長生久視之説，視此可息矣。」

問：「多怨是放利之怨人也，蓋好利多有不遂其私者，故多怨。若人怨他，則與放利者一矣。」先生曰：「然。」

問：「『能以禮讓』章傷當時不能用禮也，下『何有』字應上『能』字，『何有』言無有也。蓋當時先王之禮固在也，不是無禮，只是無讓。夫子傷之曰：『有能以禮讓爲國者乎？無有也。』如今人説『何有』，是『那裏得來』一般。蓋無有，則不能以禮讓爲國矣。禮文雖具，如禮何？」先生曰：「然。」

「一貫」章本文原無「萬」字，只一便了。忠恕亦只是一，若盡了又推，猶二也，非功也。門人當益惑矣。

問：「幾諫，幾，微也。人子事親，不待其過之既著而後諫也，過未萌而先有以止之也。志不從，是外雖從，其中未脱然也。勞不怨，是反復之不以爲勞，間違怨於親也，撻不撻當無計矣。」先生曰：「然。」

『以約』章，約，收斂也，是胸中一點真處不散，意即約禮也。學問不患不博而患不約，徒博所以多失。夫子指之曰：「約便鮮失，奈何弗約也？」非屑屑然拘也，真常在耳。

問：「顔子功夫在默識，子貢功夫在見聞，夫子屢啓而不悟，『孰愈』之問，冀反觀也。知二知十，推測之故習猶在。弗如之言，豈曰許之云爾哉！」先生曰：「然。前輩固有此説。」

問「性與天道」。先生曰：「天地間無一物非性道，亦無一物非文章。人以爲文章猶可以聞見窺，性道不可以聞見窺矣，不知文章亦性道也。文章亦性道，又豈可以聞見窺耶？何也？人知夫子之文章爲文章也，又豈知夫子之文章固性道耶？」

簡即有所不爲，蓋狷也。學到成章也，儘好看，只是不得中道，把狂簡當做是了，所以不能裁割。

問「内自訟」。先生曰：「自是者，不自訟。人能常自省察，真見得己有不是，要説『這是我的不是』，已自好了。猶是口頭念過，惟夫外無言説，内自省悔，便是刻責切處，兹真訟也，訟無咎矣。」

問「十室忠信」。先生曰：「忠信，初與夫子同，只是不肯淘汰，結束小了。夫子便日精日明，與天同體。天地一大忠信，夫子忠信與天同。十室，忠信之一枝。」

「山川其舍諸」，是祭山川不可舍此牛，非神必不舍意。

「善爲我辭」，是欲使者好生爲我却他，只婉辭拒之便是。

不由徑，是不行捷徑之事。謂不由曲徑，恐拘。

罔之生，是蒙蔽了此本直的生理。

博約是隨博而約，夫奚畔？蓋只博處約，無先後。欲修德必講學，既講學必徙義，欲徙義必改不善，原來只是一件。

不徒曰「申申」，而曰「申申如」，不徒曰「夭夭」，而曰「夭夭如」，見非意作而舒也，非有心而和也。

志道、據德、依仁、游藝，是一件事。不游藝，便涉玄寂。游藝，博文也。志、據、依，約禮可知。

憤悱有愠字意，主教者言。玆惟不啓者啓之而已，不憤其不啓也；不發者發之而已，不悱其不發也。舉一隅不以三隅告他，以待其反。若能反以相□，則相安於無言而不復告。苟不能反三隅，將次第舉矣，總是誨人不倦意。

夫子聞《韶》，只天機相感，甚言相契之美。連肉味也不知，是□癡人，不善觀夫子之心。

問：「『加我數年』，想夫子時年未五十，只説我加數年之功，五十以學《易》，已自明白，添改錯。」先生曰：「然。史傳不必拘也。」

問「桓魋其如予何」。先生曰：「是不可奪志意，無能損於其德，即無能害夫子。不必他説。」

問：「『不保其往』，竊意往亦退也，恐非前日意。夫子説：『我但與其進而向善耳，不論其退而爲不善也。方其進而見時遽慮其退而阻之，是甚也。吾何可甚哉！夫所以與其進者，何也？蓋其進也，潔己以進也。我之與進者，正與其潔耳，安保其既退之後而爲不善乎？』恐倒提是扭經從傳。」先生曰：「然。」

先生曰：「三年學曾不至於穀，是念不到此，不必作『志』。」

先生曰：「『篤信好學』一順説，下不必交互。邦有道，貧且賤焉，耻也，所以必見。邦無道，富且貴焉，耻也，所以必隱。」

唐虞人才之盛，以舜之德可以繼堯。有周人才之盛，以文之德，無減於舜。

先生曰：「『菲飲食』三句，固是克儉，猶是痛父之殛，故曰夫子知禹之心。」

問：「『又多能也』，似非以聖而又兼乎多能也，言天實縱之將進於聖，那裏又説個多能？裏則多能似不必説矣〔二〕！與君子不多、不試故藝一例。何如？」先生曰：「然。於無所成名見孔子之聖不可名。」

先生曰：「『空空』在夫子，不在鄙夫。只説我原無一些甚麽，只隨其所問者發之，而竭盡無餘，人便以我爲有知。」

始也，意其有高堅前後也，不知道之不可以形象求，不可以方所拘也。繼而聞夫博約之誨也，始知吾身之酬酢，皆斯道之流衍，功之所用，悉力之所得，而想象非功也，强探非學也。斯時也，隨文皆禮，隨博皆約，向之茫然不能立者，今則卓然始有立矣。如曰所見益親，是以道爲有物有彼，今則與我相接也，其失也誕。如曰無所用其力，不知益親即用力處，不可他求，是此理尚涉茫昧，其失也誣。蓋一分悟入即一分通融，隨我體認即隨我活潑。真機内涵，消息自在，特不可驟耳，安在其不可爲耶！如以爲真不可爲，是冰凍寒窖，聽其自化，與我不相干。

問：「『四十五十無聞焉』，是不聞道，非聲聞也。使以聲聞爲聞，則將求聞於人，益不足畏矣。」先生曰：「然。」

〔二〕「裏」，疑爲誤字。

卷四

論語下

問：「『先進』章經文無時人之言。竊意先進於禮樂，是初學而入禮樂，渾朴之氣未脱，故曰『野人』。後進於禮樂，是繼此而復入禮樂，脱渾朴而入彬彬，克底中和之域，故曰『君子』。然必由渾朴而後彬彬可企，故曰『從先進』，似不用時人之言，何如？」先生曰：「然。」

問：「羅近公解『回非助我者也』，『也』作『耶』字説。『回非助我者耶』，何其於吾言無所不悦也？蓋言言見解，言言見投，天機豁然相授，助莫大焉。」先生曰：「善。」

問：「『未能事人』，責其盡人之道而已，非誠敬足以事人之謂也；『未知生』，責其盡生之道而已，非原始而知生之謂也。」先生曰：「最簡易。」

「子樂」作「子曰」，蓋行行非可樂也。既樂之又憂之，非夫子意。

先生曰：「賜、師類也。以師爲愈，則賜可知。過猶不及，賜又可知。」

問：「『唯求則非邦也與』，二節俱點之言，俱未達『其言不讓』之旨，所見幾於聖人而未實也，故止於狂。」先生曰：「然。」

問：「如大賓、如承祭，隨在皆不欲勿施之道也以此。不得於邦，不怨也，盡此道焉耳；不得於家，不怨也，盡此道焉耳。不然，求邦家不怨於我，則必有求容之意，非仁也。」先生曰：「然。」

問訒言。先生曰：「也只是非禮勿言。一訒言而禮復，言皆仁矣。牛之再問，不訒也。夫子説你這個尚做不將去，還要説□。所以説爲難，非言行相顧意。」

問：「達於道之謂達，聞於人之謂聞。夫達也者，是夫子教子張隨在而自達於道也。若曰人信而行無窒碍，猶是教之聞，務外之病終不祛矣。夫質直極義，達忠信之宜也。慮以下人，達虚受之宜也。以是三者，在邦必達此道於邦，而不求聞於邦也；在家必達此道於家，而不求聞於家也，方是真達。謂曰好、曰觀、曰察、曰慮，皆自内焉故也。外念一萌，不勝聞之蔽矣，非夫子教子張意。下節行違是心之做處與色違，緣他外修飾的好，方纔動人，若説行事與色違，顯是不好，安能動人？」先生曰：「然。」

先生曰：「『後得』是把得丢過了，只做我見在的事，不是留在後面得。『近利』影『後得』句，『粗鄙』影『攻人惡』二句。」

先生曰：「以文會友，仁文也；以友輔仁，仁友也。」

問：「先有司，身先也；赦小過，慎宥也；舉賢才，公任也。蓋事之不集，起於宰之不能身先故也。先之則有率，作興事之機。夫仲弓，寬洪者也，簡重者也。簡重不必任事而坐享成功之意居多，寬洪則必輕刑而大，故疑於多宥。寬洪不必過察，而不才或以見容，故宰先之，則有司勤事而無叢脞之虞；小過赦，則人知自新，而無縱惡之害；賢才舉，則鑒别惟精而無倖位之失。」先生曰：「然。」

先生曰：「仲弓慮無以盡知一時之賢才，便欲求可知之方，非私也，無喪邦意。有『焉知賢才而舉』之問然後有『爾所不知，人豈舍諸』之説，互相問答，胥爲經濟，所見不同，非私也，非小也。」

問：「仁，一心也，恭、敬、忠隨在異名也。居處時全了此心，恭在即仁在也；執事時全了此心，敬在即仁在也；與人時全了此心，忠在即仁在也，稱居常之仁人矣。由是而夷狄，變也；恭敬忠行乎夷狄，不變也仁，隨恭敬忠，不變也，稱居變之仁人哉！何如？」先生曰：「然。」

問：「有耻是不辱的涵養，不辱是有耻的措注。一念之耻，心達出處也。孝弟非次也，然止於鄉黨宗族之稱而已，未大也。信果非，又次也。而必信必果，則言果之拘也。」先生曰：「然。」

問：「憲辭九百之粟，有道不穀矣，然而過也。夫子懼甚□□，若曰：『邦有道，汝其穀之。惟邦無道，穀乃可耻也。奈何一槩辭之耶？』如註，憲果不能有爲，當爲宰，宜使之去矣。不使之去而與之粟，是有道而穀，夫子使之矣。使之而復禁之，人情乎？况憲稱狷介，决非素餐者比。職所宜，居有道，必不曠官。職不宜，居辭禄，不待教戒『一槩不穀』廣其志，是狹其志矣，是使之終無可穀矣。何如？」先生曰：「然。」

問：「『彼哉』，惜之也，不然晏嬰賢大夫也，夫子稱其善交，子西亦賢大夫也，夫子未必深斥。爲僭王，不獨一楚也；爲阻賢，不獨一子西也；爲致禍亂禮，非明之所能逆覩，皆不足以致彼也。然而遜國一也，立賢二也，善政三也，又皆不足以致彼也。註『其爲人可知』與『賢大夫』句相礙，若曰召白公以致禍亂，則陳恒之弑君，平仲非不知也，果消變於未萌乎？亦討而誅之乎？抑死君之難乎？又可例矣！」先生曰：「然。」

問「成人」。先生曰：「恃一長以自用，偏也。合衆美而未融，迹也。故文之以禮樂。」曰：「今之成人者，何如？」曰：「作子路語極是。若曰就子路之所可及，是夫子限人以小成，而禮樂猶未至也，他日何以曰『何足以臧』？」

問：「孔子請討，討恒也，亦以討三家也。兵未舉而三家之叛息，謀已伐矣。胡氏謂『先發後聞』，非義也，非所望於夫子。蓋齊非魯比，故不以兵而以謀。若在魯，則自有無形之師而消未萌之亂。若臨事而舉兵，非聖人所以安國也。故曰兵未舉而三家之叛已息，伐謀也。觀此而知聖人神武之師。」先生曰：「然。」

先生曰：「『古之學者爲己，其終至於成物』，予以爲成物固所以成己也。」又謂：「『今之學者爲人，其終至於喪己』，予以爲人喪己矣。」

伯玉之使謙，夫子與之，情當其實也。公明賈之詞諛，夫子疑之，情過其實也。

問：「不逆人之詐而先覺己之詐，不億人之不信而先覺己之不信，專於治己而不責人，賢也。若謂先覺人之詐、不信，則詐、不信未能先覺而已先涉於詐、不信矣，惡得賢？」先生曰：「然。」

問：「擊磬胡爲而云有心也？」曰：「荷蕢借言聖人有心於世，非聖人有心而形之磬也，聖心一無所係也。」「然則夫子固無心而擊耶？」曰：「擊者無心，聽者有心，非聞樂以識心也。」曰：「荷蕢胡爲而致譏也？」曰：「荷蕢譏夫子之周流，托聞磬以發之耳。若曰：『有心哉，擊磬之人乎？』非爲磬也。」曰：「夫子胡爲而擊磬也？」「君子無故，音樂在側，隨感而擊，隨擊而化。和平之音韻，藹如也，聖心亦何滯哉！」曰：「高山流水非耶？」曰：「自是高人一段雅况，與聖人太虛之體不同。」曰：「河汾鼓琴，鈞胡爲嘆耶？」曰：「此又粧點模擬景象，適來好事者之慕，果山澤而廟廊，則出位矣。」曰：「『處江湖之遠而憂其君』，何耶？」曰：「如此是陋巷亦憂民之饑矣，顧見在相觸何似，不能盡無，有感即過。」

問：「『修己以敬』一言，《學》《庸》兩部書該括已盡，便是明明德於天下，便是篤恭而天下平。大小遠近皆宜，言近而指遠也。己一修，含人與百姓在內，人與百姓皆己也，安人與百姓皆修己也。修己以安人，是於安人處而己修矣；修己以安百姓，是於安百姓處而己修矣。蓋人己原是一個，人與百姓上停當方是己分上停當，何如？」先生曰：「然。」

問「原壤」。先生曰：「述，循也，長而不循義理，老來徒足亂俗。夫子不責其不可言者，而責可言者，善誘哉！不可言，謂升木而歌。」

問：「恭己正是篤恭。註云『紹堯之後』，是先舜而爲矣。又云『得人以任衆職』，是待衆人而爲矣，恐非無爲本旨。」先生曰：「然。」

問「竊位」。先生曰：「惠可以爲大夫，則位固惠之位也，而不與俱立，是惠之位，文仲竊而有之矣。在彼則懼形己之痺，在此則陰掩彼之長，視同升者不有愧哉？與公□□□曰文，則謚又竊之矣。」

先生曰：「義以爲質，義之當爲者也。爲節文之義，爲退避之義，爲誠實之義，總是成就了一個義，斯此義之君子哉！」

問：「『没世而名不稱焉』，没世不稱名也。没世實不稱名，終無可稱之實矣，故君子病焉。苟有其實，無其名，君子安焉，無近名也；苟無其實，雖有其名，君子耻焉，耻過情也。若曰『耻其名之不著』，是爲名而學也，爲名而疾也，爲名而君子也，恐非務實之學。」先生曰：「然。」

問：「『謀道』章首尾自相發明。君子所以謀道者何也？道吾之道也，憂不得乎道而已。不謀食，何也？貧無與於我也，非所憂也。禄是天禄，云爵禄是謀食矣，憂貧矣，非君子意。蓋不謀道則失吾性之秉，故憂道；身雖貧，無損於吾心之正，故不憂貧。」先生曰：「然。」

問「蕭牆之内」。先生曰：「蕭牆猶椒房也，指魯君言。伐顓臾，謀魯之漸也，憂在魯君，不在季氏，逐君其驗乎？」

友直、友諒則友多聞俱是實功，不然祇聞見之資耳。樂節禮樂矣，樂道之人善，一與善，皆禮樂也；樂多賢友，一取善，皆禮樂也，故才兼四子，必以禮樂文之。

問：「『其斯之謂與』蓋説人生一世只在斯一件，身後好歹只在斯一事。不賢如景公，富則富矣，死而無聞，其失乎斯之謂與？賢如夷齊，餓則餓矣，於今稱之，其得乎斯之謂與？承上自明，不必他引。」先生曰：「然。」

先生曰：「迷邦謂失迷其可救之邦，不必説迷亂。」

問：「『習相遠』，以爲人不善者率出於性，不知氣質雖有清濁、純駁之不同，其本然之善者固在也，相近也。特其習之不善，於是始遠於善耳，非善惡遞相遠也。若曰：『性本相近而有爲不善者，習之遠於善耳，非性也。』豈可以習之不善，遂謂性爲不善哉！蓋其習於善者，復性者也，近也，非遠也。習於惡者，自□其□也，遠也，非近也。合下節謂習之不善，與□□□□，可移皆中人也。惟上智雖與下愚之人□終移他不去。」先生曰：「然。」

問：「『吾豈匏瓜也哉』，言佛肸不能繫夫子，承上『不曰堅乎』，意可則往，不可則不往，非若匏瓜之可繫也。『食』字或『適』之訛，何如？」先生曰：「然。」

先生曰：「涵養性情，玩《二南》風化，活潑真機，必有大觸發處，不然做令局子看，是又正牆面也。且如《二南》詩吟詠後，意趣何如？不吟詠時，意趣何如？深體自見。」

問：「『道德』句『道』字一讀，『塗』有粉飾意。謂道聽之而身體力行，則有諸己矣。若徒詞以炫人，不自有也，棄也。」先生曰：「然。」

問：「『禮壞樂崩』，禮樂之文耳。三年不爲之心，禮樂之真意在焉。食旨不甘，哀吾親之不復有食也；聞樂不樂，哀吾親之不復有樂也；居處不安，哀吾親之不復有居也。皆真也，皆真皆禮樂也。惜予之未達□。但其期年之內，哀戚淡菲，實心爲之，不若今人著素而已。」先生曰：「然。」

問「尚勇」。先生曰：「以其行行也戒之，率爾也哂之，問强也抑之，鼓琴也復抑之。『尚勇』之問，前日之剛心猶在也，遺夫子之憂者其由與？爲亂爲盜，其辭斥。」

先生曰：「訐與徼即訕上、稱人之類也；不遜即無禮、果敢之類也。聖賢所惡，其道同，其心一。」

先生曰：「莊莅慈畜，謂并行也。」

問：「四十見惡於惡人，無恤也；見惡於善人，可恤也。若曰年至四十躬修可冀也，而猶不免於惡之可惡焉，是將終不得爲善人也已。」先生曰：「然。」

先生曰：「知津與問津相應，俱有含蓄。」

有□□而無君，誰與王？有君而無臣，誰與輔？有君臣□□事使，便是該的，便是義。

先生曰：「『見危』、『執德』二章，見子張學已造篤實處。」

問：「博學，博文也。切問、近思，皆約禮功夫。篤志貫三者之中。此便是仁。若曰未及乎力行而爲仁，則篤非真篤也，問雖切而意緩，思雖近而實遠，博學亦聞見之資耳，何以曰仁在其中？」先生曰：「然。」

問：「吾人隨出隨處，俱是學問。學問俱關政事，故仕而優便是仕之中的學問，故曰『則學』。學而優便是學之中的政事，故曰『則仕』。若謂仕之中無學也，學之中無仕也，是不知仕學爲一理，非仕非學也。」先生曰：「然。」

先生曰：「曾子説『人未有自致者也，必也親喪乎』，子游説『喪致乎哀而止』，皆是把這哀戚真意做到至處，便是致。曾不非而言非，何也？子游蓋曰：『喪把這點哀做到至處便是了，何以文爲？』此其本末皆在，非以哀爲止也，豈以平日過高而究其弊乎？識者詳之。」

「張也」二章，惜其過高，非惡其不仁也。

先生曰：「當時喜得其情者有之，哀矜則未也。曾子蓋仁人之言哉，於嚴霜烈雪之中而道之以春風和氣。」

以一心含吾道之精美也，以一心會吾道之全富也。

「夫子焉不學」與「舜好問」章相參，俱見二聖之無我。

先生曰：「『知命』與『五十而知天命』一例，知命則知禮矣，知禮則知言矣。」

卷五

孟子上

先生曰：「『萬取千焉』二句，便含『義』字。『不爲不多者』，以義言也。」

「夫君子，純乎正義之心而已。惟吾之得爲，利不利非所計也。今註曰『君子未嘗不欲利，但專以利爲心則有害』，則是不專利。不專利，豈將處義利之間耶？禁其利，猶恐不純乎仁義；導之仁義，猶恐或涉於利。義利之間，豈君子當止地耶？不知有欲利之心非矣，欲利而不專其利非矣，爲有害而不專其利又非矣。孟子凈梁主之源頭而遏其利，註《孟子》者凈學者之源頭，顧欲利而不專其利，使學者將奚適耶？」

先生曰：「『何患乎無君』是説有此地者即爾之君，胸次甚大，非太王自指也。」

問：「道、德一也，明、立不必分貼。不疑而懼曷明？不懼而疑曷立？知言養氣，一時應丑之言，非孟子本等功夫。本等功夫，持志是也，養心是也。能養心，言自知，氣自浩，非兩項事。縮不縮是於理當爲，非屈在我也，屈在我便不義而餒矣。持志自兼養氣，持志而又無暴其氣，不是功夫。蹶趨而反動其心，似支吾言語。蓋所謂動心者，動血氣之心也，非義理之心也。義理之心如何動得？今以有養之人，雖卒然傾跌，氣若稍迫，心自不亂。告子雖不知義，其曰『不得於心，勿求於氣』，所以曰『可』。」先生曰：「然。」

問：「浩然之氣本剛大塞天地，功夫全在直養無害上。『直』字承『縮』字來。道義本直，善養直也。忘、助，害也。一節不分體用，上文既説塞天地，下文便叫起氣之所以塞天地者何也，配義與道也，合道與義言之也。『無是』指無道義言。氣之所以餒者，何也？無道義故氣餒也，離道與義言之也。『行有不慊於心，則餒矣』，正應上文『無是餒也』句，非無氣而道義餒也。蓋氣本集義而生，義是心之宜，氣是心之運，心是氣之宰，集義則心慊，故生。不集義則心不慊，故餒。心有不慊尚餒，況可襲取而生之乎？襲取便有助意，便不義了。告子未嘗知義，宜其餒也，而不餒者，悍然也，非浩然也。何如？」先生曰：「然。」

問：「註云『合乎道義而爲之助』，似倒看了，乃是道義合乎氣而爲之助，玩『集義所生』句，自見承上文所以配義與道者，是集義所生而配也。謂合義則氣充，失義則氣餒，故養氣必集義。註又云：『若無此氣，則一時雖未必不出於道義，然其體有不充，則亦不免於疑懼，而不足以有爲矣。』不知道義安有疑懼？安見不足有爲？所行既出於道義，其體安有不充？都是扭捏説了。體有不充還是道義不純，何如？」先生曰：「然。」

「必有事焉而勿正」，疑蓋「止」字之誤。學貴有事而懼其止，故必有事焉而勿止。止則忘，故勿忘。勿忘則易助，故勿助。總是一個直養功夫，作『正心』似非。蓋正心之説，本《大學》第一義，古今第一義。今人事有偏者，説『正之』，則正無不善也；懼心之不正，而正其心，則正心無不善也。胡爲而作『正心』耶！「戰不正勝」一言又豈大經可據耶？況引宋人事，直貼忘、助二端，絶無正字意，尤見「正」當作「止」。

智足以知夫子者，真知聖道之高而後稱之。假使其道汙下，必不匿情過稱，此其言可信之言也。若就三子分上汙，便阿其所好矣，此其言不可信之言也。

先生曰：「孟子學問全是擴充，非擴充之於外也，只本體常充。」

先生曰：「君子之於辭受，惟其是而已。處之有名則受之有道，不必皆受皆不受也。『居一』謂必居一不是，故答云『皆是』，爲對『非』字看耳。曰『餽贐』，爲贐處，非貨也；曰『聞戒』，爲戒處，非貨也。取字作取予之取，在君子身上看，非致也。」

「『江漢』三句作贊曾子的是，觀下文之譏相便是對證。故曰：異於曾子言江漢則相爲行潦之汙也，言秋陽則相爲陰晦之蝕也，言不可尚則相爲可卑。」

曰：「『掩之誠是』，言掩的着實的是，更『若』字似遠。」先生曰：「然。」

問：「『三月無君則皇皇如也』，悲君之不獲正，民之不被澤也。三月無君則吊，如『安石不出，當如蒼生何』。憫賢者之不見用也。如以三月而缺一祭爲憂，是爲士者必得位而後祭也。終身不得位，則終身不獲祭矣。謂蔬水承歡非耶？孟子此言似非直指。」先生曰：「然。」

先生曰：「一治一亂，論人事不論氣化。亂由人事未盡，治由人事盡當。其治也，君子樂與天下享其休，而惟盡乎人；及其亂也，君子力與天下扶其危而不敢歸諸天。其治非可恃也，其亂非可諉也。蓋治亂安危者，世運也；裁成輔相者，人事也。君子論人不論天。』或曰：「洪水亦人事未盡耶？」先生曰：「禹治洪水而水患熄，前此亦人事未盡。」

或問：「吕氏稱張子欲復井田之制，期數年不刑一人，如何？」曰：「所謂處之有術者，蓋自有公平正大之術，可以當人心者耳！非以姑息之政稔亂也。若數年不刑一人，則犯法者衆。衆犯法則惡日肆、善日損，井田未行，天下將多事而不可支，故三代聖王之制，自有平易近民之法，政不必徇人啓釁也。」曰：「貧富如何均得？」曰：「如何均不得？且富貧安有一定？數年便自轉移。如富者之田，適滿九百畝，即此便爲一井。貧者之田，其滿九百畝，則一八家爲一井。田不足者合其田，不損其人，令得買，無令得賣。田有餘者益其井，不損其田，令得賣，無令得買。稍倣限田之制，田宜合散。但取足一井之數，不計人之多寡，久之自然均平。如有八家之地而無八家之人，則因地代八家之役，不損其地。如過八家之人而止八家之地，則因丁産見在之人，不拘于田。富不必奪，貧不必與，權其事而斟酌之，法自可行。」或人曰：「善。」

卷六

孟子下

問：「伯夷之歸文也，非爲養也。文，聖人也；夷，亦聖人也。夷尊父命，文服事殷，其志同也，故就文而同歸於善。武王視文王異矣，有伐商之心矣。伐商，伯夷不忍也。諫而必去，去而必餓，明志也。不然，棄國不有而必利人之養，不餓於始，徒餓於終，伯夷不爲也。」先生曰：「然。」

太公之歸文也，竊有疑焉。當其時，文守臣節，既與守之，武伐虐主，又與伐之。有伐商之志而無其藉，蓄之固久也。公雖無土，獨非商之民乎？相父以忠，相子以叛，是二心也，豈歸文之時有所藴而未酬，而固待於斯耶！不然，與伯夷茹芝西山，薇歌賡和，存商之老，視興周之佐不減也；不然，相武王以伐暴者，天下獨少若人耶？昔也與夷同歸，今也夷去公留，其意可窺也。不然，公目夷爲義士矣，自處獨不以義乎？蘇軾曰『武王非聖人也』，言武王則太公可知。又不然，敬義之訓不可同伐暴之謀，兵法之制難與齊治平之畧。以道合，而以兵用，三復之，太公之志又可知。

嫂溺，援之以手，權也。晦翁解曰：「權而得中，是乃禮也。」此處點「權」字甚真。

告者，恐一時之無親；不告者，恐後世之無親。

「仁之實」章，是一株樹，開了五朵花。五朵花原是一株樹，一朵是五朵之合，五朵是一朵之分。大要仁不專於事親，而事親其大；義不專於從兄，而從兄其先。知之實，知此仁義禮樂而事親從兄也；禮之實，節此仁義知樂而事親從兄也；樂之實，樂此仁義知禮而事親從兄也。言仁則義知禮樂合而成其仁也，言義則仁知禮樂合而成其義也。若得此遺彼，是一偏之蔽也，惡足語仁義知禮樂哉？註曰「然必知之明而守之固，然後節之密而樂之深」，似過分析。知之明處，是仁義禮樂透徹，於此透徹，□孝弟守之則是仁義□□□□□□此孝□不兩節看。

問「人有不爲也」。先生曰：「只不爲其所不當爲，便是爲其所當爲。若平時決意不爲，臨事決意爲，又是執着。」

問：「『君子深造之以道』，言深造乎道也，非方也。如以道爲進爲之方，則學爲何物？」曰：「格致誠正，學問思辨，非方乎？」曰：「格致誠正，一修也。學問思辨，一行也。本是一串，無許多層數，如格了纔致，致了纔誠，迤迤不是功夫。」曰：「何以言欲其自得之也？」曰：「自得便是功夫深造，一句直打到底。蓋這源頭本是我原有的，强探不謂之得，不得不謂之造，故自得便是深造。爲居安，自得而安也；爲資深，自得而深也；爲逢原，自得而及原也。到及原處，這源頭在我，天下事俱是源頭，做既是源頭做去，取用何窮？所以君子欲之者以此。若得而非自得，爲支離，爲淺近，不能徹底，如何做的將去？所以取用易竭。蓋逢原者，逢吾心之源也，左右言不一也，非身之兩傍也，《大全》說『源頭在彼，我逢之耳』，恐失。」先生曰：「然。」

先生曰：「『博學而詳說之。』蓋日用之間，事物之應無窮，何其博！事雖殊，理則一，何其約！隨無窮之應，莫非學問所在，即此便是博學詳說，兼學問思辨。『此』字要緊。學問不說不明，不詳說不徹底，『將』字就『把』字看，『反』字是近裏意。蓋要把學問反而求到吾心至一之地耳，至一便不徒博。」

問：「原泉，有源之水也。有原故不竭，而漸進以至於海，有本者如是。言有本之學如此有源之水也。『是之取爾』言惟其如是有本，孔子之所以取也。苟爲無本，正言無本之學也，如七八月之間雨集，非源泉也。溝澮驟盈，非漸也。涸可立待，非至海易竭也。皆證上文『苟爲無本』一句，如此無本之學，暴得虛譽而實不繼也。君子恥之，奚取爲？」先生曰：「然。」

問：「『其有不合者』，非四事之各不相合也。三王之已爲者，皆理所當爲，而奚有不合也？不在時勢，不在制作，而在心原。惟在心原，則所惡所好，此心執中立賢，此心愛民求道，此心慮遠慎邇，此心仰而思之，冀而契也。蓋諒三王與我同一心而快然無異也，喜其不寐也，此便是行。如又以爲欲急於行□，不若是躁切。」先生曰：「然。」

先生曰：「公行子，齊之重臣。有子之喪，謂繼體之冢嗣也。若親喪便直書，不應如此轉折。不作子喪者，疑於不當吊也。看來有可吊之理。」

問：「『象憂亦憂』二句只在誠信上看，舜非不知象之所爲，至情感通，自不能已，見其憂便惻然憂也，見其喜便豁然亦喜也。如今父母亦有惱兒子者，天親隨感而應，見兒號泣，慘然動情；見兒歡喜，便釋然無悶，如此可解亦憂亦喜。」先生曰：「然。」

問：「比，方也。從猶禦之。猶字來有比照較量意，謂汝以諸侯之猶禦矣。禦固不待教而誅矣，逆汝之意，亦以其猶禦也。將比并於禦人而誅之乎？必教之不改而後誅也。必教之不改而後誅，則其不可同於禦人也，明明矣。如此說，於文義方有着落。若調一連字，下又補一盡字，恐近戾。」曰：「然。」

以多聞爲師，非師之至，乃一時應對，帶言之，不可爲典要。

問：「一鄉之善士，似不必作『己之善蓋于一鄉』。倘己之善不蓋於一鄉，則一鄉之善士，將終不得而友矣。使己之善必蓋于一鄉，則一鄉之善士悉出吾下，又將不可與友。信斯言也，抑將使吾之善必蓋於古人，而後與古人友乎？」先生曰：「子意何居？」對曰：「似只作一鄉有善士焉，吾取而友之，吾爲一鄉之善士矣。未足也，進而一國有善士焉，吾友之，吾爲一國之善士矣。未足也，進而天下有善士焉，吾友之，吾爲天下之善士矣。未足也，又進而古之有大於天下之善士焉，吾尚論而友之已，嘗誦其詩矣，讀其書矣。不於詩、書之中尚論其行事之實，誦讀不爲虛乎？是以即誦讀之際而考究其行事之詳，於考究之餘而畢致吾乎契之意，以一時之注念仰契千古之精神，由千古之精神内啓一時之則傚，是古人之行事，吾取而友之，吾友而同之，又不止天下士而千古之士矣。友亦何可限哉！舊作『詩，其言也；書，其政也』，分外又論其行事之迹，不知言、政非行事耶！舍詩、書之外，又何所稽而論世，而尚友耶！」先生曰：「然。」

白羽，毛之白也；白雪，氣之白也；白玉，形之白也。羽，血之餘也，其性輕；雪，氣之凝也，其性融；玉，石之涵也，其性潤。

先生曰：「性無善無不善，此虛無之説也；可以爲善，可以爲不善，此湍水之説；有性善有性不善，此氣禀之説也。皆不可謂性善也。乃若發於情之不容已者，情之自然也。情之自然者，可以爲善，則性之本善可知。乃所謂性善，蓋本善者，性也；發而爲善者，情也；發而能爲善者，才也。皆就天然自有不染人爲處言之。若夫爲不善，乃物欲陷溺不能盡其才之罪也。豈才之罪哉？此是孟子直指本原，教人盡□□説話。或者乃曰『論性不論氣不備』，又□才□□□□論性之旨。今有見人爲不善者，便説是□□的人，此所謂才，指性中之才也，豈昏明强弱之謂哉？且如四端渾涵於中，性也；無一毫染雜，性之善也；見父而愛，見兄而敬，見孺子入井而惻隱怵惕，情也；所以能孝能弟，能怵惕惻隱，一點真心，勃不可禦，豈氣稟所能拘哉？才也。吾儒學問不明，正是喫氣稟的虧。今直言性善，教人變化氣質猶恐不及，反説『論性不論氣不備』，斯不亦害性之論哉！　善乎橫渠張子之言曰：『善反之，則天地之性存焉。　氣質之性，君子弗有性焉者。』夫知所謂天地之性，則知所謂人之性矣，最宜深玩。」

問：「『仁，人心也』章首直指人心，章末直指求放心，見得天地間別無學問，功夫徹底無痕。註云：『學問之事，固非一端，求放心而已。　蓋能如是則志氣清明，義理昭著，而可以上達，不然昏昧放逸，雖曰從事於學，而終不能有所發明。』不知雜學便是他端，正學豈有他端？孟子恐人求之於他，終身迷罔無成，反而□之曰：學問的道理無他，只求放心便是。　求放心，自清明，自昭著，清明昭著便是上達，如此用功即已到手，不復分外求矣。　又云：『聖賢千言萬語，只是教人將已放之心約之，使復入身來，自能尋向上去。』不知此心非有形之物，果放在何處？果從何處約之？使反而復也，反復而入身也，而尋向上去也，雖百千萬里之遥，百千萬世之後，不過一時念頭着在那事物上，便謂之放。　覺得是放，便默省收斂，便是不放。　即此復吾本體，一點清明，毫無障蔽，便是真學問，别的筭不的一些。　大抵此章之註多影響，宜細理會，何如？」先生曰：「然。」

先生曰：「孟子學問從思處入，故每章教人思。」

一杯水，救一車薪之火，夫亦未熟之人也，能熟乎仁，則欲不能勝矣。

先生曰：「孝弟，是良心做。良心既完，何所不至？黎民於變時雍，時雍此孝弟也。四方風動，風動此孝弟也。置之塞天地，溥之横四海，施諸後世無朝夕，此孝弟之施及流通也。故盡性至命必本於孝弟□□曹交事長求道處，未見可絶處，歸求餘師之言，理道自合如此，亦未見有拒絶意。堯舜之譚，啓迪親切有味，非絶也。求教者尚爾絶之，不知求者更當何如？聖賢不如是也。」

「志仁，志便是仁，志仁便是當道。玩上文『仁者不爲』、下文『志於仁而已』，便不説，『道』字自見。志仁矣，殺人求地便不忍，註言『事合於理，心在於仁』，似過分析。孟子曰：『今之事君者説『能爲君辟土地，充府庫』，今之所謂良臣，古之所謂民賊也。』今之臣有是乎哉？辟己之土地，充己之府庫而已，不如是，吾斷以良臣目之，而不謂民賊矣。又曰：『「我能爲君約與國，戰必克」，今之所謂良臣，古之所謂民賊也。』今之臣有是乎哉？索賄以賂邊夷，殺無辜以市己功而已，不如是，吾斷以良臣目之，而不謂民賊矣。又曰『由今之道』云云，今之時，惜不及孟子見。」

「亮」與「諒」同，小信也；執，固執也。拘小信則執矣。君子不居小信，安有固執之失？

問：「『盡心』三條一意。首句爲主，盡心者，吾心之天理全盡無缺也。『存養』節是盡心的功夫，『殀壽』二句是存養功夫不懈。『立命』句，天與我之理於此植立不虧，盡心功夫至此方完。聖學不偏於知，不可以知而遽謂之盡之也。大要謂盡心者，知是我的性。不是我的性，如何盡的？我之性又知是天與我之理，不是天與我之理，如何盡的？欲盡心，不存不可也；欲存心，不養不可也；存養不加，欲事天不可也。故存其心，養其性，所以事吾心之天也。使存養猶有懈焉，二也；猶有冀於天焉，非俟也。則天之理不能自我而植立焉，非盡也。存心而養者，一其念焉，不二也；聽天而無所期必焉，俟也，事天之功可完，心之理可盡。依託恐難用功。何如？」先生曰：「然。」

從可欲之謂善充而至於神，上下只一理。可見成章與達無足此通彼之説。

問：「舊説爲我害仁，不説害義；兼愛害義，不説害仁。執中却説害中，與上二句已自相反。以今言之，爲我執義之一偏而非義之中，似義就害了義。兼愛執仁之一偏而非仁之中，似仁就害了仁。執中泥中之一偏而非時中之中，似中就害了中。楊子舉義之一，害義之全體；墨子舉仁之一，害仁之全體；子莫舉中之一，害中之全體。皆舉一而廢百也，皆無權也。」先生曰：「然。絶物如楊子，不爲也，而以不甚絶爲中；徇物如墨子，不爲也，而以不甚徇爲中，皆執一也。善乎程伯子之言曰：『中不可執也，識得則事事物物皆有自然之中，不待安排。安排則不中矣。』」

先生曰：「心猶泉也，及泉則逢原矣。掘井而不逢原，非井也，故云棄。」久假不歸便自以爲是，知非則不假，不假則歸矣。在真僞不在事功，引「功如彼其卑」説，不倒。

先生曰：「臯陶雖知有法，而天子之父則不可刑。舜雖知有父，而天下之法則不可廢。必也議貴議親而嚴勑下之防乎？必也出舍減膳而下罪己之詔乎？不然，必執之則近於抗，執之而舜不容，則若之何？將逃之則疑於私，逃之而復執之，則若之何？遵海□□□□□耳權以禮義之中，君子必有處也。」

「形色有個天然之理在，故云天性。衆人囿於形色之中，把天性都壞了。聖人渾是天性用事，連形色也都好了，所以一踐一不踐。」或曰：「何爲形色？」曰：「如耳目形也，視聽色也，其聰明則天性也，餘可類推。」

問「五教」。先生曰：「時雨之化，貫乎五者之中。有德之將成，材之將達，答問之將通，私淑天機之將啓，皆可貫。」曰：「私淑何以有時雨之化也？」曰：「積學將得，忽觸君子之微言，沛然一如面命。」

問「引而不發」。先生曰：「君子引人於善，説破口還怕人不省的，安有不發？云不發者，其將得未得之時乎？驟發之，則真機不投；不困之，則所得不固。曰『躍如』則固無不發矣。如

『一貫』之語，門人孰不聞之？悟與不悟，能與不能耳，安在其不發也？故君子之射也，口雖無言，一引滿之際，而中的之機即在此，更有何說？」

問：「『不可已』三章，總是進鋭退速之病。夫鋭始怠終，人情之通弊也。其始也，氣方鋭，可已者亦爲之而不已；其既也，氣已衰，可爲者亦已之而不爲，當無所不已矣。其始也，情方殷，可薄者亦厚之而不薄；其既也，情已懈，可厚者亦薄之而不厚，當無所不薄矣。其必可已者已之，不可已者吾勿已焉，終無已之失矣；可薄者薄之，不可薄者吾勿薄焉，終無薄之失矣。夫天下事皆吾所當爲，夫安有已也，無亦當爲之急乎？天下人皆吾所當厚，夫安有薄也，無亦先一本之愛乎？親親而仁民，仁民而愛物，則厚無失其厚，薄者無失其爲薄，無所厚者薄之失矣。當物之爲急，先者先之而不敢後，後者後之而不敢先，無不可已而已之失矣。重三年之喪，兼及緦小功之察；慎放飯之大，而不忽齒決之小。推類求之，則本末緩急之辨益明矣。」先生曰：「然。」

周於利者可殺而亦可亂，凶年不能自保也。周於德者，不可亂亦不可殺，無可亂可殺之道也。

先生曰：「□□□得國特甚，言不可以得天下意。甚矣國□□以不仁得也。」

「大不理於口」，不必作『俚』，是大不見理於衆人之口也。「士憎兹多口」，不必作『增』，是士固見憎于此多口也。

問：「修其身而天下平，非修身無預於天下而天下平也。理本合一，不離人而爲己，亦不離己而治人。日日是天下，日日是平天下，日日是修身。不若霸者專事枝葉而無預於吾身之真修也，便是舍己田而芸人之田。」先生曰：「然。」

耳目口鼻四肢之用，非欲也。當可非欲，不當可則欲矣。屬性分非欲，屬形體則欲矣。寡欲者，寡其不當可者也。任形體者也，日消日霽，一旦澄然而反其天真焉，欲而無欲矣。註云：「多而不節，未有不失其本心者。」此於理欲機關猶未豁也。循理，安往是欲？徇欲，安往非欲？欲而節亦欲也，何也？只在正不正，不專節不節，養心辨之。

問：「『然而無有乎爾』二句作已然説，謂當孔子之時，寂若無有見而知之如此者，則後世又烏有聞而知之如此耶？孟子居見聞之間，意甚涵蓄，謂『我今日幸與聞知之列者，以當時見知之有人也』。觀孔門顏、曾諸賢，無愧禹、皋，安得謂無有見而知之者耶？」

感述續録

〔明〕趙維新 撰

卷一

同春第一

君子在下位，不能使物各得所，但常擴萬物一體之懷，便自有六合同春之味。

或問：「爲學何處真切？」曰：「當下真切。當下不真切，無真切處。何也？隨時皆當下也。隨時用功，自無可間之時。」

有事時即事爲涵養，無事時以涵養爲有事。有事時，涵養在事中；無事時，事在涵養中。

喜聞過，非必後事之改，一念之喜心，過洒然釋矣。諱言過，匪但先時之謬，一念之諱心，過暗然滋矣。其洒然也，吾慕其高明；其暗然也，吾憫其陷溺。然則非後時也，喜自朗超，諱自淪落，慎之哉！

四境朗朗清清，一塵不掛，便是真體常在。以此真體應事，亦一塵不掛，便是真體酬酢。從此不計事之有無，常是一塵不掛，則真體常在我矣。

生知，天聰也，天聰何待於思？安行，天能也，天能何待於勉？中便是得，生知安行便是中。

蓋聖人□□□中，乃從容于中道之中，非中在彼，吾有以□之也。中，是聖人之心也。聖人之心，天然之中也。何也？□時中之中則一，爲中的之中則二，識者辨之。

以日用爲幻妄而逃於空，以常行爲膚淺而托於玄，不知日用常行皆至理，除日用非實用，除常行非正行。空不真實，玄不平易，談奚益也！

汙婦不信世間有貞女，貪夫不信世間有廉士。信而譖忌也，爲形己之非也。吾黨之士，即未矩也者，則也，吾心之天則也。夫子之不逾矩，矩從心也，所蹈迪一天也。吾黨之士，即未能周旋自中乎禮，但日循吾心之天則，自日入聖賢矩矱。

或問：「事求可，功求成，果非耶？」曰：「非以成可爲非也，以智謀求成可者非也。可自有正當的可，可爲而成。不可，必其始也順應之，其既也順受之，不可乎事而可乎吾心，是謂真可；不成乎事而成乎吾心，是謂真成。真可，此中不謬。真成，此中不壞。真成、真可，吾心不累於可否成敗，中也。」

或問：「爲善終身，有何結果？」曰：「善上結果，便是真結果。患爲善不終耳，果純於爲善乎？其生也乾乾净净來，其没也乾乾净净去。一點虚靈，宇宙同一，不染此善，視宇宙無歉，結果之大無逾此。」

真性純備，只是完我生來本等的人。古之人，不肯自聖，安事言佛？人倫日用，色色不妄，無聲無臭，渾然天體，異學特竊其境似，安事言空？真機洒然，隨在是樂，安事西方爲極樂？彼宵人輩，生前千態萬狀，不知多少輪迴，又何必身後有輪迴？

諸文學有談動静機者，衆稱以爲入聖，不知動有機矣，静實無朕。或問：「何爲無朕？」曰：「本體淵澄，鏡明水止，安有機哉？」

尖在物則避之，在人則侮之，惡其有意也？勢必兩傷。彼以侮，吾以恭，則兩無事矣，非牀下之巽也，恭則不侮也。

或問：「位育是聖人事，學者安能到得？」曰：「此猶是望空談事，未嘗實用功也。若是實用功時，只在中和處做，不必在位育上責成，即位育亦不必到地平天成、民安物阜而後爲功也。位育不離中和，中和不離性分，性分不離民物，此中天體渾然，無偏倚乖戾之雜，便是中和。靈臺經緯，不淆便自清寧，便是天地位。處一人，一人得所；處一物，一物得所，便是育民育物。從此功夫無間，即此中常是中和，即中和常是位育，雖大小遠邇不同，但能真體常在，自然物各得所。只做我性分中本等功夫，自有真切處也。」

或問：「先達云：『增一分情識則減一分純白，長一分華采則消一分本實。』此説如何？」曰：「此語甚善。真僞不并著，情識增則純白減矣，華采長則本實消矣，不止一分。」

人己原是一個，虚靈便涵至善。無人無我者，虚也；能應能和者，靈也。使呼應倡和，全此人己虚靈，便是人己至善；使呼應倡和，全此舉世虚靈，便是舉世至善。舉世至善，善無疆矣！快哉！

本體無念也。隨感而應，應而不留，念而無念也。如鑑之未照，初無妍媸之分也。及其既照，亦不留妍媸之迹也。與物俱化，鑑未嘗有也，本體如鑑之無迹焉，則廓膚也。

學問必如太虚之體始得。太虚，無物也。太虚之生物，無心也。無心而後物之生生爲不窮，而太虚自若也。人之一心，淡然無我，事至而不溺，視聽言動一無所著，斯太虚矣。

屏去見聞，暗然退處，則一於内。一於内，是謂内障，不知内之合乎外也。專事見聞，泛然徇物，則一於外。一於外，是謂外障，不知外之合乎内也。必也聞見之合於性者取之，聞見之不合於性者去之，不屏聞見而亦不倚見聞，斯爲合一之學。

或問：「『涵養須用敬，進學則在致知』，功夫如何用？」曰：「道非兩途，功惟一致。方涵養時，本體毫無所放，即此便是敬，再用敬，多一敬矣。涵養便自虚明，便已包致知在内。分別求知，即靠見聞，非致也。」曰：「『修己以敬』，何如？」曰：「敬修只是涵養，涵養貫乎事物，涵養、致知不相離，以此修己，以此安人，以此安百姓。學問原無人己、遠近之分，何也？纔爲己便帶人，纔處近便帶遠。故曰：『能盡其性，則能盡人之性。』」

皎日當空，目所共睹，而瞽者不見；雷出地震，耳所共聽，而聵者弗聞，蔽於竅也。然瞽行必前其手審夷險，以濟明之不逮；瞶者每笑，視人顔色，考其意，以補聰之未達。是以若有聞也，若有見也，乃耳目俱全之人，顧有不見不聞之病，而不肯求通以擴其未及，是心竅蔽也。心竅蔽，吾無如之何矣。

仰見天覆萬物，皆一體也。俯察地載八荒，皆一閫也。中念人群億兆，皆一膜也。約人心爲己心，擴己心於人心，庶幾乎同體之義。彼異視而不相恤，是謂自孤之民。

樂仕進是喜事功，喜事功乏遯世無悶之意；甘恬退是與世無情，無世情歉萬物一體之懷。其必用舍行藏無與焉，斯庶幾孔顔之樂。

學問只天真運用，不萌有我之私。徇人有我，蔽天真者也。

日用間涵養沉潛是功，比擬稱量是病；真切專一是功，急驟因循是病。

或問真境。曰：「真境，靈源天體也。天體不染人爲，染人爲非真境也。欲求真境，入境方知。」

明新隨在，是功隨在，皆是盡性。性無人己，明新安有人己？對人而新亦明也，反己而明亦新也，一體也。

聚吾精，潛吾神，凝吾一，養吾中，精不雜也，神不物也，一不二也，中不倚也，一而已矣。見理者，不動於氣；養心者，不役於物；知天者，不誘於人。

以物喜，必以物悲；以得爲樂，不得必不樂。是有待於外者也。自損者必受益。學者損其自多，以虚受人，而後益可入道。非有益也，由所受反其初之無物而已。

天下惟天性之善可以語良，是吾黨用力去處，所謂本也，道也。立則俱立，生則俱生，一也。若曰本立而後道生，是兩事也，恐務非所務矣。

透性第二

人之趨向差，起於性學未透。爲學須是透性。性不透，則以精微爲異端而聖學晦，以支離爲正脈而大路歧，以佛老之言釋孔孟之旨爲見道而真僞淆。遂使無聲無臭之原、不睹不聞之奥、純白易簡之真、虚靈精一之妙，茫然不知爲何物。任道者所宜究心也。

斯道不著一物而實體乎物，不掛一事而實貫乎事。聲色爲末務，故無聲無色者精；聞見爲形迹，故不見不聞者至。今之人，率拘拘於聲色聞見之中，而不敢直超乎聲色聞見之上，性學不明而舊習拘也。間有不以聲色見聞爲事者，則又竊二氏之緒餘爲高妙。而俗學又羣然宗之爲卓識，而不可解其爲罪，視拘拘者爲益浮，聖道將無時而明矣。孰謂聲色見聞非吾人日用事，槩棄不理耶？

不睹，非離目以爲功也；不聞，非離耳以爲功也。貫乎耳目動靜者也，皆心也。二節皆一時之功也，非二也。睹的時節，做的也是不睹的功夫；聞的時節，做的也是不聞的功夫。不睹功夫便是真睹，不聞功夫便是真聞，分隱顯爲二地，是二也，非吾心之一理也。何也？睹非以目爲功也，聞非以耳爲功也，皆心也，皆心無隱顯也，故曰一也。

或問：「甘泉謂『孔門事上求仁，動時着力』，信爾，不睹無形矣，胡容戒慎？不聞無聲矣，胡容恐懼乎？」曰：「道合隱見顯微爲一機，功合隱見顯微爲一致，必待睹聞而後用功，則不睹不聞時都空空過了。況不睹隱矣，而獨睹一點昭昭不昧，即此時爲真睹；不聞微矣，而獨聞一點惺惺莫掩，即此時爲真聞。古人睹於無形，聽於無聲，蓋見諸此。不然是舍真睹真聞而不用力也。況戒懼即爲有事，即是慎獨，即屬動。而獨中洞徹不擾，又是動而無動也。道固無動靜者也，不然，事上求仁，則仁爲粗迹；動時着力，則功爲間隔，爲膚淺，非性命之學。」

或問：「堯舜事業，自堯舜視之如浮雲然？」曰：「此語猶似過高之病，猶未識堯舜之心者。思昔『執中』數語，咨爾丁寧，四海困窮，憂懷若溺，其心何心也？彼浮雲之聚散何益？吾身之輕重，下民之休戚，實關吾心之敬肆，況二聖之兢業都俞，其敬惕爲何如者？但不以治爲足耳，與浮雲之視不同。」

晝起無事，本體常明，物來平平應去，曾無任己，晝亦樂也。入夜惺然，本體昭昭不昧，間念不萌，夜亦樂也。

或曰：「『道心常爲一身之主，而人心每聽命焉』，其説如何？」曰：「夫人安有兩心？一心安有事使？道心者，心之未淆而出于正，心之初也。人心者，道心之變而趨于邪，非心之初也。觀之水，一而已，或澄而清，或淆而濁，此人心道心之别也。若謂清何在，主出命；濁何在，主聽命，是兩心矣。」

食取充腹，即淡勿厭。衣取蔽體，即素勿厭。珍味錦章，即衆好勿奪。本性自淡，本性自素。彼異物乃漓吾之本性者，即衆好何爲？

或曰：「天日以事試人，福善禍淫，毫髮不爽。」曰：「普物無心，天安有試也？爲善，天福之，福以善耳，天無心也；爲惡，天禍之，禍以不善耳，天無心也。况善即福，謂吾心有充然者在也；不善即禍，謂吾心有暗然者在也。不然，善人而處貧賤，便是清吉之福，况自有安平之樂？不善人而處富貴，便是穢濁之禍，况自有傾危之虞？」或人慨然謂曰：「吾是以知禍福之□真。」

心本圓融，不役於物。見乎彼，而心不役于彼；見乎此，而心不役乎此。如鏡之照山川，方其未照，初不預爲山川之象。比其當照，亦不染彼山川之形。迨其既照，亦不滯彼山川之跡。蓋山川照吾鏡中，而鏡初未嘗移于山，移于川，何也？靈不逐物而流也。

言從性真處説，便是善言；行從性真處做，便是善行。性真無染，只從不染處運用，便是妥當。若在世情上求妥當，未免徇人，止流爲鄉愿，非本然之善。

學問只在本體做，不必在事端上模擬，不必在物理上揣量。本體精明，則事皆性之事，性明而事自理；物皆性之物，性定而物自正。人己原是一個，成己成物工夫只是一件。纔分人己，學問便不合一，真而非真矣。

或問忍。曰：「忍非學問中第一義。事雖不行，中猶未净。但能本體粹白，俗塵不掛，分外霧净煙消，無與於我。」

吾心之神與鬼神之神，原來只是一個，惟不歉於吾心之神，斯無歉於鬼神之神。吾人之性與天地之性，原來只是一個，惟不虧於吾人之性，斯無虧於天地之性。

淡泊可以清肺腑，安淡泊則無妄想之念，不妄想即是本體在。

或曰：「士君子立身，寧使上之人訝其不來，無使上之人病其不去。」曰：「此猶是以形迹立身，非以道立身也。如以道立身，去不使訝，來不使病。蓋過高便非中道，顧相接何如耳。機不我投，不敢自衒。禮有當答，不敢過矯。」

問：「君子可以爵禄人否？」曰：「爵禄公器，非人臣所私，職在我尚當擇賢而授。君子常存一體之心，嘗是與人爲善之意，提携開悟，如衡之在懸，一絲不倚，斯則人人受益，便是不爵而爵，不禄而禄。」

或問：「鄉人妄誕，奈何？」曰：「君子只自責自修，平實而已。平不高深，物可往來；實不虛幻，物可倚仗。如是則妄誕可消，即不然，尤愧在我。倘逆且徇，是我又□妄誕也。内省不暇，于人奚計？」

初學得明道之賢相引翼，如盲者依識路之人，跂足從渠，步步不差。友慈祥如近芝蘭，友醇篤如烘暖日。慈祥相與，則惻怛之念日生；醇篤相觀，則真朴之味日洽。

或問：「學當治生，平仲胡爲貽君子之譏耶？」曰：「學之道，一則純，二則雜，君子譏之者，爲其中之二也。何也？既已爲學，又欲治生，一萌治生之念，則必有徇外之念，而志不篤。方北兵汙我中原，正學日晦，平仲只宜以道自任，爲多士倡。而亦爲是言，其中可知矣，君子安得而勿譏耶？何也？治生本吾當然，不萌邪念，生亦正也。爲學本以謀道，一萌非望，學亦僞也。」

天非自爲一理也，與人共爲一理也。惟人不能全天，天人始分爲二矣。其初本一也。天人合一，性命合一，人己合一，内外合一，知行合一，動静合一，體用合一，隱顯合一，終始合一，取予合一，修短合一，去留合一，出處合一，言行合一，心事合一，巨細合一，炎涼合一，生死合一，開落合一，宇宙合一，蚤暮合一，遠邇合一，形神合一，理氣合一。

我無侮物之行，則不怨。我無駭世之行，則不妬。平恕而已矣。

持己第三

或問：「持己之潔，本以完不染之初也。而人或忌之，奈何？」曰：「亦盡其反觀之道云爾。果以潔而形人之不潔，則潔爲可忌；果懼物之浼己而自潔，是滌垢之道也。彼忌也聽之，而取害也安之。」

以本體之明觀書，則書皆吾心之所發見，如是而言，雖今言亦古言；以本體之明處事，則事皆吾心之所時措，如是而行，雖細行亦善行。

處貧賤而見道，則不減富貴之樂；處患難而見道，則不減安平之樂。

或曰：「仕思廉，臨民思仁，何如？」曰：「此做在事端者也，非盡性之道也。仕方思廉，臨民方思仁，未仕未臨民之前恐都無事。兹惟本性用事，不思廉，臨財自廉；不思仁，臨民自仁。若在事端上做，一不思便落莫不起，非大人尚志之學。」

賢智則遜之，安吾之所不及也。安不及，則賢智可以同歸。愚不肖則矜之，憫人之所不及也。憫不及，則愚不肖可以共事。

道中本無一物，亦無物不有，空其境宇也。一於空，便害道。道可以兼空，空則不可名爲道也。嗟乎！大造中自有真機妙用，徒言空者，非透真機者也。

或曰：「静中默識心體，何如？」曰：「默識者，不假言而自識者也，非一於静也。静中默識，動中不可識耶？心合動静者也，功合動静者也。隨時涵養，隨養默識，隨識心體在。無事時默識此心，即默識爲有事，即默識心體在。有事時默識此心，便是默識處應用，亦便是應用處心體在，須有合一之功始得。」

有問鄒學憲公：「學而時習之，何以悦者？」答曰：「習便是悦。」「不知何以曰『習便是悦』？」予曰：「悦便是學。」或默然。予復申之曰：「悦是心之體，習是心體上做。」本體純白，無纖毫之翳。反觀亦純白無翳，便是不疚。即此不疚，内境坦然順適，便是無惡。一點清明，惺惺常在，便是天體充融，便自人不可及。

心學明，則其處權力蔑如也，奚懼奚阻？視榮進泊如也，奚趨奚赴？

獨學而不公諸人，隘也，是不見性之合人己。誨人而忘自修，逆也，是不見學之有本末，恐學非所學矣。

好勝之人純是血氣用事，不必論他日墜與不墜，只好勝一念，已墜落血氣彀中。

君子不愛名，亦不嫌名，只在實處做。名不名，無關於我。

不計人之慢我，惟恐我之慢人，則敬至。不計人之傷我，惟恐我之傷人，則愛至。敬至，則皆敬人之人矣。愛至，則皆愛人之人矣。此極美之俗也，吾安得見之？

不以一物掛心，則真宰寧。不以一事撓己，則本原靜。

君子盡其在我，不計其在人，脱有一非道加我，遇也。既無蚤識，安所事較？譬之冷風過面，拂袖可也，與冷風較，則誤矣。

或問：「賑貧解難，勸善救失，仁者事乎？」曰：「凡此雖皆仁者事，隨分而處之，時其可而爲之，不必□□□□己也，何也？君子只本原處做。彼四者，蓋□有□□作意而爲之也。」

或問：「鄉人屢犯，須何似而可？」曰：「不容則激，容之則肆。究言，亦容之而已。彼犯之不止，吾容之亦不止。人孰無良，我不有其失，人亦自消其失，故容之益爲大。」曰：「容之，不幾於徇乎？」曰：「徇則求悦其意。容，但不較之而已。」

或曰：「仁者曷爲而訒言也？」曰：「人見其言之訒耳，本心常在，自無妄爲之事。知爲之難者何心，自知言之訒者何心。非視行以爲言也。」「與告顔子同乎？」曰：「聖言無二理。知言之訒，則非禮勿言可知矣；知爲之難，則非禮勿動可知矣；知言動，則視聽可知矣。」

福莫大於心平，禍莫大於心險。心平，則中境坦然，百順在我；心險，則崎嶇百端，匪言可盡。

勤則日生，儉則日省。由學爲勤儉始真，何也？日日本體用功，便自不惰，便自不奢。本體分外無營故爾，奢、惰皆心之肆。

安節第四

聚衆歡呼，視暗室不愧孰正？八珍充筵，視菜根滋味孰雅？錦衣炫耀，視敝布擠形孰適？非厭彼取此也。淡泊也，吾安之；豐裕也，吾節之，但不爲世味所移耳。

寬是寬了此心，刻是刻了此心。愛人者，良心日生；害人者，良心日敝。

人人都有勇，只是都錯用了，不肯勇於爲善。

害人即自害，非受人之害己也，即此害人之心，將原來的本心着此惡念虧損，豈不是自害？愛人即自愛，非必人之愛己也，即此愛人之心，將原來本心着此善念培植，豈不是自愛？

辭、受、取、予，日用間少不了的，只本心上順應。一於清，便過高，便使人難受，便使人生憎嫉。如伯夷，豈不是清之極，終自遠聖王之世。至於出處去就亦是常事。如人家會客，可往則往，可來則來，曾□□毫牽係。又如代人任事，事至則任，事終則已。□有事不終而當己。一於去，終是本心上如□□□□□回顧盼有我之心未去。

榮、瘁、聚、散，俱是浮景，以本體照之，如澄潭之鑒萬類，有而未嘗有也。人能完完全全還上天一個本體，便是生人實受用處，彼浮雲竟何用？

天道好生，不但春來俱有生意，雖隆寒剥落百卉，生意充然勃鬱於中，乃知好生便是生物之心。人能體此生物之心，處人接物，安往非善？人無知愚賢不肖，只看他是非同處，便是良心所觸，此處可驗性善，只是無人提省。

善言如和風〔一〕，善行如甘雨。和風所披，非不洒然鼓舞，然亦纔拂便過，未若甘雨之浸灌，施潤自洪。惟仁人君子之言，雖善言亦善行也。蓋其根心之言可爲典要，可爲敷施，其入人也必深，其澤物也必廣，非若世之區區作好言語可相論列。

胸中純是天理，言自善言，行自善行。只要涵養此心，涵養既純，何施不可？或有□誦善言，樂聞善行，以期言行之修者，此浸灌之説，非澄源之論。蓋涵養作主，則聞見亦涵養之資。專事聞見，恐不見不聞□病又作矣。

能慮第五

「慮」非思慮之慮，乃是既安之後，源澄見徹，天機不由人力，件件迎刃而解，如止水湛然，萬象畢照，非求有以照之也。

起來無事，日誦《論語》三二條，潛玩聖賢爲學真旨，以體察於身心，便是當時親授聖人

〔一〕「和」，原作「何」，據上下文改。

之教。

時或獨臨書案，涵咏遺編，以咀識性體。或偕一二鄰翁，優游樹底，以養天和。或徐行隴畝觀草木之生意，以識化機。耕耘倦，或卧小榻，合目片時，以養神氣。或玩古人詠道之詩，以自浸灌。雖啜粥飲水，并日一食，此中皜皜無疵，若水之無波，月之不暈，日之皎爾中天，便是貧而樂。

人有不説於我者，必我之取憎，設有可好之實，將愛我不暇，而何事爲疾？我有不悦於人者，必我之未宏，設有一體之義，將容人不暇，而何事爲較？

以無求爲福，以能讓爲勇，以無識爲聞，以無位爲貴，以醇和爲藥餌，以兩忘爲精神，以無間爲脈□，以淡泊爲充足，以陵轢爲切磋，以無念爲自得，以愛人爲培植。

行善欲勇，勿以遊絲掛樹；爲善欲真，勿效傀儡登堂。

不可以精力衰而懈吾爲善之志，不可以年數長而怠吾爲善之功。

室中無人，寂然静坐，一點塵慮不起。室中有人，坦然應事，一點塵氣不侵。無事自適，有事自適，道固適也。無事不侵，有事不侵，道固無所侵也。

静而不晦，便是静中純白，其天定，其機活潑；動而不擾，便是動時安適，其境逸，其機妥當。

卷二

養氣第六

或問：「『配義與道』以上二條，果可以體用分乎？」曰：「□□係道義之有無，非以體用言。此人通天地爲一□，此吾人之真氣也。真氣原無欠缺，無欠缺便是剛大，剛大便是道義。道□□塞天地，直養順剛大之本然而不作爲以害之□□也，剛大復則塞于天地之間矣。塞天地是體，亦是用。若曰氣之所以塞天地者，何也？配義與道故也。配道義是用，亦是體。其所以餒不塞者，何也？無道義爲之配故也。無道義以爲之配，夫是以餒而不塞也。下文『是集義所生者』，言生於集義，餒於不義也。生即塞矣，體與用不必分，只重直養。」問：「『是集義所生』之『是』字或即『無是餒也』之『是』字乎？」曰：「『是集義所生』之『是』字自與下文『非襲而取之』『非』字相應。若『無是餒也』，『是』字則又專指無此道義而氣餒言，非無氣而道義餒也。道義是常伸於天地之間的，安有餒也？惟氣有餒耳。如見君子而厭然，非餒乎？有時以□□□□，非充乎？然非道義之充，故到底不充。若道義□□此矣。集義是以本來之道義養他，非分外□□□也。分外求道義，是原來者未嘗塞也。未□□□□體之正，若無氣而道義餒，則養氣用道義□□□爲氣配道義，便能説得無道義，則餒而不充□□主此説。」

或問：「作用是性，何如？」曰：「作用之善者爲性，謂天□□發不由人力也。惡非性也，如以作用之惡者，亦惡之性，則知覺運動亦兼善惡，以是爲性，非性之本也。天命之無滓，既滓，可謂之性乎？」

問輪迴。曰：「做何事，輪何境；存何心，輪何物，此輪迴也。前輩多言，無一念之雜，無一息之間，并舉方完□□一念纔發匪正悉□此處不□□□恐有一□□間，便是一念之雜，兹雖不大段染雜，未有不□□而間者。」

問：「昔人謂權非體道者不能用，又謂權出□□□□，此語如何？」曰：「日用間安往非權？只是日用爲不知。且如分兩斤鈞有權也，推而食息、起居、辭受、語默、出處有權也，皆正也，皆不可以妄意行。譬之行路，正而行，經也。或畏泥塗而改轍焉，權而經也，顧乃謂吾不旁行而必涉泥途爲守經焉，惑矣！天下事皆類此義，理不以大小拘也。世徒執在人之行事，每出於俗情之所未嘗爲，輒曰：『彼不得已也，彼固有權在也。』不知凡不得已者，皆天理民彝不容已也。既曰天理民彝之不容已，皆經也，皆權也，何則？經，正理也，權，所以稱此正理也。匪權則正理不明。昔人謂權者一時之用，吾則謂權者無時可離。或者乃謂行不去，爲不得已而後用權。必待行不去而後用權，前此猶妄行哉？日用間正理爲經，正理中斟酌稱量爲權。」

人人都有本來權，只看稱時準不準。

或告予曰：「古言萬法歸一，未審一歸何處？」曰：「一便是歸，一又求歸，是一外求一也，非居家求家者乎？」或曰：「一歸於無？」曰：「一是天授之中，本無渣滓，無二三。無中求一，是杳冥也，又何一焉？蓋一，妙理也，無形色無聲臭。無形色無聲臭，便是天然真切之一。必欲歸，則一猶未一也。一猶未一，無亦寂寞昏昧之無，不足以爲歸矣。而强求歸之一，不如無歸。蓋一無定形，求一則一不可見；歸無定在，求歸則歸無所處。何也？一之理圓融，本不執着；歸之味活潑，本無着落。子不觀於天地之道乎，曰『天得一以清，地得一以寧，人得一以正』，曰『立天之道曰陰與陽，立地之道曰剛與柔，立人之道曰仁與義』。夫清、寧、正非三也，陰陽、剛柔、仁義非三也，皆一也，皆一則無容歸矣。天地之道，寧有迹哉？故曰『天下之動，貞夫一也』，曰『吾道一以貫之』，曰『夫道一而已矣』，云『而已矣』者，是無餘無欠，而道至矣盡矣。至盡則無容歸矣，審是則沉潛焉爾，涵泳焉爾，順適焉爾，不容以擬議焉耳。其味無窮，要皆至理。而或者必欲求歸，是舍精微易簡之一，而求玄遠之一；陷虛無寂滅之一，而非至當無二之一，不足以爲一矣。」

自朝至暮，此中純然無累，便是一日之學。臨卧惺然，夢寐安適，便是夢寐之學。今日精明，覺得去日適有未盡；來日精明，覺得今日尚有未盡，便是與日俱新。自少至老，無少放逸，便是一生之學。臨終坦然，無少昏憒，便是送終之學。

存心第七

問：「釋氏言三心不可有，何如？」曰：「心安有三？天地間惟此見在之一心而已。心活物也，無去來，無前後，而渾然一體者也。心無未來，云未來者，主先事而逆探之也。云逆探，則見在之心以逆探而失。心無過去，云過去者，主後事而追逐之也。云追逐，則見在之心又以追逐而失。揆事宰物之時，宜以何者爲當？不知心惟見在，則未來之心不待無而自無，過去之心不待去而自去。見在之心，又非可以矜持把捉爲也。天體純全，澄然其無事而已。無事則存，擾則不存。孔子曰『操則存』，孟子曰『存其心』，心之當存也，明矣。心存矣，一思患之時，不嫌於未來；一省愆之際，不嫌於已往。」

問「玄之又玄」。曰：「嘻！世有兩玄哉？理本平易，玄已失中，又玄益非矣。云又玄者，蓋不知至道之無奇也。」問「空而不空」。曰：「此言自相矛盾。道本真實，言不空者，蓋自覺其前空之爲無著；言空者，又自覺其不空之爲有礙云爾，蓋不知至理之非妄也。道不必淺言之也，淺言之則粗；道不必深言之也，深言之則杳。善乎子思之言曰『君子之道費而隱』，其述夫子之言曰『微之顯』，『誠之不可掩』。夫子繫《易》之詞曰：『寂然不動，感而遂通天下之故。』孟子亦曰：『行其所無事。』夫不徒曰『費』，而必曰『費而隱』，見費隱爲一機；不徒曰『微』，而必曰『微之顯』見，顯微爲一致；不徒曰『寂然』，而必曰『感通』，見寂感爲一心。夫言費、言顯、言感通，非有也；言隱、言微、言寂然，非無也。不言有事，不言無事，而言行所無事，則又事事而不滯於事。非有非粗也，非無非杳也，非空非玄也。深言不入虛無，淺言不涉形器，然後知中庸之道爲無敝也。」

平易近民者，道也。玄，非道也。有物有則者，道也。空，非道也。

或曰：「何爲無念？」曰：「澹然一無所係。」曰：「有知乎？」曰：「虛靈自照，安謂無知？」曰：「知乃又有念矣。」曰：「知乃心之□只是不著在那向。知非念也，不知則昧，中境蔽矣。」曰：「景象何似？」曰：「體寂神澄，若是焉爾。」曰：「應事時如何？」曰：「應之以澄然而已矣。着意則溺，忽則忘，澄故無事。」曰：「應事安得無念？」曰：「正念一無所徇，無妄焉耳矣。《詩》曰『思無邪』，《易》曰『無思也，無爲也，寂然不動，感而遂通天下之故』。夫無邪之思，無思也。爲而不有，無爲也。感通而不動，寂然也。至於寂然，念無容説矣。」曰：「安能至此？」曰：「心境淵如，本無念也。念起於欲，欲寡則心清，心洗則中湛清湛澄也，非可以問答求也。」

問「知能」。曰：「知是知非，知也。行是去非，能也。真知自能，真能自知。真知，天知也。有待而知，非天知也。非天知，非天能矣。真能，天能也。有待而能，非天能也。非天能，非天知矣。」

勿以俗氣汙身，勿以怒語陵人，勿以盛氣侮鄉隣，勿以所爲自是。

造化之生息無限量，吾心之卷舒同焉。宇宙之真機無紀極，吾心之妙用同焉。

弘師曰：「學問不進，受病處只一拘字，不知隨性真卷舒，奚拘也！」

或曰：「對富言貧，恐爲己施也；對貴言賤，恐爲己援也。」曰：「此猶是世情語。士無貧，言貧，貧病我矣。士無賤，言賤，賤病我矣。奚必對富貴言，爲不可哉？」曰：「何爲士無貧無賤？」曰：「吾道自足自尊，奚貧奚賤？」

今之論教人者，每曰法可傳、心不可傳。不知心何物也，傳何事也，法又何因也。即言即心，即心即法，一而已，人之入有淺深耳。當其傳法之時，心已俱傳之矣。學者之神不遇耳，故曰授之而不受，不然何千百世之下，一覩聖賢之書而即悟乎？學問責不悟者，不責不傳者。世之學者，凡遇聖賢論仁、論敬、論忠恕處，即以心學目之而自遜。自此之外，不以心學名者尚多也。不知吾儒之日用而不離者，孰非仁乎？孰非敬乎？孰非忠恕乎？亦孰在而非心也？道之不明不行，不但百姓日用而不知。

衆人取必于外，故常不足；君子求得于心，故常足。何則？心我所自有也，無待于人，安往不足？自朝至暮，此心純是天理，便是一日盡性，少間即墜□矣。古人學要緝熙，有此日則盡此日之功，不問所歷之修短；居此地則明此地之道，不言所履之崇卑；有此身則循此身之分，不計所奉之厚薄。

人有好侮者，見侮輒怒，見人輒侮之，不知所以致侮者，乃其所以侮人者也。怨人侮己而以侮人爲快，悲哉斯人之不悟也。

忍非太虛之體。人情難遽消什，過觸便解，久之客氣自融。解之者何？本性原無此物也，不然有觸即發，無復能解者矣！忿而不懲，是遇火而忘水也；無忿而懲，是未火而求熄煙也。學要解，不要忍，解則陰雲可霽，忍則怒火猶藏。

鄉人有行年五十，深追聞道之晚者。予曰：「學然後有聞，聞非晚也，不聞斯晚矣。子誠有聞，雖晚奚計？徒悲而安于莫及，不益晚乎！夫學也者，覺也。人生如夢，夢必有惺惺斯覺，不惺無覺矣。覺斯聞，不覺無聞矣。善學者識其晚而常覺焉，斯當聞矣。」其人喜而起，曰：「吾今乃如始寤。」

人有揚人之善者，雖人之善，亦己之善；人有訐人之惡者，非人之惡，實己之惡。或曰：「揚人之善，未必躬爲善也，何謂善？訐人之惡，未必躬爲惡也，何謂惡？」曰：「揚善，善心也；訐惡，惡心也。即念即行，即言即事。」

對外而言謂之隱，當其在内則已發，皆迹也；對内而言謂之見，當其在中則有覺，皆事也。何爲無迹？曰：澄故無迹。何爲無事？澄則無事。然則卒無事乎？曰：動以天，奚事？

格者則也，物之正也。《詩》言：「有物有則，民之秉彝。」故物之理既正，心之知自全，誠、正、修、齊、治、平皆是物，皆各得其則者也。《詩》言：「順帝之則。」以此是物格而知至也。前輩訓物格爲通物情，恐於格則之義猶尚未悉。

日用間無論賢愚、貴賤、長幼、尊卑，所處皆有至當，只這心無欠缺便是。纔欠缺，便二矣。何爲二？曰：惟不在性體上做，雖當，只是彌縫，故二。

學問只在本體上做，莫在好惡上落脚。果在本體上做，自然能好能惡，若著在好惡上，便分了。

「如惡惡臭」二句，頗難看。惟天體用事者，自有分曉。

或問：「妙契疾書，前人記以自觀耳，先生何爲疑之？」曰：「妙契豈不當書？但疾書似急於有言。惟不用功，故無契。若時時天體用事，時時妙契也。時時妙契，有問皆真語也。今夫鑑未常求照也，而有照者存，妙契是本體之明，君子復本體耳。求契、求書有二也，契可書，但不必一於疾書。」

前輩云：「處天下事要商量，學術尤要商量。」此言似亦未審。夫事無内外，無人己。天下事皆吾儒學問中事，其商量一也。纔分事、學，便有内外人己，功夫便不合一，以此言學術，似猶未商量者。

忠恕第八

夫道曷嘗遠于人哉！謂《易》從盡仁盡道者，驅經以從傳也，析經者也，遠人者也。子曰「道不遠人」，故不遠人者可爲，其遠人者皆不可爲者也。所謂不遠人而可爲者，以人治人而已矣。而人之理，則忠恕是也；忠恕之所施，則子臣弟友之當盡者是也。道曷嘗遠于人哉！所求于子臣弟友者，皆吾之所欲。所不求于子臣弟友者，皆吾之所不欲。故子臣弟友之道，皆忠恕之道，而忠恕之道，則吾心之實理也。道曷嘗遠於人哉！

天下一家，無人無我。有盛有衰，如盈如涸。有生有死，如開如落。盈涸開落之際看的似平，盛衰生死之時便覺着重，人己相形之際看的又重，把生人之理都錯認了。爲人非必事業掀揭，非必爾我較量，只不孤負了此生。又不孤負了并生，便是能不孤負此生。一順一寧，兩無惡矣。能不孤負了并生，皆人皆我，兩無歉矣。

問沮、溺。曰：「沮、溺等亦是高人，只因無有天下一家、萬物一體的意思，所以分人己、分去就，合下便截住了。在夫子，則無我無人，無可無不可。」

或曰：「昨每遇事，過後覺得是妄，既知是妄，必須尋個義理之心替他，不然妄終不解矣。」曰：「何必別求義理之心？知妄斯不妄矣。」曰：「知妄安能不妄？」曰：「知妄，明心也。明心，便是本心。本心，便是義理。義理，其□目耳，何必他求？譬如走路，覺得□□□□□□步只在脚下，奚必他往？」

問：「志伊學顏，氣格甚大。」曰：「此語尚涉兩歧。」曰：「何爲兩歧？」曰：「兩人所造各殊。志伊學伊，志顏學顏，可也。志伊學顏，功夫如何做得？且如天民先覺，耻君不爲堯舜，一夫不獲，時予之辜，所志豈不甚大？但未仕時，一於處；既仕時，一於出，不是員轉消息。孔門無此學問。」「然則何如？」曰：「顏子不在出處上落脚，一於仁而已矣。一於仁則無我。顏子幾于聖人，以其無我也，故任的意思便是我的意思。」「然則伊尹不可學乎？」曰：「伊尹豈不是好？但願學孔子者不爲彼。始也任處，終也任出，執着那條路上。未若仁在於仕則出，仁在於止則處，用舍在道不在我。志顏學顏，未當遺乎尹也，何者？志在即學也，學在即志也，未有志彼而學此者。」

道生物，物生於道。道生物，而道不知其所以生；物生於道，而物亦不知其所以生。惟不知，故能生生而不已。使有知，則有心，有心則道窮而物亦窮。以是知生生之理不自知也，故天地無心而成化。

水有洶湧，山有巉巖，此水此山，我日登臨，而我不敢怠；顯則豺虎，暗則虺蛇，此虺此虎，我日與遊，而我不敢觸。不敢怠，不敢觸，而我賴以全，孰謂幽險怪奇而非予有益之境耶？

天地間有形必朽，有象必滅，惟無形無象者不朽不滅。君子遊神於無形無象之中，亦得不朽，亦得不滅。非賴軀殼永也，非藉空虛存也，本性與天壤不敝也。或曰：「無形無象，不幾于虚乎？」曰：「上天之載，無聲無臭。誠者之事，不思不勉。形色以上，自有精微，非虚也。」

雨落于天爲至清，雪落于天爲至潔，一染于塵，則清以濁移，潔以汙涅，而寖失其初。惟吾之本性得于天，匪雨以清，匪雪以潔，出入塵埃，曷淄曷涅？夫本性安可忽也？

或問程伯子。曰：「伯子是大賢以上人，純白坦易，古世所稀。」

問朱文公。曰：「文公苦心力學，以著述爲道統，本原猶尚未快。」

問王心齋。曰：「心齋一生只説夢，言動炫耀，雖日講《學》《庸》，殊非《學》《庸》之旨，觀語録自見，儒而俠者也，陽明亦已識之。」

問陳白沙。曰：「白沙語未甚悉，洒然有儒者風味。」

問王陽明。曰：「陽明天生豪傑，真知蓋世，洞〔一〕然超悟，宗旨言行，卓有可法。臣職越乎

〔一〕「洞」，原作「恫」，據文義改。

常俗，取善不遺微渺，千世之一人也。」

水至柔也，寒至則凝，通途行，利車載，若忘其柔者，以是知柔不終柔，有時而剛。又其變也，蕩木石，衝城廓，一掃無餘，徒柔爾哉？金至剛也，爲方員，利器用，隨人所制，若無賴於剛者，以是知剛不常剛，有時而柔。又其變也，解十二牛，驅千萬旅，而硎若新發，徒剛爾哉？剛有時而柔，剛不可恃；柔有時而剛，柔不可忽。世之處剛柔者，知剛柔，又知剛柔之變，兩無失矣。

五行，四者皆以形用，火之用也以神。四者皆以迹著，火之顯也以象。三者皆有損益，火獨不然，烈之爲千萬炬，無奪于一炬之微；省之爲一炬，無□于千萬炬之用。四者皆自爲物，火則依于物以爲物。木中有火，鑽之則焰，方其未鑽，若無火者。木雖有火，而木無傷也，不鑽則不焰也。石中有火，擊之則燃，方其未擊，若無火者。石雖有火，而石無傷也，不擊則不燃也。夫暴怒，火也。觸暴怒，鑽擊也。處人之暴怒，而擊鑽不事，當無暴無怒矣。

火之燔，嘗藉草木，指草木而謂之火，則非火也。去草木而求火，則無火也。火不可見也，其既焚也爲燼，謂燼爲火，亦又非火也，蓋火之神往矣。微可使著，著未嘗增，著可使微，微未嘗滅。倏起倏滅，倏烈倏熄，不可把握者，其惟火乎！水不積則不大，分之則微。惟其自上下者，倏忽而萬頃皆波卷之，曾無一勺水之用，亦神矣。然有以使之。火之用，則無待于積者。其炎也，草木附焉，草木盛則勢揚，草木微則勢殺，而火之神初不係于草木之盛與微也。火之熄也，無朕；水之消也，亦無朕。其消也，蓋日炙之，風蕩之，土縮之，火爍之也。火之神則不知其所往，亦不知其所來，斯民咸日用而不離。蓋日中有火，虛空有火，木石有火，而日空木石之火未嘗灼灼見也，不知其故矣。唯不知觀其用，又觀其不測之神藏用哉！

水木金，損益有徵。土則無徵。焚之亦燃，而既焚之，土亦無損。衝之亦流，而既衝之，土亦無損。列之爲溝渠矣，而溝渠之側有丘阜。分之爲溪澗矣，而溪澗之旁有山陵。此去彼存，蓋無適而非土也。故惟土可以兼五行之用，謂生木、注水、蘊火、藏金，皆是也。故觀五行，可以識損益盈虛之數，而損益盈虛有不顯隨而變者，故因其變，又可以識翕受之神[二]。

火不係于物，亦不離于物，猶性之在人□其有性而不可指其性之所在也。燃則可以見火，而非火也；感則可以見性，而非性也。故觀火可以識性。

性善第九

或問：「性善何狀？」曰：「所謂性善者，非有物可指也，無渣滓而已。胸中能無渣滓，何事不可做？」

[二]「可」，原作「何」，據文義改。

上天生物甚廣，愛物甚周，爲之防患甚密，於并生并育之中，寓曲成檢制之詳。如走之類，藉爪牙矣。其不能爪牙者，則疾其足以遠害，若兔鹿之屬是已。飛之類，競羽喙矣，其不能羽喙者，則迅其飛以避攫，又不能，則依簷宇以自衛，若鴿雀之屬是已。冬則生軟毛以禦寒，夏則生涼羽以當暑。其不能毛羽者，則又使生水澤，與波出没，或深淺以自沃，或穴汙以揜形，若魚蝦之屬是已。或爲之巢，或爲之窟，擇便栖孳，靡所不備，其惡甚者，又不使同百物生化，如虎狼始交、梟獍戕本之類，隨宜檢制。去惡以存善，亦生生之意也，亦不欲泛遂其生生之意也。

氣一也。寒極則和氣生，和極則熱氣生，熱極則涼氣生，涼極則寒氣生。推遷代謝，曾無紀極，皆莫知其然。以是知造化有不測之運，有不息之機。

月自晦而朔，其光漸生，不知其所以生及所由來；自望而晦，其光漸滅，不知其所以滅及所從去。日常明，月有時而虧。陰陽之義，剛柔之體，男女之别也。使日晝常明，月亦夜常明，是兩大也，其於屈伸往來盈虚消息之理不備。

日月星光各具矣，水火珠玉金石光各具矣，蟲夜行光亦各具矣，物各生明，無相假也。其間小遜大，微避著，亦尊卑之義。若謂借日爲光，彼自寓言，不此滯也。

陰陽無處無之，無物無之，無事無之，無時無之。陰中有陽，陽中有陰，陰爲陽根，陽爲陰根，一氣之屈伸爲往來，非若物之判然爲二也。説者乃謂：「陽常居大夏而以生育長養爲事，陰常居大冬而積於空虚無用之際。」不知既有生長，自有收藏。生長用也，收藏亦用也，非生長時止有陽，非收藏時止有陰也。不然，陰既積於無用矣，謂陽又安在耶？又不然，陰陽豈代相生滅而不屬耶？蓋大夏亦自有收藏，大冬亦自有生長；大冬亦自有陽之熱，大夏亦自有陰之寒。以意化裁之可也，執一則鑿。

天之道以神用，故日月星辰以象顯；地之道以形用，故山川草木以迹著。説者乃謂：「河岳山海之精爲星辰，風雨露雷之化爲草木。」不知草木托根於地，風雨露雷特滋養震發之耳，非以其化爲也。蓋天自有星辰，亦自有風雨露雷；地自有草木，亦自有河岳山海。各得天地之氣以成象成形，運行鼓舞焉耳。使河岳山海之精爲星辰，而河岳山海又誰之精所爲耶？果爾，是地能生天之象，而天不能成地之形也。又自帝座、前星以下，蓋天子百官民物之象，而非止如或者之説。

人倫之道，皆天性也。雖兩間至微之物，苟一節之良出於天者，要皆不自知而自爲，不自由而自至。不自知、不自由，所以爲天性，爲能歷萬古而如一，物且然，况人乎？或者戕性真以自放，曾物之不若矣。

浮雲能往，浮雲能來，浮雲能生，浮雲能滅。其往來者，風飄拂之；其生滅者，氣消息之，而浮雲無與。天下之物皆浮雲也，天下之生滅皆浮雲之消息也。知消息之無與浮雲，自可忘情於盛衰之際。

耳聞有聲，非物之聲，非吾之聲，宇宙間共有之聲。目視有形，非物之形，非吾之形，宇宙間共有之形。知其爲共有之形聲，則形聲之可好者，吾所勞吾力，况所好自有真耶！

風，清物也，一吹于塵則濁爲之易，風之變于塵也；水，平物也，一激于風則暴爲之易，水之蕩于風也。天地間至清至平者，果受變于物哉！

食蟲之禽，蟲出乃見；食粟之禽，隆寒自有，物異所生也。鳴樹之蟬，翔弗及草；鳴草之螽，高弗及樹，物異所乘也。水潛之魚，鱗如水之波；穿山之蟲，甲如山之石，物類相屬也。

夏月一燈，熏灼滿室；冬閣圍爐，燠弗及背。物不能逆時也。

依仁是渾然全體功夫，如人之着衣，全不用力。藝不止六藝，游不但游適，游字與依字相影響，日用間百務應用皆藝也。皆藝，皆游，皆依也。皆依，皆游，皆心，皆道也。道是心體本然，故日用惟依仁最切。游是游處依志。據、依、游，一事也。道、德、仁、藝，一心也。纔指游藝爲小物，便分内外，分内外便非全體之學。

或曰：「惡亦不可不謂之性，此語是否？」弘師曰：「如此説，天下便没有爲惡的不是。善即是性，故盡善便是盡性。惡亦是性，則爲惡亦是盡性。天下將謂惡亦是性中有的，率天下而入於惡，此言階之。如是，則性惡之説，荀卿不得罪於聖門；性善之説，孟子無功於天下後世矣。謬甚。」

或曰：「道體一定，學問有消長耳。」或曰：「道無終窮，安能一定，不然何以曰『堯舜之上善無盡耶』？」予曰：「嘻！道可易言哉？以包羅言，則廣博而不可窮；以真機言，則微妙而不可測；以常體言，則一定而不可易；以氣化言，則流行而不可止。是故，人性之善，五品之倫，日月星辰、寒暑晝夜之運，五行之推遷，夫誰以易之？而生人生物，盈虛消息之端，則雖聖人亦莫知其然。前乎千萬世之已往，後乎千萬世之方來，其間日改歲易而不可以定拘，如結繩易之以書契，巢窟易之以宫室，汙杯易之以籩簋之類，又胡能先事而料？惟是天性之在人心者，生生不已之妙有，先聖不敢謂已至，後聖不敢謂已能。天地人之至奥，蓋有道無盡，而學與之俱無盡者，又安能以一定言耶？如曰『已定』，是死局子，而非性真生生之秘矣。《中庸》謂天地、聖人存所不盡，是道無盡乎？是學無盡乎？深體之，當必有得。」

孔子教人，只於天機活處應接指引，如仁敬、孝慈、寬信、敏恭、忠恕之類，日日提撕，只是名目，更不説本原所在。以本原無物，恐人或隳於空也。説「弗畔」，説「失之者鮮」，説「默而識之」，亦不指爲何物，欲人自識之耳。子思説自得，亦不指爲何物。孟子始説本心，指羞惡言之；説人心，指仁言之，亦不以空言也。如釋氏説空，便令人無下手處，不知至道自有真機，實未嘗著空也。

或問：「仁，心體也，告顔子以復禮矣，告仲弓乃在事端上求仁，恐事端與復禮相違，奈何？」弘師曰：「詞指不同，皆禮皆仁也。見賓、承祭、出門、使民，禮無往而不在也。不欲勿施，則隨在皆禮矣。與告顔子無别。」曰：「得無涉於外乎？」曰：「心合内外，仁合内外，則功合内外。功合内外，則事皆心也。」曰：「邦家無怨，視歸仁不少狹乎？」曰：「歸仁以我包涵人言，一體也。無怨以我盡己心言，亦一體矣。語有廣狹，理無精粗。」

涵養第十

涵養，復本體也，涵養純便是本體純。學者由有功夫做到無功夫，由費力處做到不費力處。天體湛然無疵，便是天然自有之體，亦便是天然自有之功。

性體原無渣滓，本自純白簡易，本自平直活潑。厭平常，則蕩而極于玄遠，玄遠非性也。薄淺近，則虚而淪于寂滅，寂滅非性也。何則？性無外者也，而亦非遠。性無内者也，而亦非近。觸處洞然，要在自得之耳。

心之虚靈之謂聖。或曰：「何謂也？」曰：「天生人惟此虚靈，此外更無一些。人不作聖，只是虚靈不完，不知天地者虚靈之原也，聖人者虚靈之至也。人能全此虚靈，便是全吾天命之性。」

或曰：「空便是道否？」曰：「道體本空，空便不可以爲道也。如以空名道，只宜以空名已矣，又何以道名耶？且如道家談玄，只説道如是其玄，玄便不可以名道也。知此，則知心本無物。只説心若是其空，空便不可以名心也。」曰：「然則何以見心？」曰：「靈處是。」

或問真體。曰：「真體即是本體。對不真而後見真，初非以真名也。」曰：「何以見？」曰：「真體本自純白，只從純白處默會，便是純白。」「何能會得？」曰：「子讀《論語》否？」曰：「讀。」曰：「我欲仁，斯仁至矣。」

或問：「道無物，性無物，空亦無物，似不甚遠。今何駁之甚也？」曰：「道運萬化而不息，性含萬有而不滯。主道，道無染雜。主性，性無染雜。主空則萬境索然，是染也。」曰：「空又何染？」曰：「索則萬有俱廢，是染於空也。染於空是又以空病也。」曰：「何似而可？」曰：「連空不用，不更通快乎哉！道、性原來只一個。」

只當下心好便是好，何屑説過去未來？時時存當下心，過去未來都不中用。

禪家於一切事都視爲妄，棄而不有，此便是妄中之妄。何則？妄，妄也；不妄，真也。合真與妄都視爲妄而棄置之，即此身已墮妄窟。

順適易縱，困苦易收，凡不如意的去處，皆是鍛煉之藥，正宜反觀内省。

未疾時，能養精神，可以無疾；既疾時，能養精神，可以減疾。不萌閒念，則精神不擾；不留初念，則精神不奪。蓋精神者，吾人之元精元神也。精固可以頤神，神完可以攝精，不亂斯不耗原來之靈明爾已。

莫，不也。不見乎此隱，言隱也。不顯乎此微，言微也。隱微，此獨也，獨即不睹不聞之本旨也。或曰：「得無一於內乎？」曰：「獨合內外者也，非內也。未事之中，當事之和，一獨也。言性分中惟有此，無有他也。到中和地位，則常中常和，〔一〕慎獨之功渾然無朕。蓋致乃功純而自至，非用力以至之也。至此則天地位於一心，萬物育於一心，位育於不睹不聞之真機而已。通宇宙，此獨也。」

釋門説空已矣，却説静久神光照目，百靈集耳。又説諸佛見身作偈，又説諸佛隱身而言，又説鳥獸入道，又説舍利可質，是有也幻也魔也。與起初説空處天淵背馳。

曾見《無生要義》首言忍，又言力制，便非真空，直指於世間倫常大典都視爲幻，并自己説道之身亦幻矣。天下事寧無大壞？

或曰：「吾道近有乎？」曰：「不沾滯，不聲色，有非有也。」「然則爲無乎？」曰：「不沉沦，不杳冥，無非無也。」「然則居有無之間乎？」曰：「持兩可之論，昧大中之矩，有無之間□又非

〔一〕「常和」，原作「當和」，據上下文改。

也。」「然則何如？」曰：「易簡真實，精微切要，處倫物之中而有功倫物，居乾坤之內而翊贊乾坤。廣大而幾微不露，全體而纖悉靡遺，渾涵而無迹，活潑而順應，色色分明當可，事事真實不二。擴一心於天地萬物不謂之曠，含天地萬物於一心不謂之拘，合天地萬物之屈伸翕闢，皆一心之真宰妙用，不謂之幻。道固昭昭不掩也，渾渾無迹也，使天下群然歸有歸無，道術裂矣，宇宙亦又何如？」

釋氏自撚花示衆之後，率多隱機，非簡易平宜、易知易行之理。其徒又筆之於書以爲是，如男作女拜，人來面壁，澀詞明正，非禮相嘲之類，如飲竹□水化、蝙蝠悔悟成聖，游魚作天子，雉雞聞道之類。如學彼，則求得欲遂；不學彼及非彼，必有災殃。廁中相招、犉牛稱謂之類，尚可説乎？果超衆於地獄也乎？抑自沉於地獄也乎？儒者又爲之作書闡揚，又何説乎？今其書與其徒猶俱傳也。哀哉！」

天命之性便是中和本體、位育真機，非細也；率性修道，非强也；修道謂教，非外也；不睹不聞，非滅也；莫見莫顯，非迹也；中和非空也；位育非幻也，皆一理之正。

盛夏而雨冰，隆寒而凍解，亦氣之變；人之一身，怒則灼，懼則縮，亦氣之偏。

一念之非禮，即已得罪於天地，況敢着之於其迹？一言之少戾，即已獲咎於鬼神，況敢二之於其行？

或問：「《中庸》合言忠恕，曰『施諸己而不願，亦勿施於人』。《論語》專言恕，曰『己所不欲，勿施於人』。豈忠恕爲一耶？」曰：「中心爲忠，如心爲恕，如心亦忠也，一也。宋儒謂忠恕猶形影，謂無忠做恕不出，似未達一貫之旨。善乎曾子之言曰『忠恕而已矣』，一語渾融無迹。」

前輩云，若用半點欺，終無人不知；若用半點術，終無人不識。爲戒世人用術欺人、被人看破無益者發。君子自處則不然。蓋心非兩可之心，著不的一毫僞妄。欺則全欺，術則全術，無有少留半點而猶有不欺不術者與之并立而不去也。况恐人知識□不用欺術，猶非爲善本旨。蓋欺則妨吾存誠之心，術則妨吾居正之心。正亦誠也，術亦欺也，怕人識破而不用，似未盡善。

天地間，無在而非物，即物即事也；無在而非事，即事即道也；無在而非道，即道即心也；無在而非心，即心即人也。舍物不可語事矣，舍事不可語道矣，舍道不可語心矣，舍心不可語人矣。非學何以自立哉！是以無在而非學也。

或問安居之樂。曰：「不遠也。由我禮門，居我仁宅，出入從容，俯仰舒泰，兹居也，兹吾之所自有也，樂此非外。」

我不學佛心自善，我不持齋志不昏，我不受戒行來是，我不談空語更真。

或問不遷不貳。曰：「此是顔子好學之功一處，謂一則無怒也，無怒又何遷？一則無過也，無過又何貳？何則？謂一常净也，自忘怒；一常純也，自不疚。」曰：「此是顔子克己之功否？」曰：「顔子純是復禮功夫。克己費力，非第一義也。」曰：「『坐忘』等語，何如？」曰：「坐忘非有事也，有坐馳意。」

仁義禮樂非兩途也，彼泛然分之，又泛然忘之，莊生於是乎不知道矣。

問卓爾。曰：「卓爾非所見益親意。如目所見益親，似又涉瞻前之見。蓋未聞博約以前，不知高堅前後不是道體，仰鑽瞻忽不是功夫。從此失彼，所以不能自立。既聞博約以後，真見的天地間隨在皆是此理，隨在燦然可即，隨燦然處又皆渾然一致。功夫不待外求，文是此禮之文，禮是此文之禮，隨博而約，功夫卓然在我，而不爲想像探索所奪。若是乎，顔子之立於道也，到此地位，雖欲從事於仰鑽瞻忽以從之，亦無由而從也已，便是顔子真實學問。」

「擇乎中庸」，註解：「辨别衆理，以求所謂中庸。」似又求之於外。宇宙間只是一理，安有許多？中是心之體〔一〕，即此便是所性之善，擇是反觀真切。人都有此本心，不是迷而不覺，便是纔明又蔽，各各有失。顔子真見得此中在我，一反觀而不蔽，常常使此中不昧，便是服膺勿失，非

〔一〕「心之體」，原作「心之之體」，據文意删一「之」字。

泛然於衆理中求也，非把捉使不放也。

或曰：「儒者專言良知，今武人横矣，良知可以禦武耶？」曰：「完得良知，何事不可做？禦兵易易耳。人惟良知不存，是以上不體君父之心，下不體士卒之心，外畏强敵，内顧己私，無所不至，國家又奚賴也？不知良知真知也，真知真心也，以此事君，即吾之父；以此待下，即吾之子。以父事君，君事之緩急即吾身之緩急；以子待下，士卒之苦樂即吾身之苦樂。我既以父事君，則士卒必以父事我〔二〕；我既以子待士卒，士卒必以子自待。父子同心，視國家之仇即我之仇。仇視敵人，不顧己私，未有不同心禦之者，非必一於捨身，蓋自有破敵之誠心耳。誠心運謀，何謀不滅？誠心制敵，何敵不克？推而行之，寇可撻也。」曰：「得無有難之者乎？」曰：「内廷無中制之擾，同事無掣肘之人，寇在吾掌握中矣。」

或問：「道理難求。」曰：「不怕道理難求，只怕心不光霽。心誠光霽，道在我矣。」曰：「光霽可以語道乎？」曰：「道本無物，無物便是光霽。人惟爲物所誘，則我自爲一物，始與道不相屬。胸中無物，無物即道矣。」

或問「子罕」章：「從來皆以利命仁俱罕言，子獨以命與仁不罕言，何耶？」曰：「以本文書

〔二〕「則士卒」，原作「士則卒」，據文義改。

法知之，以聖無擇言知之也。蓋曰子罕言者，利而已，所不罕而與者命也，與者仁也，何也？四教，『文行忠信』并言矣；雅言，『詩書執禮』并言矣；不語，『怪力亂神』并言矣；絶四，『意必固我』并言矣。今不曰罕言利命仁，而必曰與命與仁，上有罕字，下有與字，則二例矣。況孔門論命不下數條，論仁猶多而詳，罕言猶如此，其餘不罕言者，尚有多於二者之論耶？況聖人一身全體性命，開口便是性命指示，雖名目不固皆命皆仁也。今觀《論語》中果有不二不命之語，使誠罕言命與仁，則非聖人之言矣。此百代未明之惑，不得不正。」

或問知識。曰：「言知識，無周孔若矣。昔者孔子曰『生而知之』，曰『默而識之』，此知識之正上也，謂不言而默識吾心之理也。周公之言曰『不識不知，順帝之則』，非不用知識也，不任己識而惟順帝則以爲識，此天然之識，真識也；不任己知而惟順帝則以爲知，此天然之知，真知也。夫知自内明，識從外入内也，而能得其正則一矣。後世舞弄機智、窮探隱索、揣摩測度以爲知識，殊異乎聖人之謂知識者。」

有一友偶誤，悔之不已。先生聞之曰：「悔過便是改過。認得是錯，一悔便□。□在歧路徘徊，又生過矣」。

門人有仕者，問爲政。先生曰：「孔子云『政者正也』，堯舜率天下以仁而民從之，萬世論政之要無以踰此。以事言政者，非澄源之論。」

門人有入孝出弟，專事成法，自以爲可終身由之者。先生曰：「敦行固已是好，學問不可拘執。堯舜在精一上做，故其孝是精一的孝，所以時雍風動，而天下化之。不然所謂孝弟而已矣者，豈稱孝弟之謂哉！」

卷三

文

弘山先生教言後序

先生之門人孟子成氏，遊宦永平之昌黎，以違範日遠，乃取平日教言，刻之自勵。先生聞之曰：「嘻！言不可執以爲至也。前之所是者，今或以爲未是。今之所謂已然者，後或以爲未然。學問無窮，安可執以爲至？雖吾言之，亦與衆共商確之耳。刻何爲哉？」新復於先生曰：「道貴公諸其人耳。一人聞之，不若百千萬人聞之之爲廣；一世誦之，不若百千萬世誦之之爲長。爲其鳴於世而刻之，則書不可刻；爲其公諸人而刻之，則不刻不可也。雖刻之，亦與天下後世共商確之耳。使今日言之，天下後世從而是之，亦與天下後世共是之也，非吾一人執之以爲是也；天下後世從而改之，亦與天下後世共改之也，非吾一人執之以爲未是也。君子之學也，如日月之明焉，亦與天下後世共照見之耳，明晦又奚恤也？」先生曰：「不然，著書猶寫真也。容色耳目，非不相肖；精神命脈，迥乎其殊。傳真以言，不若傳真以人。恐夫人據迹而遺心，是又以吾之自誤者而誤人也。」新曰：「是亦即寫先生之真耳。先生之道在心，先生之可以喻諸人者，由心之言也。」

先生長矣，群弟子離散分處，當其時，猶不能記先生之言，以附書紳之末，況後世欲因言以識心也，得乎？雖然，至寶在途，乃瘞之而不爲世重，見之者之過也。使後世以真感真，諒必有得先生之心者。復以所聞教言條附之，敢忘狐裘羔袖之嫌哉！

蓬萊閣記

閣峙備倭城丹崖絶頂。下瞰海窟，煙蒸霧鬱，仰于霄漢之墟，勢若蒼虬躍溟渤而薄層雲，矯軒突兀，巋然東方一巨鎮也。昔之建是閣者，或以三山冥昧寥邈，遠不可涉步，注想於虚無漂泊，庶幾乎安期、羨門□一遇，乃於夷情出没、方隅捍禦之猷，漫不嬰情。其登探，則鞏然縱耳目之觀，遠山闊水，汪洋舒嘯。若民之魚鱉乎不，衽席乎不，又惄然罔介于懷，惡用樓閣爲哉？登據山海之勝，閣據登之勝，雄跨滄津，盤礴壁立，乘高遠眺，尺寸千里。其陳兵而守也，足以控制倭夷，潛消寇伺，俾東陲晏然。什當宁左聆，意擬之遠涉之罘，立石競侈者，果孰爲當否？其時巡而駐也，將使環海貔貅，星羅棋布，翼翼巍巍，若岱岳之上摩穹昊，群山拱列。寧不使鯨鯢息沫，波不輕揚，而知中國有聖人哉？昔人以俗登仁壽爲蓬萊真境，以海市爲幻影，而冀民安吏稱，貽治世之澤，陋洞庭、彭蠡之觀，而懇懇乎先憂後樂之念。蓋古之君子，不貴仙跡微茫，而貴世登熙皋；不言觀遊奇壯，而言四海無虞；不以一己之升沉爲忻戚，而使吾君吾民獲久安長治之休以爲快，其於閣之樹也，不尤爲永建不拔耶？

客問

客初問曰：「時既春矣，柳色花香，鶯簧蝶拍，可與進乎？」曰：「吾不如子美。念惟雨足郊疇，農祥載事，此時隴畝躬耕，俯仰皆樂，無懷乎？葛天乎？付帝力於不知。」

客再問曰：「南薰布矣，槐幕清軒，荷翻翠沼，可與適乎？」曰：「吾不如茂叔。念惟溽暑蒸霖，束薪若桂，此時斧斯林月，檐横岩雲，負荷歸來，不敢忘所有事。」

客三問曰：「金飈透矣，野芳若沐，籬菊吞黄，此固亦瀟洒之辰也，翱翔乎未？」曰：「元亮則有之。念惟萬寶希登，桂樓吐曜，此時釣艇優游，水天一色，欸乃煙霞，直接富春一綫。」

客四問曰：「霰發凝矣，雪漫前村，梅舒右隴，此又亦沍寒之候也，往觀乎未？」曰：「浩然則有之。念惟天布黄綿，茅簷背曝，晚來孫映忘寒，袁眠若燠，伏窩潛玩，歸連倚几，春融肺腑。」

祭中書馬公文

士之生於世也，凡出乎百載之上者，誰不爲□□□以一善得名者，孰不爲賢喆？而未若翁之正且通□且敏也。當公之未遇也，諳世務，不萌干時之念，孰如其識？以草茅待王公之屢召而後起，孰如其正？以布衣獲人主之知遇而立致相位，孰如其遭？此足以爲公矣。談者曰「諷議每開人主綫路」，曰「文章無一字增減」，曰「政事關當世之機宜」，此足以論公矣。抑不思假當時常何不言公，公必不肯效詣闕之獻；使者不數輩，公必不肯爲輕身之往。每悼己之不及事親而動君以親親之念，此公之自樹哉！

古之人有以出處卜其事業者，吾惜其出，而公之出也以匡時。有始進未光而事業克蓋前愆者，吾惜其處，而公之處也以守正。自築岩釣渭之風遠，如公者可易得哉？夫士蓋嘗於傳記中仰公之高，而矧茲同土也？陳牲設醴以重公也，因以風勵乎後之人。

祭弘山先生文

嗚呼！一方之道脈，其自先生始乎？自文成公倡良知之學，先生以「良」字約之。然則先生蓋以繼文成公之道脈也已。東魯絶學，後一千載無與契者，先生以此良字契之，誰謂絶學之後於先生而始續?亦可也。先生自弱冠迄於今,孰不曰一方之有道行者乎?孰不曰奇偉人乎?孝友人乎?又孰不曰識卓悟敏足以開後學者乎?又孰知所養以至於斯也?知先生所言無非性命,而不知先生所動無非天機;知先生所言所動皆天機,而不知先生不言不動爲天機之自著;知先生居安履正之爲道,而不知先生遇變涉險之爲常;知先生之可知,而不知先生之不可知,非知先生者矣。

先生簡易爽夷,一見知之,久而益知之,久而容有不知者,愈久而愈明,非先生之難知也。不履海□,無以知滄海之深;不陟泰巔,無以知岱峯之峻。學不及先生,安能知先生之至於斯也?先生坦率類程明道,而剛果不移;嚴毅類朱晦翁,而精敏不滯;明粹類顏子,而卓爾之見相孚;孝友類曾子,而忠信之懷可掬。惟初見者知先生之槩,久見者知先生之深。未嘗見,未嘗久,安能知先生之至於斯也?先生使我輩識仁,始知無心非仁;使我輩識心,始知無性非心;使我輩識性,始知無天非性;使我輩識天,始知無在非天。是以知此之謂知,學此之謂學,真切簡要,明透無滓,此我輩之幸聞於斯也。往者我輩觀《教言》,先生曰:「觀我言語,爲機活,爲味融,《教言》止教言耳。」

嗚呼!先生往矣,觀言動無從矣,所觀止《教言》而已矣。向之示我以簡要者,得無自此而支離乎?向之示我以真切者,得無自此而浮泛乎?向之示我以明透者,得無自此沉迷而莫之省乎？嗚呼哀哉！人之於世，親生之，師成之，成之固所以生之也。嗚呼！昔孔子悲道之無傳，我輩悲傳之無自。由今以往，又孰成而孰傳之也？去歲告終，于今數月，追容慕履，衷腸益切。嗚呼！先生其知我輩之哀也乎？其知我輩之過於哀也乎？嗚呼！我輩猶爲先生望也。

讀書樂四章

讀書樂，樂好書。開卷須分正閏餘。正言是我明心鑑，曲説蠅聲祇益非，就中寧無片語當，萬斛沙叢□一粟，恐淄純白陶汰遲。昔賢當日曾遺戒，樂處□觀非聖書。

讀書樂，樂在勤。勵志須教愛寸陰。淵源經子功宜蚤，活潑文章造欲深，莫教安逸束此身，請君試擬窗草發，坐看生機與日新。折膠爍金不踰限，那計觀書過夜分。

讀書樂，樂在心。心源豁處自天真。書是古人當日□，觀書如我對談文，一念悟來潭映月，一言開處日升雲，此中契會好相尋。書中聖賢忻相對，且溥餘芬利衆人。

讀書樂，樂有成。聖言與我渾相同。百花頭上梅開蚤，赤鯉乘時已躍空，甘霖洒處民獲潤，披拂遺編萬品生，書卷何曾孤負人？古來雪夜讀《論語》，喜將半部佐昇平。

書

辭王子舉行書

恭聞察院舉行，執事以僕應之。執事非知僕者也，僕惡足以堪之？僕不堪，執事以爲堪者，益僕之慚也。夫察院自舉有行之人耳，如僕奚足舉耶？養不足以遂志，而以爲孝；學不足以知道，而以爲賢；拙不足以補過，而以爲正；惰不足以趨時，而以爲守，僕之有負於執事也多矣。昔伯玉行年五十而知四十九年之非，非前此不知，至此始知古人日新之功，自見其前行之有未安耳。僕知己之非，而不免日蹈於非，希古人而每不逮古人，惡乎可也？今夫席前之地，人見其潔，而不知塵之未净；初弦之月，人見其明，而不知光之未完，僕之失正類此。與其無實而冒善行之名，曷若使僕就實而釋僕之慚？夫就實行，則士之敦實者□益衆矣。如此，則雖不舉僕，而愛僕者固自有在也。□執事者諒僕，達諸同執事者共諒之，幸勿舉僕而□僕之慚。

辭陳化峯舉行書

小兒歸自城中，聞吾兄以孝行舉僕者，甚盛心也。僕何孝之可言哉？兩度丁艱，雖見憐於有道；寸衷莫副，曾何益於吾親？以僕爲孝，則士之稱孝者衆；以僕舉孝，則士之當舉者亦衆。然則兄之知僕，豈如僕自知之審哉？何則？實鮮而竊令名，懼私心之獨歉也。古人云：「士之相知，貴相知心。」夫其知之也以心，其見知也亦以心，何爲而不知也？蓋知之者見其華而以爲不知者，恐實德之未稱耳。僕敢謂兄爲不知己哉？知之而不諒其衷，是以爲兄爲不知己耳。孔門諸賢，曾子之孝以養志，閔子之孝以感親，子路之孝以盡力，僕於三子有一乎？夫孔子之言，後世之法也。僕無三子之行，而兄舉之。舉一人不足爲多人勸，適足以競聲華，而增僕之慚耳。如僕者奚以舉哉？縱如兄之愛憐僕一念之哀戚，然亦人子之常事，正如直木之在日中，所顧者廛影耳，無益於時也，無益於事也，無益於吾親也。無益於時於事，分量弗及也。一舉行而無益於吾親，於僕心奚忍哉？不可忍而忍之，非榮也，罪也，僕以爲罪，兄以爲榮，僕何以謝於兄哉？如僕者勿舉可也。前書遺某公處，祝勿舉僕。而復聞此於兄，非某公諒僕而兄未之諒，則以某之不諒者而復蒙兄之不見諒也。兄之愛，雖頓首何以言謝？僕之私心正不如此也，在兄亦必有以諒之矣。是以不謝而敢辭，惟兄其止之，其止之！

辭劉志齋舉孝書

不肖遭先母之變，承老伯撫慰再三，賜之歌行。大抵激切時事，雅意贈美，不肖感傷，愧歉赧然不敢以謝。老伯不以不謝爲罪，又爲之稱舉於學，冀有所表揚，以示風勵，蓋愛禮之盛心也。不肖踰月方聞之，愈益感傷，愧歉赧然，復不敢以謝。老伯又爲之極意稱揚，詩歌贊詞，累千百言，而不足盡其稱美。昔人所謂無以爲而爲，不覺言之至此也。不肖愈益傷歉，愈不敢謝。豈惟不敢謝？鄙意且函爲辭之。

夫以哀戚寂寥之門，承老伯之奬觀，稱揚曲盡，譬如深涯没溺之人，有道者不以爲汙，反爲之提攜洗滌而升諸衽席，此雖百拜階前不以爲過。而有所不謝者，不敢當，故不敢以謝也。昔者曾子之孝亦云至矣，而孟子以爲可。夫以曾子之孝猶以爲可，則凡未及乎曾子者，皆不可者也。云「不可」，則不敢當也審矣。

不肖生不能隆其養，没不能盡其心，汩没何異流俗，天地一罪人耳。此雖痛自貶削，與吾親無分毫益，老伯不以爲罪人，反以爲孝子而加薦焉。父母之恩，昊天罔極，反而觀之，所缺何限？所缺既多，責悔奚追？孝子之名，夫亦曷敢當哉？蓋孔子之言，有所譽必有所試，而後世之善惡不足以公是非，老伯信之久矣。不肖之在今日，正小善之不足公者，夫不以親終爲悲而以舉孝爲榮，以親之苦爲己之善，有人心者諒不爾也。老伯以孔子之心望後人，不肖以流俗之膺殊遇，實鮮名高，罪累深重，夫亦曷敢當哉？伏惟老伯無許其所行而責其所未備，不肖亦以其所未備者自責而自勉，庶不爲天地間之罪人，無負老伯期待之意可也。老伯不以前之不謝者罪不肖，又豈肯以後之致辭者爲不肖罪哉？衰絰之人，往往心亂，不勝冒觸拂逆之至，惟老伯裁監，止勿復言。

答朱少山先生書

先生以海内第一流，德意藹然，視人猶己，每有愛新之意。即古之與人爲善不是過，不肖烏敢當哉？讀翰劄，仰荷優禮，尚祈心照，蓋在情不在儀也。前領教，近世學者，間流二氏，蓋未知吾儒之爲至當，便以二氏爲高。知二氏之所以失，便知吾儒之至當。彼通於釋氏者，豈不曰空乎？詰其謬，則曰「空而不空」，不知主空則不空爲礙，主不空則空爲虚語。蓋「空」字止可言境界，不可言宗旨也。通於老者，豈不曰玄乎？究其歸，則曰「玄之又玄」，吾意前玄微矣，則後之玄爲太深；後玄精矣，則前之玄爲近浮。蓋「玄」字止可就窺處見，不可以主張論也。

乃吾儒之學，中庸爲至，無釋氏之空，而又無一物之染塞，無老氏之玄，而又有精微之妙用，天然自有之中具天地萬物之理，即天地萬物之理皆易簡平常之道，真體流注，不假人爲。舜之由仁義行，子思率性之道，只此一機。若夫模擬古人踪跡，種種思效，猶是義襲而取，非真得也。此理切近精實，在形色中，不爲形色所拘。有物有則，無聲無臭，言空言□□何益也。

管見如斯，不敢自斷，在老師必有至論，以開鄙蒙，謹虚懷聽受。

答孟我疆書

拜領佳音，恍然知愛。先師事表揚繼述，惟吾兄所優，如弱弟安足數？正如人家有宗子，有庶子。隨行逐隊，以少備名位，則庶子不可盡無。至於克家用譽，以表率斯人，雖百庶子不足當宗兄之萬一。吾丈之於弟正類此。先師往矣，嬛嬛無所依矣。自分落寞退廢，如陷溺無人拔。適吾兄一語拔之，此正宗子之出遊，追念弱弟之家處者落寞也，退廢也，以一語拔之。兹非起我於陷溺者耶？愛莫愛於斯矣。

篇中舉「中和」，吾黨之的；舉「空谷」，兄爲對症之藥。夫氣質未融，正是爲學之患，兄言及此，切中，切中。顧學問無滓，淡泊而已，純正而已。淡泊純正，一中和也，剛柔則滓矣。識得滓則識得剛柔克，識得剛柔克，則無剛無柔，無沉潛，無高明。一，中也；中，一和也。此先師之的也，古今所共有之的也。終日惟此一事，終身惟此一事。事外無學，學外無人，即學即人，僕何以得此哉？惟吾兄教之而已。

讀《未發論》，圓融洞達，八荒皆在，蓋未終篇，脱洒洗滌，塵襟爲之一快。領大教在午，盛使次早即行，欲僭爲先師述一語，匆匆未及。倘不棄，尚容請正。不一。

卷四

素衷先生行畧

先生甫二十歲，聞弘山先生講良知之學，遂執贄而禀學焉。往復參證，因大悟性命之宗，曰：「乃幾罔此生矣。」因次問答語爲《弘山教言》，日諷誦之，并示學者，令《教言》行於世。先生學有原本，點點滴滴，俱歸一處，其論心曰：「心活物也，無去來，無前後，而渾然一體者也，只時時存當下心，過去未來都不中用。」又云：「天下之動，貞夫一者也。即中皆和，即未發皆發，即費皆隱，即顯皆微，即内皆外，即文皆禮，即博皆約，即知皆能，即物皆道，即心皆人。夫道一而已矣。」其論學曰：「學問只在本體上做，莫在好惡上落脚。果在本體上做，自然能好能惡。若着在好惡上，便分了。」其所論造，多近世儒者所未及。

先生居常自言：「時或獨臨書案，涵泳遺編，以咀識性體；或偕一二隣翁，優遊樹底，以養天和；或徐行隴畝，觀草木之生意，以識化機；耕耘倦，或卧小榻，合目片時，以養神氣；或玩古人詠道之詩，以自浸灌。雖啜粥飯水，并日一食，此中皜皜無疵，若水之無波，月之不暈，日之皎爾中天。」其自得如此。

先生四館邑令，兩任學博。邑令重其人，累以百金爲壽；郡王重其人，亦累以百金爲壽。先生一無所取，取其所應得而已。常自言曰：「心境淵如，本無念也。念起于欲，欲寡則心清，心洗則中湛。」

先生至性純孝，執親之喪，五味不入口，隣人聞其號哭，無不流涕。久之，柴毁骨立，杖而後能起，三年不入寢室。邑人悲其意，爲作詩慰譬之。已，公舉於官，先生不悦，曰：「以親之苦爲己之善，有人心者亮不爾也。」力辭之。有辭劉志齋、陳化峯二書載集中。久之，撫院聞其事，束帛加璧表其門。先生失偶五十年，義不復再娶。其子以爲言，曰：「爾欲爲伯奇乎？吾不能爲吉甫，汝母易簀言之矣。」竟不娶，終其身。嘗築垣，得藏金一篋。工人陳一清持去，公不顧，囑之曰：「幸勿泄，泄則人妬汝矣。」人以爲管幼安之流云。

李瀛陽守東昌，躬造先生之廬，談經樹下，從容竟日已。又延之郡中，召率同志講學，信從益衆，學者稱爲素衷先生。先生爲瀛陽公言，請建專祠於郡，祀其師，并東郡之素以理學聞者。於是建四先生祠。

先生素貧，僅有地數十畝。其弟青衿，亦貧，先生乃割所有資弟，所得廩禄悉與共之。先生醵金立會，名曰尊祖，半供展掃，半周貧乏。所著有《聚族碑記》并《尊祖會序》，藏于家。邑庠生孫世禄家貧甚，廩次後先生，然自念其文之不易得當也，過此無望矣，以素衷故好義，其幸憐我乎？則私所知屬先生，先生慨然曰：「此吾志也，但不忍發口。」遂先孫生。周督學命先生作《慎獨說》、《盡心解》。其《慎獨說》曰：「宇宙間惟此一端，更無他也。天與真覺，靈扃中寓，玄竅淵涵，毫無他預。或念内萌，或感外入，悔吝得失，有觸斯著，此其機在我而不在人，非獨之説乎？蓋自不覩不聞，以至無聲無臭，一而已矣。」其《盡心解》曰：「此直措盡心之全學也。存養，盡心之功也。殀壽不貳，不懈其盡心之功也。聖學不偏于知，不可以知而遽謂之盡之也。」學者以爲獨得孔孟之旨。

先生雖卑官，然所在立教，率先孝弟而後文藝，皆以至誠先之。故士子服從其教，循循禮法，邑人亦皆薰然而化。嘗自言：「古人學要緝熙，居此地，則明此地之道，不言所履之崇卑；存此身，則循此身之分，不計所奉之厚薄。」學者以爲曹月川先生後一人云。先生嘗自言：「士君子當常有六合同春之味。」故鄉居率里人爲崇正會，與人子言教以孝，及人弟言訓之弟。所居里，士安其賢，民化其德。同邑孫佐周、時秉仁、施厚輩皆執弟子禮，商河張虚菴亦不遠數百里造先生問學，先生以《心要序》遺之。年九十二猶作詩，有「惟有清明一念虚」之句。無病卒，遺令家人勿用浮屠焉。

名公評附

王泓陽曰：「弘山早歲得文成之學，深思力踐，充然有得。當時門人孟秋、趙維新獨契宗旨。」

張陽和曰：「弘山與其門人孟秋、趙維新日夕相琢磨，無一言不契于宗旨。文成之的傳，其在兹與？」

孫月峯曰：「先生潛心性學，品格孤高。經史不釋于手，名利不入其心。」

羅近溪守東昌，造先生論學，脱粟一飯，終日依依，於是扁其門曰「真儒」。

鄒穎泉督學東省，聞先生論學，嘆曰：「齊有是人哉！」於是聘主湖南書〔二〕，以訓多士。

張洛源曰：「荏平弘山張先生，篤生鄒魯之鄉，潛心洙泗之學。念近世學者馳鶩虚遠，沉酣二氏，至語及《學》、《庸》、《語》、《孟》之真詮，直弁髦視之。先生憂滋甚，故隨所精研體驗而有得者，時與二三子辨質。趙公素衷與孟我疆俱先生里人，且同侍門牆，得先生之教尤深。顧先生不喜著書，人罕睹其制作。今哲人既萎，不幾與先生俱往耶？趙公懼，於是纂其微言，述其遺

〔二〕「書」字後疑脱「院」字。

事，并抒其心之所得與生平所爲印正於先生者，筆而爲書。根諸理竅，直寫本真，言不必盡於先生，要靡非先生意旨。斯稱『感述』也已。嗟呼！六籍散漫，大道弗傳，先生往矣。所賴前有所承，後有所啓，其在兹録乎？往家大夫曾宦茌，亟爲予言趙公賢。既而余宦章丘，趙君博長山，章去長僅數舍，余往來其間，士民咸津津頌之不容口，大都所自淑與所淑人，悉如家大人言。蓋真得弘山之傳，而與我疆相伯仲者。」

山居功課

［明］楊東明 撰

山居功課序

山居功課者，晉菴楊先生里居私課也。蓋士君子立身行道，無問窮達，各有當盡之職業。晚近以來，士大夫宦遊歸者，非選勝行樂，托群芳以寄興，則閉關却掃，抱一膜以自完。此江湖廊廟之迹判，而萬物一體之懷有時塞而不流矣。

先生曩在瑣垣，矢公矢慎，諸所論列，悉關機宜體要，而發自肺腑丹衷，今仕路口碑猶存，無庸置喙。頃居里中，充養益粹，徹内徹外，仁體流行，而有觸則盎溢而出。如建社倉以備賑，開義塾以養蒙，築堤防以禦河災，施饘粥以活凍餒，敬老有録而尚齒之道隆，孝義有旌而化俗之意至。諸如此類，未易殫述。先生隨時手録以自考驗，積久成帙，間出以示同志，曰：「此吾山居課業也。吾視山居非曠閒之地，而吾心無暇逸之時，故其交涉於鄉曲者若此。第瑣節細行，於道無當耳。」

不佞鳳聞而嘆曰：「此正先生之不可及者乎！」夫道不擇地而存，學不因時而易。惟是山居寂寞之秋，易有怏怏失志之態。而先生泰然若忘，油然若不容已。方一心以老其老，又一心以幼其幼。禦災捍患之未已，而倡道作人之念興。且不曰吾施功德於人，而曰吾修功課於己。

夫其功課之所以肫肫也，乃其心源之所以亹亹者乎！人於此而多先生勤施之惠，吾於此而得先生無間之心。

夫無間之學，聖學也。此其所以不可及也。雖然，功課者，履之迹也，而迹豈履哉！先生學徹本原，湛空無染，砂礫既去，金玉奚存。故功課者，有爲之應迹，而先生不有也。兹其所爲深於道者乎！於是同志者請出是編，授之梓，將以爲山居者告。余曰：「辦先生山居課易，辦先生立達心難。」故僭爲之引，以明功課有本云。

萬曆歲次壬寅，春仲之吉，邑後學生王夢鳳頓首謹識。

楊晉菴先生山居功課序

聖賢之有言，豈得已哉！得於己而冀人共得之，行於己而冀人共行之。道充於中，事觸於外。譬之豹澤於南山之霧，而其文卒爲國器者，不可揜故也。後世道之不足，而有意於文，組織綺麗，張虚駕誕，非徒無益，將有簧鼓人心而助之亂者。上下古今，相習爲之，而莫指其非，良可嘆已。

余友晉菴楊先生心游聖真，學窺理奥，曩者彯纓梧省，抗疏楓陛，不一二而足。是時權奸歛跡，忠良伸氣，跂足太平者，孰不屬望於先生？未幾爲時宰所螫，卷懷而退，乃以其所藴，公之鄉人，如義學、社倉、助婚、平糴，以至修學、築堤，無不曲爲之所，而敬老、興學爲作人善俗計者，尤拳拳焉。見於《山居功課》者，累千百言，大抵余之所謂「得於己而冀人共得之，行於己而冀人共行之」。其游言枝詞把玩一時者，皆絶不爲。然而敦龐秀杰之氣，亦自有不可揜者，信乎爲有德之言，非虚車比也。昔孔子以言行之枝葉爲世理亂之候，先生當華繁實寡之時，獨能言必以道，如穀之療饑，藥之起疾，鑿鑿乎無高虚淩獵之敝。然則反樸還醇，爲世道賴者，終屬之先生，奚疑？余故表而出之，爲讀是集者告焉。

萬曆壬子冬，友弟瑯琊焦竑敬書。

楊晉菴文集序

世之病講學家者，其説有二：曰僞，曰腐。僞者行不顧言，腐者學不適用。噫！吾之言然，而行不然，是吾言世之射的也。口墜天花，而試之小小施設輒不濟，是吾言世之塗羹也。余爲此懼，不敢以講學自任，而惟以無學自修。

虞城楊晉菴啓昧講學，一念殷殷，不啻飢渴。萬曆壬午，余主文選司事，啓昧以進士觀文選政，余日與對揖〔二〕，而愛其德容，曰：「此必有道人也。」遂與締婚，今三十年矣。啓昧之學得之楊復所，復所得之羅近溪，近溪得之顔山農，而淵源則良知一派也。余性簡静岑寂，而啓昧和易恢弘，接引後學猶如子弟，所至舄履滿門。其旨以本體爲根宗，以解悟爲入門。聞者多扞格不了了，以爲公學問不如孔孟之言切近精實，使後生小子有所持循，蓋疑信者半。余曰：「公之學，實學也，有用之學也。吾得之言外矣。」彼其家庭惇孝友之情，鄉黨成居間之美，義所當與，不愛千金，難所欲急，不負一諾。所過勸分士紳，輸粟千百，顧即於所在儲之，以備大祲。列社

〔二〕「對揖」，康熙呂慎多刻本《去僞齋文集》卷五作「相對」。

學科條以養蒙，設敬老約會以勸孝。分人以財、教人以善之心，懇切濃至。其所口説，皆其所躬行者也。僞乎？不僞乎？救荒一疏，惻怛回天，三宮出金錢數十萬，全活溝壑人不可勝紀。京營措置，振刷優恤，纖悉洪鉅，罔不宜時。官軍鼓舞感激，數月改觀。出國門日，三大營送者如堵，都人士謂從來所無。其小試施爲，俄頃建樹，便足風當世、憲後來人。腐乎？不腐乎？啓昧即不講學，已於行與事講之矣。况以斯道覺斯人，又如此汲汲乎！蓋其所得者深，故其言自不能淺。非僞腐之儒假玄談以自標其門户者也。

啓昧平生事功行言悉在刻集中，無一漫言，無一世韻，字字胸中流出，寫所自得，非直言語文字之工而已。有道者一一翫味，則啓昧者道學乎？非道學乎？始信余言之非佞也已。

萬曆壬子端陽日，梁宋間散人寧陵呂坤叔簡序。

卷一 世務篇

曹縣社倉序

萬曆庚寅歲，予得告家居。日惟頓舍休精，潛心理窟，於一切世味澹如也。已而思道無窮達，山林豈遂無事，若閉户養高，踽涼不偶，如善俗之義何？緬惟古社倉法，可備歲事緩急，而虞地濱河，産穀有限，厥心苦弗克遂也。爰念鄰封曹南甲邑民富，如光禄劉君玄崖，國子生袁君水南、扈君履中，奉祀生王君謙吾，皆尚德好施，且與余知交有素。於是以社倉事約之，諸君欣然如約，且屬余次第其事，以爲永規。余乃列款如左，而復申告以爲善之義。

夫人雖萬有不齊，實天地一氣所生。古人父母乾坤，胞與民物，疲癃殘疾鰥寡孤獨皆爲兄弟顛連而無告，是合天下人本同一體也。人惟間以爾我，身外即爲胡越，始有丘累陵積、粟紅貫朽置於無用之地，而視民之啼饑號寒、展轉溝壑者，畢漠然不動其中矣。夫重莫重於民命，急莫急於救民命，而況以紅朽無用濟其至重且急，則我無小損，人有大益，奚憚而不爲哉？且夫惻隱之心，天地生生之心也，即人之所恃以立命者也。如遇可哀矜而念不少動，則此心之生生者滅矣。生生者滅，終亦必亡，又何論贏餘之貲乎！故夫積德行義，利人也，實自利也。世之好積者，惟恐不能收天下財悉歸之己，詎知聚者基夫散，而散者實爲聚哉！且語有之曰：「遭一蹶者得一便。」予又懲往事之艱矣。昔在戊子、己丑間，旱魃爲虐，生民相食。向使所在郡邑各有社倉，存活寧可限量？惜也倡義無人，而儲蓄不備也。比歲以來，稍稍豐稔，乃又東征西討，警報相尋。萬一干戈不戢，中原雲擾，則佐軍餉、賑流移，需穀豈弗急哉！余故不揣綿薄，僭與諸君倡此義舉，儻有聞風興起者，則古常平社倉等法可再見於今，而所裨益於世，當不淺尠矣。余乃序此以俟後之君子。

社倉條約

一、便民之策，莫善於常平。然糴糶事繁，非有心計、肯任事者不能辦。今惟用社倉，期在久貯。

一、積穀有報之官者，遂恣查盤之擾。今倉以社名，惟貯之私宅，一從所便。

一、荒年賑急，非有權以攝之，則多至起釁叢怨。今擬臨期報官，隨公斜散給。

一、捐穀初年百石者，次年三十石，後即以三十爲定額，石數少者照此遞減。若遇荒歲，酌量停捐。

一、社倉原係義舉，施穀愈多則樹德愈厚。顧力有厚薄不齊，則多寡宜隨所願。苟慕義而來，自一石以至三五石，無不可者。

一、積穀有春放秋入取三分息者，既可易新，又可廣數，於法甚良。然收放既費人力，其中不無逋負。不如有入無出，似爲省便。若年久紅腐，則分領若干，照時價易舊爲新，庶爲常便。

一、貯穀處所，須宅舍有餘之家。仍須高潔堅完，以防浥爛鼠雀之患。

一、損穀務要乾潔，毋得糠粃濕爛，捐爲善之實心。

一、穀既有貯，所須擇忠厚老成一人，付以典守之責，令其防守門墻、查理朽壞。每年量給工食穀三五石，倉房大壞，修葺費多，則會内公處。

一、鄉間大姓有願尚義者，不必送穀一處，惟隨里社相近、志向契合者，議建一倉貯之，各置小簿紀載。仍各將姓名穀數報之邑中總簿。

一、獨爲君子，仁人耻之，有能推廣德心，汲引義士，積穀數多者，宜開報院道旌表其門，量免雜項差徭，以示優禮善人之意。

一、置入穀簿，即付貯穀家收掌。每年十月初一日收穀，至十五日止。務要驗看美惡，登記明白。至本月終，將捐穀諸家約至貯所，公同查驗，一茶即行。

一、捐穀姓名字號俱載簿中，先捐者先登，爵齒行輩非所拘也。

是舉也，得穀纔五百餘石，而余即被徵北上。尋值東省大饑，出此穀賑之，人各五斗，所濟蓋千家云。

杞縣社倉序

萬曆丙申，余以建言左遷關中從事。道經杞，所過民居稠密，桑麻滿野，美哉，富庶之區乎！已而會年友仁宇徐公、見虞李公，謂曰：「古者三年耕，餘一年之食；九年耕，餘三年之食。凡以重儲蓄而備荒歉也。自社倉久廢，公帑亦虚，一經饑饉，束手無謀。嗷嗷蒼赤，惟有轉溝壑、徙他方而已。吾聞君子立朝善政，居鄉善俗，非徒遨遊詩酒，與鄉人士日相徵逐已也。二公雅重鄉評，意指所趨，衆罔不從。當此豐稔，盍起社倉以備緩急乎？」二公謝曰：「往覩李悝、耿壽昌之所爲，非不欣然欲效之，實恐德不足服人，才不足建事，有如績用弗成，徒遺笑柄，是以逡巡不敢耳。足下饑民一疏，感動九重，杞人士領心久矣。當此過化之時，聊借鼓舞之力，必有聞風響應者。」余謝不敏，且以俄頃過客辭。二公促之不已，余乃督二公爲社倉簿，立之條約，鼓以大義，且首捐旅囊數金爲倡。惟時杞人士赴義若渴，多者捐百石，少亦數斛。有江右遊學魏君者，亦慨然捐學俸相佐助。蓋不出一日間，得穀二千有奇。邑侯安丘馬公聞而嘉之，曰：「積穀，吾事也，今過客爲之，則奇矣。」隨亦捐穀四百，且畀之公帑爲貯焉，而杞之社倉告成矣。余乃辭諸君就道，諸君復餞余於郊。余更爲促膝開談，數歌堯舜可齊之詩，以欣動衆心。一時諸君蓋油油然向往，戀戀然不忍爲别矣。

余乃迎其機而申之説曰：「諸君知社倉非吾意乎？」曰：「第見有味乎爲之矣，而云非其意，何耶？」余喟然嘆曰：「萬物本吾一體，仁者天下爲家。昔明王之世，制田里、教樹畜，家給人足，比屋可封，焉事此煦煦之惠也。故小惠不足以明仁，私恩不足以廣義。諸君有志大道之公也，其惟養吾心之穀種乎！夫吾心之穀種，歛之不越方寸，出之兼容四海。稊米之身，三才合德，惟有是耳。願諸公先立其大者。」杞人士聞之，僉曰：「善。」遂録而弁諸簿端，用以堅夫衆志云。捐穀諸公姓氏，杞有别刻。

杞中積穀規格，大畧與曹邑相同，不復書。

同善會序 庚寅

古昔達人往往泥塗軒冕，寄情風花詩酒中。如晉代風流，固稱放曠，而洛社諸耆，則至今膾炙人口矣。蓋流光如電，不少待人，故天年之樂，達者尚之。吾邑省齋任公、暘谷張公等，蚤解組綬，歸憇林泉。爰約里中數高年，月爲會事，大都披情傾抱，禮簡意真，雅有洛下風韻。余聞而慕之，隨蒙諸老不棄，引爲忘年交。余乃得接耆艾之豐顔，聆先年之故事，私心竊喜。然一飲之外無餘事，又覺淡而無味也。於是爲諸老言曰：「古人立朝善政，居鄉善俗，道在素位，心無曠閒。如徒以燕飲相徵逐，止消磨歲月而已，奚益也？彼販夫耕叟，尚知結社捐貲，共期爲善，況縉紳冠蓋之流乎？宜俯同於俗會，各捐金若干，遇一切貧困可恤、善事宜舉者，胥取給焉。庶洽情逸志之中，不忘布德施會之意。斯其會也，可以風矣。」

諸老首肯余言，約遂定。余乃促膝把箋，爲諸公款言曰：「夫世有忘貪得之戒，爲子孫作馬牛者，日夜焦勞，不獲晷刻之樂。語之救難恤貧，則吝弗肯予，此真所謂迷人哉，焉能爲有無也。且夫人之積善，猶農之力耕，多種則多獲，寡種則寡獲，不種則不獲。昔人活千人而後世三公，渡萬蟻而身魁天下。天福善人，如持左券，何憚而不爲哉！故願諸老堅此善念，永無替也。」會初名「同樂」，余更其名曰「同善」，夫惟爲善乃稱最樂也。嗟嗟！安得公此善於天下，以遂吾大同之願哉！

同善會條約

一、每會以十五日爲期，各捐分銀二星，不得短少色數。

一、相聚宜崇雅道，力禁奢靡。殽止數品，飯止二飡，酒不爲限，然亦不可沉湎縱樂。

一、每會先一日單帖約知，失約與届期不至者各有罰。

一、置會簿登記會銀，照齒序收掌，一年後遞傳下手。

一、會金積有贏餘，遇一切道路可修，橋梁可補，婚喪可助，貧窶疾厄可周可扶者，悉取辦於此。收掌者登記明白備查。

一、會中務要和氣流通，愛如骨肉，隱惡揚善，緩急相恤。如有乖戾存心，搆起嫌怨，致不雅觀者，不敢請會。

一、凡事貴恒，況爲善，可怠乎？如有半塗而廢，無故首敗會約者，罰銀五兩公用。

一、獨爲君子，仁人耻之。有能推廣此心，引進善類，或興起里鄰立會爲善者，則無愧一鄉善士。宜報之縣主，錫扁示旌。

同善會姓氏 序齒不序爵

張　寅山陰縣主簿　任　增興安州同知　劉世蘭太醫院吏目

張慎言省祭　范　燁貢士　甄　欒引禮

范　煥雞澤縣知縣　王紹慶仁和縣縣丞　夏　命大成縣主簿

祝生順生員　王守約省祭　胡成性舉人

廣仁會序 辛卯

先是，歲在庚寅，余從諸耆碩爲同善會。大都事出創見，觸發秉彝，邑人士雅相向慕者衆。余聞之，不勝沾沾喜，輒迎機聯爲同社，得三十有一人，而邑之富有力者幾無遺矣。遂告之曰：「諸君慕義而來，豈其恣宴遊之樂乎？意將惟善是期也。然濟人利物，莫如施藥一事，爲足應人之急而布德差廣。」衆唯唯稱善。時有山人張常安者，貧而鰥，然頗知醫，乃用會金爲娶，俾領施藥事。而會中范君炳者，素諳軒岐術，所選皆精方，以故藥施輒隨手效。求者日數百人，至不能應。往往有造謝者，而施藥餘貲，亦復周及他事，與同善會爭趨義焉。

一日衆相議曰：「高年會以同善名，今吾儕仁術所及，善不啻溥矣，會可獨無名乎？」余曰：「諸公稱及仁術，亦知仁之説否？夫天地以生物爲心，天地之仁也。人以天地生物之心爲心，人心之仁也。夫惟以生名仁，則存仁所以存生也，戕仁所以戕生也。仁顧不重與！公等不見穀種乎？夫穀種藐焉一粒而已，胡然而萌芽，胡然而長茂，胡然而吐華結實，仁爲之也。穀種非仁則生意滅矣。故夫人能全仁，則生機所暢，發祥自長，身膺多福，澤及後裔，非强致也，生生者自不容已也。彼不仁者，徇私滅理，陰慘滿腔。譬猶寒雪嚴霜，何能生育。故近不能保身，遠不能庇後，惟其生理滅亡耳。故曰：士庶人不仁，不保四體。嚴哉！人胡敢以不仁也。公等饒於貲産，定自仁根中鬯達，非偶爾也。今宜推廣吾仁，益培生生之理。其即以廣仁名會，庶幾顧名而思義乎！」衆曰：「善哉！ 第不識此之爲仁，與克復之義何若耳？昔顔子簞瓢陋巷，自濟不贍，豈遂不能廣仁乎？抑仁不在事爲間乎？」余訝然曰：「是問也，胡爲乎來哉？此其義備在夫子之告子貢者，公等疑未及此也，姑力廣吾仁焉爾矣。」

會約大畧與同善會相同，不復書。

廣仁會姓氏

范　灡　劉永利　范　焜　范　煜

李服義　范　爌　范　爚　范　炳

范文裔　范師夔　范師曾　范師稷

楊東曙以上監生　李　楠致仕典史　李服冕典賓

王從化訓科　王從善儒官　桑雲茂　涂節清

劉居敬　楊東光以上生員　陳王前省祭　王無外吏典

張　桂鄉賓　梅汝清　張世立　張世强

侯視遠　張治謨以上鄉民

聞風助貲 書號，客之也

楊滄嶼諱鎬，商丘人，監察御史，捐金三兩。

曹莒岸諱代蕭，商丘人，刑部主事，捐金二兩。

侯覲墀諱執躬，商丘人，中書舍人，捐金二兩。

以上二會，并不佞凡四十有二人，各捐分金一二星不等。月計之，得金六兩有奇；歲計之，則七十餘兩也。自施藥外，悉以供周急，并諸所義舉之費。然虞小邑也，里社人民可數計，而會之精神財用常流貫及焉。有孝子劉策者，廬墓三年，至誠無間。義士喬實、楊其志者，獲人遺金，還其遺主。余嘉之，偕會衆造廬而賀，盛衣冠，隆禮幣，張鼓吹，曲致慇懃。意在優一人而風萬人也。惟時觀者環堵，均有感動。里市有競錙銖利者，輒退讓不争，曰：「不可令喬君輩見也。」而虞之風俗民情漸乃淳美。昔孔聖有云：「吾觀於鄉，而知王道之易易也。」信然哉！于以知山居未嘗無事，遊燕自可推恩，而區區以啣盃爲高致者，無益也。

築堤捍水記

萬曆辛丑七月，河水泛漲，大勢南趨。虞之北舊有縷水堤防，一日警報數至，謂韓家後堤將潰裂，正衝縣治。邑人皇皇，莫知所措。惟時當事者方且宴然處堂，不虞害之將至也。余憤然曰：「士君子居鄉，豈遂與齊民等乎？患至不圖，并葬魚腹中，則安所稱全身之智、濟時之仁哉！」於是括本莊佃户并范氏熠、炳諸家，凡得夫役三百人，各令自帶畚鍤，自携餱糧，且各遣能幹家丁，部其衆往。而余則躬親督率之。外則採柳索綯，捲埽以防衝刷，内則樹樁加土，堅築以防潰裂。

初至之日，堤勢崩陷爲二，南半傾塌二尺有奇，爲奮力築平之。纔經夜，傾復如初。又築之，又復如初。蓋人之力常不勝堤之潰。余滋懼，乃厲氣率作，晝夜無間，猛風暴雨驟至，無所避。衆有饑者，犒之瓜餅。倦者，鼓之歌唱。衆皆裸體舁土水草中，而歡呼踴躍如子趨父事。如此凡五日夜而堤功有成，害用以息。

惟時蒙墻寺堤潰，蕭家口再潰，而商丘、永、夏、潁、亳，淮泗瀰漫數百里，氾濫横流，與古洪水無異。而虞區區彈丸地，乃得平土而居之。民有升斗之獲，賴以全活。是或久災之方，神眷有在。而人事之備，亦豈可盡誣也哉！

余因而爲之説曰：「士君子居鄉，動以閉户養重爲高，以『不在其位，不謀其政』爲義。此在居常無事則可耳，若乃突然遇水火之災，值兵戈之變，遭歲時之荒，於是乎悉其謀猷，殫其力量，禦災捍患，保障一方。事平難定，退然養晦，若無事焉。若此者，豈非天生士人之意而士君子立身救時之本分哉！」因援筆記之，用以告夫鄉士大夫之同心者。

平糴記

萬曆辛丑，淫潦爲祟，禾稼損傷，閭閻十室九空，嗷嗷莫必其命。兼之大河南遷，衝蕩甚遠。災民流移，就食者絡繹赴虞，而穀價頓至騰貴。説者謂不減二十二年之厄，當有人將相食之患。余坐視不能，籌之無策，惟計古有平糴之法，於民稱便。然非綿力所能獨辦也。爰約余家兄弟并邑之力優好義者數人，共力舉之。凡得金百七十餘兩，易穀三百餘石。春殘民困，始與貧民開糴。糴止許斗以下，多者弗予，防奸僞也。斗穀減市價有半，貧民以毫末爲重，争趨糴焉。先是撫臺曾公祖下令施粥，全活甚衆。然至三月事畢，二麥猶未熟也。余稍稍續以此舉，譬猶倒倉法，後益以參苓，總於病者有裨也。穀盡價完，償其原主，毫無所缺，而平糴之事畢。嗟乎！孟子有言：「分人以財謂之惠。」其譏子産則謂：「惠而不知爲政。」余之此舉，真小惠也夫！余殆有不得已之心也夫。

捐金姓氏

趙魁甲致仕通判，捐金五兩。

范　爌國子生，捐金十兩。

王允元國子生，捐金十兩。

馬　方邑農民，捐金五兩。

涂節敬鄉民，捐金八兩。

楊東光邑庠生，捐金三十三兩。

楊東曙國子生，捐金三十三兩。

范　熠致仕縣丞，捐金十兩。

范　炳國子生，捐金十兩。

張治易邑庠生，捐金十兩。

劉鴻漸鄉民，捐金五兩。

楊東明捐金三十四兩。

楊東晛邑庠生，捐金二兩。

張德教并陳信俱拮据，纙纚事，信仍捐金二兩，并記之。

施粥記

萬曆壬寅新正，大雪，生民艱食。最苦流移之民無所依泊，往往僵屍於道。先是撫臺下令煮粥，而奉行者祇及本境，流徙者不與焉。觖望特甚，嗷嗷莫知死所。余與弟東光、東曙謀施粥以補官粥之不及。弟曰：「人衆哉，暫施之無裨也，久施之力不贍也，將奈貧人何！」余曰：「不然，惠不在多寡，惟其當。厄如此之時，雖加一日，愈於已也。」乃擇隙地以爲粥廠，定日期以示招徠。而遠近聞風至者遂千數計。余慮人衆則易亂，乃偕兩弟并義民王之佐、劉鴻漸、王化任、王世臣等，分地彈壓。衆乃列坐待餔，井井無所擾亂。

方貧民之初至，氣息奄奄，股慄不定。已而得食，則生氣漸充，各念佛爲余祝釐，懽聲徹中外。余始而心戚，既亦色喜。蓋頃刻立千人之命，於心良稱快矣！已而見貧民中雜有惡少，又慮飽食後或至越溢也。乃作俚言勸化，令家僮往來朗誦。衆爲感動咨嗟。有一人者，曾讀書，稍解文義，隨作五言詩答余，言頗可採。救難恤貧之地，忽爲更唱迭和之區，亦悽惋中佳境也。始余與貧民爲十日期，有如雪不已，余心豈但已乎！乃至期，則陰雲開霽，晴日煦然。人事天時適相協應，衆乃欣然羅拜散去。余因記其事，以見爲善之樂云。

施粥條約

一、貧民無知，又迫於饑餓，見飯輒争，一争則并不得食。今約坐而待食，挨次給散，違者逐出。

一、早飯雖可禦寒，遲到則難沾惠。今以辰時爲期，過時不與。

一、男女各居一方，僧道各自爲列。毋争奪，毋喧譁，規矩整整不亂，吾方樂與爾食，違者不與。

一、貧人不分本地、流移，來則給與。但要先日赴廠報名，以憑查數備飯。

一、飯畢静坐，待衆食俱畢方行。不得隨意先出，以致紛亂。違者次日不容。

一、貧人饑寒切身，廉耻不顧，遂將良心喪失，無所不爲。因此神不加佑，益受貧窮。或爲非作歹，陷於重刑。皆由不知爲善以至此也。今作短歌教汝，各宜常念勿忘。

訓民俚言

貧人聽知，都要學好。爲甚受貧，積福不早。上天眼明，看得分曉。肯做好人，衣食不少。

貧人答詩

貧民中有讀書者，故爲五言詩如此，録之爲有財者告

我輩本無良，饑寒不可當。明公造福禄，貧子免災殃。粥飯恩情厚，訓言趣味長。寄聲富貴客，莫爲守財忙。

塞决口記

萬曆二十七年，唐家口河决，分一枝南下，勢甚猖獗。當事者有陵寢之虞，爰令管河主簿王

君督工堵塞。歷歲餘，績用弗成，所費民錢不貲。余訝之，策馬往視。惟時方合龍門，苦難就續。余徐察之，則見役夫以筐舁土，至則傾，傾隨流去，雖百千無一存者。余嘆曰：「如此用功，奚怪乎厥功不就也。」乃與王君計，令土至毋傾，積兩岸如丘陵，約有餘，然後并力齊下。蓋土多則水力不勝，抔土悉存，須臾之間而决口塞矣。

余顧王君曰：「何如？」會河水大發，新土將潰。河上民曰：「功甫成而水輒發，異哉！然河伯最靈，宜禱之。」余乃索香跪禱，許以羊豕各三。弗應，水竟逾岸，而厥功崩。余不勝惋惜，復與王君計曰：「異日興功，甚勿謂前功可惜，而循此舊跡爲也。此中衝刷甚深，水流湍急，龍門最不易合。名曰仍前功，實以遲後效也。」爰令水夫覓得淺處，曰：「宜於此處用功，然不可兩面加土也。兩面加土，勢必於中流取合，功又難成。宜一面下土，自北而南，留最南岸爲龍門。一則水淺易塞，一則岸地廣，可多積土。如此用力，當不出三日而功成矣。」指揮定，余乃歸。

明日具羊豕各三往祭河伯。祭畢，均其慧於役夫，衆心感悦思奮。余又索庫貯土囊百餘，取居民門板百葉，具輕掃五十束，集小艇五十隻。諸物既具，乃偕王君舉事。一如前所畫者，凡兩日而勢將合。當此之時，得則旦夕收功，失則時日難計，甚屬喫緊。乃命攔以小艇，横以輕埽，閘以門板，實以土囊，岸上積土，奮力齊下，不半日而功立就矣。計始作迄告成，僅僅兩日有半。夫以遲之歲月不足者，成於一旦而有餘。無他，計之得與不得耳。河歲有堵塞，余爲百姓財力計，故著其事，備當事者擇焉。

施穀記

萬曆三十六禩，方春，虞民告饑。撫臺沈公檄發賑穀千石。惟時饑民乞賑者近五千人，當事者慮穀數不敷，削去貧丁强半。而不與賑者率顱天號泣，懼不免於死亡。余聞而悲之，爰括家庾所積，除贍八口外，尚餘千石。然以分慧貧民，猶未足也。又令余弟貢生東光捐穀四百石，合官穀凡二千四百。以較饑口之數，則人可得粟五斗矣。乃取削去貧丁，榜列於門，審其居處，分列四鄉，定以穀數，限以日期。遣精敏蒼頭分理厥事，每十名魚貫而入，譁者禁不予穀。自朝抵暮聲色不動，而事告竣。凡向所稱顱天號泣者，至此皆歡聲載道，而境以内無不舉火之家矣。

余因是而重有感焉。夫賑濟原係曠蕩之恩，饑民愈衆，則矜憫愈深，何忍削之！古人一夫不獲，引爲己辜。今舉數百嗷嗷之衆，一筆抹煞，恐筆一下而心一死矣。又其甚者，於已收貧丁，吝不忍予，而尅所餘以實囊橐。此又不仁之甚者也。且賑奚論多寡，第發之速而施之當，未必無小補云爾。乃或慢令致期，俾遠民曠日守候，至領賑，得不償失。有不勝感忿，而委命溝壑者，豈非用賑道以連民之死乎？又或綜核不當，潦草塞責，致貧丁見遺，富室濫叨，則又於賑事無當矣。是皆博濟君子并當留念者也。至於鄉士大夫遇里中荒歉，慨然捐所有濟之，要亦萬物一體之懷不容已耳。乃以中報上官，疏達廊廟，即或蒙褒嘉而叨賚予，其與卜式之見，奚殊乎？非所以祛名心而養潛德也。敢并記之，爲同志者告。

助婚記

男女之際，人之大欲存焉。貧富賢愚，其心一也。每見貧家子女婚媾愆期，怨女曠夫，含鬱莫遂。於是有不勝情欲之感，而失身辱親，并殞其軀者矣。余甚憐之，竊以爲人情無限，莫切於男女之交。善事無窮，莫大乎遂人男女之欲。余固窮約，不克遂大同之願也。然寸心有在，有感輒萌。每遇過時子女，必多方爲計，未合者爲作伐，成約者爲備具。或資金錢，或給麥穀，或理衾裯衣物，或備簪珥首飾。少不足者益其半，全無措者總其成。間有故家遺子，主婚乏人，則爲具衣冠，詣所親而成其禮。由是親迎遂而伉儷諧，婚嫁畢而兩姓悦。

比及一二載，則有抱嬰孩、携斗酒，登余門稱謝，且命兒女小字如所謂「知恩感德」之類者，以識不忘。余乃暢然一大快，視其子若吾子，視伊室家之聚，不啻愜吾好合之情矣。蓋爲善之樂有如此。然世之怨曠何限，而心力不及者，則敬爲正俗之説焉。

夫婚禮洽百年之好，匪鬻女也。下民不達，往往重索聘財，婿家不能應其求，則婚期誤矣。夫婚姻論財，夷虜之道，奈何以聲名文物之區而夷虜之哉？是不可不嚴禁而化誨之也。然民，無知者也。乃有冠裳巨室，競鬥華靡。嫁女非數百金不能供奩具，娶婦非數百金不能充聘儀，以至媒妁之謝，費亦不貲。有此三難，而婚期亦誤，流弊之極。至有生女不舉，而丈夫子鰥曠終身者。俗敝一至此哉！夫貧者無財而廢禮，富者靡財而禮亦廢，二者均足以爲婚禮病。故秉禮正俗，當先獨倡，爲兒女輩造無量福。吾深望於慈念仁人，大勇君子。

助工修學記

萬曆三十四年丙午夏，霪雨爲祟。邑中官舍民房傾圮無算，文廟自正殿以下蕩然無存。即先聖神主亦暴在風日中，若諸賢則束而置之高閣耳。噫！斯文之阨至此，又不啻宋伐木而陳絕糧也。惟時令吾邑者，嵋峨王公也。雅欲起敝維新，而憚於財功莫措。余曰：「第舉之，敬當效一臂之力也。」公乃約闔邑士民通學諸子經理正殿，而基門、欞星門暨名宦、鄉賢兩祠，公自主之。餘兩廡計十四楹，工費浩繁，無敢任者，余則與弟貢生東光各領其一。乃爲堅築址基，慎選物料，甎瓦灰石之類，悉如自營厥室，罔敢草率。比及告成，又爲朱其户牖，華其棟宇。設以長桌，令不移。正其主位，令不亂。韜以新櫝，令不塵。補其遺失，令不缺。核其黜陟，令不僭。諸室中條理罔不備具。而其他董工諸役，亦各次第報成。於斯時也，正殿則巍巍然，兩廡則矻矻然，兩門、兩祠秩秩然，月臺、甬道濯濯然。蓋規制一新，而文明之象著矣。厥績甫成，無何而明倫堂又告敝焉。邑父母盧公新受事，擬仍舊貫，則大勢全傾，將欲改作，則物力告匱，意頗難之。余弟曰：「見義不爲，無勇也。況原本之地乎？且與其因陋而遺不堅，孰若更新而圖經久？」乃毅然獨任，盡棄其舊而新之，堂規制宏闊，工費數倍於前。弟竭蹷經營，不逾月而就緒。徘徊眺望，儼然一方具瞻矣。

學博蔣先生偕其僚友朱、韓二公曰：「學宮，縣君事也，而士紳任之難。衆擎猶易舉也，而獨力任之難。何期虞中有此尚義奇事，可令泯泯已乎？」乃相率徵余文記之。余曰：「區區修舉廢墜耳，何記爲？若借學宮而論學術，固所願也。昔者先聖在春秋，亦人耳，乃自天子至庶人，由一時迄萬世，罔不甘心禮拜焉。此何謂也？」曰：「删述六經，垂憲萬世，功業偉乎？」曰：「論功耳，未及乎功所自出也。」曰：「德配天地，道貫古今，允矣，大成之聖乎？」曰：「論聖耳，非所以論聖於人也。蓋聖人，聖而人者也。聖不能離人，則人自不得異聖。試擬而言之，諸君無駭焉，可乎？今夫赤子初心，純一無僞，非皜皜無尚之真乎？饑食渴飲，夏葛冬裘，非時止時行之義乎？方寸靈明，酬應不竭，謂非一以貫萬不可也。降衷秉彝，萬物皆備，則宗廟百官俱在矣。人固各備乎聖體，乃不能自聖而崇人之聖，又不諳其崇聖之謂何，豈非弗思之甚乎？」曰：「若然，則宜人人聖矣，而何世之庸衆之多也？」曰：「聖好學，而人不學耳。顏子好學，則復聖矣。曾子好學，則宗聖矣。思、孟好學，則述聖、亞聖矣。人第不學耳，學之至則可以爲聖人也。」「學之道奈何？」曰：「固藩籬則宫墻立矣，明學問則門户闢矣。極高明則堂可升，洗心藏密則室可入矣。而要在堅一志，以培其基也。從事於斯，始不負今日紀事。意不然，廟貌新而學不日新，堂宇崇而德不加崇，則是記也，木災耳。」

施綿襖記

貧人之苦，四時皆可憐矣，而隆冬爲甚。夫富者之衛身也，寒則綿衣，漸寒則加衣，甚則襲重裘、居煖閣、熾炭飲醇，以致和氣。然防禦少疎，輒曰感寒而病。噫！物我此身同也，其不耐寒同也，彼敝衣破裳、千孔百結之人，及蓬頭跣足、枵腹裸體之衆，當此隆冬盛寒時，齒不扣而自鳴，股戰慄而靡定，無奈交兩手以覆肩，蹲雙膝以護腹，孑然一身，靡所措置。不幸遇陰慘連日，冰雪載塗，棲破窑野寺之中，卧冰冷霜寒之地，風急似箭，飛雪滿身。當是之時，冰爲臟腑，木作肢骸，初猶呻吟，漸吐白沫而大命去矣。嗟乎！痛哉！夫非盡人之子歟？何其苦楚一至於是也！彼紅爐煖閣中人，第灑涓滴之惠，則可緩貧人須臾之死矣。誰則興念及此哉？余蒿目傷心，每切拯濟，然不能爲廣厦千間，收若人而衣被之也。不得已效施襖之計，聊寄惻隱之□。

自萬曆丙午舉事，初則以百數爲限，逾年倍之。五六載後，風聞愈遠。梁、宋、燕、趙、青、齊之間，絡繹而至。蓋至壬子冬而來者，以五百計矣。余慮所具不足以應其求也，乃偕余弟東光竭綿力如數備之。數日前示以日期，定以方所，諭令疲癃殘疾者領衣，而有目壯丁不與焉。屆期令魚貫而入，蹲踞而坐，喧譁者扶出。於是鳴鼓三聲，令齊舉佛，又鼓三聲，各予肉羹一盂、饅頭五枚，又鼓三聲，舉綿衣付之。此一時也，貧人以得衣爲喜，余以貧人之喜爲喜。而一念與物爲體之情，交暢於五百貧苦之衆。噫！於余心亦稍快矣。然猶戚戚焉，曰：「免於死矣，猶不免於下體之寒。況耳目所不及，力量所不到，其不免於死者何限？安得千里之外，凡我同心各有是舉，則域中應無失所貧人矣。嗟乎！富者之積餘者，貧者之所恃以爲命者也。與其積於無用之地，孰若推而廣之，以濟人之急，并以成吾之仁哉？」余爲是記，非敢自多，蓋惓惓焉望於海内同心者。萬曆壬子冬日記。

卷二 敬老篇

敬老録序 事在癸巳年，而置之諸條後者，風教與養道不倫耳，以下明教

嘗讀《禮》，蓋知二帝三王矯時而異貴，而卒不能遺齒而爲治也。夫不遺齒爲治，若甚迂浮無當，而競鋭喜功者姑緩之弗問，庸詎知夫世之升降、治之隆替，實因於此哉？且縉紳大夫，齒與位高，天子改禮而尊之，以順教天下也。而窮簷野叟，亦得享五豆六豆之設，此曷以故？《記》曰：「民知尊長養老，而後乃能入孝弟。」儻亦聖人之精意乎！

我國家以孝弟治天下，尊長養老之禮日星昭揭，寰區之民，敦倫而順治者，林林總總，不可更僕數，而亦容有未然者，則以驕蹇之習失其和平之心耳。夫失之而無以導之也，固司風化者之責，而士大夫居鄉善俗，其義謂何？

余里中多高年，據余所及知者，八十以上得十有四人，九十上者得二人。余因偕同善會友捐會金治酒瀹瀡，駕高軒而迎之，致頃刻慇懃。則皆寬衣博袖，貌朴而禮簡，手不曳杖，足不輕舉，言不妄宣，恬然嬉然，神完而氣定，而無毫忽浮薄態。四皓五老恍在目中，而繪事者不能寫

其意。蓋太平之人出而襟帶之氣鍾矣。吁！余何幸，而獲此躬逢哉！顧余與諸老非有相知之素、骨肉之親也，乃其奉杖履而蹴踖者，若出於天則之不容已，而二三同志且同然焉。又寧有諸老之子若孫也，猶然不能奉甘旨，旦暮承歡膝下者乎？有一之不承歡也者，將亦必感於是舉而益動其孩提之性，不肯甘心於不孝。無一之不承歡也者，則以十有六家之孝行而移風易俗，亦庶幾無負國家尊長養老之意矣。

故尊高年，所以風卑幼。而明一邑之禮教，將以興天下之淳風。此今日舉事之意哉。會友曰：「果爾，則意之所存者良遠矣，而其事不可無傳也。」遂捐會金梓之，紀其年，附以行，命其名曰《敬老録》。夫老者，衰邁垂亡之人也。而敬之，君子諒余之心哉。

敬老録序終。

敬老録凡例

一、七十即爲古稀，兹惟録八十以上者，以更難得也。下是即七十九者不録。

一、有八十以上已爲人所共知，而亦不録者，論年之中復有所重，不敢濫也。

一、諸老奇壽，諒非無自而致，故各列行實一二，庶見德壽相因，而人知所效法云。

一、諸老素行或採之聞見，或其子弟所自白者，惟以紀實，不以多寡優劣論也。

一、是録係同善會公舉，姓名見前不再列。

諸老行實

范恒，字經德，號西村，行年九十五歲，弘治十六年八月二十五日生〔一〕。翁少爲邑庠弟子員，未幾厭棄舊業，遯迹田間，有塵外之思云。嘗語人曰：「養身亦多術矣，而戒怒爲先。怒發火炎，臟腑失平，所損良非尠也。」故事無順逆，翁處之坦然，用能順適不害，保合太和，身歷五朝，享年百歲。厥有由哉！

張維慎，字警夫，號古村，行年九十一歲，弘治十六年六月初一日生。翁古貌長軀，秉性正直，往往面折，不能容人過，其教家以和順爲先，曰：「骨肉乖離，非生聚發祥之道。每見人家以分争敗者多矣，吾家兒孫決不令蹈此失也。」以故子五人，孫十二人，曾孫十人，玄孫一人，五世懽聚，庭無間言，享兹上壽，實和氣所鍾。彼骨肉相殘者省夫！

郭鉞，字大威，號桃村，行年八十七歲，正德二年正月十三日生。翁享年甚高，余意必有隱德，詢其孫永祚，曰：「吾祖無他長，惟歲時禮拜先人，竭誠盡慎，至垂泣失聲者，殆幾於終身之慕

〔一〕「弘治十六年」，疑爲「弘治十二年」之誤。

矣。」余喟然嘆曰：「人生本乎祖，故報本追遠，德之厚也。翁篤念所生，厚培厥本，本深則枝不易摇，享壽固其所哉！」世之忘本者可以警矣！

李疇，字宗禹，號北濱，行年八十五歲，正德四年六月二十日生。翁登余筵，竟日端坐如泥塑。余曰：「翁衰矣，不能出一語也。」翁曰：「非然，夫人之所以存活者，恃此方寸之氣也。言多氣損，日散月耗，而形由此斃矣。」余惕然有省，曰：「夫一言，翁且愛之，凡可以保嗇精神者，何所不至？」乃知多言之人匪徒招尤，甚非養壽之道也。

朱仁，字天爵，號後岡，行年八十四歲，正德五年二月十五日生。翁朴實恬淡，喜施予，所識多沾惠者。而性尤勤敏，每履畝，課農桑，或钁鑠據鞍逐交際。有勸翁者，曰：「吾豈老不知止哉！顧民生在勤，每見怠荒廢業者，輒用疚心，故不能止耳。」夫翁所道者，治生常事也。然流水不腐，實得養壽之道矣。彼少年而耽佚游者，非善固其身者也。

杜希賢，字宗聖，號後岡，行年八十四歲，正德五年五月二十四日生。翁以明經出仕，任學官，奉職勤慎，門下彬彬，多登甲榜者。當爲諸生時，嘗以業師衰邁，輒以貢讓。有盗翁金者，事覺，翁反爲營解，遠近稱翁厚德云。居林下二十餘禩，清約不殊寒士。子六人，孫男十八人。盛德昌後，匪徒享壽已也。

桑田，字汝耕，號樂菴，行年八十四歲，正德五年十一月初十日生。翁爲人平易寬緩，與物無競，性慈祥愛物，雖晏會未嘗殺一牲。親識有稱貸不償者，輒置之不問。大都濟人利物，有仁人風。則其享有高年也，蓋仁者壽云。

李呈芬，字天葩，號東岡，行年八十四歲，正德五年十一月二十八日生。翁少爲諸生，舉孝行，以明經司訓鳳陽，擢望江諭，署縣，有德政碑紀頌留芳，録先後獎薦十七次，大都嘉翁才品，而尤多其廉節。後遷階州學正，致仕，宦囊一空，逍然自適。天固鑒翁清德，而益之壽。彼有肥其身家又欲永其壽命者，必天道無知而後可。

吕庭遠，字世美，號山泉，行年八十二歲，正德七年九月十三日生。翁少孤，事母至孝，不以貧窶缺親滋味。童僕或道路人疾，翁躬調藥物，存活甚衆。歲饑，道多暴骨，翁遇隨瘞之，不可勝數，且提躬謙讓，無少長皆接以禮。有侮翁者，輒閉户含忍不與校，亦不宿怨。嗟乎！孝子仁人，世所難得，翁行殆庶幾焉！紀之範俗，匪獨隆其壽已也。

劉旭，字子陽，號東谷，行年八十二歲，正德七年十月十四日生。翁八旬有餘，絶無憊狀。余叩之，翁曰：「土能生物，非水則死。人身惟一點腎水潤澤臟腑，故八尺軀賴此爲根。彼昏不知，徇情妄棄，視性命如泥沙，以死亡爲樂事，豈非愚哉！余無攝生奇術，惟慎重此一事焉耳。」余聞之悚然，敬拜而存之，以爲縱欲者告。

張維寅，字敬夫，號古田，行年八十二歲，正德七年十月二十六日生。翁天性篤實，生平不出一僞語，凡有然諾，期於必踐，鄉評重之。數與鄉燕，博士先生往往造拜其門，蓋尚齒并以崇德云。夫天地悠久，惟其爲物不二，故真之道永，而假易敝也。翁誠信不欺，自有壽理。彼欲立三不朽者，宜旁通於是道矣。

桑策，字載道，號南溪，行年八十一歲，正德八年正月二十六日生。翁賦性公直，尤篤於恩義。有叔母病，家人畏其穢，弗近也，翁旦夕左右，無少懈。一弟蚤亡，遺孤在抱，翁撫如己子，比長，悉以遺産歸之，綽有古風。夫骨肉天性懿親也，善推恩者，自親親始。世有寇讎至親而攘奪孤幼者，寧獨汗顔於桑翁，殆亦自戕其壽源矣。

華蕋，字世艷，號封泉，行年八十一歲，正德八年三月初四日生。翁鄉間野老，身不爲容止，口不道文言，足不履市城，心不設機械，耕食鑿飲，出作入息而已。雕琢未加，渾朴不散，此其所以能壽也。彼逐名趨利之輩，一智巧一斧斤，一得意一損真也。未老先衰，方强就斃，乃曰：「壽命之不永也。」不幾於厚誣命也乎！

孫設，字元負，號敷齋，行年八十一歲，正德八年十月初三日生。翁生甫八月而喪父，以是業儒不就。輸粟爲邑掾，謂公門中易行陰騭也。凡可爲人方便者，盡心力爲之。晚年援例省祭，以家事付其子，優游閒適，胸無雜慮。曰：「人生有幾，吾豈爲子孫作馬牛哉。」用能頤養天和，介兹眉壽。

甄思聰，字本魯，號義村，行年八十歲，正德九年七月二十二日生。翁賦性温良，冲和在面。嘗語其子若孫曰：「吾生平自盟者六事：一不忤逆父母，二不褻瀆神明，三不欺隱田糧，四不淫人婦女，五不騙人錢財，六不行使假銀。凡此六者，逆天損壽，宜永戒之。」嗟嗟！天道神明，日察人善惡，而修短其數。翁存心如是，惡得不隆之壽考哉？

許雷，字天威，號北岡，行年八十歲，正德九年十二月十七日生。翁存心慈愛，遇婚喪急難，輒捐所有濟之，或獨力不克，亦必百計斡旋，期有濟後已。許族舊盛，後稍稍式微，弟姪每有乏嗣者，翁糾族衆建梓童神祠，曰：「禮神非以徼福，爲宗祀計耳。」夫恤貧，仁者事也，祈嗣，孝子心也。翁有此兩者，足以永天年矣。

附　敬老録後序

麻城王之機撰

□□□□□□，或耄或耋，龐眉而皓鬢，廣顙而豐頤，不膏粱而飯，不几杖而適，不知水火升降之術，惟恬愉自節，各養其天年，以至於斯。楊晉菴先生曰：「是太平之至人哉！而何吾邑之多也。」於是油然致愛，肅然起敬，造其廬而請焉。至則懸采於門，張樂於庭，進而賓之上賓，肅雝成禮，把酒成歡，餘敬未歇。因紀其姓氏，録其行實，而託之剞劂，以紀厥盛。命不佞之機叙之，機乃深惟先生之意，詎直老其老已乎？自古聖人治天下，風移俗易而刑罰弗用者，人以爲德不顯，術至神矣，而其要曾不能外人心而利導之。夫敬老者，人心本然之真也。人知敬老，而後乃能入孝弟，行而習之，則各識其本心，而太和在宇内矣。我國家遵先王之法，敬老之禮至篤且備，而近且視爲不急，將弁髦之矣。若據余所覩聞，往往甚異焉。夫耄耋在前，立不得比肩，行不得并軌，未聞以貧賤易也。而冠裳弗飾者，一鮮衣少年得以氣攝之，而使之避席。甚則閭閻細微相博，少者喧詬，老者唇吻弗如也，靡然退聽而不以應。又甚則傴僂道路，力罷於負戴也，則偃卧而息於道左，乃其所推讓而崇禮者，遊手驕悍之侶耳。習尚日痼，河决而不可還。吁！此豈盛世所宜有哉！奈何不申明長幼之節，而納之軌物之中也。

先生之意，得無深念於此，而欲潛移以先王之治乎？蓋先生兼善之志姑小試於一邑，而化俗之功潛握機於養老。先生殆有苦心乎！顧不佞之機職司教地，是風化所自出也，方諸生佩衿而入，鳴鼓而升，容雅媞媞也，步止稟稟也，若無難於長幼之節者，第安知夫不以才能相低昂乎？不以氣勢相凌轢乎？不以少先長乎？不以貧掩老乎？有一於此，是士亦痼於習也。夫尊老之禮，所以訓凡民，儻士也而痼於舊習，甘心齊民下焉，可乎？願與諸生共勗之。

卷三 蒙教篇

義學記

天下何以太平？得其人而理矣；人才何以衆多？得其教而興矣。是故賢才，天下之司命，而教化，賢士之階梯。此治理之要機，而憂世者惡可不汲汲講也！

萬曆丙申間，中州薦饑，閭閻子弟率放棄不學。余慨然念曰：「此輩收之則有造有德，棄之則愈趨愈下。天生斯民，使先知覺後知，責將在余乎！」乃闢隙地爲塾，延良士爲師，群邑子弟教之，甫逾月，而四境雲集。比逾年，而隣境響應。於是一不能容，而益之再；再不能容，而益之三。余乃拮据歲入，供三師之費。又慮詞章之習非所以造士也，乃爲提其宗旨，詳其科條，合文行以并修，兼内外而交養，務令知聖人可學而至，而學必以至聖爲期。

薰陶既久，孚化漸深，文既開通，性亦馴雅。余乃喟然嘆曰：「性相近也，習相遠也。教則所以端其習而一其性也，顧不重歟！由是精進不已，才器成而試於用，豈非興平治理之一資乎？此余建學延師之本意也。」因爲之説，俾諸生體余心而自勵云。

師道須知

凡人終身才品基於始教，教有得失即人有淑慝。故師也者，童蒙之造命也。晚近爲人師者，失其旨矣。聖學久湮之後，不知性道爲何物，所習者訓詁辭章，所志者功名富貴，所開科設教者，此外更無餘術也。乃又督課不嚴，眈延歲月，書不必能誦，一過即忘；講不必能明，有問不對。寫字聽其潦草，謂非急圖；閲文故加點圈，明有進益。冥頑也，無以啓其開悟；邪辟也，無以令其端莊。浮薄而不能培之使厚，强悍而不能抑之使馴。放縱者聽其越溢，怠玩者任其優游。年復一年，倏而總角矣，又倏而加冠成人矣，未覩其德之成而才之達也。即有唾手青雲者乎，而無良之士，衹爲斯世增一蠹耳。是皆教之不善所致也。

蓋子弟於師，猶金在範，惟所陶鑄耳矣；猶水在盂，惟所方圓耳矣。故教射之地，不精於丸；習竽之家，不攻於瑟。何者？所從惟其所導也。故願爲人師者，慎其所以導之焉。導之大要有三：一曰端身範以作則。蓋既以有德有造而望人，則毋以不模不範而自處。凡修德凝道、自淑身心者，常先多士而兢兢焉，則仰賢師以矜式，不俟督教而所得已深矣。二曰明學旨以開來。大凡聖賢著書立言，欲人因言見道，匪徒空談而已也，宜爲後生提醒之。如明德即認爲吾心之德，而何以克明？性道即認爲吾心之道，而何以盡性？時習即知所習何事，而即見於習。

知天事天即知何者爲天，而知之事之。言言歸諸本心，事事體於當下，庶知道不遠人，學非分外，久之浸浸入於其中矣。三曰嚴科條以示趨。蓋大匠誨人，必以規矩。學無規矩，何以率由？宜將慎修要務，摘欵列陳，務令一一遵守，則操心制行，範圍於禮教而不過，習慣成熟，自無非辟之干矣。三者交盡而慎修之，大端舉矣。

至所常治之業，如講解、誦讀、作文、習字之類，一一責其實功，日期有日之效，月期有月之功。有不率者，必懲無貸。如此則提誨與型範并至，藝文同德行交修。將真才於是乎出，而所爲造福寰中者不可勝窮矣。故曰：「合抱之木，起於拱把。凌雲之翼，始於弱雛。」天下之膴仕高爵，馳驅效經綸之用者，何人不自童穉始也？時師慎無忽哉！余既建學延師，群一邑之子弟教之矣，然余之心有限也，故作「師道須知」，以告天下之爲人師者。知我罪我，聽之而已。

義塾〔一〕條約

一、明讀書之旨。蓋聖賢垂世立教，只是欲人明善復初，學做好人。今之讀書者，只借爲梯榮媒利之具，此宇宙間一大舛也。爾諸生其認定主意，一味以賢聖爲宗。雖制科取士須用文

〔一〕「塾」，底本原目録作「學」。

辭，第當盡其道於我，委其遇於天，決不可以干禄之念奪其謀道之心也。此純儒規模，與俗士不同，有志者宜勉圖之。

一、立爲學之志。昔孔聖年方十五即志大學，顔子簞瓢寒士即視舜可爲。有此猛勇志氣，故終成大聖大賢。今之學者，須幡然悟，奮然修，打并一路精神，務期聖賢同軌。蓋聖人與我同類，堯舜人皆可爲，原非誑人之語。天下無兩性，有志者事竟成耳。

一、學貴及時。後生輩自恃年富力强，多因循不肯精進，不知歲月如流，倏而壯年，倏而老境，迨至精力既衰，然後回頭猛省，却已追悔無及矣。是以古之聖人昧爽待旦，愛惜寸陰，非其欲逸之性殊也，誠懼韶光之不待人耳。余年逾五十，愧前懼後，爲此折肱後語，英少輩宜深味之。

一、學務躬行。蓋詩書所載之言，首其可行之事，有如知而不行，即讀盡五車書，不過博學之士耳，未可稱躬行君子也。尤西川先生曰：「古之爲學者，讀一句，行一句，今人徒讀而不能行，是謂侮聖人之言。」夫侮聖言者，小人也。省夫！

一、敦孝行。蓋孝爲百行之原。堯舜之道，孝弟而已。人如不以親爲重，天下更何有可重者？此其人必不祥矣。故立身行道，顯親揚名，後生遽未能爾。如《曲禮》所載温凊定省之類，爲子職所宜舉者，師宜條摘而督教之，子弟宜法古而敦行之。孝德一立，萬善必從。有子若此，所謂祥麟瑞鳳集於家庭間矣。嗚呼！烏反哺，羊跪乳，物類且然，人顧可出禽獸下哉！

一、盡弟道。蓋父母之下，惟兄爲重。同根一氣，分長情親，奈何不敬！後生輩筆硯匙箸，朝夕相狎，此時已不知有兄。比及長成，遂至争家財、起詞訟，相傾相戕，無所不至，而其所致慇懃、結歡好者，反屬異人，此最可恨也。夫天下之人至衆矣，而僅僅二三兄弟爲吾同胞，何忍薄之？今願諸生當此童年，習行弟道，因心起愛，隨事致敬，恭順一念，持至終身。必不以有無多寡之故，致傷手足骨肉之情。《詩》所載《棠棣》一篇，咏兄弟之情，親切懇至，宜各録一通，朝夕三復。

一、良師宜親。蓋倫莫重於君親，而師與并立爲三焉，謂成我之恩，與生我、君我者等也。時俗不知此義，往往慢易其師，非所以重子弟也。至於爲子弟者，纔解讀書行文，輒亦訑訑自多，不肯屈己隆師，非所以求進益也。語云：「一字爲師。」又云：「主善爲師。」以孔子大聖，而學無常師。噫！學者能解求師之義，其於道也幾矣。

一、損友當遠。後生識見未定，志趨易移，一被匪人蠱惑，遂至流蕩莫檢，學業既廢，家道亦傾。每見人家子弟以此遺父兄憂者多矣，願諸生持身嚴正，勿比匪人。語云：「親賢如就芝蘭，避惡如畏蛇蝎。」諸生識之。

一、學以謹言爲先。蓋古人謹言之戒，不啻詳備，只爲三寸舌無人把持，信口開闔，啓釁招禍，故古人致重。願諸生三復白圭之訓，深惟駟馬之追，無出罵詈言，無肆誹謗言，無縱戲謔言，無發鄙俚言，無傳風聞言，無造不根言，無洩秘密言，無觸忌諱言，無作虛誕言。縱有當言，亦無易由言。如此，則三緘致謹，百事寡尤，進德遠害。道無逾於此者，後生慎之。

一、學以慎行爲要。後生輩既鮮型範，又不自矜持，踰矩蕩閑，靡所不至，身名俱壞，菑害且臻，皆所行不慎故也。願諸生惕於念慮，飭於躬行，事到面前，小心謹慎。蓋行之在人，猶絲蘸於染，着則成形；傷於觸，缺則難補。是故君子慎動也。

一、好尚宜端。蓋學貴專一，二三則雜，雜則志分而業廢。後生輩内無主宰，外悦紛華，如鮮衣美食、旨酒華居之類，以適其口體；鬥雞走狗、籠鳥栽花、古畫名琴玩器之類，以悦其耳目；拓宅地、養牲畜、出息錢、藏私貨之類，以豐其家貲。凡此皆屬好尚不端，足妨正業。古人云：「凡百玩好皆喪志。」宜深戒之。

一、禮節當閒。夫禮者，束身之具也。自小學教廢，後生輩動止語默舛錯無度，甚可耻也！吾以爲欲閒禮節，莫如先讀《小學》。其中所載，如「頭容直，口容止，手容恭，足容重」之類，皆以禮而治身，如「出告反面，隅坐隨行，父召無諾，先生問則起而對」之類，皆以禮而接人，宜令摘録省視，一一習行。蓋《小學》一書，乃爲人樣子，其言又頗顯明易入，故養蒙莫此爲善。今之父師，視《小學》爲末務，方童年蒙昧即習《大學》。縱默誦如流，有何感入？是欲其讀書而不欲其得書之用也，夫豈善愛子者哉？

一、聲歌當習。蓋古者以禮治躬，以樂治心。故歌詠以養其性情，舞蹈以養其血脈，皆調攝之實事，而進修之大端也。今舞蹈之儀不行於世，而歌詩之調尚傳於時，宜於課業之餘，令其歌詩一二，更唱迭和，節以鍾磬。則心平氣和，既可爲養德之助，而志舒意展，更動其樂學之心。余每與同志歌詩，頓覺躁心平而鬱心釋。信哉，學問之成於樂也！諸生甚無視爲不急而忽之。

一、凡事務令整肅。蓋人惟一心，少而懶散，長而豈能整齊？宜令諸生事事無苟，髮不令亂，面不令垢，書案令常拭，學舍令常掃，書倣筆硯宜安置有條，匙箸盤湌毋狼藉不整。如此則養成齊一之心，比及長成，諸事不患無條理矣。

一、心過最宜懲戒。蓋後生輩不知聖賢可法，往往任情使氣，陷於罪懲。今舉易犯之條爲諸生戒：一知半解，戒滿假心；朝乾夕惕，戒逸豫心；屈己下人，戒高亢心；視我惟人，戒鄙吝心；汎愛親仁，戒慘刻心；青天白日，戒曖昧心；制節謹度，戒奢侈心；抗節養廉，戒卑汙心；寬裕有容，戒狹隘心；遵道而行，戒半塗心。存此十戒，庶幾心過可寡，而不愧士人之林矣。

一、課業實功既詳於《師道須知》矣，諸生尤不可自諉也。誦讀欲熟，期於終身不忘；講解欲明，認爲切身之物。文詞須根理致，毋事浮言；書法心摹古人，毋輕潦草。至於反切必欲分明，不則認字不真矣；平仄必欲詳審，不則措詞不順矣。自時師以字字爲輕，音律不諳，開言便誤，下筆輒非，豈惟學問可羞，抑於進取有礙。一物不知，儒者所耻。而况其爲緊切者乎？有志書生宜深考之。

一、義塾之設，良師延矣，教規備矣。如與諸生不相親近，即大有進益，而於我曲成後進之意，尚缺焉未盡也。今訂朔、望二期，懸先師像於書舍，令諸生贊唱禮拜，如黌序儀，拜畢，歌詩，歌畢，教以爲人之道。總之使知人性皆善，聖不難爲，其舉業文字亦每月兩校，次第其高下，以示激勸。蓋一月之間，吾所盡心於諸生者如此，爲時無幾，爲教匪多，凡所叮嚀，各宜謹識。

義學記跋語

義學者，給諫楊公所建也。建義學者何？憫虞之廢常産而又逸常心也。蓋洪河歲溢，害於粢盛，余邑比屋枵空，救危不暇，何問治學哉？公憂之，除請蠲乞賑，轉溝壑於衽席者無論已，乃又設義塾，凡三捐地爲舍，擇良師餼廩之。群邑子弟肄業其間，仍定爲科條，閒以禮節，朔、望令諸士禮拜先師，如文廟儀。已而分班聲歌，更唱迭和，春風沂水之樂，常在公之精舍間也。已復條舉儒先嘉言善行，反復開提，乃諸小子亦勃勃然各有興起。猗歟，休歟，真義舉哉！

夫學校之設尚矣！我朝自京畿逮郡縣，莫不有學，而當事者往往復立書院。至於義學，則賢士大夫隱逸者爲之，總以寄其立人達人之心耳。乃以私心窺者，或疑其炫美善以延譽，不則識窮乏以市恩，又不則積陰德以福後。其知者謂其造一方以倡他郡，不則養正蒙以寄學脈，又不則推成己以及成物。不知此一舉也，乃公所以爲學自盡其性也。陽明先生云：「明明德必在親民，而親民乃所以明明德。」又云：「吾性與物同體。離心言物，是謂有外，有外非性也。離物言心，是謂有内，有内亦非性也。」世之謝朝列者，自以投老息肩，安所事事，遂踽踽與世無涉。是不知明德在親民，而不親民亦未有能明其德者。

公宇宙襟懷，顯晦無二，既立學會，以興起俊髦，又建義塾，以造就童穉。蓋親民以明德，乃公所以自盡其性也乎！夫是之謂大學之道矣。若俟達可行於天下而後行之，尼聖軌轍，政不其然。嗚乎！公既立學以自修其學矣，爾幼學無亦各修其學，以無負立學之意乎？修學者，學爲聖賢而已，匪獨規規舉業，利進取也。先是歸德沈大宗伯建義學者五，宋人士沾其教澤，若膏雨然。嗟嗟，使在在郡邑皆若是也，則舉宇内而風動之，無難矣。敢以是爲賢士大夫告。

萬曆歲次辛丑孟春，邑後學周咨詢頓首識。

卷四　明學篇上

興學會約序

予新安舊無會，嘉靖乙丑，予獲謁西川先生歸，始創立以講學，然有約而罔所發明。萬曆丙申夏，年友虞城啓昧楊君以天垣都諫遷官，道函谷，登壇説法，與會者七十餘人，皆色喜，而君復出其邑會約觀予，予諦覽之，意懇旨腴，詞平道大，無論邃養者首肯，即初學讀之，恍若撤蔀屋，還逆旅，欣欣睹天日而樂天倫也。約殆稱良哉！

予聞虞城舊亦無會，其師士咸以啓昧講此學，相率禀承，故會立而風動。於乎！唐虞三代時則有學而無講之名，講學自孔子而始彰。由孟子迄兩程時，則有講而無會之名。會講自朱陸而始著，迨於今，在在有會，會會有約。然稱提明悫，予尤取乎虞城；典刑大備，條示臚分，予尤取乎立志一語。蓋今之人無異於堯舜以來之人，而得與斯道者辰星。非學不講，凡以志弗立爾。乍興乍仆，一暴十寒，精舍蝟毛，聖賢麟角，厥有繇哉！是故立志乃扼吭語，而易視者必非致道之儔。友人某將重刻以傳，馳書問序。予念新安有約而不能發，楊約可愛而不知傳，殊愧二君。儻同志者信古今無二性，以聖人爲可學，弈不奪鴻，齊毋咻楚。此志誠立，此學自純，庶幾唐虞相傳道脈常明，而兹約爲不徒云。

萬曆丙申陽月朔吉，新安年友弟孟化鯉識。

興學會約自序

乾坤之内有一派正脈，亘古今相續不絶者，道統是也。自精一執中開於堯舜，嗣是三代君臣、鄒魯師友，下逮有宋諸大儒，其中見知聞知之殊時，聖作述明之異造，要皆統一聖真，羽翼斯道，如祖父有嫡子孫，而一脈流衍於無窮者也。此脈明而不晦，則人心正，士習端，皇路清夷，妖魔屏迹，國家有盤石之固，而生民享太平之福。其不然者反是。夫以道有顯晦，關於世運隆汙，若此，則講學明道惡可一日緩哉！

我明開天啓運，賢哲挺生，如薛、王、陳、胡四先生，亦既儼然增輝俎豆，侈昭代文治之光矣。顧以四海之大，二百餘年之久，僅僅四賢表著，豈不寥寥乎乏人哉！大抵聖遠言湮，士鮮知學，而設科取士，更以文詞導之。以故溺於辭章訓詁之中，墮於富貴功名之習，或語以聖賢學術，則駭焉不信，以爲上古聖神事，必非後學可企而及也。嗟嗟！聖賢立言垂訓，令後人誦法入道，乃迷失離畔，至天下不通其故，累世不覺其非，則真儒將安出，而所爲立天地心、立生民命者又焉賴哉？

余賦資庸闇，幸以薄宦遊都下，諸先覺謂余篤實可與進也，慨然發吾覆而示之學，用是醯雞之明得以少窺天地之大。歲乙未，謝事歸里，獲與邑庠諸髦士遊，諸髦士率馴雅，可與共學。未幾，邑庠三先生各欣然有志於道，率其門下士邀余會講。余嘉此勝舉，遂忘其固陋，日與上下其議論。凡兩越月，而諸髦士各亹亹有當於心，動則三五爲群，侈譚學問，朗然謂聖人可學而至，無復向焉之駭且疑者。余乃益信人皆可以爲堯舜，特患興起倡導無人耳。

丙申春，余將遊秦中，三先生慮諸友之有作輟也，欲訂會約以垂永久。余乃擇學問要義列爲八款。首擇術以審向往，次立志以期成功，次知性以示歸宿，次虛心以戒滿假，次取友以廣麗擇，次真修以懲僞學，次脱俗以澡雪習染，次有恒以時保前功。八者既具，而進修大要思過半矣。至於會中儀節之詳，亦僭爲酌定，而會規庶其粗備矣乎！

或謂余曰：「夫道亦難言矣，子以剽竊餘唾，自誤而復以誤人也。可乎？」曰：「不然，昔生人之初，天下無火也，燧人氏出，而火之用及於天下，萬世而不窮，其初則熲然一粒之微也。然則余以是言告吾邑，其猶始然之火乎！充實而有光輝，在諸髦士之自力焉耳。」三先生曰：「果爾，則燎原一方，尤不若文明天下。」遂各捐俸費付剞劂，以公同志，而仍以會名屬余。余惟虞舊無學會，而突起自今，其以「興學」名之可乎！嗟嗟，覽是約者，肯釐其謬妄而更發吾覆，其所以興起我者，更不淺矣！是所望於同志者。

學問要義 八款

擇術

人生天地間，同此性靈，而用之各異。農夫用於畎畝，商賈用於貿易，工藝用於造作，學士用於辭章，好名者用以著華聲，喜功者用以建偉績，植節者用以樹持操，他如夷之清、惠之和、尹之任，要皆各執一術，以了生平。然何莫非吾性之爲運用哉？第各限於一偏，未悉性體之全耳。譬之大河之水來自天上，流行千古，委潤萬方，何其大也！而或取以溉釜鬵，或取以膏筆硯。吁！豈不小用乎河流哉？人之小用其性者，無以異此。

然則吾人之術宜何擇而可？曰：天下有第一大事，仰可參天，俯可法地，前可繼往，後可開來，不爵而貴，不禄而富，不刑齊威，驅而濳乎乎天下。此何物哉？則惟此學問之事而已矣。學問之道無他，則惟還吾本有之性而已矣。是故不越乎講習討論之當，而可以躋美大聖神之地；不外乎親師取友之事，而可以收成己成物之功。非吾能自大其術也，道本至大，吾特能擇而任之耳。

昔者孔子躬上聖之資，非不可立致榮顯，然而所志不存也。十五志學，發憤忘食，日與及門之徒殫精而趍，畢力而圖者，學問之外無他事也。卒之道配天地，德貫古今，血食萬年，與天壤共敝。亦惟其具天下之高眼，能擇天下之第一術耳。夫以孔子所擇而處者，吾儕不是從而孰從哉？或曰：「非不欲此，但恐爲氣禀所拘，舉之不能勝耳。」曰：「非然也。孔子云：『我欲仁，斯仁至矣。』孟子云：『是求有益於得也，求在我者也。』蓋渾然全具之物，特一反求之力耳，而奚不勝之患哉！夫不用力而謂一羽之難舉，不用明而謂輿薪之難見，多見其厚自誣也已。」嗟乎！術有大小，人品係之，向往一差，此生難再。同志者盍猛省而蚤擇焉。

立志

天下事未有不以志立而成、志荒而廢者，工藝皆然，何疑於學。昔孔子發憤敏求，顏子苦孔之卓，彼大聖大賢，立志類如此苦矣，况其下者乎？吾儕誠清夜自思，半世以來，營營何事？光陰迅邁，瞬息百年，此亭亭七尺之軀，竟與草木同朽，豈不深可惜哉！

故願諸同志，幡然省悟，毅然勉圖，以天地爲必可效法，以聖賢爲必可儕伍，對天自矢，永不蹉跎，如登山者務陟於巔，掘井者務及於泉，毁譽不顧，貧賤不恤，殀壽不二，一路精神，惟與道謀。苟一息尚存，不敢少懈。如此立志，何遠不致？何堅不破？此身置於仁義道德之中，且將法今傳後，萬古不磨，視彼碌碌焉與草木同朽者，相去奚啻天淵哉！　夫射者之於的也，志五十步則五十步矣，志百步則百步矣。　韜弓囊矢，則一步不能達矣。　道固在人，奚憚而不爲哉？若夫道在現前，無俟立志，則自得後事，未易爲初機者語也。

知性

夫人以藐焉稊米之身而能參三才、靈萬物者，遵何德哉？則莫不曰性焉而已。　夫性之在人，知之固無所加，不知亦無所損。　惟是學不知性，即踐履純篤，終屬影響，敷諸事業，亦鋪張治具而已，非所謂針針見血也。　今夫草木之華，培根達枝，一機自暢，此真性之流通也。　剪綵爲花，非不克肖，而生機不存，僞焉而已。　此知性與不知性之别也。《易》曰：「仁者見之謂之仁，智者見之謂之智，百姓日用而不知。」夫不知者無論矣，彼見仁遺智，見智遺仁者，亦惡足以言知哉！

竊嘗意之，性一也，仁者見之謂仁矣，智者見之謂智矣，禮者見之非禮乎？義者見之非義乎？信者見之非信乎？即五德而以意會之，性可卓爾於前矣。　今願吾儕静思動察，默識反觀，自朝至暮，自少至老，凡所爲飲食起居、視聽言動，一切運用發見，當可取用不窮者，孰主宰是也？得非無聲無臭之中有物焉，以握其機而爲吾之主人翁乎？是則所謂性也。　體察之久，恍然有見，則又不徒玩弄光景已也。恭敬捧持以尊之，優游順適以養之，全體大用巨細不遺以盡之，蓋性明而萬理悉徹，性定而萬感不摇，存之斯爲盛德，措之斯爲大業。此人之所爲參三才而靈萬物者歟！千古生人，惟此性字。千聖相傳，惟此知字。學不知性，終成鹵莽，不可與於斯文之統也。

虚心

學問之道，先貴虚心。夫心，虚體也。人知實之以物者塞靈用之機，而不知實之善焉，亦猶是也。昔舜大聖人也，而好問好察，舍己從人。孔子之於道也，不曰「吾未能一」，則曰「何有於我」。顔子潛心仲尼，而若無若虚。孟子願學孔子，而曰「自以爲是，不可以入堯舜之道」。以彼大聖大賢，非不充然有餘，而顧欿然不足者，何也？夫器之納物也，全虚則全受矣，半虚則半受矣，實而不虚，則毫不能受矣。聖賢期以受天下之善，而何敢持不虚之心以自阻哉？

且人同此性，孰無片長，吾聞過而喜，聞善而拜，猶懼形迹未融，而肝膽不吐，倘以滿假之心遇之，即有喫緊爲我之談，而見吾之訑訑自足也，亦姑藏忍不告矣。夫學也，至使人藏忍不告以善，與自棄何殊乎？今願吾儕，廓本然之虚體，持謙抑之小心。或關竅未通、聞言未悟也，則如含茹而繹思之，毋如枘鑿之不入。或覺性已啓，得其門而入也，則擴充以求其大，毋以一善而自安。如此爲心，則以弘翕受之量，而取善無窮，以復性靈之常，而太虚同體，學問之能事畢矣。苟一知半解而揚揚自矜，一聽人言而輒斥爲謬，斯人也，吾懼其難以入道也。

真修

今天下從事於學者非乏人矣，然求其造詣精純克底成德之地者，不能得十一於千百。此何以故？無亦修者衆而真者寡乎！蓋下焉者，鶻突於會講之際，恣睢於閒居之時，意趣未見，舊習仍前，此徒寄爲學之空名者也，無望也。上焉者，聰明足以灼道真，談説足以開衆志，依稀有儒者規模矣，然此衷隱微之地，或壓於功名，或懾於毁譽，或眩於貨財，或溺於嗜欲，顯修而暗行多虧，善談而躬修不逮。此以視夫不學者，猶以五十步笑百步矣，奚怪乎真儒不見於天下也。

噫！自聖道不明，人鮮知學，大家拒而不信，且有姗笑其講説也者，乃吾又以不真之弊示之，則假道學之名不滋怠棄者口實乎？所謂與於不仁之甚者也。今願吾儕念千古之絶學，思此生之難再，既以合志同方，訂學會之盟矣，則須以真實心做真實事。其爲善也，真如嗜飴；其不爲不善也，真如探湯。匪徒好以口耳，而肝膽以之，匪徒飾於昭昭，而冥冥以之。蓋觀諸妻子，而無所愧怍，卜諸夢寐，而猶其孳孳者矣。有此真心，即金石可破，而何患學之無成哉！嗟嗟，真與不真，人不知而已獨知也。真者成，不真者廢，自誤而非以誤人也。有志於道者，慎勿昧其獨知而甘自誤哉！

取友

千古聖賢有爲學要訣，而人胥忽之，惟好學者爲能知其益之大也，則取友是已。夫人之倫，尊莫過於君臣，親莫過於父子，彼朋友何人哉？或湖海萍逢，一旦孚契，締爲同心，遂與君親等倫，并列爲五。此豈於吾身漫然不相關涉者哉？周子曰：「道德由師友有之，而後成其尊且貴。」于以見友也者，所以尊我者也，所以貴我者也。所不能得於君親者，而惟友有以成之也，即是而與君親并重也，又何過耶？然此非周子之臆言，實孔門之旨訣。其言曰「事其大夫之賢者，友其士之仁者」，曰「君子以文會友，以友輔仁」，曰「魯無君子者，斯焉取斯」，曰「親仁」，曰「就正有道」，如此之類，不一而足。假如友道不切於人，則聖門豈不知自責自修之功，而顧諄諄藉資於人哉？

且吾嘗驗之人情矣，當閒居獨處之時，則怠忽易起，當敬業樂群之際，則警惕易生，即離群而歸，而在途之心輒不同於方聚之心。以此觀之，則友之係於人也，要乎？不要乎？而或乃有以「爲仁由己」之説證乎取友之非急者，不知取友以輔仁，正由我爲之，而無待於人者也。顔子若無若虛，而問於不能、問於寡，正其取人爲善之實也。今惟無所事學，則無所事友。苟志於學，雖欲離友，不可得也。《詩》曰：「相彼鳥矣，猶求友聲。矧伊人矣，不求友生？」夫咏友也而思及於鳥，則廢友也，而智出鳥下矣。思深哉！詩人重友之意乎！同志者三復於《詩》，則所爲擇友以自翼者，當自不容已矣。

脱俗

今語人聖賢學問之事，豈不津津然願聽，亹亹然樂爲哉？乃其年與時馳，靡覩日新之效，則俗之爲累而未能脱也。夫俗之濡人也，熟於耳目，洽於心志，自童年以迄垂老，安頓其中而不知。即知之，非有大勇力，不能振拔不染也。故曰：「習俗移人，賢者不免。」俗不脱而能進於道者，未之有也。

然俗之端緒亦繁矣，姑舉其顯而易溺者，與同志共戒之。不知天爵爲尊，而希趙孟所貴，徇人枉己，降志辱身，自有道者視之，不勝患得患失之耻，俗一也。忘貪得之戒，縱無厭之求，意念營營，惟宫室輿馬、妻妾田園之爲急，苟有利孔，不論大小，即捐廉耻徇之，此儒名而壟斷其行，俗二也。古者言之不出，修辭立誠，今則僞言俚語，信口而譚，揆諸有道之法言，耻莫甚焉，俗三也。古人莊敬日强，非禮不動，今則暴慢之氣勝，而放辟邪侈無所不爲，揆諸有道之法行，耻莫甚焉，俗四也。酒以合歡，君子不廢，所貴德足以將之，今則借言適情，不恤亂性，一飲達旦，喧呼如狂，此湛於狂藥而不知止，俗五也。古人瞬存息養，體道成身，今則昏昏若醉，懵懵似痴，語以本性而茫然無知，示以進修而訝焉不信，委身庸衆之中，甘蹈罪愆而不悟，俗六也。夫此六者，存之則爲俗心，行之則爲俗事，總而名之則爲俗人。

今指某人曰「汝俗人也」，必艴然不甘，奈何自處於俗而不知脱也？朱紫陽曰：「脱去凡近，以遊高明。」薛文清曰：「吾奮然欲造其極而未能者，舊習累之也。」夫二大儒非困於俗者，而急急然凡近舊習之爲慮，則惟其習俗之易溺人耳。迨至紫陽有云：「不求同俗，而求同理；不求人知，而求天知。」文清亦云：「四十年來無一事，默默惟與帝天通。」則二賢洒然遊乎高明之境矣！仰惟先哲之清高，俯視塵俗之溷濁，有不憬然動出類之思者，豈夫也哉！嗟嗟！學以盡性爲宗，何俗足累？而脱俗云云，則因病而加之藥也。善學者宜各反其俗情之重者而亟脱之哉！

有恒

學問之道自立志以至脱俗，功夫不可勝用矣。余惟懼夫人心之有不恒也。夫天下事有以始勤終怠而底於成者哉？爲山者虧一簣之功，掘井者棄九仞之力，遵道者阻半途之廢，是皆不恒之過也。昔孔子願見聖人，而惓惓致意於有恒，其論無恒，則謂「不可以作巫醫」。夫恒則可爲聖人，不恒則不可爲巫醫。恒之所係，顧不重與？

且夫人存有常之心，持堅久之性，即不卜事業而德器已自悠遠矣。若或舉其端也，而不要其成，方爲此也，而忽移於彼，如飛絮之飄泊靡定，若浮雲之變態無常。斯人也，吾懼其立身之難也，安望入德哉？然余又深惟人情自非至愚，孰肯甘心不恒而令前功盡棄？大都以艷慕趨之，則興盡而功止；以猛力圖之，則氣倦而退速。語云：「未見意趣，必不樂學。」夫不樂者，不恒之根也。然則欲進於恒，其惟見性之爲要乎？夫性無息者也，我不勞而常運，無恒而無乎不恒也。實見得是，率而行之，不假艷慕，無俟勇猛，順其平常，願息而不可得也。程伯子云：「識得此理，以誠敬存之。」是則善論恒者矣。是故君子見性之爲貴。

興學會條約

一、會日每月三舉，逢九爲期。非有至不得已事，不可不到。

一、午時赴會，酉時散會。到遲則難爲久候，致令會規不肅，各宜體念。

一、先至者各入應得之座，後到者入班對揖，不得出位相迎，漫談私欵。有急事先歸者，座中説明，趨先師案前一揖，仍復班相對一揖即行，不送。

一、會所懸先師神像，并設書案，置四書五經及各語録。俟到齊，用贊者二人引至位前，行四拜禮。拜畢拱立，贊曰：「宣聖訓於是。」年長者一人行至位前，側立，舉經書中警切之言朗誦一通，以代耳提面命之意，班首者肅然應曰：「敢不奉先師之訓！」贊：「揖，平身，各就位。」贊者同衆俱就位。

一、入座，衆相對揖，姑斂容默坐，定氣澄心，反照此時心遊何處，務約之使入身來，如此片時，即無事言說，而所得已多矣。

一、坐久，贊者稍起，贊曰：「鳴歌鍾。」司鍾者鳴鍾五聲。贊曰：「歌詩。」乃齊聲歌詩一首，節以鍾磬。少間，贊曰：「再歌。」聲節如前。

一、歌闋，贊者復起，贊曰：「鳴講鼓。」司鼓者擊鼓五聲。贊：「供書案。」案定，贊：「講書。」司講者乃行至案前，講經書一章，講畢就位。復贊曰：「讀語録。」司讀者乃行至案前，誦前輩語録一篇，誦畢就位。其講義每會五人各作一篇，四日前送會長擇用，未妥者不妨斤正，二日前送司講處以便預觀。語録隨司讀者自擇，稍加隱括不妨。

一、議論良久，有天機動而欲歌詩、欲鼓琴者，聽。

一、會中議論務要平心和氣、虚己受人，即言有不近理處，亦宜婉轉開導，務得樂從，若是己非人，便非學問。

一、會中嚴勝則精神不洽，和勝則心志不肅。凡語默動作之際，須是和敬兼行。

一、友朋相聚，悶悶無言，歷數會不聞一語，勤惰通塞，漫無考驗，光陰迅速，不得因循若是也。今約自會長以下，除作講章者准抵外，其餘會衆，務各立言一條，或紀所可疑，或證所已信。言不務長，辭不必飾，會日俱交會長携至私寓評論，務開誠見心，商確的當，不得虛美。下會帶至會所與衆傳看，得意者不妨自陳，未妥者不妨駁正。講習討論，正此之時，不得怯懦含默，孤負良會。然人情以立言爲難，惟看書用功，自不患無可商量。撥一刻之冗，置於生平緊要處，有何不可？語曰：「事在勉强。」會衆宜深念之。

一、置會簿二，扇一，凡言有可採足垂久遠者録之備梓。

一、識會衆姓名置便桌，至則書名，以便稽查勤惰。

一、友朋會中意思儘好，但恐平居設心行事，容有習心未脱者，如有之，不妨會中勸正。然自家病痛，須是自知自醫，飾非文過，祇徒自欺。宜切戒之。

一、贊禮二人，宣聖訓一人，司講一人，司讀一人，供書案二人，司鍾、司鼓、司磬各一人，俱先期排定，庶免臨時錯亂。

一、每會定司會二人，會日先至，照管本日事務。

一、會畢，揖先師，衆復相揖，序齒肅行。

一、坐久相應一飯，擬十位供會一次，各捐銀三分付包辦者，備焦餅百餘枚，鮮果二盤，就位取用，不必另設桌席。

一、鍾、鼓、磬、桌、凳、茶、鍾、盤應用物件，會衆捐分置辦，付司會收掌。

興學會同志姓氏

陶性魯　蔣參極以上邑教諭，先後任。　朱　楷

路　質　朱庭試　韓聚奎以上邑訓導，先後任。

王下問邑主簿。　趙魁甲通判。　王紹慶縣丞。

田　珍　王以悟[一]俱進士。　耿天壽

胡成性　王體蒙　王攀龍俱舉人。

張孔訓　王夢鳳　王夢鶴

劉　桂　劉完德　劉致申

[一]「王以悟」，原作「王以悮」，王以悟爲尤時熙門人，本書中曾出現多次。如《擬學小記續録》附録下卷《陝州創建尤先生祠記》即云「陝庠之英王以悟從學於洛陽西川先生」。據改。

周咨詢
徐　琮
宋惟禎
甄獻可
謝　考
王司諫
孫枝榮
涂節清
甄　傳
張永禎
楊以言
胡　琮
張美含
張正冠

楊東光
耿天祐俱杞縣庠生。
呂桂芳
胡與立
孫　紹
孫慶生
甄際可
孫福生
楊東眼
范志道
孫涇生
胡　琬
劉　庠
張偉績以上俱邑庠生。

李友松俱貢士
邵重耀碭山庠生。
崔應元
桑雲茂
王夢麟
宋存典
張無逸
孫篤生
楊克念
楊東曙
宋居粱
李文光
朱運熙

乙未取士二十人

李光祖江西南昌人。
陳鳴春福建長汀人。
吳　寀福建漳浦人。
戴士琳南直上海人。
李　俸山西聞喜人。
柴應乾陝西西安人。
張　埏湖廣鍾祥人。
何　節四川漢州人。
劉國縉遼東太和人。
王孫熙南直華亭人。
汪國楠南直婺源人。
陳　儒江西高安人。
邵輔忠浙江定海人。
李仙品陝西高陵人。
徐紹吉四川保寧人。
劉一燝江西南昌人。
姚誠立山西安邑人。
王之都山東新城人。
解經邦陝西韓城人。
顏悦道直隸魏縣人。

門生遠近俱列

侯應琛杞縣舉人。
王三益永城舉人。
徐汝騰光山貢士。
李能白鹿邑貢士。
王金聲陳州庠生。
余克浮永城庠生。
張問仁寶豐布衣。
李開芳單縣貢士。
張　胤
包嘉猷
韓懋學俱曹縣庠生。
張大謨

董正誼
李猶龍
張聖謨俱鹿邑庠生。
王夢説
張起龍
張五倫俱夏邑庠生。
王體亨
張書紳寧陵庠生。
周成德邑貢士。
陳民志
王化淳
張元勳
楊復元
□□□
楊天精甲戌進士。

李馥白
張東星
孟化鯨
劉景耀俱碭山庠生。
張尚忠
徐　瓚
劉復元
苗之華
韓文奇
韓士奇
李從道
范崇孔
蔡惟精
□□□
臧懷珍

李本敬
張廟謨
楊道純俱新安庠生。
朱　纓祥符縣庠生。
張五常
王體元
安履正俱商丘庠生。
陳爾志邑貢士。
黃甲第邑貢士。
崔應龍
張元恭
范崇顔
李肅儀
□□□
臧懷瑜

呂先聲邑貢士。
蔡叢芬
常之奇
徐葆元
萬□義邑貢生。
□□□
陸沾潤
蔡惟玄
張泰運
張景運
傅文衡
李士華
□□□
□□□
□□□
孫永裔
張五典
尹繼美
安從教
馬凌雲
胡惺心邑貢士
趙　問
李國憲
王心澄
□□□
□□□
黄金鉉
李文暉
馮盛世以上俱邑庠生。

興學會約跋語

下問邊郡鄙人，未嘗學問，偶以薄宦遊虞城，日聞晉菴楊先生群多士講學，心竊疑之，不審所講何學也。已而洗心滌慮，求拜門墻，濫竽班行，獲聆至論，則見洋洋乎先師在上，彬彬乎朋友在旁，颯颯乎歌韻盈耳，亹亹乎旨趣入心，坐不移時，塵襟頓釋。往固未嘗不誦詩書，何期聖賢旨趣乃至若此之妙也！儻非托天幸獲遊此地，幾乎虛度一生矣。隨奉教旨，恪守官箴，持身毫不敢苟，而民情日以相親，始知修己安人，宣聖原非欺我也。所愧資禀庸下，不足頓窺至道，假令不即擯斥，得一二載刮劘，或者其漸入乎？謹書之簡末，用以志喜，且冀四方同志之興於學也。

萬曆丁酉，正月既望，山西陽和衛王下問謹識。

卷五　明學篇下

學會講語　本四書，立論詳畧不同，第微有發明者録之

大學　多與周生咨詢問答語

有友問曰：「何以爲明德？」曰：「天有明命，賦於人爲明德，人之本性也。《註》訓『虚靈不昧、具衆理而應萬事』，則心也，而非性也。」

周生咨詢曰：「明德必須新民。明德不新民，入於二氏之學矣。」余曰：「天地萬物，本吾一體，德合物我，以成其德，故明合物我，以成其明，非有意於兼成也。」

問曰：「明德尚非至善乎？何以又曰止至善？」曰：「明德即至善也，第恐明明德者未至耳。且『止至善』云者，非徒造極之意也。一止至善，則根性宗以揮事業，而一切偏曲學問、權術事功，皆入不上，此《大學》提宗立教之本旨也。」

問：「止何在乎？若之何而能知也？」曰：「野馬奔馳，風萍飄蕩，人生東走西奔，了無止

宿，何以異此？故貴知止也。然今之言止者，僉云至善是已。然至善不在《大學》之書，亦不在大人之身，無分今古，不論賢愚，無不渾然全具，即所謂人之本性是也，特患不知耳。知得此止，則如行之有家，射之有的，終身趨向始有歸着。不然茫茫蕩蕩，究竟無所下落，便至蓋棺，猶然爲模糊之鬼也，真可哀哉！然止雖在我，而世之能知止者，曠世不一見焉，則惟其學問不明而講習討論之功疎耳。吾儕尚珍重於兹會焉。」

問：「定、静、安、慮，果一得俱得乎？抑有漸而至乎？」曰：「學問不可億度，必身履之方知意味之實也。論大段頭腦，則一知止後，已開衆妙之門；論漸次工夫，須積累功深，始造純熟之地。功一步，深一步，斯德一格，異一格。謂一步登九層之臺，直説夢耳。」又曰：「學不務知止，則終其身不知定、静、安、慮何趣味也。譬之貧人之腹均之飽食，一生竟不知八珍之味何若耳，可慨夫！」

問：「知所先後則近道矣，古人之學如此。今人不知聖學，一班也做出事功，如何？」曰：「叔世亂道，何足爲言！千古聖人，只是個修己治人、因本及末。《中庸》謂『知遠之近、知風之自、知微之顯』，《論語》謂『修己以安百姓』，《孟子》謂『修其身而天下平』，如此語意不一而足。知此謂之知本，不知此則本亂而末不能治矣。今之人馳情天下國家之務，而正心誠意、端本澄源之功率忽焉而不講，其於先後之序，舛莫甚矣。奚怪德業不逮古人哉！」

問：「『格物』之義，僉云註釋未妥，然則何以爲當乎？」曰：「此義論者靡一矣，後賢見註釋稍涉支離，故各出意見，有謂『格』如『格去非心』之『格』，謂去其障蔽而知體自明也。有謂『格，至也，至物猶言到物』，謂知不可懸空，而致必到物上，方可實用其力也。有謂『格，正也，去其物之不正以歸於正也』。以上諸説愚曾質之復所楊先生，先生曰：『各有攸當，要在實用其力，并可據以入德耳。』愚以爲此亦未定之辭也。夫物非他也，指理而言也。理非他也，本之而身、心、意、知，推之而家、國、天下是也。蓋聖賢立言，常指道爲物。如明德、新民，道也，而命之曰『物有本末』，則知此『物』字即前『物』字，故致知之功即格此明德新民之物而已。此固不外窮理之説。第所窮之理，非博焉而寡要者也。今不務明學則已，一下手做，隨其詢師質友，不過講究此物而已，他何求哉！此學問簡易明白之功，入大學者不必惑於紛紛之説也。格物博文，聖學豈務多者哉！知不可空致，格物以致之。禮不可徑約，博文以約之。譬猶掘井者爲泉，力農者爲穀，所重自有在耳。不然，幾何不與逐末忘本者同哉！」

問：「『修身爲本』，而註又云『所厚謂家』。何如？」曰：「『本亂末不能治』，是反言以明修身爲本，下段俱以身言，是足上段之意。如云本亂而末不能治者，何也？蓋厚者既薄，而薄豈有能厚者乎？此所以本亂而末不能治也。厚薄是借來字意，本字藏在厚字内，與孟子『所厚者薄』同意，若又説到家上，則語意雜矣。」

問：「瑟、僩之義何如？」曰：「學者事心之功，惟此二字最爲緊要。『瑟』訓『嚴密』，如藩籬鞏固而寇不得以乘我也。『僩』訓『武毅』，如猛將當關而敵不敢以欺我也。古人不顯亦臨，無射亦保，是何等嚴密！法天行健，自强不息，是何等武毅！今之學者百孔千瘡，罅漏難補，藩籬已盡撤矣，何論疎密？欲無大小，靡不摧折，主帥已潛消矣，何論强弱？率之委靡不振，私欲爲家，挺挺百年之身，衹爲百欲作臧獲，與草木同腐朽，是皆不能瑟僩之過也。《易》曰『虎視眈眈』，夫虎視則武毅矣，眈眈則嚴密矣。學者治心之功誠若是，不患不到聖賢地位也。」

問：「誠意之功，喫緊在毋自欺，第隱微之地，不令毫髮放過，厥功不亦難乎？」曰：「邵子有云：『一念未起，鬼神不知，不由乎我，更由乎誰？』故爲善如好好色，去惡如惡惡臭，這都是由的自家底，何難之有？從古聖賢只是這些子不肯放過，打透此一關，即便是文之純德、孔之皜皜，乾元之純粹精，而學問之能事畢矣。」

問：「不出家何以便成教於國也？豈其本端則化行，而紀綱法度可盡廢乎？」曰：「君子欲整齊一家，且有不容廢之條理，治國無政，豈不蹈徒善之弊乎？第家教不修，即經制大備，虛具耳。故治國必先齊家，謂風化之原在是也。晚近士夫視家政爲緩圖，父子兄弟間多齟齬不相合，而中蕭微曖之地，有淆亂不忍言者，則門以内不能理矣，况國乎！故修身教家，士君子慎毋忽焉。」

中庸 多與周生成德問答語

問：「人心、道心果二乎？」曰：「二之則不是也。」「果一乎？」曰：「一之則無別也。道心者，屬於人而不移於人者也」。「其樞紐造化而綱維人物者乎？」「此個雖體物不遺，實聞覩俱寂，故曰惟微。若乃人心，即此道心之著於形氣者也，乘氣出入，視夫寂然不動者殊矣，故稱惟危也。」「然則人心果指理言乎，抑指欲言乎？」曰：「人心猶言人之心耳，人心胡可以欲言也？『欲』字從『危』字見出，然『危』字亦非專以從欲而得名也，且只就動以天處言，有多少變化無方在。」

問：「精一之義何如？」曰：「人惟一心耳，有道心，又有人心，支離莫甚於此矣。故『惟精』云者，非平察於二者之間。『惟一』云者，非去一心以存一心也，謂於人心中認取道心，令其至一而不容二耳。至一不二則無不中，然操存少間，又慮雜而二之矣，故又曰『允執厥中』也。精爲一設，精字有功夫，一則惟是一個而不容雜，尚兼不得守字義。紫陽訓曰：『一則守其本心之正而不離也。』曰『守』曰『不離』，則已畢『允執』之義矣，似未妥。其云『危者安、微者著』二語，亦不宜平說。危者安則微者著矣，無兩事也。」

又曰：「道心是見在底，只可用時保之功，故曰『允執』。到得『允執厥中』，則人心純是道心，無復二者之説矣。雖則純乎道心，依舊只是此心，非另將個道心來换却此人心也。」

又曰：「人心要看這個人字，惟其成而爲人也，有耳則思聽，有目則思視，有口則思味，有四肢則思安逸，一好尚、一出入而心隨以存亡，此人之心所以惟危也。然人心之危却是本體應合如是，所謂『出入無時，莫知其鄉』也。人心而不惟危，則亦物焉而不化矣。」

又曰：「只這『人心』二字便勾『惟危』的了，或曰『心發而爲意纔危』，或又曰『心之流弊爲危』，均非虞廷本旨也。」

又曰：「於人心中認取一個道心來，正如澄濁水以求清，畢竟只是一個水也。」

或曰：「孔門博約之訓，即虞廷精一之旨。從來有是説矣。夫約禮與惟一義畧相近，不識博文與惟精何以通也？」曰：「精有二義，精微之『精』以道體言也，精察之『精』以用功言也，既曰精察則須從不一處求之，而博在其中矣。且君不玩『危』字之義乎？人心之體，一則安，不一則危。故有惟危之心體，自宜有惟精之功夫，則危字中已寓有博字義，惡得謂其不相通也？」曰：「博文以顯而有象者言之，若惟精則心上體察之功，胡可同也？」曰：「陽明先生解格物之義曰：『意念着處即爲物』，故惟精之義，不論顯微，俱屬精察，以視博約之訓，均於不一中求至一也，是謂千古一線之學脈。」

問：「修道之謂教，道率於性，安用修爲？」曰：「太極本然之體，誠不用修，第賦而爲氣質，自有偏駁之弊，凡《詩》《書》所稱三物、四術、五典、六藝之類，皆所以嚴其防而導之中也。」「然則生知安行非與？」曰：「修道之教，聖人爲衆人立的也。雖然，聖人自有密切修持處，故曰『德之不修，是吾憂也』。」

問：「氣以成形，而理亦賦焉。此説何如？」曰：「病在『亦』字，天地間只是一元之氣生人生物，而氣之有條理便謂之理，非謂氣外又有一個理與之俱來也。」

問：「君子有戒懼之功，自應不到差處，而改過徙義之功於何處用？」曰：「終日惺惺，戒慎不覩，恐懼不聞，則許多遷善改過、懲忿窒欲之功都用不着。蓋聖學正脈只在源頭上理會，譬之行路，寧防於未蹶之先，不以蹶而復起爲貴也。立此之謂立大，守此之謂守約。」

問：「未發之中何如？」曰：「未發不以無感言也，已發中常有未發者在耳。」曰：「當其無喜怒哀樂時，則此未發者果何在也？」曰：「此物不可聞覩，所謂無聲無臭，無有定向；所謂無方無體，測之莫窺其端；所謂隱微出之，莫窮其用；所謂莫見莫顯。此天下之神物也。『參前倚衡』、『如有所立卓爾』，則亦神會之耳，豈能窮其所在哉？」

問：「未發之中，當喜怒哀樂時亦隨以發否？」曰：「不發者常不發也。主人坐於堂中，出而應物，則堂中虚矣。此不發之物，則隨其所應而其堂常不虚也。如正當喜時忽值可怒，即從而怒焉。非主人常在，何以若是？」曰：「心不在焉，視而不見，聽而不聞，此豈非主人有時不在乎？」曰：「謂不見聞時而未發者果隨以出，則是時行物生之際，而太極渾然者亡矣，造化不幾於息乎？蓋未發之中，語性體也；視不見、聽不聞則謂心不在焉耳。心乘氣機以出入，豈可與未發者同論哉！此可以理心性之義。常發而常不發者，所謂『體用一源，顯微無間』者乎！」

問：「鳶飛魚躍，奚關心體？而程子比類於有事勿忘，於義何居？」曰：「方鳶飛魚躍之時，豈不是有事勿忘？忘則不能飛躍矣。然鳶魚率其飛躍之性，實非有意爲之，奚正助之有？故養氣之功，非如鳶飛魚躍，氣終難生，何也？人心以自然爲體，故順之則天機自啓，强之則生機反窒。《大學》稱『安而後慮』，孟子論『深造自得』，皆是義也。不觀諸天乎？夫天行健不息而推遷不驟，天固不忘且助也，而人能違乎？」

問：「中庸所稱『鬼神』與世俗精怪之説同否？」曰：「非然也。夫陰陽之氣，靈氣也。故中庸命之曰『鬼神』。二氣充塞，徹上徹下，無毫忽滲漏，故人之一身内外、前後、左右渾是元氣，則渾是鬼神。蓋無彼我之分、離合之間也。《詩》曰『神之格思』，猶未足以盡之也。嚴乎鬼神，體物而不遺，即『道也者，不可須臾離也』。」

問：「『修身以道』，而又曰『修道以仁』，豈道固不足以盡仁，而仁有出於道之外乎？」曰：「事親以孝，事君以忠，事長以敬，交友以信，居室有別，此所謂修身以道也。若乃一點真誠懇惻之意貫徹於中，則所謂修道以仁也。天地生人與千古聖神相傳，只是這一個『仁』字。此正是一針一點血處。若修道不以仁，則襲取者得以亂真矣，畢竟亦修道不得也。」

問：「聖人不思不勉矣，聖如孔子而必用許多發憤好古之功，何也？」曰：「『誠者，天之道』，却是夫婦之愚不肖無不各有的；至『誠之者，人之道』，乃聖人之所以盡人合天也。楊復所先生曰：『自古聖人，無一個不是誠之者。』旨哉言乎！世儒謂『聖人生知安行，决非學力可至』，則阻天下希聖之志者，悉是語也！獨不觀古來聖人用功之密乎？」

問：「『致曲』，註訓『曲，一偏也』，是否？」曰：「就其一偏而致之，此與擴充四端之意同，但『曲』訓『一偏』，似覺未妥。愚謂『曲』對『直』言，彼誠者順心，而動即爲天理，何曲之有？其次者倏理倏欲，天人交戰，故必致其委曲之力而後可底於誠也。蓋誠者直，不誠者亦直，惟由不誠以求歸於誠，其中矯枉從直之功多矣，此之謂『致曲』。」

問：「『至誠』數章，反復發明聖同天，敢問天人果無間乎？」曰：「今之學者徒知聖人同天，不知吾心皆與天同也，特聖人能全其天耳。天人不分别，須是信得及。」

問：「『誠者，物之終始，不誠無物』，義頗深奥難明，請示。」曰：「此是眼前實理，有何難明？天地之道，其爲物不二，方能生物不測。若天地間無此生生實理，如何生成得物？且如蓮缸中生出水蟲，下隰地生出濕蟲，皆緣有此實理，故自生生不已。若無此實理，平空怎得生出？不特造化爲然，人之於事也，必這一段誠心徹始徹終，方纔做成一件事。若少有忽畧，便有滲漏不妥處。且如作文，一句稍不用心，一句便不得佳。又如作字，心稍不存，非訛則落，故知誠者物之始終，而不誠則自然不能成物矣。此君子所以誠之爲貴也。」

問：「天地之道，爲物不二，不曰一而曰不二，何也？」曰：「此二字最宜玩味。一者，常體也；不二者，常體之無所二也。不二則實理充足，無絲毫虛假虧欠。故兩間發育，無滲而不到之方；七曜運行，無愆而不合之度；萬年如一，無爽而不信之期，所謂誠不可掩如此也。由是言之，則人之實德不足，而欲炫名譽於當時、垂休光於後世，是虧天地之真而奪造化之能也，必不可得之數也。」

問：「極高明而必道中庸，豈道固有高下之殊乎？」曰：「此正聖學平正切實處，極高明而不道中庸，必流爲老莊之學矣。」

問：「百世以俟聖人而不惑，由於知人，然則何以爲人？君子何以知之？」曰：「聖人之心與衆人同，一人之心與百世之人同。聖人不求百世之人，而獨會吾之所以爲人者，則不出方寸而百世人之命脈已在握矣，故百世不出其範圍也。」「敢問百世之人無不同者，何也？」曰：「人，天之所生也。天不變，故人亦不變。聖人與天同體，故百世與聖同源，又何惑也？」

問：「『祖述』章極言聖德同天矣，而末復言天地所以爲大，何也？」曰：「天下無無本之道，此章書正當與『登東山』章參看，皆是始言聖道之大，末復推言聖道大而有本。他如『鬼神』

章言『微而顯』，『至誠』章言『天之所以爲天』，『至聖』章推本於『溥博淵泉』，『源泉』章則明言『有本者如是』，皆聖賢徹底示人語。學者不務立本，猥云入道，是不盈科而能進，不成章而自達也，無是理也。」「立本維何？」曰：「在闇然爲己處求之。」

問：「『小德川流，大德敦化』，天地果有二德乎？」曰：「二德只是一德，以分合言之耳。」問：「『淡而不厭』三句，歸究到人身上，畢竟是何物如此？」曰：「『淡而不厭、簡而文、温而理』，這是形狀中庸之德最恰當處，此即是『上天之載，無聲無臭』也。」

有友甚愛「淡而不厭」之説，余曰：「且道何以爲淡？」曰：「一切世味都放得下，此之謂淡。」曰：「此是吾心能淡，非淡之本體也。」「敢問何如？」曰：「性是淡物。君子之道，淡而不厭。吾輩須是見得何以爲淡，又何以不厭，又見得於此淡處至濃艷而不可歇手，方是有實得處。」

問：「君子篤恭不顯，何以遂平天下？」曰：「天地間有一種神物，不分尊卑，不囿遠近，共此一脈流貫。君子抱篤恭之德，則天下命脈已自我握。故以此投彼，自相融貫，爲適逢其所固有者也。世有認父骨骸者，刺血試之，是則入，非則不入也。君子以德化民，亦惟原其此骨血耳，豈容强哉！」曰：「若然，則法可盡廢歟？」曰：「君子不能廢法，而所重不在法。且如諸公在座而供應悉具，吾惟辨此會友之心耳，不患器用之不備也。」

論語上

多與徐生瓚、王生化淳問答語

徐生瓚問「時習」章義。曰：「此道甚大，未可輕看。宇宙間有兩種大事同運并行，均以贊天地之化、立民物之命，則君、師是也。君代天立極，振紀提綱，統攝四海之民命。師開來繼往，發矇啓聵，陶鎔四海之人心。君不得師則燮理無人，而獨力難運。師不得君則本性自全，而窮居無損。蓋勢分、性分之不同也。何以言之？夫世有快意當前而其心悦者，豈以學人而無悦乎？誠學焉而且時習焉，則涵養既深，天機自啓，不必紛華靡麗接於前，而自有欲罷不能之趣矣，不亦快然而悦乎？世有志得意滿而其心樂者，豈以學人而無樂乎？誠有朋來焉，且自遠方焉，則大道爲公，立達願遂，有世主勞來匡直而不足者，吾坐收於合志同方之下矣，不亦暢然而樂乎？夫悦、樂，順境也，猶不足以徵所養也。人之最難下者，名心；最難遣者，逆境。惟人不知而不愠焉，則見超顯晦之外，心齊逆順之途，所謂『遯世不見知而不悔』者，此矣！不亦粹然君子其人乎！學至君子，則置此身於上天下地之間而俯仰無愧，衍一脈於往古來今之際，而先後一揆。振鐸當年，則先知先覺；垂休來禩，則世法世則。蓋不借禄位，不假榮名，而道中至尊至貴有如此矣！世儒不知自重，惟外是循，終其身不知悦樂何趣，而自外於君子之林。哀哉！夫子首拈學習章，分明自道其生平，惜千百世下無人能承此學者。」

問：「君子務本，則末者可盡置乎？」曰：「君子學務本原，非耽空寂而遺世務也。自得逢源，則千流萬派，其出不窮，是以君子務之。士或以謹愿著，或以廉節稱，或以强毅多聞自表見，非不翹然列君子之林，然株守一節，而致遠則泥，正以本原之地未會其全耳，是以君子貴知務也。千流萬派皆水也，而君子謂之細流。江、淮、河、漢則大矣，而君子謂非原本。源泉混混，不舍晝夜，其來也眹兆莫窺，其出也終古無盡，斯其爲有本之水乎！君子務之。」「註内程子云：『性中只有個仁、義、禮、智四者而已，曷嘗有孝、弟來？』不知何以立言如是？」「蓋將自其渾然者觀之，則何有於四者？自其燦然者觀之，則何止於四者？且孝弟亦何莫非仁哉？而謂非性中所有乎？」

問：「『謹而信』，謹者，戒慎之意，而註訓『有常』，何也？」曰：「天道時行物生，萬古不易，亦有常而已。凡人制行無常，二三其德，皆起於心之不謹，故以『有常』訓『謹』字，其味深哉！」

問：「過勿憚改，實修慝要務，而前輩謂學問不以改過爲貴，何也？」曰：「改過豈非學問之功？第常存改過之心，則易犯有過之失。一念萬年，永期無過，自是聖學的訣，故曰『苟志於仁矣，無惡也』。行路者蹶而復起，孰與步履安詳，不令傾跌之爲愈哉？故改過者，希賢之路徑；期於無過者，入聖之功程。此可與大豪傑道之。」

問：「就正有道，是印正己言行之當否。然學者依附先覺，將以取無方之益，寧止考鏡得失而已乎？」曰：「就正有道，非徒正一言一行之失也。天體至虛，聖心無我，故學道者須有不自滿假之心，而作聖之基始立。故曰『自以爲是，不可以入堯舜之道』，若祇考正得失，淺之乎言學矣！」

問：「顔子如愚，果於聖人之道一無疑問乎？」曰：「人徒知顔子於聖道心無違疑、口無問難，有似愚人，不知千古學脈不外『如愚』二字。蓋善爲道者，須從裏面含蓄，而炫口耳、着聲色，薄積驟發，皆淺之乎於道者也。顔子潛心仲尼，直從無聲無臭處醖釀。犯而不校，非徒量足有容，亦其翕聚處不肯少動耳，此所以爲如愚也。夫子之默識，文王之穆穆，『維天之命，於穆不已』，皆是此等機緘。善學者從事於斯，方是大而化之、聖不可知的路頭。有深造之志者，幸毋忽焉！」

問：「温故知新，註訓『故者，舊所聞』，而《中庸》又謂『故爲本然之良知』，孰爲確當？」曰：「故字訓『舊所聞』，不若訓『舊所有』，舊所有則本然之良知是也。蓋致知之道有二：有自温故而得者，有自覓新而得者。温故而得者，復其原有之物，求在我者也；覓新而得者，借乎聞見之功，求在外者也。求在我者，故無窮而新亦無窮，以一而貫萬也；求在外者，得一新止於一新，舉一而廢百也。是故温故者，務本之功，知新則本立而道生矣。温故者，源泉之蓄，知新則盈科而進矣。蓋從古學問判此兩途，此聖人所以竭兩端於無知，而顔子所以知十於屢空也。三代而下，此學久湮，如晁、董、韓、歐之輩，非不稱博雅名家，而卒不能與於斯文之統，則以其求知於新而不求知於故也。」「然則博物洽聞之功可遂已乎？」曰：「有本則見聞悉我，無本則我逐見聞。故善爲道者多自裏面含蓄，而玩物喪志所以來程子之譏也。」

又曰：「甚哉！學之貴心得也。不能温故知新，則不能左右逢源。」或曰：「心得之義何如？且多聞多見，未有外心爲聞見者，而輒以爲知之次焉，何也？」曰：「聞見亦心也，而心得則自内而出，不借資於聞見者。老人目昏，每點藥以資明，夫藥無明也，而能助目爲明，則内外未可謂不相須也。然藥力盡而明隨止，終不若血氣克足、明自内出，其視乃恒且遠也。此所謂心得之説也，而集義、義襲之辨，端在此矣。」

或問：「新之與故，同乎，異乎？」曰：「皆故也，久迷而忽醒，則謂之新也。如富翁迷失金窖，一旦得之則喜其爲新得也，其實是本家原有者。」

問：「『吾斯之未能信』，不識何以爲信也？」曰：「信字最宜玩味。凡學未有不成於信而荒於不信者。夫見之不真，非信也；居之不安，非信也。精與一交致，心與理相融，打成一片，實有諸己，夫是之謂信。考之聖門，克伐怨欲不行焉，憲也猶障以藩籬；多學而識，方信忽疑，賜猶在疑信之間乎；終日與言，不違如愚，回也，其信之深矣。後儒不進於道，正欠此一『信』字。擇焉不精者，認賊作子；乍作乍輟者，信道不篤，因循怠忽；没理没會者，不知何爲信，何爲不信，倀倀焉鶻突虛度，以了此生。是終不可望信者也，吾黨并當以爲戒。」

問：「『聽言觀行』，人豈盡飾空談者乎？夫子何待人之薄也？」曰：「聽言觀行，此夫子爲未見道者發也。若見得親切時，自將如饑之於食，寒之於衣，汲汲皇皇，如恐弗及者，又安得行不掩言哉？顔子語之不惰、欲罷不能，亦直是見得親切耳。吾儕今日爲學，誰不欲言行相顧爲慥慥君子？苟不實見得，即策之不振矣。故惟力此講學之行，則諸行自在其中。」又曰：「聽言者觀行，制行者自觀，常自觀則無畏人觀矣。嗟乎！士固有縱恣不畏人觀者，吾末如之何也已矣。」

問：「顔子『不遷怒』二句，時説皆以爲註釋未妥，何者爲當？」曰：「玩不遷、不二之義，只是中心有主，不爲怒所遷而過所二也，其不遷、不二處，正是不違仁處；其不違仁處，正是不改其樂處。」

問：「『不改其樂』與『喜怒哀樂』的『樂』字同否？」曰：「四者情也，感於事而動於中者也。若孔顔之樂，則性之德也，不遇可樂之事，亦不見有樂之迹，只恁常坦坦順適於理便是。」

問：「中庸本平常之理，而稱『至德』何也？」曰：「『維天之命，於穆不已』，萬古流行，只是這等平坦，故其賦於人而爲德也，只是這等中庸，惟中庸乃合天德，故稱至德。彼索隱行怪者，愈奇而愈非其至也。」

問：「聖人發憤忘食，非虚語也。蓋誠見夫上天下地、往古來今，真有未易明盡者，故憤心自不容已耳。」余笑曰：「聖學久湮，迷失乃至此乎！夫聖人非求知者也，求無知也。猶有知焉，乃憤心之不容已耳。顔子好學不倦，若無若虚，亦只是求至這個田地。有如賢所論，則聖人亦多學而識之者耳，惡足以爲聖？」

問：「『多聞多見，知之次也』，敢問何如斯可謂上知？」曰：「『吾有知乎哉？無知也。』斯之謂上知也。」

問：「『恭而無禮』四語，與六言六蔽之義相通否？」曰：「彼蓋言六言六蔽，而此則四言四蔽也。總之不好學則禮不明，禮不明則諸蔽生矣，寧止四言六言乎？然所云好學明禮者，非循習儀節之謂也，方寸中有天然自有之節文。好學者，好此而已。」

問：「聖人無意、必、固、我，而其心果一無所事乎？」曰：「聖人之心只是湛空無着，與常人憧憧雜亂者不同耳。若心所當用處，未嘗不苦用其心，看他終日不食，終夜不寢，是何等焦勞？其夢見周公，即夢寐時猶有不歇之心也。故觀聖人湛空之體，又觀聖人乾惕之思，斯可以知聖心矣。不然，幾何不爲頑空哉！」又曰：「毋意、必、固、我，聖人非有心屏絶也，道外無所營爲，閒思自入不上耳。禪僧有詩云『非是有心除妄想，自然無事可思量』，意正如此。故學者深造有得，且將與道相忘矣，又何雜念之有？故知絶四非絶德也。」

周生成德問曰：「『吾有知乎哉』一章，註意謂聖人謙言無知，特教人不敢不盡其心。玩夫子語意，恐不是如此。請言其旨。」曰：「賢問及此，大有見識。此書旨趣深長，正當理會。蓋此章書宜與『舜居深山』章參看，所云空空無知，正是不異深山野人，而鄙夫之問，正是聞見之交、兩端之竭，則穩合江河一決、沛然莫禦之旨也。蓋人心惟寂然不動，故能感而遂通；亦惟湛空無知，始能無所不知。此人心靈妙之本體，所謂『洪鍾無聲，扣之有聲』也。且如吾輩未啓議之先，胸中有何安排？及一拈起頭來，則無限商量滚滚不竭，眼前光景分明，就是此章書意也。學者須由是以觀心體，明得此，則造化機緘俱可了然無疑矣。」

孫友紉葵聆講學之語，欣然有當於心，作而問曰：「聖人可學而至，是矣，第未審何處下手耳？」余曰：「孔門宗旨昭然，未嘗理會乎？昔顔子嘆聖道仰鑽瞻忽不可企及，惟時顔子亦苦無下手處也。夫子則循循然善誘之。循循然者，欲其緣用以求體，功夫有所持循耳，非先後次序之謂也。何也？天下萬事萬化，不外吾心之天則。天則，禮也，即所謂道也。聖人教人，只是欲人復此禮，而此禮變化無方，與時推移，所謂仰鑽瞻忽、不可企及者，即此物也。故夫子教於文處求之。大凡事之可見者爲文，視聽言動皆是也，無往非事，無往非文，故謂之博。禮爲吾心之天則，節文萬事，惟此一個，故謂之約。無在非文，即無在不求歸於禮。如視、聽、言、動，文也；非禮勿視、聽、言、動，即約禮也。可見者爲文，不可見者爲禮，無内外也。於此博文，即於此約禮，無先後也。先儒有謂隨處體認天理者，即善隳括博約之訓者也。入道者因用以求體，謂博以會約可也；得道者體立而用行，謂禮以宰文可也。顔子『擇乎中庸，得一善，則拳拳服膺而勿失』，此博而約之之實際也；『如有所立卓爾』，則恍然見此禮之本體非他物也；『欲從莫由』，乃此體神妙莫測，原不可爲依據。此正顔子見道分明處，非所謂未達一間也。孔門宗旨昭然可覩如是，今吾儕日用應酧，焉往非文？於吾心之天則妥當即爲約禮。功有要而可守，事至易而無難，尋下手工夫，遵是道焉可矣。」

又曰：「聖道妙處，全在一個『禮』字。若文則何人能離得？顔子資性最高，當下即欲將聖道本體把捉在手，其仰鑽瞻忽之功，全在微妙處着力，故竟無所持循，不能到手。夫子見得他功無漸次，故教以由博歸約、因文會禮。顔子得此，乃有所憑藉下手，欲罷而不能也。大都夫子教人多不肯將本體一口道盡，惟欲人由實地做去。如見賓、承祭、居處、執事等語，何莫非實地上用功？故諸賢體道成身，各到成章地位。今之學者動談奥杳，而踐履實疎，何怪乎日學日遠於道哉！」

又曰：「『仰鑽』章宜與『終日不食』章參看，蓋『終日不食、終夜不寢以思』，與『仰鑽瞻忽』之功同一冥神會悟，用力於無着之地也。『不如學也』，則移冥會於實踐，與由博會約者均以踐履爲實地矣。夫子蓋舉其所嘗自苦心者，立爲教規，真萬古入道宗旨也。今人欲脱實修以求神解，豈其欲加於孔顔之上乎？」

又曰：「『仰鑽』章從『克復』章化出來。蓋視、聽、言、動皆爲文，非禮勿視、聽、言、動即爲禮。『欲罷不能』正是『請事斯語』之實際。顔子學造復聖，真是夫子陶鑄出來。而此章書却是顔子發明聖訓，垂教無窮，其有功聖門不淺也。嗟乎！博約之訓昭如日星，請事竭才不存乎其人哉！」

又曰：「『博文約禮』四字，千古無人明得，遂令博約分先後，文禮分内外。聖人教人，不應支離如是。學問以約禮爲宗，博文爲約禮實地耳，一事也。」

又曰：「博而不約，則昏而無得；約而不博，則殆而不安。」

又曰：「博我以文，修身以道也；約之以禮，則修道以仁矣。」

又曰：「『如有所立卓爾，雖欲從之莫由也已』，此分明有個物事在。凡天則隱然呈露處密切體察自見，不在口耳之間也。」

問：「博約之訓，乃孔顔傳心妙訣，未易領會，願聞其次。」曰：「道之顯者謂之文，無往非文，則無往不歸於禮。道之易簡、功之顯明，有過於此者乎？如視、聽、言、動，文也；非禮勿視、聽、言、動，即禮也。辭受取予，文也；各協其宜，即禮也。造次顛沛，文也；不違其仁，即禮也。富貴、貧賤、夷狄、患難，文也；素位而行不願乎外，即禮也。如此用功，方是時習，方能不離道於須臾。聖賢傳心的訣端在於此，何用他求哉！」

問：「酒之困人易見也，而往往犯之，若之何而能免焉？」曰：「古來崇飲取禍者，姑不暇故舉，惟是麯蘖薰心，昏人神志，喪人威儀，所係不小，故苟志於道，必不敢縱。飲而沉湎無度，其志必不足稱也。然臨境節飲，不覺頻頻，到口已成醉矣。樹倒始扶，爲計不亦晚乎？心戒謹恐懼之功無時不運，則接盃舉觴之時，皆繕性御情之地也，惡足以困我哉？吾儕生平以來，困於酒者不可勝數矣，一飲未足過，督而恒過不改，究竟將何下落？故願同志者猛省也。」

又曰：「君子無終食之間違仁。一飲至醉，抱醒者連日。斯人也，吾不知其所存之心何如也。然物欲困人，微獨一酒，聲色貨利，何往而不困人哉？惟志於道者免夫。」

問：「川上之嘆，語道體也。敢問何以爲道？」曰：「天地之間，日月往來，寒暑推遷，時行物生，一息莫停。在天爲天命，在人爲人心，顯之爲并育并行，微之爲大德小德，敷諸日用爲當然之道，總是一個物事，而川流則其一節之可見者耳。夫道體不息如是，人心有一息之懈，便屬離道矣，可忽乎哉！」

孔子《鄉黨》一篇，微言微動，無不中禮，豈嘗有古人作則者？心在而道從出矣。

論語下

南容三復白圭，古人謹言之功如此，然豈徒欲寡口過而已哉？心無兩用，言語多於外，則存養疎於内，故多言之時即爲放心，不可不慎也。善乎陽明先生有言曰：「持志如心痛，那有功夫説閒話、管閒事？」故多言之人，吾不咎其言之不中，而深虞其志之不持也。

王生化淳問：「善人不踐舊迹，自不爲惡，亦自高人一等，乃聖人不許其入室，何也？夫室果何物？而何以能入也？舜川王先生曰：『室是道之精微處，《易》曰「剛健中正，純粹精也」，道至乎精微而極矣，是謂室也。』」余曰：「此是乾元贊詞，非室也。」周生咨詢曰：「室是道之大中處，道至乎中而極矣，是謂室也。」余曰：「室無不中，第未可指中爲室耳。」吕生桂芳曰：「室即是禮，克己復禮即入室也。」余曰：「人備五常之德，奚獨言禮爲室也？」劉生獻瑞曰：「大都室是聖人地位。」余曰：「若然，則聖人以下無室乎？」桑生雲茂曰：「室指性言，盡其性即入室矣。」余曰：「諸丈之論，惟此爲確。第不審性是何物？而又何以盡也？」已而宋生惟禎述羅近溪先生語，謂「捧茶童子自能戒慎恐懼」。余曰：「竊謂此童子似能入室者矣。」諸友訝然，請畢其説。「余亦宫墻外望者，請臆言之。夫天下有一等人，生質本美而學問不加，見諸躬行自能寡過，此等人世間儘多，正所謂不察不著之流也。古有名世豪傑，心術粹白，踐履純篤，功業充滿天地，而本原求徹，終是未窺藩籬，即曾子隨事精察之際，顔子仰鑽瞻忽之時。彼蓋志切入室而猶苦不得其門而入也。一貫之唯，卓爾之見，其庶幾乎！然則吾人之室，可得而言乎？曰本性是已。夫性在天爲於穆不已之命，在聖人爲純亦不已之心，在衆人爲愚夫愚婦與知與能之理，藴之爲道德仁義而不爲精，發之爲飲食起居而不爲粗，散之共見共聞而不爲顯，歛之不覩不聞而不爲微，無所偏倚之謂中，天則自然之謂禮，生生不息之謂仁，皆室中富有之藏也。仁者見之謂之仁，智者見之謂之智，是窺其户牖而未覩室之大全也。百姓日用而不知，如瞽人坐室中而一物無所見也。彼童子不思不勉而捧茶中節，是室之用見於捧茶而童子不知也。」「然則何以能入之？」曰：「講學以明之，多賢友以切磋之，齋戒以神明之，洗心以退藏之。雖功有淺深、學有生熟，不得不由門而入，不得不由堂而進，而此心所望而趨者，惟是室也。斯謂直截之功，斯謂知本之學。如是而方能資深逢源，如是而方能淵泉時出，而吾心之純德始可與於穆不已者同運矣。斯謂入室之學也。」宋生曰：「入室無難，我一步便可抄入門内。」曰：「若論本體，則終日穩坐室中；若論功夫，須是深造自得。但要識得室之所在，則步步緊切，庶不枉費心力耳。」

呂生先聲問曰：「四勿功夫是制外以養其中，然孰無視聽言動，多不能制而流於非禮，何也？」曰：「四勿雖分四項，而主宰實惟一禮。蓋方寸中兢兢業業，秉一禮以爲萬化樞，故視聽言動一覺非禮，便自遏絶，此謂常惺惺法，實孔門求仁的訣也。若此衷先無主宰，遇非禮之色而後思禮以制其視，遇非禮之聲而後思禮以制其聽，時言時動皆旋用安排，則把柄不存，且恐與物俱馳矣。樹倒始扶，非孔門爲學之旨也。」又曰：「夫子語樊遲『居處恭』等語，此便是『四勿』功夫，即從此處博文約禮。」

楊生復元問曰：「聖如夫子而發莫知之嘆，何謂也？」曰：「此章書道理甚大。天命聖神之精皆在這裏，不可輕看過去。夫天下之道，平易而已矣。惟其平易，故一人由之，而天下不能外；一時由之，而萬世不能違。夫其不能違、不能外也，此其所以爲中道也。即如《中庸》位育參贊、肫肫淵淵等語，若涉於精微奥妙之極，亦只是這個平易之理。天道時行物生，萬古不易，亦只是這個平易之理。學不本平易，便與天道不相似，與天不相似，惡足以言聖學也？顧此平易之理，無奇效，無顯名，天下無可稱，後世無可述，自非有純天之心，耐不過這個境界。以故賢智輩好高立異，求知炫名，一不如意便怨天尤人。夫怨天尤人，皆起於徇外爲人之私，而離道遠矣！此夫子之所深憂也。故不得已而自鳴曰『莫我知也夫』，非人之不能知我也，由吾之學無以致其知耳。吾惟不怨天，不尤人，下學上達，如是焉已矣，何以見知於人哉？知我者，其惟天乎！夫學奚以云『下』？則平易之謂也。上達天理，亦即此下學之理，漸造漸詣，行著習察，馴致精義入神之妙耳。即上達了，畢竟只在下學中。是義也，夫子往往舉以教人。其曰『君子依乎中庸』，曰『中庸其至矣乎』，曰『庸德之行，庸言之謹』，曰『淡而不厭、簡而文、温而理』，如此等語，不一而足，莫非發明這個平易道理。至其所謂天知者，亦非天能獨知而人不可與知也。蓋聖人之學，仰之而合於天，俯之而同於人，使人皆學夫子之學，則易知者宜莫如夫子，惟世之好奇者衆，故不能知聖人，而知聖者獨歸諸天。然則聖人之所以爲聖人者，其衆人之所棄而不居者乎？故謂此章之旨爲夫子自明所學，可也；謂其昭示斯道之本體，亦可也。明得此，則維天之命與千古聖神相傳真脈，俱可了然無疑矣。嗟夫！聖遠言湮，學絶道喪，茫茫兩間之內，亭亭七尺之軀，其中汩没於聲色、戕賊於貨利、沉溺於富貴榮顯之中者，滔滔皆是，姑無論上達，即下學孰從而知也？可嘆也夫！」

苗生之華問曰：「孔子思中行不得而及於狂狷，吾儕今日爲學，姑學狂狷乎？抑舍狂狷而直趨中行乎？」曰：「道以大中爲至，學以致中爲期，吾儕今日正當以中行爲標的，安事狂狷哉！後學視中行爲絶德，遜不敢任，不知至易無難、至約可守者，中也。昔孔子仕、止、久、速，各當其可，命曰時中之聖矣。顧所以裁此仕、止、久、速之宜者，豈遠而難求乎？始條理者，智之事也。智即吾心之良知所以裁此中而適於時者也。人孰不有知也？而謂中行不可及哉！」曰：「然則賢智之過、愚不肖之不及，何以説哉？」曰：「未發之中，聖凡所同。惟夫蔽於物欲之私而爽其靈明之則，於是乎是非顛倒，好惡與人相遠矣，奚啻過與不及乎？誠能講學以明此心，寡欲以養此心，俾湛然虚體無將迎、無偏倚，常空空焉以待天下之感，則事至能揆、物來能應，譬如懸鑒而不能掩以妍媸，持衡而不能欺以輕重，又何中行之不可及哉？故中所以宰行也，心所以制中也，學所以澄心也。心固在我，學之機亦不在人。果而確無難焉。故曰中行之非絶德也。」

張生景運問曰：「鄉人之善者好之，其不善者惡之，此果足以盡人否？」曰：「夫子之答，特以矯子貢之失耳。殊有至人，非善者所能好；巨奸，非不善所能惡者，苟非深於學問，惡足衡量人品哉？」

「子路問成人」章，其次節分明是子路口語。曰「今之成人者何必然」，依然率爾故態也。曰「見利思義，見危授命」，又儼然自道其所長，而謂爲夫子之語，似未妥也。

古之學者爲己，只是知所先後。古來多少帝王神聖、盛德大業，被《大學》這一句道盡。後儒茫茫一世，那知先後之着？只爲《大學》之教不明也，可慨也夫！

「斯民也，三代之所以直道而行也」，此是庶民家道統之傳，而歷代聖神都藏在這裏。

問：「學問之功，各就其資之所近，何以曰『有教無類』也？」曰：「類之不同，非但善與惡，若蒼素難一也，而剛柔清濁之異質，高下偏全之異見，倫類蓋紛然不齊矣。即如今一堂之上，或甲可而乙否，或此是而彼非，通塞迴別，疑信相半，類何可强而同哉？凡若此者，皆未會通於聖人之教，故各持一見，自分其類耳。苟有先知先覺者開其顓蒙，振其怠惰，日相夾輔薰蒸，則偏可全、邪可正、塞可通、鈍可敏、剛可中、柔可立。譬之射者，立的於是而萬矢胥會於是矣。譬之北辰，奠位於斯而衆星悉拱於斯矣。教惟一，故類無二，所謂殊途而同歸也。自昔帝堯勞來匡直之多方，伊尹先知先覺以爲任，吾夫子誨人不倦、無行不與，彼聖人者，誠欲一天下之類，故不得不於教化是急耳。由是觀之，則吾儕今日之明學，其有不容已者矣。」

或問：「『視思明、聽思聰』，敢問耳目何以得聰明？」曰：「都在心上説。均是耳目也，有視而不見、聽而不聞者，有以奸聲亂色爲美者，有思慮久而後得聞見之正者，有隨所聞見而若决江河者，此其耳目何嘗不同哉？其所以主宰之者異也。故曰『耳目之官不思而蔽於物』，知此則九思歸於一思，心之官得其職則衆善從之矣。」

問：「人性皆善，而夫子曰『上智與下愚不移』，則人豈不有不善之性哉？」曰：「此義甚難明，正當勘破。説者謂『義理之性本無不同，氣質之性容或有異』，此可爲上智下愚之解矣。」「然有義理性，又有氣質性，不幾於有二性乎？」「蓋天地間只是一個太和元氣，而氣之條理即爲理，理即太極也，渾然一而已矣。一則無聖愚之分也，而猶有分者，則二五雜揉，不能無偏全之異，於是人之生也，有清濁純駁之不同矣。清純之至爲上智，駁濁之極爲下愚。要之下愚未始無善根也，不然必其不自太和元氣中來耳。然其不能移者，則以質既昏弱，又困於習俗，自少至長，蔽錮甚深，一旦語以善言，扞格不入，遂謂愚不能移，不幾於厚誣人性乎！誠使將駁濁之人自少至長，群於善人之中，所見無非正人，所聞無非正道，所行無非正事，耳提面命，涵育薰陶，即甚愚未有不可化而入者。故下愚不移，只爲缺了修道之教，補一教字而人性一矣。是謂贊天地之化育。」又曰：「『性相近也』，孟我疆謂：『相近之旨言同也。』愚謂既兼氣質言，則相近只是同字之意，不可直謂爲同。天之生人，大較自是相近，如犬自與犬相近，牛自與牛相近，不必聰明才智較若畫一而後謂之同也。故『相近』二字最活而妥。」

孟子上

黄生甲第問：「無暴其氣，何如？」曰：「此氣字分明指形氣而言，觀下文趨蹶二字益見。然浩然之氣生於集義，其盛大流行，全自心安理順處生出。是故賁育之勇不足言强，而顔子氣短早折，常自充塞天地間。論浩然之氣者，須要判别明白。」曰：「孟子論氣必言到體之充，何也？」曰：「此因告子『勿求於氣』，只是要强制其心，故云氣不可暴也。此雖主氣言，却是要由内反外，心安體舒，無一毫不自慊，此便是無暴氣處，亦便是集義處。非徒外面收攝形體而已也。」又曰：「告子『不得於心，勿求於氣』，觀他『勿求』二字，則外面有多少悍然不顧，裏面却只要帖然不動，此是甚麽學問！故孟子折之，所重匪在氣，謂氣與心相關涉耳。」又曰：「告子勿求於氣，此正告子外義處。」

劉生復元曰：「孟子『知言』與《論語》『不知言無以知人』，其旨同否？」曰：「意本相同。第言則未易知耳。曲學偏論，惑世誣民，而昧者争艷慕焉，則惟其言之難知也。是故心不足以合天，難乎語知言矣！」

王生夢説曰：「氣本浩然，又須直養，何也？」曰：「千古聖學正脈、人心天然本體，被二字道破，容不得一些矯揉造作之私。下文所謂『有事勿忘，勿正勿助』，渾是鳶飛魚躍之趣，正是直養景象，如此乃能塞天地、配道義。何者？直是天地本體，故直養之則塞於天地之間，無餘欠、無幫湊也。」

周生咨詢曰：「行有不慊於心，非但所行悖乎道義方纔不慊。便是道義有合，而於本心有違，亦是不慊。不慊便非直養，不直便餒。」此語良佳。

張生元恭問曰：「天下惟忘之是患，而助非所患也。苟得必有事焉者，雖助不猶愈於忘乎？」曰：「忘則本然之體尚在，一助而生生之機塞矣。故無志者患忘，有志者患助，故曰『天下之不助苗長者寡矣』。明於勿忘勿助之義，而心體可見，非獨言集義之功也。」又曰：「有事勿忘，只是常惺惺法，功夫都在心上。學者昡於集義、積善之説，把有事看作外面，殆不知其淪於告子之失矣。勿忘勿助，即本心上不敢少拂其自然之體，况外求乎！」

崔生應龍曰：「古來大聖多矣，孔子猶以大哉稱堯，而孟子獨願學孔子，何也？」曰：「孟子具千古隻眼，於千聖百王中獨擇一孔子學之，蓋自開闢以來，天得之爲天，地得之爲地，人得之爲人，徹上徹下，亘古亘今，總只一理流行，更無岐路，合此者爲斯文正宗，違此者爲偏曲邪徑。孔之爲孔，吻合乎天者也。孟之學孔，學其吻合乎天者也。曠世相符，一針不錯，則其所以爲天者一耳。彼夷、惠之流，不能觀天地之全，則以無孔子之智耳。是故金聲開玉振之端，孔子所以見天之大。知言析養氣之理，孟子所以契孔之天。大哉智乎，其千古入道之法門乎！夫學道而漫無統宗，猶行射而不樹之的也。孟子既標孔子以立人極，則吾儕又安能舍孔聖而他適哉？天之理未嘗不畀之我，吾之智未嘗不禀諸天，神而明之，存乎其人耳，同志者勉夫！」

陳生爾志問曰：「不仁不智、無禮無義，如何便爲人役？」曰：「非必奴僕乃爲役也，高官大爵爲人頤指氣使者固多也，蓋尊爵安宅不在我，則自家失了主張，欲不爲人役，難矣。清夜反觀，寧不有餘愧哉！」

韓生文奇問曰：「心性同異，甚難言矣。今觀『惻隱之心，仁之端也』，則心、性其有分乎？」曰：「惻隱之心動而見吾性之仁，畢竟仁不可見也。是故性主其靜，以待天下之感，心效其動，以呈吾性之能。無是性，心安從生？無是心，性無由見。」

李生肅儀問曰：「皜皜無尚，此孔聖卓冠千聖處。敢問人心亦有此皜皜否？」曰：「人見曾子以此推尊仲尼，遂以江漢秋陽爲萬古絶德，不知此乃是人心同有底。試看赤子之心，曾何有一毫點染？試驗吾心私欲未起之時，亦何曾有一毫點染？只緣路頭差錯，隨俗習非，欲念蓬生，日久陷溺於是，潔者穢而白者淄矣，豈不將現在聖體輕自拋擲哉！雖然，青蠅點玉，未始不可濯也；沙裏藏金，未始不可淘也。『我欲仁，斯仁至』，非如白物一變而不可返也。吾儕久墮俗中，未能頓復性體，且將平日易萌之私、難克之欲一切蕩滌廓清，到得無可清處，只剩下一個光淨淨底本體，而皜皜者全矣！吁！衣垢思浣，鏡塵思磨，惟心垢蔽而不思祓濯，惑哉！」

孟子下

韓生士奇問曰：「聖賢論學，專取有本，至《孟子》『源泉』章更諄諄焉。敢問何以爲本？而本何以立也？」曰：「士有淹貫今古者，腹經笥而口懸河，稱博雅矣，然知於涉獵之所及，而其所未及者不知也。匹夫匹婦未嘗學問，然率其天真，終身用之不窮，此有本與無本之辨也。昔孟子源泉之説，日月有明之喻，其所以論本者，可謂深切著明矣。至於《中庸》所稱『費而隱』、『微之顯』、『敦化川流』、『不見不動』諸説，何莫非探本之談哉？萬古聖學正脈，只要立天下之大本，世儒不知務本而惟末是圖，聞見愈多，支離愈甚。象山所謂『易簡功夫終久大，支離事業竟浮沉』，陽明所謂『舍却自家無盡藏，枝枝葉葉外頭尋』，皆所以標揭本原、防閒外務，可謂學問正宗矣。然本，吾性也。性，所同也。人不患無本，而患不能立本，見不真則其本昧矣，養不定則其本揺矣。味與揺，非所以立本也。嗚呼！有志於本者，其惟務學不輟，則本立而道生矣。」

陳生民志曰：「幾希之説，大段是物得其偏，人得其全，敢問所謂偏全者可指而言乎？」曰：「二氣絪緼，萬物化生，人與物知覺運動同也，寒暑饑渴同也，牝牡孕育同也，耳目口鼻四肢肝膽脾肺心腎無不同也，而其所異者，特一點能盡其性之明耳。物非無性也，有其性而不能盡，此物之所以爲蠢也。若人之所禀者，則天地之靈性也。精而察之，而天地之全知可得而會矣。推而廣之，而天地之全能可得而運矣。故能俯仰乾坤，中立爲三，而天地且賴以裁成，民物且賴以輔相，非有他也，其所得而爲性者，分量本如是也。試觀舜、禹、湯、文諸聖，其憂勤惕勵之心，正所以各盡其性者也。若是者，豈物可得而與能也哉？故曰：『人之所以異於物者，以其能盡性也，如有其性而不盡，則亦物焉而已矣。』」又曰：「孟子云：『人之所以異於禽獸者幾希，庶民去之，君子存之。』夫宇宙間君子少而庶民多，然則盈宇宙間，其皆人而禽獸也乎？猛省此言，令人惕然懼矣。此孟子喫緊爲人處，學者不求所以存之，是將何如以自得乎！」

李生杜才問曰：「由仁義行甚難，且只勉行仁義，功夫不猶易進乎？」曰：「此是千古學脈所係，何可輕議？以愚見言之，由仁義行乃易，而行仁義反難也。」曰：「若是，則人人舜矣，何聖人之多也？且世之不仁不義者何限？即行仁義且不能，况由仁義行乎？」曰：「這不能行仁義的，却是能由仁義行的。第由之不知，則亦不能盡道耳。」又曰：「由仁義行與行仁義，人以爲有安、勉之分矣，勉者猶可着力，安者未易企及。愚竊以爲不然。安者如守成之主，一保任而足矣；勉則如創業之君，經營布置，殊費心力。故君子之學，直以盡性爲歸，不事煩難。」

江生漢濯問曰：「『君子之澤，五世而斬』，此何所繫屬而然乎？抑何限於五世也？」曰：「君子垂澤久近，視乎修德厚薄，分外絲毫增益不得。譬之草木，根本養得幾分，其花實亦只成得幾分，一毫不能加也。孔聖萬年不朽，亦只是當年皜皜中培就無窮分量耳。君子欲托此身於不朽，可忽厚養之功哉！」

王生攀龍問曰：「『聖人歸潔其身』，龍平生甚愛此語。晝之所爲、夜之所思，惟恐有一毫點染爲此身累。不識此等用功，於學問之旨當否？」曰：「人有垢面不滌者，則人皆笑之矣，然人亦未有不滌其面者。誠思潔也，至於持身制行，則得罪名教而不顧，觸犯公議而不恤，如負塗之豕，爲人畏惡，何其不自愛之甚哉！夫身生於父母，來自天地，百年光景，一去難留，奈何漫不自好而汙辱人世爲哉！夫子曰：『身也者，親之枝也，敢不敬與？』是故不潔其身，即爲不敬其身；不敬其身，即爲不孝其親。是故仁人孝子之所戰戰兢兢而不敢一息怠也。故明於潔身之義，而學問畢矣！」

有友論：「伊尹以先覺自任，聖人善世之心乃如是之切乎？」予嘆曰：「嗟乎！吾觀天民先覺之説而知聖賢之有憂心也。蓋天生蒸民，靈性同具，惟百姓日用不知，於是乎有過者，有不及者，有濟惡不才者，於是强得以暴弱，衆得以侵寡，小人得以凌君子，夷狄得以侵中國，而天下日入於多事。間有生質粹美者，儘有向道之資而無先覺爲之指引，則亦倀倀乎莫知所之，究竟與凡夫共老而已。聖人以覺眼照天下，視天下穰穰熙熙者，皆熟睡不醒者也，而惻然有憂心焉，於是有庠序學校之設，有勞來匡直之方，有三物、四術、五禮、六樂之教，其或道在而位不在，則又設科以甄陶士類，著述以開示後人，如《大學》之『新民』、《中庸》之『成物』、《論語》之『立達』、《孟子》之『使人昭昭』，則皆以所獨覺者覺天下，皆聖賢憂世之心不容已也。夫聖賢覺民之意如此其切，乃或困而不學，安於不著不察而不悟，聽其過言過動而不愓，費先覺之長呼而鼾睡如故，又或一知半解而不求精進，如寐者纔覺，朦朧而不求心目了然，則亦總歸於無覺而已。嗟乎！上焉者志覺人，次焉者從人覺，下焉者覺之而不覺。夫至於覺之而不覺，則末如之何也已矣，有志者宜知所擇焉。」

范生崇孔問《孟子》「尚友」章：「註解謂：『己之善蓋於一鄉，然後能盡友一鄉之善士』，似覺未妥。設使已無其善，遂不敢取友乎？」曰：「賢所疑甚是。孟子本旨只是欲人廣於取友之意，言有一鄉之善士，我即友那一鄉之善士；有一國之善士，我即友那一國之善士；有天下之善士，我即友那天下之善士，友盡天下還爲未足，故尚友古人。總是取善無窮之意。如此之人，其本領自是卓絶，不必言蓋而蓋在其中矣。」又曰：「孟子以友天下之善士爲未足，又進而上論古之人，則吾之一身，其表裏人物、進退古今之身乎？看他舍顏、閔不居，直願學孔子，則誠眼空當世而直與孔子爲友矣。學者須是有此襟期，方做得出個人來。」

蔡生叢芬問：「告子謂『生之謂性』，孟子辟而闢之，後儒又謂告子之言不差，夫性誠難言矣，第學不透性，何以言學？願聞其旨。」曰：「論理一則人與物同出太極，何可言異？論分殊則人與物各具一質，何可言同？故犬不同牛，牛不同人，囿於氣而不能通者也。是則生不可以謂性矣。」又曰：「飛潛動植各一其能，囿於氣而不能通者也。微獨物爲然，四方之人剛柔異禀，亦其囿於氣者耳。微獨四方之人爲然，一人之身，五官四肢各一其用，亦其囿於氣者耳。蓋氣則萬有不齊，理則至一無二。論性者不剖判理氣明白，則性何可得明？」曰：「理氣果分而爲二乎？」曰：「非也，氣之有條理者即爲理。所禀之氣不同，則所具之理亦因以異。如犬牛與人異氣也，而其性安可以强同乎？」

韓生懋學問：「告子謂『性無善無不善』，孟子辟而闢之矣。陽明先生乃謂『無善無惡者心之體』，此與告子奚殊乎？竊恐陽明間世大儒也，必不踵告子陋見，而其旨安在？」曰：「自陽明出此一言，而世之不達者費了多少唇吻。夫告子所謂『無善無不善』者，是言性體原無善惡，但能知覺而已，而其有善惡者，皆由人添出來的，所謂以人性爲仁義是也。陽明所謂『無善無惡』者，非言性體本無也，謂寂然不動之中只是個湛空本體，固容不得惡，亦豈容得善？所謂『眼裏豈容金玉屑』是也。《中庸》謂『未發之中』，夫子自謂『無知也，空空如也』，皆是無善無不善的景象。故陽明子曰『無善無不善』，乃所以爲至善也，此豈與告子之論可同日語哉？」又曰：「性本善也，而着一善，則失其常矣。不着一善，謂之無善，不亦可乎？世儒紛紛之説，只謂未達本體之善與所着之善不同耳。」曰：「善不同乎？」曰：「本體之善，至善也，無善可指也。所着之善，則善念、善事之謂也。從本體生來，而本體却無是善也，有善則非至善也。」

又問曰：「吾觀讀書童子，有一目成誦者，有口授終日不能記一言者。謂天之降才果無殊乎？」曰：「此正所謂氣質之性也。若論氣質，則有千態萬狀不同矣，豈可論本然之性哉？譬若飲酒然，量有大小，受有多寡，而其嗜酒之性非有二也。」

又問：「立大則爲大人矣，而物欲牽引，掃除甚難，此世所以鮮大人也，奈何？」曰：「先立其大，則耳目且在所緩矣，况外物乎？」

張生起龍問：「『盡心』章義奥難明，請示之。」曰：「此却無奥義。孟子因人看得天命遠了，故示之：曰盡心知性便知天，存心養性便事天，夭壽不二、修身俟死便立命。天命原在我，求之己而達天立命之學無餘事矣，何難之有？」曰：「註謂『盡心由於知性』，其説何如？」曰：「未妥，謂盡其心則知性耳。如盡吾惻隱之心，則知吾性之仁，匪仁則惻隱何從出也？盡吾羞惡之心，則知吾性之義，匪義則羞惡何從出也？然吾性又何以有是仁義哉？道之大原出於天，故觀吾性之仁，而天之元德可知矣；觀吾性之義，而天之利德可知矣。以至五常百行，皆可因用以求體，由顯以索微。道原是一個，故盡人自足以合天也。『盡』字宜玩味。盡者，竭盡無餘之意。心不盡，則有不滿之量，何以知性知天哉？」

涂生葆元問：「盡其心則知其性，惟心性之合一，故盡此則知彼也。然又言『存其心，養其性』，心用存而性用養，則又判然列而爲二矣。敢問同異之旨何如？」曰：「此理不可截然分而爲二，亦不可混然合而爲一。蓋性者，渾淪之體，而心則性之所出，以效靈明之用者也。故專以心言，則心自有體用；以性對心言，則性其體而心其用也。性主静，心主動。心有出入，性無存亡。性者心之合，心者性之分，一而二，二而一者也。」曰：「若然，則又何以言心統性情？」「心者，神明之舍也。曰理非形不載，此心字是以方寸中形具而言，故衆理胥此以統之。若前所論『心』則以虚明靈妙而言。畢竟性以生心，而心以發性也。孟子論四端曰『惻隱之心，仁之端也』，觀此而分合體用之説自明矣。」

周生成德問：「『所過者化』，聖如大舜不能格其父母昆弟，後雖底豫，亦費多少心力，安能一過便化也？」曰：「『過化』謂聖人湛空之體，過而不留其於民也。殺之、利之、教之，皆因物付物而我無心焉，正與天地溥物無心相似，故曰『上下與天地同流』。惟王者無心以爲感，故王民無心以爲應。此其所以皞皞也，此乃過化本旨。紫陽語録中亦曾見及於此，以爲涉於微杳，而訓爲『身所經歷』之説，畢竟非過化本旨也。」曰：「敢問『所存者神』，何謂也？」曰：「聖人運化之心神妙不測，正與『於穆不已』同運并行，非如霸者行一政，的然惟恐人不知也。夫神且不測，何自而感王之恩哉！」

臧生懷珍問：「心以虛靈爲體，神妙爲用，何物可塞？而『茅塞』之説，何謂也？」曰：「天有明命，人稟之爲靈，心本自虛明洞達，無所障礙，善持養者適得吾體，則如空中樓閣，八窗玲瓏，何視不見？何思不通？而又何茅塞之有？惟夫荒於聲色，戕以貨利，而本明之體始塞而不通，姑無論道德性命之精，參贊彌綸之妙，非其智慮所及，即尋常日用，而喜怒哀樂爽其則，視聽言動乖其宜者，何限也！皆此心之塞爲之也！微獨物欲塞心，意見亦然。楊子爲我，墨子兼愛，子莫執中，舉一廢百，塞之累也。微獨異端有塞，聖人亦然。伯夷偏清，伊尹偏任，柳下惠偏和，得此遺彼，塞之累也。然則塞之係於人也，豈不大哉！是以聖人不邇聲色，不殖貨利，旨酒必絶，禽荒有戒，一切損真伐性之事，屏之惟恐不至，則惟恐此心之塞而已矣。故曰『聖，通明也』。通者，不塞之謂也。吾儕群聚講學，期復通明本體，而反觀此心其有塞乎？其無塞乎？竊恐學問無精密之功，塞焉而不自覺，因循無振拔之力，塞焉而不求通耳。噫！塞而不覺，猶可使覺也。塞不求通，則末如之何也已矣。」

楊生天精問曰：「孟子云：『性也，有命焉；命也，有性焉。』夫性命一也，而此爲分析抑揚之辭，似有支離之病矣。故後儒合一之説紛紛而出也，敢問其旨何如？」曰：「此當達觀性命之原，不可徒溺其文義。蓋天地以陰陽五行化生萬物，其中無所不備，謂之爲食色嗅味之性者此也，謂之爲仁義禮智之性者亦此也，謂之爲於穆不已之命者此也，謂之爲品節限制之命者亦此也。蓋總是一個，而其理則無所不備。譬之性一也，可以爲仁，可以爲義，又可以爲禮智，總之惟一性而已。君子於其無所不備之中，而取其道之當盡者，責成於己，故命所當安則不謂性，性所當盡則不謂命，猶之宜於慈愛則用仁，宜於裁制則用義，非仁義果爲二道也。此可以知性命之義矣，不必强爲合一之説也。」

問：「『然而無有乎爾』二句，註謂：『今無見而知之者，則後世豈有能聞而知之者乎？』是將下句指聞知説矣。是孟子本意否？」曰：「此章書全重『見知』二句，都指見知説。如云：『世未遠而居相近，尚且無見知者，况世遠而居不近，則豈有見而知之者乎？』見知無人，則無以開聞知之地，而道統幾乎息矣。是必有任其責者，此孟子自任之意也。」

卷六 語録上〔一〕

天道篇

盈天地間只是一個元氣，元氣只是一個發生。人身四肢百骸、五臟六腑，徹内徹外，無晷刻絲毫不與元氣相融洽，故受其滋息而不死。凡少而殀、老而死者，皆其本身元氣先絶而與天地之元氣不相干涉，故不能生也。譬之五穀壞種，雖天地好生，豈能使之生哉？或曰：「人之不壽，固由於自絶其元氣矣。若樹木無情，而亦有枯槁，何也？」曰：「年年發生，皆其耗損之時，特積漸而不覺耳。明於是説，則天地之有混沌也，可以知其故矣。故善養身者，以收斂閉藏爲要務。」

「乾知太始」。《本義》訓「知猶主也」，謂乾職主太始耳。夫知何所見而爲主也？始字無着，謂乾專主乎始，則乾亦涉於空虛，若不有成物之坤，則其所始者何也？竊謂知即天之聰明，

〔一〕 底本卷六原分爲兩部分，分題「語録上」、「論録下」。兹保留其原貌。

所謂明命是也。惟天有是明命，故一本萬殊、條分縷析，而萬物資之爲始，乃得并育而不害，并行而不悖耳。或曰「知猶主也」，如知縣之知爲一縣之主，今日知縣主一縣之始，於義通乎？

或問：「天地以好生爲德，而疫氣流行，常至通都連邑，戕億萬生民之命，此其於好生之意何如也，無乃天地有時不仁乎？」曰：「天地之心，以好生爲德，而二氣五行之運，不能無偏勝壅閼之處，如陽勝則亢旱，陰勝則淫潦，而金、木、水、火、土之氣，各有所偏，則爲災各異。醫家測五運之氣，而知某年某氣司天，其於人也，主某臟腑當災，而發之當爲某症，應如影響，毫髮不忒。由是言之，則疫氣戕人，氣所爲也，而無損於天地好生之德也。譬如人之於身，無尺寸之膚不愛焉，無尺寸之膚不養也，而血氣有凝滯不通之處，則瘡瘍生焉。豈其瘡瘍之處非愛之所及哉？氣偶乘之，心亦無如之何也。是知愛身者，好生之心也，而瘡瘍者，疫氣之乘也。知瘡瘍非人之所欲有，則知疫氣非天地之所欲有矣。」

太極判而爲二氣，二氣絪緼而萬物生，人與物孰不本此哉！此所謂理之一也。而人之所以異於物者，則其所得於二氣者各異耳。鳥得之爲飛，獸得之爲走，草木得之爲夭喬。此不能以兼乎彼，彼亦不能兼乎此，氣限之也。若人之所稟者，天地之全氣也，非如物之有所限而不能相通也，故能以藐然之身與天地合其德耳。然非天之陰厚乎人，亦非人之私得諸天也。既名爲人，其稟賦自合如此，亦猶鳥自合飛，獸自合走，草木自合夭喬，皆分定而不可移者也，此所謂分之殊也。

問：「天可知乎？」曰：「天如彼其昭昭也，何難知之有？夫天自開闢以來，如是其於穆不已而已，如是其時行物生而已，寒暑不爽其期，晝夜不愆其度，周天之數三百六十五度四分度之一，較若畫一也，終古之數元、會、運、世，計共一萬九千六百歲而天運一終，明如指掌也。他如代明而爲日月，震動而爲雷霆，變化而爲風雲，霑濡而爲雨露，肅殺而爲霜雪，遞遷而爲四時，爲八節，爲二十四氣，爲七十二候，皆可循故而求未至□□□者。又如其德好生，其體行健，其靈爽下濟而光明，其好惡福善而禍淫，其元亨利貞之德賦於人爲五常之性，是其性情微妙出於象數之外者，又無不可心相契而神相孚也。孰謂天不可知哉？」曰：「孔聖五十方知天命，而子易言之，何也？」曰：「匪獨言之，第覺日用動静無適而非天也。」

人言「天將雨則星昏」，信然。蓋地氣絪縕，乾坤自不能朗耳，非星體昏也。或云「雨從星出」，則不經之論。雲升雨降，星高而雨卑，奚相干涉之有？

盈天地間莫非生生之氣，人得之而爲仁者此耳。

天之報善報惡，久近不同，絲毫不爽，非道之獲，雖賢者猶然處之，只是信報應之理未至耳。昔元主謂宋家以孤兒寡婦得之，亦以孤兒寡婦失之。人知天下大物，報應固宜不爽，不知民庶家飲啄之報皆如是也。寧陵吕公新吾凡置産，并不用貨，即銀色少不足亦不忍付，惟其見天真而信天篤耳。述之與存天理者共覽云。

或問："「人定勝天之説，何謂也？」曰："「人一天也，惜乎不察而自小耳。修道之教，立命之功，皆是欛柄在手而造命自我也。故善體道者不言天而言人。」

「逝者如斯夫，不舍晝夜」，此宇宙間仁體流行也，只是爲物不二。

夫星掩於陽光而晝不顯矣，蔽於重陰而夜亦不顯矣。掩也、蔽也，所乘之時也，而星之爲星自若也。知此而可以明寂然不動之體。

天之生物也，使之一本，然而人與天實共一本，聖同天原不少異耳。

古今以來，多少事變，山川崩竭而天不動也，國家興亡而天不動也，人物代謝而天不動也，麟鳳虺蛇并出、君子小人并進而天不動也，而天之爲天只如是其無聲無臭而已，如是其時行物生而已。彼無常變態，竟不能逃天地範圍也，故君子定性之功當如是。

夫天不令人喜、不令人怒，有覆冒萬世之功而不令人知，顔殀跖壽，報應反常，任天下萬世猜疑而不白，故君子含弘之量當如是。

山自合生草木，不生蟲魚；水自合生蟲魚，不生草木。一氣之所長育者，自然也。然則天地之生人，亦自合爲萬物之靈，雖欲不如此，不可得也。

天一歲之中生長於春夏，收藏於秋冬，一日之内晝明而夜晦。蓋不翕聚則不能發散，造化且有然也，人精用而不已，神用而不休，如之何不早敝哉？

天如彼其大也，而吾心之脈脈者，實與之吻合而無間。

今夫天無聲無臭而廣生大生，其出無窮，今夫人不覩不聞而隨感隨應，其出亦無窮，由其所以主宰是者無不同也。天人一也，信之深矣。

地以上即爲天，人身常在天中。嘗驗於郊行，目力所極，數里之外即天際也，行之不已，至萬里之遥，目前無非天也，則知身固在天中矣。蓋天，太虚之氣也。目前雖空空無象，而目力所極即爲蒼蒼之色，其仰而觀之者同此。

理氣篇

天地間只是這些元氣化生萬物，這天地之氣自然至巧至靈，千態萬狀，無所不有，不假安排，自然各足，是即所謂理也。氣外無理也。薛文清公曰：「天地本然之性，就氣質中指出不雜者言之。氣質之性即本然之性墮在氣質中，初非二性也。」玩此言，是以天地本然之性爲一物，氣質之性又爲一物，以彼物雜於此物中，是二物矣，須細玩之。

薛子曰：「性如水，水本清，被泥沙濁了。便濁了也只得謂之水。性本善，被氣質夾雜惡了，便惡了也只得謂之性。故程子曰『惡亦不可不謂之性』者，此也。」此言恐非至論。夫水與泥沙未會之時本二物也，性與氣可以二物視之乎？《易》曰「一陰一陽之謂道」，只如此言便自渾成。陽明曰：「程子謂『論性不論氣，不備；論氣不論性，不明』，亦是爲學者各認一邊，只得如此説。若見得自性明白，氣即是性，性即是氣，原無性氣之可分也。」此可爲萬古確論矣。

薛子以水雜泥沙喻性，是二之也。孔孟有言曰：「仁者，人也」、「形色，天性也」，則氣外豈有理乎？故以水喻性莫若以冰喻性。夫冰寒甚則厚，寒輕則薄，澄處則清，淆處則濁。人之昏明强弱亦猶是也。此氣質之性之説也，總是一個物也。

世儒曰：「氣質，形下之器也，何可以盡理也？」愚曰：「談道者以《易》爲準，一陰一陽之謂道，可二視之乎？人蓋徒知言氣，而未知此氣之爲靈也。上而爲天，下而爲地，流峙而爲河嶽，昭布而爲日星，推遷而爲四時，動植而爲禽獸草木，千態萬狀種種不窮，條分縷析色色可象。是果孰爲之分析哉？一氣之廣運自若，是其靈妙而不可測也。凡此皆氣也，而孰非神也？世之析理氣而言之者，其亦未嘗深察而自得之耳。」

談性學者至「與生俱生，與形俱形」，其言最爲親切矣。而不知其言之未當，誤天下後世不淺也。夫謂之曰「俱」，是兩者相并而來也。氣以成形，理從何自而入？方其未形，理在何地而藏？人其形滅，理又隨之而去？是皆不得其故也。且人生氣質各異，有一能者，有十能者，有百千能者，豈理亦隨其分量而爲之多寡其數乎？故理氣難分，如是而爲氣，即如是而爲理。如水寒火熱，皆其所本來，不可云俱來也。

吾每驗之，精神充周時，便思索道理甚徹，應酬萬事敏而且斷。不然，則聰敏之機塞，而窮理應事俱不得力。由斯以觀，則形神固只一物也。

陰陽之氣，靈氣也。惟其靈，則自有條理，故曰理也。氣以成形，即形即理。如穀種既結而生意自存，非有二也。

雞卵，一殼之水也，壞者不生，不壞者生，生意之存與不存耳。然生意却非水外之物也。

陽明曰：「氣即理也。」蓋氣之爲理，猶蜜之甘，椒之辛，蘗之苦，本然自性，非有二也。

孟子曰：「雖存乎人者，豈無仁義之心哉！」至論平旦之氣，其好惡與人相近，而牿之反復，夜氣不存，則其好惡遂與人相遠。夫仁義性也，我固有之也，而隨夜氣爲存亡。不知清者氣也，而理何從得？濁者氣也，而理何從失？明於此，而理氣之爲二也？爲一也？可以思矣。

論學篇

有客謂予曰：「今之講學何爲者哉？夫道莫大於彝倫，子孝臣忠，便是實學，安用繁言爲哉？今舍實學不務，乃論良知、談性命、辨知行合一之旨，言雖精，何當於實用？無亦立門户以博名高，假道術以濟仕進之私乎？君其戒之。」予喟然太息曰：「嗟乎！是何發言之易而漫不加思也。夫門户未入，必不知其中之所藏也，况遠而望、背而馳者乎？道莫大於彝倫，人人知矣，顧獨講學者畧而不重哉？誠使天下子皆孝、臣皆忠，則多言誠贅疣矣。惟夫講之猶不明，督之尤不率也，則言何可無哉？大凡聖賢不樂有言，又何敢多言。惟夫性命之理，是彝倫之所從出，而萬化之所由起也。乾坤所以不毁，人類所以不滅者，胥此爲之維持。此而不明，即日用周旋於彝倫之際，亦行不著、習不察焉耳。至於墨子之仁，楊子之義，申生之孝，尾生之信，仲子之廉，攘羊之直，似是而非，將至潰吾道之防而流害於無窮，又皆察理不精之過也。學何可不講哉！

「是故理本精於毫芒，學必貫乎幾微，一絲未通，終屬扞格。故曰：『心思不通性命，不可與作禮樂；學術不貫天人，不可與議經濟。』使天下人皆從事於皮毛，而不盡乎精微，吾恐鹵莽滅裂，且不能自成其身，何以知明處當而成範圍曲成之業哉？故學之不講，孔子憂之。孔子所憂，必非庸衆人可非而笑者也。且夫講學者之聚而談也，豈徒駕空憑虚、無當於實用哉？或發所自得，或質所疑難，或評騭前修，或啓迪後進，或德業相砥礪，或過失相規懲，或歌咏以陶性情，或觀察以卜涵養。晷刻促聚，獲益無方，此周子所稱『爲義重聚樂』也。

「且夫漁者言漁，樵者言樵，仕進者言仕進，理學者言理學，所業在是，則所談在是。彼漁樵仕進者均不見非，而講學者獨不理於口，世道人心真可慨矣！聖遠言湮，斯道不明於天下，賴二三同志相發明，以存一脈，而又將禁之使勿言。其流之弊，將三才不可立，而生人之類滅矣！此余之所大懼也。若曰『假公濟私，立門户以博名高』，誠有之矣。獨不觀貨殖者貨殖，聚斂者聚斂，而真積力久、潛心仲尼者自若也。懲一廢百，不幾於因噎廢食乎？故體道敦倫之士出於講學者十九，其悖倫叛道，率世之所謂不知學者也。客試退而思之，其於倫也，果盡否？其盡倫也，果通其當然之故，明其所以然之則否？其未明也，還可以講而明之否？當不俟余言之諄諄矣。」

弟東光謂余云：「陽明先生謂『良知色赤』，言雖戲而最妙，即此可悟道矣。」余曰：「此其一節耳，吾人日用之間，感而遂通，皆色赤之意也。且一聞言之下，不間斯須，而其色輒赤。其機從何處來？此謂不疾而速，不行而至，神固不可測也。欲觀人性之靈妙，察此思過半矣。」

或質諸楚侗先生曰：「百官入朝，當鍾鳴將畢，而其行稍後。於此之時，欲疾趨而進，則有失觀瞻，仍緩步徐行，則不及朝見，二者將奚居焉？」曰：「天下無有這等固執的學問。」已而復作冷語云：「他自然會支使你。」言雖淺也，而人性靈妙被此一言道破矣。因筆記之。

與弟東光論《春秋》，曰：「《春秋》，紀事之書，而其義則夫子竊取之。當其時，游、夏不能贊一辭，而萬世之下無有能彷彿萬一者。則惟夫子純天之心，故褒貶予奪，各當天則，如明鏡照物，妍媸自不能逃。自古聖賢兢兢業業，惟祈不失此天耳。故《春秋》之義，天道也。」

自古稱聖同天，非强合也，亦非特聖人爲然也。天之生人，雖各一其形，實各以全體太極賦予之。譬之父母生子然，生一子焉，禀受其全體，即生十子，亦各禀受其全體。故人生來自有同天之體。惜哉！戕於物欲，不能爲克肖之子耳。

日用間可喜可怒之事，動吾情而失吾常者何限？凡此皆有違於天地之化，不可不加省也。孟我疆曰：「六年前承惠手書，即以希聖爲志，至於今未覩其能爲聖也，無乃有怠心乎？」予曰：「奚以知其然也？」曰：「昔者七十子從夫子周流列國，患難不離，可謂篤信之至矣，而夫子槩不與其好學。今君因循歲月，曾不若七十子用心之專，此而求聖，不亦難乎？」愚謝曰：「君之言，囟門針乎！謂恩同再造可也。請自今以往，禀承大教，一刻不敢放過，務以踐吾前言。不然，寧不終遺笑於先生乎！」

夫道充周於一身，彌漫於六合，顯設於五常百行，大之而經綸參贊，小之而細微曲折，何其廣大無方、神妙而不可測也！然究其原本，則方寸一掬統括而有餘矣。道豈遠乎哉！

學無頭腦，非但改過不得要領，即逐日要行善事，亦終湊泊不來。便做得成，亦只是義襲而取，非自得逢源之妙也。

魏敬吾先生曰：「學問要密切，不可一時放過。一年者，一月之積也；一月者，一日之積也；一日者，一時之積也；一時者，一刻之積也。一刻放過，便是懈心，將無往而不放過，而終身之事去矣。」孟我疆曰：「如會講時精神豈不翕聚，自此以外心放氣浮，便不成個片段。」愚曰：「須見得所以可重處，方不歇手。」敬吾曰：「人之所以異於禽獸者幾希，庶民去之，君子存之。去之則爲禽獸矣，敢不重歟！」

學問無有源頭，雖讀盡天下好書，幹盡天下好事，於聖賢之學無當也。

世教有盛衰，風俗有淳漓，民情有厚薄，此時變之會，不可挽也。乃一點良心秉爲民彝，所謂三代直道而行者，則垂終古而不易。何也？天地不變，故民心不變。天地、民心一也。

吾居都下，舊覩中國、外夷人，而好惡之性無不相似，謂其得於天者同也。道一而已，然哉！

天地間只是少有志之人。

水聚爲漚，散復爲水，死生之理也。

此理不加察識，却渾然見在，無一處不是他用事，一加意想，反有不能了然者。

學最忌忘，而隨事有覺，亦進道之基也。乃前輩謂「覺非學問宗旨」，何哉？蓋一覺者，一復也，復對失而爲言也。今日失焉，而吾復焉；明日失焉，而吾復焉。得失相乘，何時致道？《易》曰：「頻復之義，厲，无咎也。」〔一〕復本無咎，復而失焉，危之道也。一念萬年，永期無間，無從得

〔一〕《周易·復》六三爻辭：「頻復，厲，无咎。」《象》曰：「頻復之厲，義无咎也。」

覺矣。故曰覺非學問宗旨也。

學者讀書只是將口誦過了，如「君子無終食之間違仁」，須是體向自家身來，仁是何等物？不違是何等功夫？

富貴尊榮之家，其樂無所不備。只是義理悦心之妙，終身無他底分。

人視道爲遠，視希聖爲難，故怠焉不肯修，憚焉不敢修。不知道不遠人，聖我同類，非如取彼物以益此物也。學道者能向己身中求，則溥博淵泉，時出不窮，所謂易簡而天下之理得也。夫誠易且簡也，彼怠焉憚焉者，不其自棄之甚哉！

天地間有一件平平坦坦的事，聖賢守之爲居身之珍，存之爲天德，達之爲王道，合則留，不合則去，三公不能易，鼎鑊不可奪。此千古聖賢不易之絃轍也。

謂友人曰：「吾夫子亦人耳，而血食萬年，爲歷代帝王之師。何以若是哉？得非以其刪述六經，垂憲萬世乎？」曰：「然。」曰：「假如夫子無刪述功，遂有損否？」曰：「不損也，道在而功非所論也。」余曰：「道安在也？」友不能應。余曰：「無他，只此一點皜皜乎不可尚者是已。須令吾心亦如是。」

知學者與不知學者相去遠矣，且如均之親親也，均之仁民也，而知道者之親親、仁民則一針一點血也。

學者依傍古人成法，自足爲善士，然性靈未徹，終無資深逢源之妙。譬之畫工然，習花卉者不能作羽毛，攻人物者不能爲山水。巧自外來，故有限也。若夫天聰天明，則不習而無不利矣。

七情中惟怒難制，然怒中其節未始不爲和也。今夫哀本非和，假令孔子哭顔回不哀，謂之和可乎？

冉有、季路之徒，非聖門高弟也，而血食萬年，垂休不朽，乃歷代帝王如漢、唐、宋諸君，其間泯泯無聞者何限？是何帝王之貴不能與匹夫論優劣也？蓋天地間一種道理，徹上徹下，亘古亘今，超出富貴尊榮之外，則民之秉彝是也。彼諸賢依附至人，共由斯路，萬世而下自莫已其企慕之誠耳。非慕聖賢也，所秉之彝在是也。彼時君世主不聞大道之要，即名位顯赫，譬猶朝華之草耳。故不能與聖賢之徒論久近也。

有人非笑講學者。余曰：「不在多言，只各求其不負此生而已矣。」均是身也，其自責自修，共乾坤不朽者，此身也。或自暴自棄，與草木同朽者，亦此身也。善愛身者省夫。

伯淳云：「識得此理，以誠敬存之而已。」又云：「學者須敬守此心，不可急迫，當栽培深厚，涵養於其間，然後可以自得。」又云：「道之浩浩，何處下手？惟立誠纔有可居之處。」又云：「天德原是完全自足之物，若無所汙壞，即當直而行之。若小有所汙壞，即敬以治之，使復如舊。」凡此皆透性語，學者從事於斯，最有持循。

薛文清曰：「人心有一息之怠，便與天地之化不相似。」所謂怠者，不但縱欲敗度背馳之遠爲然也，如宴安，如坐馳，如空談曠日，與夫聞譽而喜，聞毀而愠，得失少介於中，利鈍少萌於念，凡有毫釐空隙處，皆所謂怠也，便與天地之化不相似矣。「必有事焉」，希天之事也。「緝熙敬止」，與天一矣。

曹月川云：「晚年學道，如秉燭夜行，雖無大光，不猶愈於冥行乎？」嗟夫！先生是説，蓋不得已而救於末流耳。聞道不蚤，則履蹈多愆，憑其胸臆，有陷於終身莫贖之罪者，則悔何及也。故人生以聞道爲幸，而蚤聞道尤幸之幸也。

變化氣質當在持志上醖釀，兢業常存，凛乎上帝臨汝。由此出之，則浮者自沉，譟者自默，疎者自密，柔者自强，動容周旋自中乎禮。譬猶植花卉然，培其本根而枝葉無慮不榮澤也。若舍内圖外，忘本修末，則將飾乎其所勉，而怠乎其所忽。古人十年學「恭而安」不成，坐此故耳，亦何變化之有？

有前輩謂吾之學問如無梯上天、無航渡海，不知吾乃步步皆梯航，未有須臾離者也，特其隨取隨足，不假外藉之勞，而但見其無梯航耳。夫有梯航而人不見之，此謂神不可以致思也。愚夫愚婦皆能上天渡海，匪獨余爲然。

學問有了醒於暗室而鶻突於事爲者，是機不熟而不能打成一片也，須是責志。

凡欲爲聖人者，非希高而慕遠也。天地間只這一種學脈，必如是而後爲至當，不然過與不及，其流弊不止害一身，且將及於天下國家之大。故學欲不至於聖，不可得也。

人於千古之下，遠窺千古之上，不出几席之中，坐照海表之外，只是精誠之極，便毫髮不爽。此心若有間隙處，便照不悉而感不通矣。此天地間至實至神之理，學者珍之。

內而一毫不融細，外而一事便粗疎，審哉！審哉！

妙哉！舜之好問好察，執兩端而用中也。顏子以能問不能，以多問於寡，有若無，實若虛，正是善學大舜處。故曰有爲者亦若是。彼一知半解而輒自滿假者，吾懼其入道之難。

聖人之心直與帝天相通，會得是，則許多支離功夫可盡掃去。

與吕生知畏曰：「仲尼七十後假之數年，當猶有進步處。」曰：「從心所欲不踰矩，則已臻神化之境矣。又何加焉？」曰：「且只道聖人之心可能宴然自已否？」

仁統四德，該萬善，一貫之道也。

規誠設，而天下不可欺以爲圓；矩誠設，而天下不可欺以爲方，一貫之道也。

仁統四德，非是另有一個仁會去統那四德，仁即四德，四德即仁，總只是一個。惟仁自然會義禮智信，故名曰統。如仁不能義禮智信，又成甚仁？

與朋友論取友之益，周生咨詢曰：「請以火喻。夫二炭相燃，其中焰生，焰不在此亦不在彼，而在相合之間。何者？物聚而氣盛也。分而置之，猶然舊炭也，而焰不如初矣。此有友無友之辨也。」余曰：「兩相合則焰生，厚而積之，其焰不益盛乎！彼孤立者奚獨無焰，且將不燃矣。故君子不可一日無友也。」

孔顏之樂，先賢無發明者，後學疑爲樂道，而先儒亦謂未是。孟我疆曰：「孔顏之樂，仁也，非樂夫仁也。日用間無順無逆，無往非仁體流行，所謂不違仁，即所謂不改其樂也。若樂道云者，是以我樂道，猶二之也。」予曰：「鳶飛魚躍，是孔顏之樂。」我疆曰：「然。」

每欲寡言過而未能者，無他，謹其末而忘其本焉耳。兢兢業業，操存匪懈，則妄言奚自而發哉？故存心爲謹言之要。

發怒時俱屬氣盛，一切道理作不得主宰，此便是不求放心，學問之功疎也。

好名之人必是爲善，必是不爲惡，而聖賢不取者，非徒惡其炫僞而罔實也。人之德性渾然在中，如完金璞玉，毫無欠缺，純亦不已，乃合天德。若存一名心，即所行煞有好處，終於純然之體有虧也，是故君子貴有尚絅之心。

天下光明不朽事業悉自純篤中流出，故所存有厚薄，斯所發有大小，所垂有久近。此皆根於天理人心，不可强也。彼作僞炫名者，如朝華之草，未幾零落，何足貴哉！

好名之人無論久而敗露，即彌縫之巧足使天下後世稱其賢，而於己之身心性命無當也。況人心有神，幾微無不窺測，雖千萬世之下，猶得執其事而斷其心，則炫名者未有不敗者也，是故君子不務名。

不可以參三才、靈萬物之身而懵然與草木同朽。

有養者不期寡言，而言自寡。

程子謂切脈可以觀仁，此即夫子川上之嘆也。

聖人不曾於吾性上添得些子，但常人不能盡此性耳，其實各有一個完全聖人在。

精神纔一昏昧，即尋常應酬便不光彩，況能體天地之撰、會神聖之精乎？故愛養精神爲學者最緊要事，然惟好學者方知此味也。

語友人曰：「年過四十，精神向衰，汲汲爲學，猶恐虛度，況可拒之不信，絶之不爲乎？」曰：「豈不向慕此學，只苦日用間無下手處耳。」曰：「道本在我，至易無難，則存心是已。日間無分動静，常提醒此心，如馬有轡而時攬之，如舟有舵而時操之，久之此機慣熟而心與道合、道與事合，欛柄常在手矣。此下學切要之功也，何愁無下手處？」

古人重崇禮之學，三千三百，毫無滲漏。吾輩立身，凡一切儀節須當敦行無虧。今之士大夫入朝漫不加謹，致齊無異平常，辭受不審禮義，進退不顧名節，亂言亂動，隨波逐流，却日談身心性命以探主腦。是皆學問之蠹也，謂之與於不仁之甚可矣。

合天下之大只是一個眼，一個耳，一個心。目能視，而瞽者未嘗無視性；耳能聽，而聾者未嘗無聽性。於此可以理會性矣。一旦恍然覺吾性之爲神也，視聽心思，靈感靈應，不思而得，不學而能，不疾而速，不行而至，神哉！

原來天地生人，都是這般眼，這般耳，這般心，這般四體。好學與不好學分，此聖凡相去之遠也。

人之資質不同，貴有學力以充之。學則愚必明、柔必强，不學則并其美質而失之。譬之居室然，勤則貧者可富，不勤則富者亦貧也。

吾輩於同志前談道論德儘有商量，一遇他人便隨波逐流，不見些子學力。此皆無實心爲學，功夫間歇，安望成章地位，須是涵養密切，所在不苟，方能有所感動，而人已俱成矣。

日用間有多少兒女子態，良可愧耻。

言不簡重，即係儇薄，宜深戒之。

言多則氣損，氣損則神昏，神昏則出言益無倫序，而事且從以僨矣，故寡言之益最大。

天下古今只是一個人。

吾觀面前人冥行取咎，真可太息也。聖人出而啓天下之聾瞶，宜皇皇之不容已。然語友人曰：「吾輩在塵網中，須脱然於塵網外。一或陷溺其中，將不免與草木同朽矣。欲世味不染，須見得自家有可貴處方得。蓋我之所貴乃天之所以與我而本來具足者，有以全之，直與天地論久大，日月論高明，鬼神論屈伸，千古聖神論伯仲。而王公遇之，失其貴矣。此謂人心良貴，惜哉人有之而人失之也。」

有友止予講學，勸之不已，而艴然怒曰：「看君於此學殆固於膠漆，牢不可破乎？」予笑而謝之。又一友曰：「某勸公之意至矣，而不從，何也？」曰：「余中人也，會友時則精神奮發，閒居時則精神懶散，若遂放下，恐懶散不已而漸至荒迷矣。故上達下達，機全在此。即可死可生，而此事不可歇手也。」

天下有目前榮利，有身後榮名，有遯世潛修而無名。目前榮利，常人居之；身後榮名，賢人居之；潛修無名，聖人居之。

夷、齊，餓夫耳，萬代之下朽骨猶香。非獨人之愛貧賤也，秉彝之好在是耳。

平日好貨不能止貪，好色不能禁欲，好怒不能懲忿，好言不能忍默，好戲不能斂慎，好逸不能振勵，窮年竟歲，逐隊隨行，曰：「吾講學中人也。」此無志之士竟難入道，徒自誤生平耳，不可不猛省也。

有友謂吾曰：「專靠友朋，初學者事，如丈正當身體力行，獨立先倡，安可悠悠與友朋輩作口吻事耶？」此以空談爲悠悠，切中余生平病痛矣。第念孔聖終身不離友，陽明先生當兵戈倥偬之日而講學不輟。此豈謂無友便不能自立哉？謂有友而其益無方也？且夫友朋之聚，非徒務講學虛名也，志同道合，質疑問難，離而思聚，聚而必談。如農夫計歲，商賈算息，自有所不容已耳。噫！匪真好學，惡知取友之益哉？

有友謂余曰：「聖人教人，因人而施，如良醫因病加藥，投罔不效。今吾子不量淺深，不問生熟，一切語以身心性命之奧，不幾於執一方槩天下病乎？曷若因其不孝而教之孝，因其不弟而教之弟，就事論事，猶不失爲對症之藥也？」余曰：「友朋德業相勸，過失相規，豈得獨無對症語？惟是學問貴有頭腦，提宗樹表，使人步步望而趨之，則不蹈支離之患。且如教人孝，未必化而爲孝；教人弟，未必化而爲弟。若乃鼓其天機，發其真性，則將自不忍於不孝，自不忍於不弟，而亦不知孝弟之所從來也。此其功化不尤宏遠哉！不觀庭前花卉乎？因此花未茂也，從而漑之；又因彼花未芳也，從而培之。其究也，盡其所漑、所培而止矣。孰如大地陽春一起，而萬品盡歸其生成哉！」友曰：「信如所言，則雨且不屑也，何論灌漑乎？」余曰：「然，大人明明德於天下，理本如是，功亦如是。」

學問之道有三，主敬者如安步正途之上，自無他岐之惑；研幾者如徘徊岐路之間，務審正途而趨之；改過者則已蹈履錯之愆，然後悟其非而返之也。三者并足以入道，而識見有蚤暮，用力有難易，是故善學者持養於未然。

古人發言必謹，匪徒欲寡言過也，心無兩用，言語多於外，則存養疎於內。故多言之時，即爲放心，不可不慎也。

天地間亘古亘今只有這一種學脈相傳，得此一種到手，則淵默獨契之中，直與帝天合德，顧得甚毀譽？恤得甚利害？故君子處事每有冒天下大嫌不顧者，只爲於此處見得親切也。

「良知」的「知」字不與「知行」的「知」字對，「至善」的「善」字不與「善惡」的「善」字對，「不改其樂」的「樂」字不與「憂樂」的「樂」字對，學者須要識得。

中心安仁者，天下一人而已。此恰似千古絶德，要之實非難事也。人只是收拾得自家本有的完全，便就是天地不能違，鬼神不能外，三王五帝不能異。到此地位，也只是愚夫愚婦共由之常也。

周生咨詢曰：「真心無心，有心則爲意；真知無知，有知則爲識。」此語良佳。

楊湛如曰：「知一也，有不慮而知之知，有學而後知之知。公謂何如？」余曰：「不慮之知無聖凡，一也。學後之知，乃聖人之所以異於凡民者耳。無本知，奚以啓學知？無學知，奚以明本知？此天人相與以有成也。」

有友問曰：「熊思城謂『敦行功小，明學功大』，果有是乎？」曰：「然。」曰：「若是，豈非教人畧實踐而尚空談乎？」曰：「何爲其然也？敦行者，祇得一人爲君子；明道者，可令人人爲君子。一人爲君子，而所及有限，人人爲君子，則所及無窮。此所以有大小之別也。」

楊公滄嶼謂余曰：「叔世愛身者，名亦不可多取。夫名者，《姤》之招也。舉世皆濁我獨清，則清者不能免矣。」余曰：「君子亦將從濁乎？」曰：「非然也，明哲保身，《明夷》養晦，古人用之矣。」余愛其言而誌之。

天下之弊有係乎一郡一邑之小者，猶可言也，而學問不明之弊則天下一轍矣。有係乎一世二世之近者，猶可言也，而學問不明之弊則世世相沿矣。千載無真儒，百世無善治，弊也久矣！吾安能不爲之長太息也！

有友歌源頭活水之詩，余感而謂曰：「公歌其詩，宜知其味，知此則宗廟之美、百官之富皆吾心固有之物。孟子取有本之説，蓋爲此也。聖賢學術，奚待外求哉？」

楚有陳孝廉名王道者曰：「聖人罵人，不在多言，只一『民』字足矣。曰『民可使由之，不可使知之』，曰『困而不學，民斯爲下矣』。此皆聖人善罵人處。蓋士爲凡民俊秀，貴其道德有於身也。如不著不察，懵懵焉如醯雞，一無所見，則與凡民奚殊乎？故『民』之一字，士宜羞之。」

世有大儒犯晚節之戒，只爲學不透性，根本不固故也。

廉，美德也，若不自見大中來，直矯廉耳，其中有多少放不下在。

或問：「立心以何爲先？」曰：「不欺爲先。不欺，則不事遮掩，表裏如一，如青天白日，寸雲不點。這便是進德大要，皜皜根基。若心口不相協，隱顯不一致，甚者貪小利、美私智，便已賊人，以爲得計。此其方寸中有多少隱慝盤據，不能掃除，欲求入德，不亦難乎？況乎無微不彰，肺肝如見，則亦徒自損耳。是故君子戒自欺也。」

天下爲學會者不少，而每會之中，解悟者少，模糊者多。此二者較若黑白也。惟有一等似是而非者，剽竊口頭，一知半解，本自扞格，强謂了然，如此之病，最難醫治。昔夫子告子路曰：「知之爲知之，不知爲不知，是知也。」又曰：「由，知德者鮮矣！」想子路當年亦是模糊學問，無有漆雕開一點求信之心，故終而孔悝之難，亦憑臆見差去。甚哉！真知之不可昧也。凡我同志，苟有不知，求知可矣。不知何病？若真明一昧，則終身難以入道矣，可懼哉！

性猶鏡也，修道則磨鏡也。鏡無所障蔽則無用磨，性無所汙壞則無用修。順性而動，淵泉時出，至易至簡，優入聖域矣。術豈多乎哉！

鏡愈磨則愈明，然磨到至處亦只還其本明之體而已。故鏡不磨，不可也；謂磨能益鏡之不足，不可也。明於是者，可與言學。

余質諸蔣蘭居曰：「吾輩如一旦罷此官，或無故而加不韙之名，愠不？」蘭居曰：「學問須是打破死生關，得失毁譽，何足動心？」已而又曰：「不能不愠，説不愠則欺心。」余謂：「不見是而無悶，愠惡足以言學也？」蘭居曰：「弟所云云，蓋爲一種矯情鑿性之人解粘釋縛，非謂愠乃爲道，不愠則非道也。吾輩既堂堂自立，爲天地間一丈夫，不惟得喪毁譽與我無干，即喜怒隨時任運，如太虚之風雨晴月，於自家本分上有何干涉？故我欲喜則喜，欲愠則愠，全是我自作主張，不見傍人譏誚讚頌。彼好名之人，只照管他人耳目，我自家本分放在一邊。一遇失意當前，心中不勝憤懥，徒自强制，曰『我一愠，便爲賢人君子覷破』，必做出洋洋自得氣象。此命爲作僞，何足言學？」蘭居此論，非淺淺於道者識之。

前蘭居語，余持以質之陶石簣，曰：「蔣蘭居風雨晴月等語，無乃以天自處乎？」石簣曰：「也差不多，勿看得他太高了。」又曰：「得失毁譽之當前，未能不動，畢竟有一種脱灑之意不與人同。余惟得失毁譽之動其心，此人之實心也，然畢竟學問之未得力也。君子之仕也，原不以禄位爲榮，故其失也，何愠之有？君子道德有於身，直是無入而不自得矣。」

一日鍾文麓與諸生講學，言及周公，鍾曰：「周公豈異人哉？如吾今在此講學，即周公也。」一友曰：「謂聖人可學而至則可，謂即是周公，未敢信也。」鍾曰：「汝言是也。」陳侍御光宇持以問余，曰：「此言何如？」余曰：「鍾丈謂汝言是，不欲辨耳。宜答曰：『不止我是周公，若等無非周公也。』」陳訝然曰：「《中庸》謂：『人一己百，人十己千，雖愚必明，雖柔必强。』若人人是周公，何以有是愚柔？又何必千百其功也？」余曰：「功夫是不可少的，且道這明强是用功之後添來的？抑是本性原有，特以復之也？正如聖人可學而至，畢竟完其自有之聖人耳。」歸而述此語於中舍耿允菴，耿曰：「常愛陽明先生以金擬聖，甚好！吾輩只是一分真金便是聖人，安得如聖人之大錠元寶哉！」余曰：「所患無此一分真金耳，如有之，則一分即是元寶也。」

楊復所先生謂：「陽明之學以『致良知』爲主，『致』字是多了的。」袁玉礄曰：「『良知』二字，豈不是多了的？」薛青雷曰：「然則《大學》『致知』之説非與？」余曰：「孔聖謂『吾有知乎哉，無知也』，則與玉礄之意正相似。此謂透體語，不在用功之列。」

學問之道，修身要矣！身焉不修，所謂藩籬不固，其中未必有也。昔夫子告顔子克復之目，必曰「非禮勿視聽言動」，其論「知及仁守」，必曰「不莊以涖之，則民不敬」。若是乎，修身之爲喫緊也。是故古之善修身者，齊明盛服，非禮不動。居處則端坐如泥，與人則恭而有禮，口不道非義之言，足不踐非禮之地，臨深履薄，戰戰兢兢，其不敢忽於修身類如此。後儒不達身外無心，將内外分作兩事，曰「吾内焉井井爾矣，即外焉汶汶無妨也」，於是過言過動，漫不矜持，俗貌俗心，甘同市井，得罪名教，借人口實。如是而猶號於人曰「爲學」，良可羞矣！願吾儕痛以爲戒，自今以往，手容欲恭，足容欲重，身容欲肅，口容欲静。毋以其身爲聲色貨利之身，毋以其身爲富貴紛華之身，毋以其身爲同流合汙之身，毋以其身爲玩月愒日之身。毋爲一人之身，而祈爲天下身；毋爲一時之身，而祈爲萬世身。吁！修身之功，斯其至矣。諸生省夫！人之患莫大乎有過而不自覺，又莫大乎人覺其過而不肯告，又莫大乎人告以過而不肯聽。夫不自覺猶望其覺，不肯告猶望其告，至於既告而不聽，吾末如之何也已矣！

世儒言陽明、白沙之流多緣禪教而入，蓋用其實而避其名也。此言似是實非。蓋玄家修命功夫在玄關一竅，此與儒教了不相干，無足辨者。若佛氏之學，則主於明心見性。夫天下之道有外於心性者乎？即吾儒亦安能自異也？特彼之明心見性，惟以成一己之身，而吾儒存心養性，則欲盡人物之性。譬之磨鏡然，彼磨是，此亦磨是，安得不謂之同？然彼磨用以自照，此磨用以兼照，安得不謂之異？夫性本大同，彼用以自照者，殆未盡其性者也。日用常行事與世浮沉，似亦無大得失，而律之於道，違背實多。故君子同理而不同俗，事無巨細，皆不可忽。

却俗務以保嗇精神，振怠惰以愛惜時日。

窮理所以致知也，而程子乃謂養知莫過於寡欲。夫寡欲於知奚與也？蓋窮理致知，知隨窮止，欲寡神清，天明自啓，此良知之不假於人而其出不窮者也。

六經談本體處少，談功夫處多，指得失，陳法戒，更不一而足。此皆修道之教，爲初學入德者設也。

前輩譏博學無主腦者謂「有錢無串子」，良是。而反之者謂「有串子無錢」，此却非也。人患無串子耳，誠有之，則天地間至貴之寶、不窮之用，悉從是出。此孔孟所以重有本也，而目爲無錢，可乎哉？

謂友人曰：「吾欲出一言，恐君驚動，奈何！」曰：「何言也，而能驚吾？」曰：「君自少至今，酬應而不竭者，果誰所爲乎？馳騖紛紜或奔馬然，遂將以此終其身。此與蚊蠓飛走，動盪於天地間者，奚殊乎？竊謂君有家焉，宜反顧而自安其身也。」友茫然莫知所解。予喟然嘆曰：「夫夫也，蔽錮之深一至是矣！」

大孝終身慕父母，非其心不忍忘親也，赤子真心，惺惺不昧，紛然者不移，則天然者自篤耳。故精一執中，舜之所以明學者，乃其所以隆孝也乎！

自人之有是軀殼也，耳目口體之欲無所不至，舉凡適己自便而成其有我之私者，皆此軀殼爲累也。善學者以神用不以形用，獨與天者游焉，是謂脱凡近以遊高明。

有友謂吾談學舍平正通達之坦途，爲鈎深索隱之渺論，究將引無知後生胥入魍魎之窟矣，盍反而談日用當然之理乎？嗟乎！是言也，似是而非也。夫凡爲性命奥渺之談者，非其遺日用常行而不由也。道有大本，學貴入微，故位育本於中和，而篤恭妙無聲臭，有天德方可語王道也。假如一涉微妙便謂迂談，當時堯之舉舜，舜舉禹、稷諸臣，各效其平水土、教稼穡等職，斯足以納天下於時雍風動之休矣。而聖心之所急者，乃獨在「允執厥中」之一言，豈非以中也者，天下之大本，而談心學者，正其所以明治理也乎？子貢曰：「夫子之文章可得而聞也，夫子之言性與天道不可得而聞也。」夫謂性道不可得聞也，非謂當置而不聞也。天地之覆幬持載，日月之錯行代明，道如是其廣大昭明矣，而談造化者不已焉，必推本於大小之德而探其所以然，非故涉於幽渺也。有本者如是，闡道者不得不及之耳，安可禁而不言哉？

儒者洞天人之奥，徹古今之故，圓通高朗，如空中樓閣，八窗玲瓏。此其中有無限快活處。彼不學者，懵然無所知識，如對面墻，一物不見；如走荆棘，舉足成礙。夫夫也，固亦戴天履地而爲人也，而局曲如此，是以君子明學之爲急也。

擴方寸以含六合之大，永一身以垂萬年之久，其惟人之所自取乎！

或問予曰：「子平居何以爲功？」曰：「致養吾中而已。」曰：「何爲養中？」曰：「人受天地之中以生，各在當人之身，此即孔聖所謂『時中』也。有所偏倚則不中矣。故兢兢業業奉此不失，非但塵情不染，即一好一惡亦因物付物，不敢偏有所着，此中常在，順而應之，即所謂時中矣。」曰：「未發之中可用養乎？」曰：「養者保而勿失之意，故曰養其性。」

孔門如繩墨，古今多少賢豪，功高節偉，足以誇當時而耀後世，而律以孔門之義，不失之過則失之不及，往往不中繩墨者多矣。是以知道貴時中，而非學惡足以致之？

或問：「夫子以『博約』語顏子，以『一貫』語曾子，同異何如？」曰：「『一貫』者，自熟後言之，由内以達乎外。『博約』者，自始入言之，因用以求其體也。」

人生以得友爲難，孔顏終日言而無所違，殆亦千載奇逢哉。

千萬其人則千萬其識見，有相乎者偶合耳。惟歸并於學，則無問地之遠近，世之先後，若合符節。

孔聖云「斐然成章」，子輿云「成章後達」。今之君子，有白首仕宦，做不成一件條理事者，良可羞也。彼惡知不學之弊一至此哉！

或問：「中庸，平常之理也。如子臣弟友，道德九經是矣。乃其言聖神天載，至於聲臭俱無，非至聖不知。惡在其爲平常之理也？」曰：「理有近而見其平常者，亦有遠而不涉玄杳者。肫肫之仁，不外大經，篤恭玄微，乃平天下。天地生物不測，而其道爲物不二，萬古如常，此豈若異氏馳騖荒塘之境，而不切人倫日用之實哉？」

纔知做人，又蚤暮景逼矣，學顧可以不蚤哉！

前輩語録凡指陳過失處，都是教人遷善改過，如醫家對症方藥是也。終是保合元氣是第一步功夫。

改過是跌倒後起，何如不跌之爲愈也？孔子曰「苟志於仁矣，無惡也」，是前一步功夫。

論到學問上，全靠不着聰明，儘聰明，儘有謬戾；全用不着博雅，愈博雅，愈多乖違。寡過未能，只是無志。終日瑟僩，過安從生？

初學時須是却事静坐，可以收歛放心。然養得嬌脆，纔着忙便爾走作，故要熟，須在事上磨練。千軍萬馬奔騰而主將之旗鼓自若，學問到此可云得手。

尋常視講學爲不急之務，試看不學之人，可行者不行，不可行者却行之，可言者不言，不可言者却言之。本無事而動聲色，宜安静而生勞擾，或一言而開大難之端，或一行而取隕身之禍，或平常寡過無可指謫，而實於世無所裨益。引類推之，不學之弊不可勝數也。彼固不知不學之有是弊，而諸弊之由於不學也。吁，可嘆哉！

心體本無窮盡，然必有盡心之功而後復其本體之全。彼冥頑無知與舉一廢百者，豈其有心之初輒如是哉？學問不加，不能盡其心耳。故善種穀者，不恃其種之美而忘培植之功；善養心者，不恃其體之靈而遺擴充之力。

慎獨之功，其機在己。苟不自慎，孰能强之？惟夫有志之士，一毫自恕不得也。

聖賢千載事業，萬古榮名，决非參雜之心可倖而成。人生惟此事爲大，學者慎之。

忽一事即忽於萬事，差一念即差於萬念，怠一時即怠於終身。顔子不遷怒、不二過，見真守定，斬釘截鐵，一念萬年，永世不易。此乃爲作聖功程也。乍作乍輟，頻入頻出，祇成自誤，悔何及哉！

陸象山云：「男子頂天立地事，可當兒戲？」凡學不緊切，因循苟且者，皆屬兒戲，命爲「名教罪人」可也！

立天地之心，立萬民萬物之命者，道也。此萬古乾坤流傳至寶，鬼神之所呵護，聖賢之所恭敬捧持，一毫不敢忽者也。即洗心滌慮，寅畏保藏，猶恐不堪凝承，不克契合。而以因循苟且當之，固知道非若人可得而有也。

「修」「悟」二字，缺一不可。不悟則所修何事？既悟矣，尚有無限持循之功。此堯舜所以兢兢業業，孔聖所以好古敏求。若云一了百當，便可澄然無事，此直臆説耳。以身體之，方見其難矣。

道可一朝而見，不能一見而熟。夫射者，立之正鵠，非不昭然在目也，然中必由於巧，巧必生於熟，得心應手之妙，必待積久而成。推之百工技藝，莫不皆然。何獨於入道而疑之？夫道可一悟而收功也，則從心之妙不待七十之時矣！人奈何欲賢於仲尼哉！

虚靈之中，四通八達，無所不具。前乎千萬世之既往，後乎千萬世之將來，一心括之而有餘。惟私欲障之，則靈竅斯窒，而神明之用失矣。是以君子戰戰兢兢，培養靈源，不敢以纖毫私欲障吾本體之明也。

蜎飛蠕動，物則然矣。林林總總之衆，熙熙攘攘而遊，抵死不知道爲何物、人如何做。以較於物，似未可以優劣論也。

學者尋章摘句，不能體察道真，如「戒慎恐懼」，幾曾用此功夫？「資深逢源」，幾曾有此妙用？書自書，我自我，幾曾得分毫之益？惟以增其智巧之私耳。可嘆哉！

北行過金鄉，與郭茂才論《易》。余叩之曰：「仁者見之謂之仁，智者見之謂之智。此何以說也？且仁、智何以各有所見，而其所謂見者何指也？」曰：「所謂見者，指一陰一陽之道而言。仁、智所見各偏，故其論道各異也。」曰：「然。第要體認見字，必須這陰陽之道有似個仁，故仁者見之謂之仁；有似個智，故智者見之謂之智。而君今能見其果似仁乎？抑似智乎？抑似仁而又似智乎？抑不但似仁智而已乎？」曰：「道本無形，無所見也。」曰：「爲君說個形象出來，彼其生生不息，活潑潑的，豈不似仁？明覺靈瑩，絲毫不爽，豈不似智？仁智各見其與己同處，故岐仁智而二之也。吾則謂，是道也，禮者見之謂之禮，義者見之謂之義，信者見之謂之信，無有不相似者。彼時行物生，條理不紊，豈非禮乎？生生化化，各有所宜，豈非義乎？爲物不二，生物不測，豈非信乎？引類而推，名義無窮。只謂其萬有皆備，故名狀不得而盡也。然此道又不可專在造化上論。如吾輩坐談之間，而五常悉備，彼供應童僕，莫不皆然。蓋吾輩與童僕，此身此際莫非陰陽，不可須臾離也。諸君明於是說，可以想見道體，而所謂聖人與我同類者，亦居然可見矣。」

友朋曰：「聖人亦難能矣。空言無益，不如且作賢者事。所謂學魯男子之不可也。」曰：「君肯爲賢者，亦自足嘉，第性有全體，學有全功，掘井不及泉，與棄井均耳。故君子寧學聖人而未至，不以小成而自安。」

平昔無學問之功，欲一言中道不可得，學可廢哉！

與馬子凌雲曰：「『學問之道無他，求其放心而已矣。』汝平居宜反觀此心放在何處，宜急收入身來。且汝知馳情聲色貨利爲放心，亦知士子專攻舉業亦放心乎？」曰：「此正務也，何言放心？」曰：「汝不知攻此一事，足障無窮靈用乎？舉一廢百，此亦一也。」曰：「若是，則舉業可廢乎？」曰：「非然也，爲而不馳，則善矣，是謂夫焉有所倚。」

甘旨酒、嗜厚味，昏人神志，非所以尊德性也。惟好學者獨知其苦而不溺志於是。

古人惜寸陰，今人百歲光陰輕擲棄也。然寸陰之惜，適所以成千載不磨之業，而百歲不惜者不足以成一朝之名。善愛身者宜蚤圖之。

須見得惜陰者所作何事，又須見得不惜陰者所作何事。惜陰者造詣日深，心思日密，而置身於清快之境。不惜陰者偷惰日深，荒塘日甚，而置身於昏濁之歸。嗟乎！此晷刻用心，便是賢愚分界。不可不慎也。

鳥之飛、魚之游、草木之生長，亦均度此光景。人不思惜陰，亦物焉而已。

有友問曰：「佛語云『本來無一物』，儒者未嘗不韙之也。至孟子則云『萬物皆備於我』。何其説之大相反也？」余曰：「此合一之説也，無一物乃其備萬物也。」

孫生紹謂「爲學如治家，日夜皇皇，惟恐不足，不患不到聖賢地位」，信斯言也，可以想見惕勵之心矣。然世之人重於治家者，惟其知家之切於吾身耳。使其知學之切於吾心，不啻家於身然，雖欲不皇皇於道，不可得也。嗟夫，心與身孰重也？身必欲其有家，而心獨聽其無家。悠悠浮生，如飛絮隨風，靡所依泊。猛然思之，能無悲夫！

人孰無情，情不節則爲過，太縱之則爲惡。損身敗德，喪國亡家，皆起於情發而不能制，故君子以禮御情。

顔曾入道不同途。曾子隨事精察，自外面求之。顔子仰鑽瞻忽，自裏面求之。外面求者昏而無得，裏面求者殆而不安。故夫子於曾子示之「一貫」，於顔子教之「博約」，則二子之學内外合而入道均矣。大抵學問惟此二端，探本者事内而遺外，踐迹者徇外而遺内，均之於道無當也。端其本源，因物察則，其庶矣乎！

與友人對月持觴，友人述古語云：「舉盃邀明月，連盃帶月吞。」余應之曰：「只緣吞此月，一腔照古今。」友人曰：「不吞此月，不能照乎？」余曰：「我有無形月，清光萬古新。陰雲總四合，一掃自精神。」友人曰：「此莫非吾人明德乎？」曰：「然哉！即所謂天之明命也。」

今天下號爲學者衆矣，然或一知半解，不究性命之精，或砥節矜名，不脱功名之路。譬猶登山者，原不期巔，則何怪乎半塗而廢也？有志者直以聖域爲歸，有不闚虞廷之精一、孔門之博約者，所志不存焉。此謂千古豪傑之襟期，而庸懦者惡足以語此！

學者循規蹈矩，分外不加毫末，此可謂謹守之士也，未可以言通儒矣。須是於主腦處恭敬捧持、察識擴充，方是合德天地、同明日月底本領。故學須先立其大。

篤實之士可與入德，爲其機智少而渾樸未漓也。第懼其爲氣稟所拘耳。須是極力研窮，充而至於大，方是以人勝天、變化氣質的學問。

人爲忿怒愁苦所激，以致心體頓失其常。雖明知其非而欲定之，然業已動矣，竟恍恍而不能定也。甚者失其平而致疾苦，醫藥難返而罹死亡。甚哉！氣一之動志，而并不能保其氣也。故知「無暴其氣」非可緩之功也。

或問主静之義。曰：「静有三義，辨之不可不審也。有無事之静，閒居獨處是也。有無欲之静，妄念不萌是也。有本來之静，人生而静是也。無事之静，境也；無欲之静，心也；本來之静，性也。境静矣，未必心之不動也；心静矣，猶與本來之體終隔一塵也。主静者，主乎本來之静而已矣。主此方可立極也。」曰：「無事之静非急歟？」曰：「否。紛擾中不可以入道，故由無事之静以攝心，由心體之静以復性，功至此而聲臭無矣，是之謂淵淵其淵。」

下學者須從無事之静起，謂其時之暇而功之專也。到得熟時，則萬感萬應，不失吾常矣。

或問心性之辨。曰：「渾然無爲者，性也。惺然有覺者，心也。性非心無以見，心非性無以靈。性其海乎？心其海之波乎？此其體用分合之間，宜有辨矣。」

文王「不大聲以色」，此義最微。夫聲色不動而潛消萬變於無形，默運玄功於無外，此天道無言、化育流行之妙也。彼事無巨細輒動聲色，本無事而致多事，本易辨而致難圖，職此之故也。吁！非潛心好學、識足通微者，惡足以語此！

本無過也，忽生一妄念而陷於過。本有德也，忽生一妄動而損其德。本治安也，忽壞法變紀而蹈乎亂。故曰「禍福無不自己求之者」，是以君子慎動。

有友號「惺一」，予問之曰：「一謂何？」曰：「友朋相送，實未達也。」予曰：「人心惟此一，四海九州所不殊，九夷八蠻所不異，亘古亘今所不能違。此孟子道一之説也，君常惺惺於此，而道在是矣。顧安可取其名而不察其義哉！」

有友問曰：「孔聖自叙，自『志學』至『從心』，一生渾是學力，且逾十年方進一格，顧安所稱『生知安行』者歟？」曰：「所稱生知者，謂其氣禀清明，曾無障蔽，或獨見而自悟，或聞言而即徹，不待研窮思慮之力。此便所謂生知也。若乃明道之功，體道之力，須是由學而進，從古大聖大神未有不由學而至者。脱令不學，第守孩提之知，吾未見其能爲聖也。先儒曰：『生而可知者，義理耳。』夫義理亦安能盡知哉？故曰：『良知不資聞見，亦不廢聞見。』植木者不以天然生機而廢灌溉之功，則學可知矣！」

劉生元芳問曰：「『善人不踐迹，亦不入於室』，敢問迹中無域乎？」曰：「知道者何在非域？不知道者則迹焉而已矣。」曰：「聖人既竭心思焉，繼之以規矩準繩。夫規矩準繩者，迹也，而莫非聖人之心也。故謂迹爲域，不亦可乎？」曰：「謂規矩準繩爲聖心所從出則可，謂即爲聖人之心，不可也。夫迹，履之所從出也，而迹豈履乎？」

儒學朱先生問曰：「嘗聞『天理人情，於斯爲至』，是情、理二字原自不離也，奈事必合理者往往於人情不順，想於情不順處，或於理未盡合歟？抑苟能合理，即與人情相忤，亦自無害歟？抑不合於理便是私情，而不必問其順與不順歟？吾想理即天之情也，情即人之理也。猥云齟齬而不相通，必不然矣。茲欲不離天理，而亦不逆人情，必何由而後可？」答曰：「理一也，而情不同。理無邪正，情有公私。使天下之情皆出於公，則公即理也。而理與情又何枘鑿之有？惟夫人情變態，靡所底極。君子方將約情以歸理，安能違理以順情哉？然亦有人情不可盡拂而不能直遂吾理者，則孔子與釜、同獵之意，所謂事之無害於義者，同之可也。苟於理有違，則顔路請車之情不能順矣，況其大者乎？是故貶理順情，命曰合汙，世無此濫觴學問。抗理自高，名爲已甚，世亦無絶物之聖人。純熟者爲仲尼，無可無不可。初機者寧爲魯國之男子，在自審其力量何如耳。」

又問：「試聞行之本原處便是心，心之發動處便是行，原非兩物也，何以曰心迹之判久矣？世蓋有狼貪狐媚爲心，而乃盧獵其聲、粉飾其形，謬自稱許曰『豪傑之作用如此』。又有同濁同醉，全無忌憚，而乃自信曰『吾求無愧於心焉爾矣，譽我毁我何恤』。甚矣！心迹之間爲難憑也。竊思：心，月也。月落萬川，各各相映。行，華也。萬葉千條，畢竟歸根。士君子處世而欲心迹雙清，必有道焉。」答曰：「文中子有言：『心迹之判久矣。』而先儒往往非之。要亦來教『心月行華』之意也。必内外合而後可以言學也。間嘗遡稽往哲之行，則迹惡足以盡人哉！而論人者亦詎可徒泥其迹哉！夫心如是而迹亦如是者，此誠中形外、華實并茂之常理也。然有心不欲如是，而迹不得不如是者，如答陽貨之拜，謂昭公爲『知禮』是也。有心不欲如是，而其迹權且如是者，如同魯人獵較，從冉子請粟是也。有心不欲如是，而故作如是之迹者，如虞仲放言自廢，箕子佯狂受辱是也。有迹若悖理而實不拂其本心者，如放伐疑篡，傳子疑私，不告而娶疑於專，微服過宋疑於懦，傳食諸侯疑於泰，抱祭器歸周疑於忘君事讎是也。又有其迹甚美而其心甚不然者，大奸似忠，大詐似信，少正卯之行僞而奸，王莽之謙恭下士是也。凡此皆迹之不同，未可執以論心也。若乃狼貪狐媚以爲心，同濁同醉以爲行，乃謬自稱自信，欲以欺世而盗名，此小人之無忌憚，而名教之所不載也，尚何心迹之足辨？」

又問：「匿怨而友其人，以言餂之，以不言餂之，聖賢之所耻也。彼縱橫之家，乃有欲取固與之説，捭闔揣摩之術，與吾道大相悖戾，而或乃謂爲策士之不可廢，何歟？竊聞心地青天白日，言詞披肝瀝膽，行事堂堂正正，此真儒之槩也。而或者疑其局量褊淺，底裏易窺，獨醒獨清，終非邃養。是故介如陳白沙，直如鄒吉士，似矣。乃或人譏吴康齋，又謂其氣象難親。學者宜何適而可？椒丘何氏曰：『人固未易知，大抵剛介寡合者，君子也。柔媚易親者，小人也。』諸儒之言行孰得孰失，與孔孟之所耻者同異若何？望細剖之，以豁愚衷。」答曰：「匿怨而友，聖賢耻之，耻其不直也。縱橫之家捭闔揣摩，正與匿怨相類，何足爲言？若乃心地青天白日，言詞披肝瀝膽，正是真儒之槩，何得以褊淺議之。惟是時中之學，自然隨機應變，如孔聖答陽貨、應孺悲，自有一端道理，不在匿怨而友之例。故聖人發强剛毅，未嘗不寬裕温柔；齊莊中正，未嘗不文理密察。若一味勁直，漫無曲折，是禮行而不遜出，徒知義以爲質，而不慮以下人，是取戾之道也。天下豈有這等固執學問？白沙品格孤高，自是儒家矩度，介不足以盡之。鄒吉士天資粹美，骨鯁絶群。吴康齋則所謂賢人之道，必抗之而自高也。諸賢所見、所造各有不同，正何椒丘所謂人不易知也。大抵論品格則剛介爲君子，柔媚爲小人，論學問則沉潛者剛克，高明者柔克，方得協於中道。故曰：『好剛不好學，其蔽也狂。』聖有明訓，何俟僕言？」

道也者，所由適於治之路也。乃有跨郡連邑不聞學問之説者，則教化不明之故也。如此何以望師道立而善人多，朝廷正而天下治乎？有志之士當必以興起斯文爲己任。

卷六 論録下

論事篇

宋栗菴先生曰：「有閒精神，當涉獵國家典故，以爲實用。雖然，又不盡於讀書間也。酌古準今，須運吾心思之精於其中。予每臨事，必熟思審處，常看於三四步外，不止曰法如是而已也。」老成人用心精細如此，而所言亦大有道，因識之。

老成持重有太山不可摇之勢，而一發則有萬夫莫當之勇，大丈夫處事當如此。可喜可愕，兒女子態，老成者羞之。

决天下大疑，排天下大難，當天下大不韙之名，非素養不足以辦之。

有一分學問，只做一分事業，强加毫釐不得。

吕生知畏曰：「學問之道明，則内重而外輕，舉業可以已乎？」曰：「何爲其然也？時王之制，聖人所尊，國家設科取士，即堯舜君民之術，非是無以展布。舉業安可廢也！惟是盡心所事，則爲『執事敬』；得失不萌，則爲『不願外』。由是一路，事業盡其在我、聽其在人，皆學問也。如謂舉業有妨學問，何異使船嫌溪曲乎？」

出處之分明，去就之義潔，此士人大節目處，須緊切照管。

尋常時套中有許多違悖道理處，不可不加察也。察得是處，雖違衆，獨立可也，但不可自是非人耳。

皇家設功名一途，壞了多少人心。鄙夫無論矣，即賢而有志者，念頭上常夾帶着幾分。故曰「千載無真儒」。嗟乎！真僞之辨，不由乎我，更由乎誰？

人心蔽於物欲，失其鑑空本體，即理所未有事，亦惑於人言而信之，理所當爲事，亦惑於人言而止之。此非止一身明暗所關，而天下之治亂係是矣。非務學，奚免此弊哉！

天下非治則亂，非安則危，人□非吉則凶，非利則害。聖賢兢兢業業，臨保罔間，非徒養性存心，實以全身遠害。試觀宇宙間之罹凶禍者，那件不由放心悖理中來？則知學問所關匪細也。

天下之道千變萬化，横出旁流，其中各有當然之則。局曲之士株守舊規，遇變而不知通，往往失當機之宜，此拘儒所以不足貴也。

小人何代無之？在馭之得其道耳。舜於四凶，孔於正卯，剪根剔蠹，計之上也。不然者，則駕馭之以用其才，富貴之以滿其欲。又或姑含容之，毋遽激發其惡。故能用小人，方爲大君子。彼撩虺蛇以自毒，因以毒人國家者，賢不肖之相去，其間不能以寸。

千日恩不抵一日怨，蓋施者常有驕心，而受者易至忘舊。恩以成怨，所從來矣。故善推恩者忘而不有，節而無過，其遠怨矣。

讀史者每怪桓、靈不能立國，足爲萬世烱戒。彼其以庸暗之資孤立於上，而跋扈者專權，諛佞者蠱惑，欲其挺然起而有爲也，難矣！今學者朝經暮史，且賢師良友日化誨而夾持之，猶不能振拔有爲，而以庸暗了其生平者比比然也。故庸主不能立國，下士不能立身，均之無足比數也。

人心有定盤針，達之古今，放之四海，一針不爽。故學者分兩不足，成色不滿，欲徼虛譽於天下，其誰與我？

業儒者急於明學，柄政者急於用人。人不得則太平之業無由奏，學不明則豪俊之才無由出。故學也者，興賢致理之要術也。欲致治而不求才，是猶棟梁不具而求巨室也。欲求才而不明學，是猶灌溉不加而求嘉禾也。均之不可必得之數也。

君子之與人爲善也，明諍顯諫不如潛孚默奪。彼方蔽錮而不可解，吾欲立談之間躋之明通之域，多見其機拂而生厭，氣動而成隙矣。造化不以其漸，不能成生物之功，况人乎？

嗟夫！自學問之道不明，陷溺了多少豪傑。彼方自負其才勇，而不知其不足與有爲也。彼方自恃其聰明，而不知其遺於所見者多也。

利己而損人，視目前而不視久遠，愚哉！天道好還，無往不復，將來得報，必有烈於前者。智不及此，非愚而何！

人病人之不明，而其旁又有病。病人之人不明者，無他，各有其蔽而不自覺耳。惟學問之道明，而後四通而無蔽。

霍光擁昭立宣，功蓋天下，而論者謂其不學無術矣。夫術豈古人已試之法，而學豈一一模倣而爲之哉？神而明之，變化合中，其惟一心之爲要乎？而其功莫先於明學。

人有年少而識見未開，或年雖長而教誨未及，氣質未變。於此而遽責以善，是猶求直於未揉之木，索明於未磨之鑑也，得乎哉？是以君子含育從容，不遽望人以善，不遽棄人於惡。

舉朝縉紳，不知體道以成行；滿庠士子，不知講學以明道。舉天下倀倀焉憑意見以運用，然則欲明先王之法，致太平之業，其惟托之夢寐也乎！

眼前紛華，豈不快人心意。夫惟其快人也，是以人易溺之。若夫利中之害，榮中之辱，安中之危，盛中之衰，常人皆不及察焉。不及察，終亦不得而免焉，只落個悔之不及而已矣。

語云「順不明人」，言淺而有至味。夫不明人蔽錮甚深，即有忠告善道不能入也，不入則怨矣。不如姑順之而徐用吾轉移之機。孟子於齊君得是道矣。

人有不白之事，輒忍耐不下，汲汲然欲辨明之。即此不平之氣所發必有過當處，反不若不辨之有餘味也。或人譏孔子不知禮，司敗疑孔子爲黨，皆不知孔子者也。常人處此，不知費多少言語分辨，看孔子答他處，何等渾融。

薛西原云：「士大夫居鄉，切不可爲人説分上，借曰『於人有濟』，然於自家德行孰重也？」此言但可爲好囑公事者戒。若一言而脱人之大阨，伸人之大冤，或關係通國之利害，則君子又不諱言也。君子但不從井救人，而小廉曲謹，有道者不屑。

遇幽獨之色，對暮夜之金，而漠然無所動於中，是人也可以語天下之冗守，可以當天下之大任，目前未覯若人矣。

世上無如人欲險，幾人到此誤平生，可爲千古一恨，有志者慎之。

飲酒之過，損身敗德猶其小者。爲人上者，發狂怒，逞淫刑，立斃無辜於杖下，此其惡孽誠不在小矣。及其醒也，猶不内訟，而曰彼之罪應如是焉，則安望其有改過之期哉！

孫叔敖見兩頭蛇，殺而埋之，恐其貽害後人也。大夥强盗劫財殺人爲害，奚啻一蛇也？有司坐視不問，即獲而復釋之，反以重坐捕盗者，遂令已釋者荼毒如故，未做者攘臂而起，盗賊充斥，劫殺相尋，境内騷然不安。是人也，誠不知其何心也！以爲推廣好生之意歟？彼所戕之人，獨非生耶？以爲積德遺後人歟？而縱奸釀禍，損德且不小矣。以爲化而誨之，可爲良民歟？吾未聞强暴子弟可革心於立談之間也。假令化導可行，則有司職宜開科誨盗足矣，又安用法律爲哉！且大盗既寬，盗以下宜無所不寬也，而笞杖小過，輒不少貸，致貧人破家鬻子而不恤。此又不知其何心也！豈天未欲平治天下，而故生此輩以爲釀亂之地乎？良可嘆矣！

直指巡方，訪拿奸宄，未始非鋤强善政也，乃其流之弊，致窩訪爲奸，根連蒂結，未易剪除。修睚眦之嫌，而無辜良民立令傾敗；防身家之禍，而出色賢吏信口雌黄。是生殺予奪之權不在朝廷，不在按院，而在無賴奸民之手矣。有識者具疏請罷訪察，奉有明旨。夫訪察不行，則窩訪自無所用。此正本清源之道也。或乃謂有司凌轢百姓，豪强武斷鄉曲，上官蒙蔽而不知，小民畏威而不告，非訪察則大奸無由除焉。或又謂訪察樹直指威稜，傳自前輩，且京邊額餉取自贖鍰，非是則解額無由措處。是皆知其一未知其二也。夫窩訪之口，安有公言？每見販夫竪子用以塞責，而大奸巨憝則高枕無憂矣。借此除奸，胡可得哉！至於借訪樹威，大非有道之談，而解額有經，焉用罔民之政？故訪察爲直指所必宜革。識治體者裁之。

獨爲君子，不若使人人皆爲君子。一方被一君子之澤，不若使天下被衆君子之澤。若此者，非明學無由而致也。或曰："有賢師儒，則賢才得多矣。有賢銓曹，則師儒得人矣。"愚以爲此即探本之論也。夫今日之縉紳，當年之諸生也。窮□無聞道之士，不知賢銓從何而出也？即有一賢銓，又安得許多賢士敷天下之用哉？故兼善天下之要務，除明道作人無術也。

天下大迷、抵死不悟者有五。讀書本以明理也，而借爲仕進之階。居官本爲行道也，而借爲橐囊之地。祈天永命，不務修德，而耽耽風水之圖。飽煖之外悉爲長物，而縈縈生殖之計。百年一去，草木同朽，直倀倀焉待之，而不思所以托不朽者。此五迷者，舉世蹈之，如大夢不覺，沉醉不醒。嗚呼！此爲道不明行之世也夫！

學者眼界欲闊，度量欲宏，手段欲大，非孔孟之道德不居，非伊周之事業不做，方可樹立兩間，參三才而無愧。彼小廉曲謹，僅足寡過，譬猶大海一漚，無關輕重，君子不屑由也。

橫逆之來，人未有不艴然怒者，况再至三至乎？即以善忍者當之，終未免有藏怒宿怨之意也。孰能愛敬有加而無已哉？惟舜以一身當頑父、嚚母、傲弟之間，瀕於死者屢屢矣，而孝友一念愈挫愈篤，於是精誠所孚，卒收底豫之功。嗚呼！難哉！故宜其法天下而傳後世也。彼一當橫逆而輒艴然怒者，乃知有多少不盡之分量，隳却人己兩成之美功，視舜可愧死矣！

氣蝦蟆稍觸之則腹脹目怒，四肢伸殭而近於死，人之狹小不能含容者，何以異於是？

「不信仁賢則國空虛」，然仁賢有數，從古以來不可多得。萬曆十五年前，仁賢布列天下，宴然無事。嗣後新建張公當國，但拂意者即加斥逐，又且株連蔓引，罪一人而并及闔衙門。臺省吏部，繽紛凋謝，而國稱無人矣。然去國猶可也，天不祚國家，而仁賢率登鬼録。侍讀張陽和死矣，少宰鄧定宇死矣，少宗伯楊復所死矣，尚寶孟我疆死矣，侍御馬誠所死矣，倉場尚書耿天臺死矣，掌詹曾植齋死矣，少司寇朱見堂死矣，少司農張元冲死矣，中丞魏見泉死矣，吏部郎孟雲浦、魏崑溟死矣，僉憲馮應京死矣。以上諸賢，造詣雖有淺深，識趨雖有同異，要皆志向高明、品格端正，而列聖賢君子之林者也。人孰不死，而諸賢死於數年之間，令海内蕩然一空，緩急之間罔所倚賴，豈彼蒼無意於國家乎？識者爲之寒心矣。

鯀可殛也而殛之，禹可禪也而禪之。舜忘其爲鯀子，禹忘其爲父讎。聖人存心一以至公而無私，觀於是而以直報怨之義可識矣。

清齋獨坐，瀟灑無塵，滿腔中活潑潑地，真有魚躍鳶飛之趣也。彼奔走紅塵，獵榮競華者，恐不能一刻有此味。

萬事未然之前，莫不各有其幾。幾之察與不察，禍福判於其間矣。嗟乎！昏鑑不可以遠照，則知幾豈易言哉？

無端多事，自取勞苦，愚固甚矣。然仁人之心生機活潑，亦自杜門不得。某生平勞擾，常求静攝不得，然恩澤常在閭閻之間矣。

丁中舍謂余曰：「數年來殊無意功名。」余曰：「公把出仕當作做官，故可輕了。如以濟世安民爲心，雖欲輕之，不可得已。何也？必如此乃可以行其志也。惟以濟世安民爲心，雖欲重之，亦不可得也。何也？機不合亦不可以行其志也。故聖人以道成身，而用舍行藏，惟其所遇，無輕重念也。」

凡格君心、孚民志，若有迹相懸而未易投者。惟精神完全，一誠無僞，自有感通之機，彼草草塞責者，未見其能有濟也。

甚哉學者之不志於道也！小者勿論，如四時祭掃，國家哀詔，三年以下之喪服，皆君親大倫，宜齋戒致誠而行之。乃或經年不一掃墓，草率於君親之喪，期以下則但一素冠而已，其他皆與無服同也。嗟乎！此而可草，更何事盡道？人以爲積習之弊則然，而不知士無粹美之行，世無泰寧之治，皆由此也。士爲民表，幸無忽焉！

自古爲人臣者大畧有三。爲己者循默守分，取國家高官厚禄盈囊橐而去；爲國者奉公盡職，遊心榮利之外，然合則從，不合則去，緩急亦不得其力；惟有一等忘身徇國之士，持謂謂之論，效蹇蹇之忠，人所不敢言者言之，人所不敢爲者爲之，置擯斥於度外，蹈鼎鑊而不辭，君臣之義肫肫乎無所解於其心。如若人者，群臣之中千百不得一二也。夫前二者既不得其力，而忠鯁難得之臣又不委心任用，或放逐而禁錮之，是國家終不得臣之力也，欲治安，得乎？

人主貴自操其心。人主不自操其心，則臣民如君何？然臣民雖無如君何，而四海之遠、億兆之衆離心離德，竊發而肆侮者，已有不可遏之勢矣。至於侮我者有不可遏之勢，則人主亦無如臣民何。

人臣之不舉其職也，君得而予奪之。人君之不舉其職也，天得而予奪之。然君之予奪易見，天之予奪無形，惟明智之君能慎不見之圖。

座主門生之禮從古相沿，此中有何意趣？大都座主噓植門生，門生供給座主，生平相與，不外「勢利」二字。其實爲國薦賢，豈得植爲私門桃李？迨其弊也，責備禮節，計較餽遺，至使國家賢俊受挫於舉主僕隸，則又何取於師生之義哉？自昔霍渭〔一〕崖不認座主，舉世高之。然未有却門生而不受者。乙未歲，余濫竽房考，舉士二十，悉令革去師生之號，凡世所責備門生者一槩謝絶，士論快之。至其切磨道義，期無愧賢科，則不厭規誨之惓惓也。

臣子之中有抱犬馬之念，積歲月之誠，吐肺肝之語，建桑土之謀者，此明主所當虛懷而聽，改容而禮之者。如或視如弁髦，嫉如仇讎，使忠肝義膽抑遏不伸，徒仰屋竊嘆，而坐視夫國事之日非。嗟乎！此屈子所以托志於《離騷》，而不惜夫哀鳴之嘵嘵也。

今天下治民者，刑法之外無政也，催科之外無術也，舉世皆然，生民何以得所？

〔一〕「渭」，原作「魏」。按明人霍韜，字渭先，號兀崖，人稱「渭崖先生」。

後世有乏才之嘆，無太平之畧，只是聖道不明，學政不修。今天下太平日久，人心玩愒，號令屢申而不振，紀綱大壞而不修，是必大加整頓，綜核名實，而後可以興衰起敝。然非名世豪傑德隆望重者，未易辨此。

世之爲小人者，非甘心自處下流也。出其聰明才智，亦嘗品騭人物，高占地步，而迫於利害，眩於是非，忽不覺陷於匪彝之歸矣。有以道諭之者，重則怫然怒，輕則款然謝之而已，不能從也。此無他，學問不明，自不能作主張故耳。故吾觀於小人而益嘆學問不容已。

學問不明，涵養功疎，任是好資質，做不出超卓事業來，而脈脈一念動於利而偏於情者恒多也。吾嘗持此以衡士，即表表者不能外焉，然後知真儒之不易得也，孟我疆其庶幾乎！

遭時遇主，位極人臣，却不能樹俊偉光明之業，追宗伊吕，流芳萬年，此何異入寶山而空手回乎？此無他，學問之功不加，而胸中原無其具也。今夫塵俗其人品，而欲聖賢其事業，何異樹稂莠而求嘉穀哉？

恢恢塵網，牢籠無限人郡〔一〕，非大豪傑不能翻身躍出。

爲君難，非獨任大責重，舉之而不能勝也。彼其生於深宫之中，長於婦人之手，墮於閹人蠱

〔一〕「郡」，疑爲「群」之誤。

惑之術，四海九州利病之狀不接於目，歷代帝王興亡之故不聞於耳，戰兢恐懼之意不惕於衷，君子小人雜進不分其類，其不至於顛覆典刑、醞釀變亂者，幾希矣！惟有經筵一節，可以見正人，聞正論，開發性靈，洞曉世故，而今且久罷不御矣，可勝嘆哉！

商太甲、周成王稱守成令主，以有伊、周二聖爲保傅也。微二聖，則二君不能爲令主也無疑矣。三代而下，聖學不明，秉國鈞者率皆尋章摘句之儒、富貴功名之輩，如之何能格君心之非乎？於是知相業成於儒術，無真儒而求良相，必不可得之數也。

輕快儇薄之夫，非惟不能享福，亦不能享壽。

除小人當於微處除之，迨其羽翼已成，則不可剪矣。噫！非窮理燭微之君子，何足以語此。

評騭篇

仲尼之德塞滿乾坤，王祀萬年，與天壤共敝。無他異能也，方寸之中圓滿而無虧缺耳。

孔孟之道如布帛菽粟，平平無奇，而切於日用。老莊之學如烹龍炮鳳，言之津津有味，而實用則難。

微子之去，視比干之死遠甚，非夫子不能斷其爲三仁也。三子者不同道，非孟子不能識其趨之一也。然則形迹之間，萬有不齊，曷足論人？惟此心之至誠惻怛者爲可取齊耳。

蒙莊談道只言其高杳處。《齊物》諸篇，夫豈非道？亦但言其理之一者耳，而遺夫分之殊者也。天地之道可一言而盡，則亦齊萬有於至一矣。然須説到生物不測處。

孔子答陽貨一節，平平數語耳，實非人所易及也。明道對安石語稍稍近之，若伊川又差一格。

孟子好貨好色等語可謂通儒之見矣，若伊川一折枝不肯放過，豈曰非格君之道？然束之太嚴，不樂就矣。要之伊川學力所至，只應如此。

人品端的不同。蕭、曹、丙、魏之徒，决不敢望司馬君實。然司馬公相業彪炳，名重四夷，終不敢望陋巷之顔子。夫顔子之學，同天之學也，本之爲天德，發之爲王道，微而顯，誠之不可掩也。非此種者，不可列於聖賢之科矣。

蘇老泉《養才篇》謂「道德可勉强而進，才智不可勉强而能」，此偏見也。夫曲學之士誠局於方，謂道全德備而限於才，惡足以知道德哉！

子厚之於道也，卓見獨詣，發前人之所未能發，任前人之所不敢任，單刀直指，有萬夫莫當之勇，可謂間世豪傑乎！

子厚大有孟子氣魄。

陸象山談道與朱門異軌，然其本體透露，大契聖哲秘旨。自陸學出而天下支離學問始判然有内外之别，此其有功斯道亦云巨矣。而《性理》悉加貶辭，目爲無底簞，反出告子之下，無乃記書者成心未化乎？

伯淳見性甚徹，宇宙間這些物事都被他反復道破了。

萬曆三十年間以儒自命者多矣，而洞然見道、確然有守、殷殷然以善望人者，其惟我疆先生乎！彼穎敏者一私未融，狷介者一膜未徹，博雅者一致未能，須退一舍避孟先生。

楊復所充而至於大，曠然空中樓閣乎！張陽和本忠信以進德，而精研卓詣處須讓復所一籌。羅近溪明德處孜孜不息，新民處肫肫懇至，宛然有不厭不倦之風乎！然知和而和，幾於柳下惠不恭矣。

鄧定宇昭曠瑩然，操履皭然，其鳳凰翔於千仞者乎！然體立矣，而用未行。中年化去，其斯文之不幸也夫。

忠信爲進德之基，而聰明才辨者不與焉。若廬州之張懷琴，川中之邵仰齋，關西之馮少墟，東省之周礪齋，皆闇然自修、確然純正，所稱慥慥君子，非歟？

耿楚侗以先覺自任，接引惓惓，殆亦吾道中赤幟與。然夷考其生平，似猶有未斷之名根，非所稱純天之德也。

天德、王道一事也，聖學不明於上，而欲道化翔洽於下，此必無之事也。何也？德者，上下共以爲心也。以心感心，如以水沃冰，融則相洽，一體故也。外心而驅之法，如火鑠金，非不糜爛，勢迫之耳。唐虞三代之世，不獨君爲聖君，而臣亦聖臣，上下交儆，莫不以治心修身爲急。禹陳謨於舜曰「后克艱厥后」，曰「安汝止，惟幾惟康」。《皋陶謨》曰：「允迪厥德，謨明弼諧。慎厥身，修思永。」伊尹訓太甲曰：「慎厥身，允德協於下，惟明后。」傅説告高宗曰：「惟木從繩則正，后從諫則聖。」周公訓成王曰：「君子所其無逸，先知稼穡之艱難」。古昔聖臣格其君者類如此。故三五之治，萬古爲烈。蓋諸聖臣知政本在是，故其矢謨於君者竟不敢以法令先道德也。世代而下，聖學不明，王道與王迹俱熄。自申、商純任法術，蘇、張專事遊説，而帝王仁義道德遂封閉而不復見。碌碌者無論，如漢之蕭、曹、丙、魏，唐之王、魏、房、杜，宋之諸吕、旦、沆之流，其勳猷風議均足彪炳當年，垂光後世，而夷考其生平，曾何有本仁義道德以治身，矢仁義道德以格君者？故三代以下，治皆苟道，則諸臣之學術疎而相道失也。絶無而僅有者，如董子之「正其誼不謀其利，明其道不計其功」，孔明之「澹泊明志，寧静致遠」，陸宣公之推誠待人，范文正之先憂後樂。四公差有儒者氣象，然不能致其君於王道者，則所謂一薛居州無如宋王何也。間嘗考鏡古昔人主，除創業之君多歷險阻，爲能獨攬乾綱，政無旁落，一再傳後，未有不舉國授之相臣者。即我明罷宰相、用六卿，而東閣大學士未嘗不兼職宫保，事無巨細，悉由票擬。故從古以來之相臣，名雖臣而實則君也。君雖尊，而所擁者虛名也。夫以天下大政歸於相臣，乃以功名利禄輩當之，杳焉不知道德爲何物，繕修爲何事，其何以托天下之命哉？夫古今之間，天不變，道亦不變，君臣上下人物不變，而道德趨爲功利，一變而不可反。間有儒臣如宋程朱輩，而正心誠意之説冰炭於時宰，孰肯推轂而用之？此叔季民生竟不能遊二帝三王之世也。可爲痛哭流涕者孰過於是哉！余故著相道之説，冀輔理大臣秉道揆以襄化理，明正學而淑人心，使古昔道德之化少見於今日，豈非萬代不朽之盛美乎？

禦倭説

倭奴匪茹，海上稱兵，中外繹騷，虞其内犯。於是舜川王會丈曰：「吾儕不在其位，不謀其政。第時事莫急於倭，即不論江湖魏闕，而設身處地，何謀而臧？願各舉所見，是亦濟變實學也。」不佞明謬爲之對曰：「凡處變之道有三：念身家之爲重，匿山林以自全，望風披靡，奔走狼狽，此衆庶避難之常態也。節義綱常自負，偷生苟免爲羞，觀變俟時，效死不二，此忠賢持身之大節也。憤醜夷之猖獗，慨世路之凌夷，力能爲之則起義旅而舉征誅，力不能爲則附當塗而籌帷幄，務以掃海上之妖氛，伸中國之盛氣，此豪傑擔當一世之雄襟，撥亂反治之偉畧，不佞竊有志而未逮也。」

卷七 書類上〔一〕

柬顔與朴中舍 二條

曩歲聚首都門，受益非淺。迨不肖值先君之變，辱吊辱奠，把袂泣零，尤見相關至誼，言之心有戚戚。切念吾丈充養完粹，品格不凡，少需歲時，宜膺顯陟，便可奮翮凌霄，光昭斯道，顯大儒功業於天下。詎期蓴鱸在念，林壑耽情，無復闕庭之想哉！夫士君子處世大都有二，不投足風雲，建經世宰物之業，則遊心道術，成繼往開來之功。然而治功在一時，道脈在萬世。足下舉宇宙第一着而安頓乎此身，可謂擇術之極精者乎！近聞與史長科遨遊江渚之上，適情蓼花之汀，爵禄不入其心，纖欲不萌於慮，悠然閒適，瑩然洞朗，超然高曠，淵然静深，令塵凡望之若景星慶雲。然此其視趙孟所貴，無異浮雲過太虚，又何足介胸襟而掛牙頰哉？第不肖至愚極陋，竊有疑焉。

〔一〕底本卷七原分爲兩部分，分題「書類上」、「書類下」。兹保留其原貌。

夫古今道統至孔孟而恢廓綿遠之，故其功業與日月爭光，天壤共敝。然其初也，車無停軌，席不暇煖，衛靈、魯哀、齊宣、梁惠之君，皆甘心以冀一遇。故其言曰「如有用我者，吾其爲東周乎」，曰「王如用予，天下之民舉安」。聖賢之志可想矣。及其窮年不遇，乃托寸心於六籍、七篇之中，以詔來學於無窮。則孔孟不得已而爲之也。孔孟而見用於世，則無暇爲是矣。今足下幸際明聖之朝，躬帶黻冕之服，乃棄孔孟前志而襲其晚年所爲，頓將斯世民物置之度外，其於孔孟家法何如也？夫以不肖而窺足下，是守窔奥之熒燭，未能仰天庭而覩白日也。第吾輩一進一退，關係匪輕，相訂證以歸於是，毋一偏以遂其高，庶繩墨適中而後學有所矜式也。足下幸教之！

顏書二

向托尺素寄候，漫談出處之節，知門下必不我與，聊以傾吾鄙見云耳。丈遺世獨立，可仰難親，弟方且望衡門、咏蒹葭，重契闊之歎，而華札忽及，真如空谷足音，令人倒屣懽迎，肅然欽重。燕市有顏公之墨，且獨及不肖，豈不肖亦有足重者與？且喜且愧。

來札謂肝肺之病，夙根未拔，而身心未入太平，難以蒞官服政。其言是矣，昔丁敬輿道長謂「涵養未至，姑歸而潛修」，迄今十年不出，未知所養何如。竊疑此等舉動皆賢者托而逃去，以自遂其高蹈之志耳。夫巢、許以來，隱者代不乏人。弟曷敢强丈必出？第學問以孔孟爲宗，須互相商量以求大中至正之矩耳，願虛衷裁之。

吴、盛、葉、任四丈俱在里中，可謂一時佳會。高賢相聚，上動天文，其所發明砥礪者，定有無方之益，便中并願聞之。

柬鄒給諫南皋

曩者猥荷手書，以乏便鴻，遂失裁，謝罪罪。頃徐子得吾復持翰墨來，且口道雅意，慮不肖學未得正派，常當與楊復老、焦漪老相刮劘，足仞門下與人爲善至意，此便是萬物一體之懷也。敢不佩服？竊嘗念千古學脈以孔孟爲正派，上天下地，生成萬物，不是孔孟另一個，而不肖明又另一個。循性而行，先後一轍。譬之射者焉，前人所中者此的也，後人所中者亦此的也，第患未審其的而中之耳。是學也，以正派爲宗，以正人爲輔。學不取友，如魚失水。小邑乏人，每以孤陋爲患。頃得徐丈得吾，精神倍生。今且復别去矣，便中草示教言，能不於門下厚望哉！《會約》領訖，捧誦數四，獲益非淺。流光易邁，惟益加精進是祈。

柬劉兑陽司業

别後不任懸思，前見大疏，足仞勃勃正氣。頃徐得吾來，述門下大教，謂學問須匡持世道，而不肖之學毋或迂酸躲閃，無益於時。千里之外得此直諒語，誠厚幸哉！生愚甚，竊嘗念學問之道以盡性爲歸，時行時止，可進可退，性中自有朗鑒。故性之不盡，吾之憂也，而智名勇功，竊不敢投足其中矣。雖然，居常默默自念，似天下大擔當宜自吾輩出之，而其闇然無所表見也，意者其有説乎？幸無以淳于髡之見觀孟子矣。

柬蔣選君蘭居

客歲道駕抵金臺，僕以奔走風塵，未及摳侍。頃徐得吾抵敝寓，道門下性學洞朗，而一段勇往直前之志，更是海内無儔。然則門下誠昭代人豪哉！僕願竊有請焉。夫天下之道，管於所性而已。性也者，中也，天下之大本也，一無所有，無所不有者也。故君子之學一盡性而能事畢矣。世之儒者學不根性，牽於習識，挺挺然著節炫名，欲建奇男子事，以吾性視之，則小道焉而已。故立乎其大，則時而出之，莫非吾體；逐乎其小，則舉一廢百，而流弊有不可言者。《中庸》「至聖」一節，亦足見吾性無所不備。假如發强剛毅之念重則寬裕温柔之分輕，便不可語溥博淵泉矣，又何以得時出之妙哉！故君子之學祈盡其性，而智名勇功不敢一着於念也。鄙見如是，願請正於門下。北鴻有便，幸惠好音。

柬涂揆宇太守

年丈之守天雄也，此太宰公識拔人豪，纔一試耳。弟亦借是少逭蔽賢之罪，敢曰年丈之魏無知乎？弟叨列諫垣，疏三上而俱留中，可謂不得其言矣。弟竊聞君子之教，不能進而行道於時，則當退而守道於己。如諫既不行，而又不去，豈不兩失哉？故請告家居。非敢自顧，聊以閉户潛修，老吾用世之識耳。且今廟堂大計，豈口舌能諍？而議論紛紜，孰知烏之雌雄？凡此皆弟之所以難而靦顔就列，計日需還，誠有所不忍爲耳。年丈握符視郡，表率群寮，寄數百里生民之命，得志行道，正此其時。潁川、渤海之政，宜取而效法之。如俗吏營營，僅了簿書事，非所敢望。郡中有賢者，宜折節下之，以資治理，此爲政第一義也。南欒有魏見泉者，君子也。倘所欲折節下之者，此其人乎！

柬楚侗耿老先生

明小子蒙無知識，猥荷老先生引之教下，提撕不倦，日漸月磨，微有開悟。厥後道駕南遊，小子乃與復所公朝夕刮劘，益浸浸覺有入處。然從事有年，竟不能誕登道岸，則以爲奔走風塵，而主静之功疎也。遂請告家居，期在精進。然離群索居，鞭策乏人，匪獨印證無從，抑且偷安爲病。流光易邁，念之惕然。所幸撫臺吴公祖每以教言見示，私淑之益，甚不淺尠。兹緣風便，肅裁奉候，并陳所欲言，仰祈開示。

竊見上天下地，往古來今，生人生物，萬象森然，總惟一件物事也。故堯舜得之爲「精一」，孔子得之爲「一貫」，孟子願學有得曰「夫道，一而已矣」。此千古聖賢相傳真脈，繼往者繼此而已，開來者開此而已。外此則如夷如惠，非不稱聖，譬之於水，則支流別派焉而已，故不可與於斯文之統也。今欲將一切汗漫支離悉從掃去，而聚精會神惟於所謂一者求之，務期吾之心質諸天地之心、堯舜孔孟之心吻合無間。不知何修而可也。謹引領以候大教。

柬撫臺吴韞菴公祖

秋來兩承台翰，注存之意出於格外，感激何可言盡！前所示《焚書》，其中透悟語固多，而邪辟者亦自不少。蔡孝廉拒之甚力，具見衛道雅意。耿老先生語俱純粹中正，真昭代大儒。獨與老公祖戒講學書不能無疑。老公祖位高責重，政事繁勞，其不暇設壇場、聚徒侶朝夕會講也明矣。獨所謂講學者，不在講與不講之迹，但論此心能已不能已耳。苟立地欲躋聖域，期與天下共明此明德，自覺一乏良輔，意思便不精彩。此而欲不會友輔仁，不可得也。且老公祖講學奚必開場聚徒哉！近而面語監司，遠而移文郡縣，一出言，一行事，一發號施令，無非薰蒸以學問，庶幾浸漬之久，人心可正，吏治民風由此丕變。所謂師道立而善人多，兼善之治可望矣！由斯以談《醫説》有云：「蔽此恒性，視人之邪慝爲無關。」是自私其學而棄天下後世，大罪也。由斯以談講學，果可已乎？不可已乎？堯舜君天下而諄諄於危微之訓，孔子相魯國未聞謝去及門之徒，陽明爲軍門，擒宸濠，日劻勷軍旅事，而生徒之聚講不輟。彼大聖大賢何樂爲此？只爲三才并立之事，萬世不朽之業，非一人之聰明力量所可及也。且「知人安民」四字，信有經年講不徹者。恐此事不由學問中出，將衡鑒先爽於我，而下吏且無所興起，其所稱安民者不過催科聽斷，粗了民事而已，此外非所敢望也。今天下撫臺不講學者衆矣，其於知人安民何如哉？時在教下，輒敢緩頰如是，無非就正有道之意也，幸照宥。

吴書二

曩具書中謝緩頰，談及學問，老公祖豈遂謂不肖明亦常從事於斯，故復示接引之意乎！不肖明蓋嘗奉先覺之教，妄意窺斑，敢具一言以請正。凡所稱講學者，非有意號招生徒，立赤幟而樹黨與也。先覺者懷誨人不倦之意，後進者切就正有道之心，聲應氣求，義重聚樂，其機自不容已耳。且人之精神每以感發激昂，索居懶散，而義理精微之妙，即激昂者猶難徑造，而懶散者何以企及？故士人如欲有善無惡，大段不失其品格，則學可以無講。如欲立天地生民之命，繼千古神聖之統，非得强輔日相磨勵，惡足以及此哉？周公身任行道之責，固不暇講談。竊料其吐哺握髮之勤，所藉賢士大夫之力必多也。周公而廢學，其不能爲周公也明矣。姑無暇遠稽，試屈指今天下士，其能洞徹學問者有幾？夫惟其學問不徹也，以故當官臨事，自簿書期會外無餘術矣。若是則何以濟世務而興太平乎？是故君子萬物一體之心，常活潑而不昧，救時行道之念，每惓切而不忘。故遇一有志之士，輒左提右携，不忍釋手，必欲造就而成全之。所憂者深，所任者重，而其所計者遠也。此今日孜孜講學之意乎！老公祖以爲何如？若夫一應地方事宜，在老公祖自有訏謨，無已，則惟有崇正學、淑人心，爲經綸之第一義耳。餘不敢贅。

柬李見羅先生

往者台駕有羑里之辱，小疏之陳，蓋據夷方獻琛，用以明公道之實，非敢有所徇也。來札過以爲感，愧矣！愧矣！小子未嘗聞道，竊奉教於君子矣。敢一言請正。《中庸》論「素位而行」，必合富貴、貧賤、夷狄、患難而兼言之者，蓋言莫非位也。莫非位，則莫非吾人之所當履者也，而奚足異也！然位以言乎其遇也，遇則奚常之有？自先生言之，則倏而稱干比戈，倏而建牙開府，倏而繫貫城，倏而戍漳海。位固紛然靡齊矣，而吾之本性則靡有所謂稱干比戈者，靡有所謂建牙開府者，靡有所謂繫貫城、戍漳海者，其所爲湛然寂然者自若也。是故性定而天下之遇一。此顏子所以見大也。

雖然，古之人修身見世，多自困窮得之，孔孟所以不朽者，托於六籍、七篇。子云「吾不試，故藝」，孔孟而獲試焉，無暇爲此矣。八閩東南海邦，地稱荒徼，先生駐節振鐸，俾遐荒人士興起斯文，則吾道無窮，而先生與之俱無窮矣。謂彼蒼無意，可乎？小子明五十無聞，蹉跎自懼，不得已約友朋數輩，冀相夾持。然蟬噪蛙鳴，奚足振響？獲佳刻數種，不啻百朋，公諸同志，并在私淑之内矣，何幸如之！端裁布謝，并候起居，數千里迢遥，未審何時面承提誨也。臨楮不任引領瞻馳之至。

又

格物之説從來未明，大教明如指掌，嘉惠無窮，此於前聖大有裨益，不獨後學之幸也。「止」、「修」二字，所謂表裏交修。竊謂止，其家也；修，其所由至於家之路也。昔堯舜肇「精一」之傳，孔聖垂「博約」之訓，陽明先生訓之曰「惟精是惟一功夫，博文是約禮功夫」。明竊謂「修身是止至善功夫」。集中有云：「真止即修，真修即止，二者本只一事也，其功不可偏廢，而其主腦自有攸歸。」此明管窺之見，不識有當尊旨否？便中望盡言教之。

柬張懷琴憲副

公負天地正氣，數十年來有初鮮終者不知凡幾輩，獨公挺然如松柏，不以歲寒少改易。每聽侃侃之談，令人起壁立萬仞之志。其相聚受益如此，則離析之懷可知矣。來諭謂歷任以來，無可紀之功，雖爲自道之辭，大率「善人百年，王者必世」，功業固未可倉卒建也。雖然，居可爲之位，操可致之權，苟無可紀之功，惡睹仁賢之實？此生難再，寸陰可惜，是在大賢自勉耳。方今廟堂舉動視往年不同，載在邸報者可覽。用世之賢，正在握符一方，與民相近，或可少展生平耳。僕顓蒙特甚，此時料不能遂所欲爲，惟有全天地之正理，守聖賢之成規，用舍付之無心，行藏安於所遇，如是而已。邇與顔與朴互相砥礪，真有輔仁之益。惜明公遠在天涯，不得時承提誨也。北鴻有便，幸惠好音。

上大宗伯龍江沈老先生書

台駕抵里中，諸福倍常，數年典邦禮、任勞怨，今幸息肩，良足快慰。自台駕行後，煩言一息，未幾而交攻東廠，又未幾而高儀郎論場屋事。於是好事者又爲無端之辭，厚誣台從。然悉群小妄揣意旨爲之，譬之寸雲點日，奚損於明？蓋聞君子有求全之毁，而俯仰無愧，何往而不自得？又安能以吾一心，隨萬有不齊之口爲欣戚哉！前承諭，歸里後當料理身心性命事，期以端閫範而善風俗。夫遇有顯晦，道無窮通，誠志於修身體道、正己率人，竊恐尚書有息肩之日，而此學無歇乎之時矣。不知今已整頓功夫，克償初志否？小子有志進修，每患出頭無路，伏惟明言指教是祈。

又

頃讀《文雅會約》，其中崇儉厚俗之道，罔不畢具，力行以樹之表，風化其有興乎！所謂「是亦爲政，奚其爲爲政」也。居喪不款客，敝邑業已行之。義學之事，小子勉力舉行，遂至一館不能容，而至於再，再又不能容，而至於三。師多費繁，供應匪易，小邑如此，大郡當何如？故欲爲此事，宜糾衆力成之，且兼得與人爲善之意也。教化不明，真才不出，所關世故不小。故義館之設，匪徒章句是務，宜以養正爲先。《小學》義淺易入，宜令後學先讀。餘惟崇炤。不宣。

柬林育所道長

流光迅速，别來忽易寒暄。緬惟丰神，馳情無既。切以大丈夫奉簡書，秉節旄，彈壓一方，宣威千里，此其權莫重於直指矣。臺下以學術之深發爲經濟，鴻猷駿業應有什百尋常者。蓋自臺旌一指而西，弟竊爲彈冠，慶君子之道長矣。方今之弊，病在吏治不修，而吏治不修，由於激揚無術。粉飾者先，悃愊者後，平平者均蒙華轉，請托者益掩名實，則何怪吏治之不興哉！夫直指位高不能親民，體尊不屑細事，惟有激揚一節，最爲緊要。才能者加異數之旌，闒茸者嚴糾劾之令，噓吸沛雨露，指顧動山河，俾邊徼吏民覩真御史注措，因以仰聖天子威靈。斯乃稱大儒運用乎！非臺丈其孰望之！

柬饒伯宗

人生投交易，合志難。志苟合焉，雖萍逢而漆固也。僕與足下，聞其名慕之，覿其面悦之，一奉高談，又當其心而深好之。此何故？志相孚也。當斯時，願與足下訂久要之盟，期共濟大聖之域。未幾，僕有上黨之役，比反，足下又以握符行。良晤之難如此。雖然，舜、文異地殊時，若合符節。苟各加振勉，與道爲期，則雖曠世比肩，千里促膝。故别足下不爲慮，慮無以副足下教耳。來翰曰「宇宙有數光景，各毋以流俗慁也」。斯所謂至言、藥言哉！夫其不慁於流俗也，則其所自爲主持者安在乎？聖賢兢兢業業，恭敬捧持，如護拱璧惟恐失，如臨深淵惟恐墜者，是何物事？得乎是，則無論人所羡、人所忌，吾奉是以權衡之耳。其於鑿枘之慮，無庸心焉。匹夫守百金之産，强寇臨之，死守不去，何也？恐失其所以爲家也。世之士有初鮮終，欲超脱而未能者，則無家可守者也。是義也，願與足下共勉之，各求其所以爲家者焉。

柬魏光禄見泉

都下惟台丈可與遊，台丈不嗜學問，而侃侃正氣，百折不回。天地之間，廟廊之上，自少台丈不得。尊體抱恙去，令人昕夕在念。聞抵里後，仍不成寐，鄙衷煎煎，恨不能奮飛左右，相話相扶。頃兩接手書，乃知道體已安，私衷良慰。來諭謂割田宅以償宿債，清貧景象宛然在目。此近世士大夫所難也。長安同志近至六七十人，徐察其志趨，未有打破利名關者。故知學問之道在行不在言也。惟是《大學》以至善爲歸，《中庸》以篤恭爲極。非潛心學問，不能至是。非發真實志願，不能爲是。近而目前，遠而千里，舍台丈其誰與歸！願爲乾坤世道一努力焉。立人之道，固不止如是而已也。懇懇。

答徐石樓公祖 二豎，指名利言

來札「脱畧真修，徒騰口吻」二語，切中時賢之弊。爲今之計，惟各務自修，無問人之修與不修，斯皆真修矣。二豎爲祟，祛之亦存乎人，周子曰「果而確，無難焉」。蓋二豎樂人因循，憚人果確。夫果確者，蒼、扁祛豎子之妙術也。何如！何如！

柬陳職方耦愚

來札「讒口逼人」謂誰何氏？語云：「止謗莫如自修。」若相持愈力，則讒口轉甚，然則非自謗之也，一間耳。又謂過時廢學，徒從事於躬行實踐之間。以台丈之豪爽，誠直諒哉！躬行之無虧也。第孔聖有言：「躬行君子，則吾未之有得。」而《中庸》謂「不明乎善，不誠乎身」，有如來諭，是孔聖所難，吾丈易之，不明乎善，亦可以誠身矣。孟子云「行之而不著焉」，無乃即丈之所謂行也乎？且學之不講，亦自躬行不得。如「讒口逼人」之説，果能懲忿，果能犯而不校，果能不報無道，方是躬行。其不然者，則猶然未行耳。丈其熟察之。

柬楊春元湛如

聞足下業已就官，平昔學問，於此得發攄之地矣。可喜可賀！不肖每見今之從政者，不慊人意處十常八九，而深病其不學無術，故不能增光吏治。丈固優於學者，願一展宏猷，以增吾道之光。不肖聞之，五方異俗，人情異尚，故善爲政者宜於土俗，合於人情，因其勢而利導之耳。是故禹之裸國，解衣而入，束帶而出，從其俗也。若執定古法，使一切就我規矩，恐有滯礙難行之弊矣。足下以爲何如？

又

不佞得告還里，正欲諧天倫樂事，乃入門即遭手足傷，連枝同氣者四十年，一旦幽冥永隔，若之何其不痛耶！然其痛也，哀動於心，淚溢於目，亦不知所從來也。來教以大慟爲天理人情之至，又以哀之漸變而衰亦天之理、人之情。所論良是。當其慟之至也不可遏，及其變而衰也亦不可强。此皆天也。中人不識不知，情無添減，全是聖真，惜未知學，故止於中人耳。吾輩今日汲汲皇皇，正不敢安於中人，亦不敢失其中人者也。過、不及生於意見，意見之弊累了古今多少豪傑。然去之却難，非從性根中體察過來，未有不蹈此弊者。此正吾輩所當訂證刮磨，不可已焉者也。敬復，不既。

又

理氣渾是一個。吾驗之造化物理，信之已確。來諭却謂「氣有聚散，理無聚散。氣有生滅，理無生滅」，又分明説作兩個。第不知氣之聚散生滅時，理果處於冲漠無朕之地而判然不相干涉乎？抑但同其生聚而不同其散滅乎？夫不同生聚，無是説也。如謂同生聚而不同散滅，是生聚合而爲一，散滅又判而爲二，理氣不若是之破碎也。凡爲此論者，其見蔽於形有盡而理無盡，視理重而視氣輕也，非特不知氣，亦未觀於理之實際也。蓋天地間惟此一元渾淪之氣，此氣自然有條理，故謂之理。這個物件費而隱，其體不得不隱微而顯，其用不得不顯。體用一原，顯微無間，斯爲一元之氣之全能乎！故生聚者，氣也，即理之生聚也。散滅者，氣也，即理之散滅也。夫理何有散滅？而謂之散滅者，就委形而見其散滅耳。其實委形有散滅，而一元之氣無散滅。故理氣終是一個也。善觀理氣者，毋徒泥其文辭，滯於形器，荒於虛無，只驗夫物之始終，何者爲氣，何者爲理，物生爲氣，理從何來？細細體察，而爲一、爲二，自可了然矣。

柬熊比部思城

見羅先生有言：「《大學》之書，仁書也。」門下以不倦誨人，以求生讞獄，所刻四種十五卷，安往非仁體流行哉！門下學問得力，足以見矣。而士猶有病言學者，何也？行人都中，願結社同心，矢力精進。今天下倀倀然莫知所之，滔滔然靡有底止，非鴻儒大手力未易轉移，幸門下留意。不肖明年逾知命，碌碌無聞，蚤夜痛心，虛生爲懼。北鴻有便，幸賜教言。序文聊以應命，不謂遂爲木災也，惶愧。

柬宋進士見隋

恭聞大捷，喜而不寐。蓋正人君子出而效用，固世道乾坤之幸也。貴榜生色，端於老丈有望矣。昔者丈垂髫之時，作有《希顔箴》托志，業已不凡。切惟顔子之學，其處也奉四勿以淑身，其出也酌四代以經世，天德王道，體備無遺。丈今際會風雲，揚眉吐氣，固出而經世之時也。其所爲揚虞廷之休，振三代之烈者，寧可令顔氏專美於前乎？顒望！顒望！

柬汪大參静峯

談學之家往往辨論心性之分，弟舊常疑其分析太過，乃今始知義各有當，决不可混而爲一矣。獨虞廷人心道心四字，鮮有折衷。弟不揣愚昧，著爲合一之説，而前輩泥舊見，大不以爲然。新得温老先生之説，又似與鄙見暗合，未知孰是。夫心，吾心也，吾自有心而吾不自識之，此豈細故？老年丈素必了此。敢以三説并呈清覽，孰當孰否，惟慨然判示是禱。

柬田春元玉溪

衰病相尋，殊無好況，歲月如馳，日惟虚度爲懼。足下其何以教我？夫自堯舜開執中之傳，孔聖衍博約之訓，今古宇宙間實有此一脈流行，而出於富貴功名、法制權術之外。兩儀非此則毁，萬類非此則滅。吾儕豈可游息偃仰其間而不知所以然之故哉？故敬業樂群，居肆成事，誠不容一日少緩者。惟足下幸早計焉。

又

昨承道駕枉臨，二三友朋促膝談道，不肖即煢然哀疚中，殊覺鬱懷一暢也。格物之説，議論多岐，然未有灑然痛快人心者。不肖困苦多年，偶有臆見，如昨云云，不費窮搜，不俟牽合，似於聖經原旨不甚悖戾。高賢存鄙説以參衆論，取舍自有辨矣。

又

「物」字看得寬了，則涉於泛濫無歸。自宋儒以來，學道者精神向外，不能反本窮源，病悉由此。不肖所云「『物』字即是身、心、意、知、天下國家之理，總之只是一個至善」，非臆説也。「物有本末」，便是此物，何事遠求？明得此「物」字，則「格」字方有下落。舉凡多聞多見，學問思辨，皆是格的功夫，皆是爲這一個至善。如此爲學，方有頭腦，方是學聖正路。不然，即讀盡五車書，曾何了得性分上事？來札漸次入微，足占善悟。其所論格致語意，猶未妥帖。蓋致知非可懸空做得，纔言致知，便到格物，故不曰「先格物」而曰「在格物」，則「格」正所以爲「致」也。今日且辨一副力學心腸，則「物」字不慮不明。講學會友，正是喫緊之功，舍此一路，欲望道之能明，難矣！

柬崔計部百源

客歲承手書，仰見年丈已孳孳於此學，真吾道之大幸也。頃徐丈來，口述年丈大教，謂弟專意闢佛，恐學在景象上幹。千里藥言，特欲鞭我之辟，愛厚哉！敬聞命矣！伏思道根於性，學不歸性，即煞有是處，終是義襲。今之日夜皇皇，惟以此事爲急。第患今之學佛、學孔者，皆剽其緒餘而不悉其領要，支吾眼前，虛擲歲月，良可慨矣。儒、佛同異，弟未能深辨。惟是儒家學問尚有許多未了，故不暇理佛教耳。年丈深造有得，幸草一言以教我。

柬薛大參欽宇

金臺之會，各奔走風塵，未獲與年丈共訂此學。頃得吾來，道年丈甚留意於斯，吾道大幸。夫人情於一切外物常弊精神圖之，乃自家安身立命、入聖同天、包括宇宙、流貫古今，如此大事乃昧焉而不知求，憚焉而不敢求，亦可謂不審所從矣。年丈高明仁厚，維德之基，且南中高賢類聚，不乏强輔，誠與夾持并進，所至寧可量乎？弟庸愚不足進道，又不肯虛負此生，日在此究心，而每苦神明之無自也。肅此仰求教益，惟提誨是望。

柬韓給諫淳寰

手教來囑弟早出，兄最愛弟，凡所教，必理之不得不然者，敢不奉命？今弟吐露實情，不敢以支言對。弟無大病，亦不爲無病。尋常體倦神昏，不能精彩辦事，難出者一。老母年邁，戀戀不忍弟遠行，弟昔遭先子之變，實爲傷弓之鳥，倘良心未死，曷忍絶裾？難出者二。行年四十有五，膝下無人，不宜奔走風塵，消耗元氣，難出者三。小女長成，千里遠携，於勢未便，難出者四。兄丈不知弟當年求歸之意乎？時事關心，有言不納，負愧含愁，鬱悶幾死，今視往昔何如，可以不揣而進？難出者五。第一失此會，終無可出之時，平生志向一未展施，豈不自憐自念？顧今審時觀勢，實不能舒發志意，如鴻毛遇風，巨魚縱壑，沛然達順而無所拂逆也。且夫遇有窮達，道無加損，弟固寂寞荒園，而未嘗無所事事。謹具疏陳情，仍求在告，北望我兄，涕零如雨。山中無例可查，政府銓曹意指難料，誠恐鄙志未遂，重貽老母之憂。百凡未妥，悉望周旋。至懇！至懇！

柬冼馬楊復所先生

曩所呈《造道録》，醯鷄之見也。得門下批正，乃見天地之全矣。離群以來，甚悔當年輕别。

假如依倚至今，當必更有進處。門下萬物一體之意，肫肫懇至。頃者春場借重，所得士皆在陶冶中矣。諸士何幸，國家何幸！陳雲麓公祖來，示門下《大學講意》，所論「有諸己」三句，真是天地聖人心事。自覺舊説淺不近理，把玩再三，稽首謝教。近與諸友發明，有經手録者，幸示一二以啓顓蒙。不肖叨補舊官，正欲驅車北上，整理舊盟，第因家母年高，決不令不肖離膝下，而賤軀善病，近益衰頹，審時量力，不能經營朝家事。兹具疏陳情，仍乞在告，未知聖明允否也。謹因賫本之役，肅札奉候，并請教言。對晤無時，有懷耿切。

柬憲副陳雲麓公祖

伏讀來論「卦之未畫，一之源頭，極之所以無」等語，具見老公祖造詣淵邃，益不佞者非淺。夫學問之道有先天、有後天，故學不學者，聖凡之所以異，而先天與後天，則聖賢之所以分也。故誠聚精會神，惟於其先天者圖之，則吾之心固太極之所從出，而羲卦之所由起也，又何慮日用之間有不得其中正者哉！年來師友乏人，自修自悟，竊見孔子之無意、必、固、我，真是「夫焉有所倚」。即此求之，未發之中可見，故曰「吾有知乎哉？無知也」。此人心本來之體，千古聖神相傳之脈。孔子發憤忘食，顔子苦孔之卓，一片精神，惟求了當此件而已。然本體不從外來，而功夫則賴師友。故夫「爲仁由己」，語其機之決也；「當仁不讓」，語其志之勇也。苟無師友相成，將有怠焉不修，遜焉不敢當者矣。嘗驗之義重聚樂之時，又驗之索居離群之際，其志之勇怯、學之進退，自可考見。故曰：「道德由師友有之。」此周子所以灼見無極也。適見來教，亹亹數百言，不覺天機觸動，理趣躍然，恨不得相聚一堂，上下議論，乃敲金擊玉而歌陽明之詩曰「羲卦畫來原有《易》，朱絃彈絕已無琴」。朗吟三過，不覺手舞足蹈，心曠而神怡也。「義理之悦我心，猶芻豢之悦我口」，信然哉！

又

前蒙問先天等語，以尊者命，不敢不對，然實臆説也。茲辱來翰云云，責以必答，今亦安能言言中竅哉！無已，仍以臆説對。夫所謂先天云者，思慮未起，知識未萌，吾心各有畫前之《易》是也。聚精會神，亦莫非此個用事。特謂之曰「聚」，則加乎心思，落後天矣。總是一個物也，聖神同天，事豈出於日用行事外？第自知道者觀之，則下學人事，便是上達天理。苟不知道，即事事點檢，終是義襲而取也。故聖學自有本領，事事不放過，亦時時有歸着。聚精會神，提綱携領，欛柄在手，四體不言而喻矣。故曰「由仁義行，非行仁義」。此聖神能事，非賢者可企及也。所謂「提綱携領」云者，正在「大德」、「小德」處理會。夫大德敦化，小德川流，俱是太極所以主宰并育并行者，不可分體用，故曰「此天地之所以爲大也」。故聖學綱領，只在所以處理會。顔子苦孔之卓，心齊、坐忘功夫可槩見矣。

來諭謂「無意、必、固、我是廓然大公，即此發之，即是物來順應」，甚爲確見。惟以「大公」爲「敦化」，「發處」爲「川流」，則不可也。蓋大小德總是一物也，渾然而有條理者也。且道不可以有無分也。堯舜所謂「執中」，孔子所謂「參前」，顔子所謂「卓爾」，程子所謂「隱然直上直下」，此皆以有言也。然皆是聖賢以意會道之語。即孔子復生，眼前詎能有所見哉！其曰「不見不聞」，曰「無聲無臭」，曰「無極」，曰「無朕」，此皆以無言也。然體物不遺，草木瓦石，皆爲神理，又何可以言無也！故有無之間，但可默識，不可形求。可默識則有卓爾之見，不可形求則欲從而末由也。蓋人至虛靈也，不疾而速，不行而至，取不竭而用不窮，忽然成經緯天地之文章，忽然做旋轉乾坤之事業，反而求之，亦不知其所從來。故曰「不見而章，不動而變，無爲而成」。此聖神之所以同天也。今欲求作聖之功，舍此其奚適哉？此正所謂羲文未畫前心胸，孔子一貫萬處心胸。至其所以了徹活潑，則無他，亦惟純其爲學之功而已。欲純爲學之功，亦惟以友輔仁而已。蓋性靈具在也，日在此理會，日在此講求，物欲之分數既減，天理之分數自多。始猶强探力索，終自從容中道。日用功程，當不外此。隙駒易過，老大徒悲，此不肖之所日兢兢也。願與明公共勉之。

又

向來未聞清恙，有缺奉候，罪歉！罪歉！來札云：「既謂真矣，何修何悟？」夫性無加損，須修悟方得，猶鏡體本明，不磨則不明也。然是修悟緣有假者，故用「真」字。參天侔地、法今傳後大事，非真胡以能至哉？「無一刻不是《易》」，此說良是。天地間無一草一木一晷一刻不是《易》，所謂「語小，天下莫能破也」。念念刻刻在天理上，漸積久，當與道爲體，可幾乎三月不違。從此做去亦不差，但合下自有大頭腦功夫。不然，即欲念念刻刻在天理，不可得矣。蓋無一刻不是《易》者，即所謂仁也。宜大發志願，合下承當吾仁，勿在念上用功。此毫釐之差，而學之所就因之矣。

其云「氣失平時，覺主宰不定，豈氣搖而理亦因之以搖耶？因此可以驗理氣不可分」，與鄙見正相合。竊嘗謂學問須自家體貼出來，方爲真得。此理氣非但不相離，渾成只是一個，往往驗諸自身而得之。朱子「氣以成形，理亦賦焉」，亦非到家語。蓋即此爲氣，即此爲理，「亦」字有病，不可不察也。「一陰一陽之謂道」，夫豈有此一氣，而又賦之一理哉？來教後半語意似有出離生死之意，然聖賢之學，清心寡欲，神完氣定，固自有長久安寧之理，而所以不散者亦在其中，不必如仙家修煉出神之説也。夫君子一身，天下後世所觀法，所趨安可不慎哉！

又

來札云「理氣自有別，就氣中看得理，而理却不得其朕」，似猶未確。蓋陰陽氣也，此氣自然有條理，即爲理也。譬之鏡焉，銅爲氣，銅之明即爲理。銅自能明，氣自能理，只是一個物也。蓋天地之氣自合如此靈妙，靈即爲理。故總此一元渾淪之物，因其絪緼摩蕩命之曰氣可也，因其靈妙變化命之曰理亦可也。猶論性者然，仁者見之謂之仁者，此也；智者見之謂之智者，亦此也。故曰「仁者，人也」，又曰「形色，天性也」。聖賢於理氣曷嘗析而二之哉？所謂「合下大頭腦工夫」者是。

大發志願，合下便欲以身承當斯文之統，要識取吾之心可對得過堯、舜、孔、顔之心否？可對得過天地之心否？有一毫對不過，則忘食忘寢以求之，凡隆師取友、舍己從人者，無所不用其至。此曷嘗不是念念刻刻用功夫？只是志之所期、功之所用有不同耳。故學問勿在念上用功，惟求所以率是念者，而念在其中矣。

來札又謂：「先天弗違，未見真的，但在渺冥彷彿中。然此理不見不聞，無聲無臭，難見真的。」然善觀者無往非真的，日用間動静語默，莫非後天，莫非先天。至於程子「天地設位」等語，亦是此意。彼庭前花草，天地設位也。生機不息，易行乎其中也。蚊蟻成形，天地設位也。蚊飛蟻走，易行乎其中也。此天地間鑿鑿可見之理，何爲不見真的哉？病中氣弱，不能盡所欲語。

每偃息良久，或少啖粥飲，氣脈乃生，而文思亦出，即此亦可見理氣爲一，并所謂飲食之氣，亦非凡氣也。鄙見如此，惟斤正爲荷。

又

理氣之説，只認作一個，不會差。今不當在言詮上討取，只反觀我這一身，何者爲理？理却安在何處？何者爲氣？氣外可有理否？便即見得二名渾是一物。當初儒先亦只爲識不透此氣，故添個「理」字，以盡其妙。其實不消得。氣即爲理，而氣有清濁，隨又生性有不同之疑。然清濁正相近之説，非一聖一愚如「習相遠」之説也。今將「習」字忽了，「性」上之疑遂多矣。要達觀得天下古今只是這一物也。來諭謂「此氣有盡，此性不可磨滅」，誠然。夫水原無漚也，聚而爲漚，及其散也，散者漚耳，水未嘗散也。知此則知人之死也，身爲委形，而性靈不與之俱泯也。蓋自一身言不可不謂之散，自太虚言則不可謂之散矣。

來諭謂「人有聖賢凡愚之等，固有性同氣異之説」。夫聖愚之異，異以習，非異以氣也。歸之習，則有可轉移。歸之氣異，則一定而難移矣。故宋儒氣質之説實爲後學大害，不可不知。今有極惡之人，使其生來即爲孔孟之子，吾知其必不流於惡矣。來諭謂「氣質有差等」，舉孟子論堯舜性之、湯武反之爲證，可是天生堯舜時曰「命汝爲性之人」，生湯武時曰「命汝爲反之人」

乎？若湯武不加反求，遂爲庸人，亦自由他，於性體無損也。來諭以宋儒「性道雖同，氣禀或異」之説爲確論，不知此非確論也。蓋非惟不知性道，亦不知氣質，更不達同異之旨者也。來諭謂朱註「理亦賦焉」，不惟「亦」字差，即「理」亦不當説在「氣」後。余謂更不可説理氣同時而來也。程子謂「道，形而上；器，形而下」。所謂器者，如人身軀殼是也。此軀殼自無中生來，亦自妙矣，故曰「形色，天性也」。至謂「此心寂静時容不得體會」，更是精細之談。蓋不體會則不知爲静，纔體會便已屬動。平生甚以此爲苦。嘗於晚夕回思一日心事，果是不在此則在彼，無寂静時也。然則遂無静時乎？曰：天行健不息，豈云不静？人心動而不失其常，則静者自在矣。動静若分，則當其動時而無静者在，當其静時而無動者存。此在事之有感無感則然，而非人心之本體也。人心本體如風帆動盪，而至静常在。此體微用顯之義，絲毫顛撲不破，所謂動静一源也。

來諭謂：「今之論性，止當以不學不慮，聖人與愚夫婦相同者言，而清濁厚薄之氣質不攙在中，方是孟子性善本旨。」余謂人之所以成身者惟此氣也，今欲脱離氣質，不攙在中，則於何處見性乎？且此性必當躲避氣質而後得善，則氣質者性之害也。仁者人也，形色天性也，氣質即是善，非特不能爲拘而已也。

來諭「二知」云云，亦自有説。夫良知是一知，「多聞多見，知之次也」，又是一知。夫子已説作兩個。然其聞也，擇也，從也，見也，識也，孰使之然也？仍是此知主之也。蓋論本體則惟一知，論聞見所及之知則知自外來又是一知。此甚明白矣。如今人博物洽聞，何莫非良知之用？然無温故知新之妙，終亦聞見之知而已矣。以此知學問貴有源委也。

柬劉鴻臚懸崖

往者聚首都門，未能致慇懃於門下，至今爲歉。兹有一極大極美事與門下相商。聞貴縣荒歉，饑民死者無算，扈上舍發天地心捐糧千五百石，致都院改容優禮，貧民到處稱揚。都中縉紳聞之，莫不嘆服景仰。如此吉祥善事，扈宅能先爲之，古人云「見義不爲無勇也」，貴宅力量過扈遠甚，胡不亦慨然發天地心而爲扈之所爲乎？且夫捐賑之妙，不可勝言。當此生人相食之時，家家不能自保，人人立而就斃，吾當其□而惠之升斗之粟，譬之出湯火而解倒懸也。將見人人飽德，世世啣恩，而盛德令名將共乾坤不朽矣。愚聞之，有陰德必有陽報。活□人之命者，後世子孫必興。古人爲善之報，種種善徵。今者輸粟三二千而恩澤流布於閭閻，則人心悦，天意得，不惟門下之禄位光顯，而令子令孫必有登高位爲三公者矣。夫積善者固不可有徼福之心，而揆之天人感應之常，决不爽也。人孰不欲其子孫爲三公，是何憚而不爲善哉！

語云「鳥窮則啄，獸窮則攫，人窮則亂」，此勢所必至者，彼嗷嗷待哺之衆，常垂涎於富足之家，故不得已而指名訴於上官，急迫之情可見矣。吾倘不能破拘攣以慰其求，則揭竿稱亂，而奪吾有者容或有之。夫饑餓切身，死亡在前，慈母不能保其子，嚴君不能禁其民，彼與我何所顧忌而不敢一相侮哉？故賑濟之事，捐所有實以保所有也。智士謀家，不當慮及於此哉？

僕最菲劣，最迂闊，無片長可取，只一點爲善之心常孜孜不容已。一聞饑荒之苦，真如痌瘝切身，而飲食居處不能寧者。穩知門下力量有餘，且與門下稱莫逆，故敢以此善事惓切致望。把筆之際，當亦有鬼神鑒臨，惟仁人留意。

柬顧吏部涇陽

久違道範，積懷可知。天曹用人之地，非賢者不足以居之。年丈往而復還，國家之借重可知矣。夫太平之署，非衆賢不足以致之，況今臨御久虛，青宫未定，海徼用兵，物力虧缺，正拊髀英賢之際也！而諸賢相踵而去，其謂之何？夫天下事，非老成長慮者不足以計經久，非英邁負奇者不足以振頽靡。善爲國者宜兩存之。年丈用人者也，其於此何如？弟庸劣無似，復爲狗馬病所困，無復能馳驅國家事矣。然亦不敢以閒中虛擲歲月也。聖經賢傳、天命人心，日在探討。凡向與年丈所論「知行合一」與「庭前柏樹」之説，可幸了然無疑矣。惟是索居無所就正，不無千里之謬。便中幸草一言以教之，謹因縣吏之便，肅札奉候，清帕二方侑緘，叱存爲荷。

柬陳憲副肖平

册中所載種種嘉猷，「嚴植士風」一節最爲理道之先，而「練兵壯、備火藥、明鄉保、禁左道」諸條，尤得時務之宜。諸凡美善，未易稱述。若乃賑濟貧窮，意則良而惠則小，一舉而難以再繼也。吕新老山東養廢之政，可查倣行之。邇來歲多不登，社倉爲養民要務。大名守塗君業已舉行，臺下宜力贊於上，務成此美政，使地方有所倚賴也。古者於深耕易耨之民，暇日教之孝弟忠信。又練兵者必教之孝弟忠信之行，親上死長之義。以是知綏太平、戡禍亂，未有不以教化爲先者。今地方内有孝子順孫，義夫節婦，宜加旌表，以風斯世。其或有究聖學之淵源，抱經世之謀畧者，又當折節以拜其門，或題知以大其用。至於朔望延見諸生，則宜與之闡明學問，俾各知以賢聖爲期，而不時復加以鼓舞之術。凡此皆所以明教化而淑人心，斯所稱治理大端也。臺下留心世道，盍亦以是爲急乎！

柬馮侍御少墟

不肖明前來赴任，竊念古人不卑小官，意欲緣分盡職，不墮時套，且遊大賢里中，庶幾旦暮領教，此初心也。乃當事者循近日例，不惟不肯留，且止而不容入也。即欲强入，恐難爲久計。於是徘徊途次，畢竟領差歸矣。咫尺台光，不獲握手，歉抱可知。老公祖身既隱矣，日間功課何如？夫萬世之事，惟退處者當之，而赫赫榮名，未能與之較久近也。前不肖出都時，耿叔老謂曰：「孔子删述六經，正在四旬八九時，公歸去，願少留意。」夫不肖奚敢當此，是惟老公祖今日之任矣。曩讀二稿，已自超然玄詣。第道無終窮，愈學愈進，此夫子「發憤忘食，不知老之將至也」，願益加勉，以終九仞之功。夫學不可以獨成，夾持而力自倍之。若曰杜門謝客，養晦者宜然，非不肖之所敢知也。何如？何如？

又

伏承手教，知往者小柬已達掌記矣。至許明爲「任道勇而悟道深」，則萬萬不敢承也。然以蕪刻一種，博佳刻數種，所謂抛磚引玉，非乎？此喜何如！台丈山居固有年，而功課亦不少，以此羽翼聖經，功業甚巨。脱令居官臨政，未必若是之大且久也。諸刻名目太多，卷亦零星，彙爲一部，不亦整齊可觀乎？

卷中妙義，倉卒難竟，偶觀講餘稿中「道心人心」之説，隨耽玩不忍釋手。台丈分别人心道心最精最嚴，其遏人欲、存天理之意最喫緊矣。以明愚見，道心不必言，獨所謂人心者認定人欲言，恐太説煞了。凡純乎天理者不危，純乎人欲者亦不危，惟倏理倏欲，可理可欲，變動活潑不可依以爲安者，方稱危。以此論人心，可專以人欲言乎？心之發動爲意，人心道心儘足用惟精之功矣。這個人心，豈待意而後惟危乎？惟一却無功夫，所謂心本一而一之是也。孔聖之言曰：「出入無時，莫知其鄉，惟心之謂與？」此形狀「危」字甚妙處。然却是論心之本體如是，不專以人欲言也。此皆明之不能無疑者，恨不能縮地而承面命也。

柬曹太府楚石

曩於都中久聞清譽，而戴松菴所稱述者又種種，逼真古人，不佞蓋願切執鞭而不可得。頃入關中，見在在地闢民聚，諸令各彬彬有向上志。臨潼停車者連日，更見社倉舉，社學修，保甲嚴明，鄉約緊切。時登高四顧，則深耕易耨，禾稼芃芃，無尺寸不耕之地。已而聞有春元二、茂才數十爲文會講學，不佞即其廬訪之，則皆循循雍雍，履誠信而秉中和，余嘉羡者久之。已而會其令，美其治。令曰：「此非卑職之功，太公意也。太公之政猶未能奉行十一，安敢自居其功？」不佞又見令謙退斂藏，與揚揚矜詡者異。乃益知臺下表率功深，而今之所見甚於昔之所聞也。

辱諭：「凡作事非以才，以識。所以圖百世事，非以資稟，以學問。所以養其識，非以人所共見，以人所不見。」旨哉言乎！敬聞命矣！夫人所不見，己之所獨見也，真識之所從出也。

凡真識從無識中來，而識此真識自默識中來。默識乃稱學問所爲，超脱氣質，培天德而行王道者也。

來諭又謂：「欲爲古人無所事奇之事，而才阻十三，學問阻十五，人阻十四。」夫才非所患也，誠以生之人之阻則滯而難行，非學問無以通之。不阻於學問，則不阻於人矣。見其有阻也，曰「舍而歸焉」，無乃付之無可奈何，而學問之功從此疎乎？《中庸》云「不獲乎上，民不可得而治矣」，而所爲獲上之道，則悦親、信友、明善、誠身，其功不可缺，而其志不容歇也。孔子論邦家必達，而曰「質直好義，察言觀色，慮以下人」，夫質直好義尚矣，而猶循循焉存下人之慮，無亦直方難行，而謙和乃可以相通乎？世之局於中人之見者居多，彼固所謂歉於識者也。吾復持以孤高，儼然示人以絶德，則人將舍我而去矣。不獨舍之，又將嫉我而思中之矣。春和發育，秋氣凋零，以善養人然後能服天下。是故人之阻吾，自阻之也。知遠之近，知風之自，知微之顯，循是以往，天下可平，又何阻乎？故養於人所不及見者，乃養其人所不能違者也。是謂非以資質，而以學問也。不識高明以爲何如？

柬崔春元見字

邑里匪遥，不能促膝一對語，每接手書，輒增悵怏。伏讀「貢禹彈冠」等語，若謂士君子處世，不揚眉吐氣於冠蓋之途，則寄傲恣情於林泉之下，二者之外更無事也。以弟觀大舜「若將終身」、「若固有之」，與孟子「不加不損」之説，則隱見皆客感，而其中恒有不移者在也。今國家設科取士，即豪傑安能自外？惟是修天爵以俟人爵之自至，如是而已。聖遠言湮，學脈失續，士惟馳騖功名之會。若年丈則天資大雅，進道有餘，故敢以是言請正。

柬漸菴李老先生

往者抵臨潼，雖曾遺候，竟缺登堂，至今爲歉。伏承臺教，以痛孫爲學不得力，自道則然耳。竊謂骨肉至情，幽冥永隔，此而痛焉，有不知其發自何來，即强力抑之有弗能者。此正所謂「情之正」也。故曰：「小弁之怨，親親也。親親，仁也。」又曰「天之生物也使之一」。本性固自然，何能禁絶？但不可流於過焉耳。明小子行年五十，老先生亦幾耳順，江湖無事，正宜究竟此學。便中幸示指南，願言佩服。

卷七 書類下

柬呂新吾先生書一

昨所述楚侗「他自會支使」語，雖係閒言，實關道脈，敢一申辨。徽惠教言，道宗不然。此語若將謂本性雖靈，若不加學問，不由涵養，師心自用，豈能一一中節？故其論學書中有言曰：「聖學全在性天處見本體，涵養上用功夫。養到至處，發出來般般色色自是良知。」此蓋言涵養盛而後支使得當也。孟子論仁義禮智根於心，而後施於四體，四體不言而喻。疏之者曰「四體不言而喻，惟德盛者能之」，與尊旨正相符合。是故，責野人以升降上下之節，試武夫於衣冠禮樂之場，并皆不能。何者？非其所素習也。

雖然，不有所謂「由仁義行」，「不思而得，不勉而中」者乎？然此猶曰「聖人事也」。不有所謂「不慮而知，不學而能」，達之孩提而皆然者乎？然此猶曰「赤子未喪其真心也」。不有餓夫拒食於嗟來，偷兒智脱於倉忙者乎？然此猶曰「人爲萬物之靈」也。不有黠鼠佯死以全生，鷗鳥知機而飛翔者乎？凡此皆穎敏起於倉卒，明覺出於自然，何習何學而能若是也？

大抵人之知，有出自德性者，有來自見聞者。見聞之知縱無窮而終有窮，德性之知若有限而實無限。蓋以天之明命爲人之明德，侔德天地，并明日月，合序於四時，同吉凶於鬼神。自二五凝成以來，渾然具足，絲毫增減不得，分定故也。昔惠能未嘗讀書而立地成佛，陸子静云「使某不識一字，亦須還我堂堂的做個人」。然則本性何嘗不足而不能爲人作主宰哉？

或曰：果若所云，則考聖賢之成法，識事理之當然，皆其所不必用歟？祖述憲章，好古敏求，大哉孔聖，固亦非歟？曰：非然也，從古大聖，何敢廢學？顧所以學者何如耳。故以我爲主，則古爲我用。以古爲主，則我爲古泥。仲尼祖述憲章，上律下襲，蓋融帝王天地於一心，而上下古今無不吻合，非一一乎較輕重於錙銖，酌長短於尺寸也。蓋成變化於倏忽，達經權於瞬息，鬼神不能測其秘，雷霆不能逾其捷，取之左右無不宜，用之耄耋無所匱，此豈區區依傍古法，旋取而旋濟其用者哉！且未始有作之先，古法亦何所宗而立？三千、三百緣人情而生，規矩準繩竭心思而出。古人本德性以作則，後人依成法以自便。古人任其勞，後人享其逸。謂「古人先得我心之同然」可也，非古人能而後人不能也。六經皆我註脚，古人非欺我也。要而論之，則我之爲我，有六經註之不能盡，六經誤註而非我者也。大哉我乎！有不足周一身之用者乎？徐匡嶽之言曰：「思也者，思其所不思者也。勉也者，勉其所不勉者也。」如此而學，惟恐其學之不篤也，好之不至也。舍是而務博，綜門靡麗，無用學焉可矣。如此論性，乃爲堯舜與人同而人皆可以爲堯舜矣。脱支離煩難之場，遊統宗會元之地，故曰道脈所關，不敢不申辨也。

呂書二

手教千餘言，意在戒講學虛談，求經濟實用，所以矯世儒流弊，闢斯道荒蕪者，意獨至矣，感甚！幸甚！今都下自陽和故後，會事解散，新聚者三五人，旬日一晤，未足招物議而觸時禁也。然明之不遂寢此事者，亦有愚見。蓋精進之力在己，夾輔之益在人。固有懶散於獨居而奮發於群聚者，則取友之益大也。彼諸人中即有僞而未真、駁而不純者，然既列名此中，豈無毫末志趨？其或激發於意念，剽竊於唇吻，微語片言，皆可益我，而相觀之久，或可轉僞爲真，化駁爲純，則我又可以益彼。每會中遇有欣然當心處，真不啻「芻豢之悦我口」也，此時欲罷而不能矣。昔人謂：「師道立而善人多，善人多則朝廷正而天下治。」夫其群聚而講學也，亦以冀善人之多耳。力雖微而志則遠，此會事所以難寢也。

若曰擇一二知己，潛往潛來，取實益而無顯名，查考此念之由來，已歉然不勝其餒矣，尚安能出類拔萃、擔當斯道之重乎？若夫講學之士好務玄談，滋惑長辨，誠可痛戒。愚以爲道本無言，學貴自得，苟能心解而力行，無言可也，淺言可也，深言亦可也。《中庸》一書，非子思好爲深言，道本如是，其言不得不至是耳。且夫聖神功化之極，須自至德淵微致之。苟學術不貫天人，心思不通性命，將盛德無以立本，大業無以致用，即有所建立，亦管、晏功業而已，非真精流貫、可與天合者也。若宋儒攻詰辯難，誠爲費辭，然先聖微言沉淪於漢、晉、隋、唐之久，一旦發明，如日中天，孰非其攻詰辯難之力哉？謹陳愚見，再請正於有道，惟惠教幸甚！

吕書三

道脈所係，即打對頭官詞無妨。但得理正，自能勝耳。「格物圖」自是一見，但謂致知不曾入物，此恐陽明未必首肯也。大凡論學，須體貼到自家身上。何者得力？何者妥當？合乎吾之天則，即不違乎古人之則，所謂「百世以俟聖人而不惑」也。「致知」兩字懸空不得，實體驗來，都在物上做工夫。故不曰「先格物」，而曰「在格物」。今以「致知」爲虛見，不着物上，彼豈服哉？孫老先生行年衰暮，乃於林下做此功夫，真是間世豪傑，出於尋常萬萬矣。關中往往多賢豪，如馮少虚者則又翩翩非塵世中人也，不佞明奮步追之而不能，退舍避之而不敢。大加鞭策，振我不逮，惟於台端有厚望。

吕書四

伏覩尊札「病廢不振」等語，此夫子自道之辭也。雖然，義理無窮，學力難竟。來教云云，必其日用間獨覺不能日新，而有惕然不安者在。不肖有狂瞽之見，敢敬陳之。昔者孔聖當垂老之時，猶日與群弟子相聚，非聖人有待於友朋相助也，亦非群弟子之能助聖人也。相長之益在不言之表。詩曰：「視爾友君子，輯柔爾顔，不遐有愆。」夫輯柔之顔必生於友君子之時，則一會晤間獲益已大，豈待言論諄諄哉？

先生累歲經年杜門不出，兼之位高學博，難爲承應。程子所謂「接賢士大夫之時少」，非此其時乎？然則所謂「病廢不振」者，無亦坐此之故與？疇昔見教之言，曰「邑無同心友，吾若云云，人必忌之」。竊謂男子參天兩地、法今傳後之大事而阻於人言，混然不能出頭地，未足以稱大勇也。且夫仁者「己欲立而立人，己欲達而達人」，豈其樂於徇人哉？萬物一體之懷自有所不容已耳。以今天下之人心不正，好惡多舛，域中洶洶，日趨於迷亂。凡此皆學問不明之過也。彼不肖者固無望矣，而最賢者又徒自有餘，如斯世斯人何？夫子曰：「吾非斯人之徒與而誰與？天下有道，丘不與易也。」吁！此所以爲聖人之心也。恐其欲杜門而不能矣。

吕書五

前日發揮博約之義，與尊見不合，蓋外朱註而立言，固宜驟聞而致訝也。千古聖神相傳，惟有這一種學問，講之不明，猶爲小可，下手實做，則毫釐千里矣。吾輩行年漸老，尤當汲汲講明，敢以疇昔所著鄙言敬録請教。夫文非他也，即禮之可見者也。禮非他也，即文之不可見者也。天下之道管於一禮。禮者，天則也，所以制天下之中而善天下之動者也。禮不可見，故因文求之。禮至一，故曰約；文至頤，故曰博。文在是，禮即在是。於此而博，即於此而約。文不在外，禮不在内。博不在先，約不在後。此等功夫，處處不離，時時可用，神聖骨血在此一點。

昔顔子問仁，夫子告以「非禮勿視聽言動」。夫視聽言動，人也；非禮勿視聽言動，禮也。顔子請事斯語，既竭其才，只是在這文中會禮，而禮之體微妙莫測，故卓立之後猶苦欲從末由也。此章之義正從「克復」章來，註書者不取聖賢答問本語爲證，而以通古今、達事變爲博文，遵所聞、行所知爲約禮。夫通古今、達事變不過博雅之夫，遵所聞、行所知亦止敦篤之士，以顔子資質學力，詎不到此而必從事於仰鑽瞻忽莫可用力之境哉？又胡爲不遵聞行知而復嘆其欲從末由哉？或曰：若是則與循循善誘説不去矣。曰：循循有次序者，非爲先易而後難，爲其因用以求體也。顔子蓋嘗索此禮於杳茫無朕之地，故夫子欲其因文求之，則有所持循而可入。此之謂循循也。想顔子問仁，蓋仍是仰鑽瞻忽之意，一得「四勿」之訓，遂欣然請事斯語，不復求之杳茫之境，而「博約」四字實自「四勿」中會出來的。故曰：「發聖人之藴，教萬世無窮者，顔子也。」膚見如此，惟高明裁正是望。

吕書六

「格物」之説洋洋數百言，悉前輩口吻所未及者，非養盛何以有是？第所云「陽明良知之説似屬已發邊立論」，然知出於良，實未離未發之體。故其言曰「良知無知」，語本體也。曰「持志如心痛」，則涵養之功亦不待知啓之際矣。孟子曰：「仁義禮智非由外鑠我也，我固有之也。」良知，智也，性之德也。若視爲離弦之箭，非其旨矣。故語斯道之體，以無聲無臭爲本原；語造道之功，以有知有覺爲端倪。若以致知爲遠，以至格物爲遠，又當何如乎？前教護法之説，切中曲學之弊，然道屬天下之公，學非一人之私，凡論道者，不必傍人法門，亦不必持己意見。於其不識不知中而得乎天則恰當處，此便是維皇之降衷而萬古之真脈。有合乎吾則者，即僕夫邇言皆典要；有乖乎吾則者，即往聖明訓亦支離。不肖所以折衷往哲而妄意道真者，恃此幾微惺惺者耳，無多術也。何如？

吕書七

伏讀二老論學書，領益非淺，大段學問頭腦，業已幸窺一斑。自此以往，惟有優游涵泳，有事勿忘。如孫老先生所謂「從此涵養，久之優入聖域」。此今日喫緊功課也。良知之説，未敢深辯，獨念知以良稱，乃出於天，不係於人，其藏也無朕，其來也莫測。論其原足之體，無俟推致之功，即有推致之功，亦惟不虧本然之體。故良知之旨，兼備乎體、用二義，而擬以萌芽，視爲離弦，鍛鍊雖攻，恐未足以服陽明在天之靈也。不肖之爲是語，非護陽明也，護二老也，懼二老之言留間隙於天下後世也。孟子云「人之所不慮而知者，良知也」，其爲根之淺深何如？先生於其知是知非處以觀良知之發見，於其神感神應時以觀良知之從來，於其不識不知中以探良知之根蒂，則良知之不涉於淺淺也明矣。

吕書八

不肖煢煢在疚，非但不可談學，亦不能談學。第念來諭所謂「千載學脈當爲千載明之」，則有不容默默而已者。故取來書僭加評品，所言是則涓流可裨滄溟，所言非則抛磚亦可引玉。且今談學之士寥寥乏人，鄙夫不問，無以致兩端之竭。故不肖亂談，諒亦與人爲善者之所樂取也。夫「良知之説譬猶離弦之箭」，不肖抵死不敢服此語。夫知而曰良，乃出於天，不係於人。今夫是非不淆，豈非知乎？而所以知是知非者誰乎？故良知因知是知非而見，不因遇是遇非而有。因是非而見，謂之子可也，不因是非而有，謂之亥可也。陽明立教以「致良知」爲宗，「致」屬人，「良知」不屬人，未可淺視之也。來札謂「無根本，無欛柄，無持循」，而不肖謂「極有根本，極有欛柄，極有持循」。豈不欲不違如愚而故相左之甚哉！無亦愚者千慮之一得乎？惟先覺者少垂意焉。

吕書九

賜來《諸儒粹言》，亦屬過望。此書蓋鄒公表章其親，欲續諸儒之後耳。看其精識卓詣，當亦無忝吾儕。生平拮据，良亦爲此，今望道宗駕周、程而軼王、薛也，其自信當若何！千聖惟此一點骨血，千里惟此一條路徑，合則千里比肩，違則毫釐千里。凝神參悟，極力擔當，非所當孜孜白首者乎？使旋草謝，疑意附具別紙，幸一發明。

柬徐公祖匡嶽

都中猥荷提携，引之大道，譬猶發醯鷄之覆，俾觀天地之大全也。門下之造就不佞，豈淺淺哉！負罪以來，山居寡陋，雖則講學會友，未敢忘所有事，然管窺蠡測，安所發明？誠恐誤己誤人，獲罪益大。承賜近刻，足爲進修指南。山中獲此，即不殊侍門墻而聆謦欬也，何幸如之！「勘性」之教，邇來頗見得此。蓋天惟一，而人則無窮。天不容僞，而人則無所不至。故勘性必本其動以天者，庶不蹈認賊作子之弊耳。明乎此，則「湍水」、「杞柳」、「三品」諸説可不勘而破矣。八閩遠在東南，門下督學其中，既幸天民先覺有人矣，而見羅先生復往樹赤幟，豈非海邦人士之大幸歟？！熊司理所至開講，接引惓惓，可謂發門下之藴，教士類於無窮者，門下其得人哉！而閩中人士之興起可知矣。良賀！良賀！翰札遠來，大是空谷足音，謝言難既。

又

臺駕行後，中原學會隨覺寂寥。向所提誨士得力尚淺，故不能「無文王而猶興也」。宋郡沈、王二春元雅有志向，第不能樹赤幟而陶人群。於此之時，欲得老公祖惓惓接引，如往年會事，惡可得哉？！言之可勝浩嘆。伏念老公祖紹明聖學，佑啓後人，於今海内所謂辰天希宿也，而彈章獨借重焉。所稱「不容然後見君子」，非歟？！明嘗謂時有窮達，道無顯晦。明自山居以來，凡所與人爲善而公立達之願者，常覺惟日不足焉。竊謂子輿所云「獨善其身」者，未盡然也。老公祖歸去，千載不朽之業當自山中成矣，寧不感伊人玉成之德哉？！陳友旋，漫言奉復，并候起居，時方抱病不能商確問學，質所疑意。黿老自覺忙亂，便中望賜鞭策。見羅先生尚缺寄奠，山頹梁毁，奈斯文何？！不盡！不盡！

東彭侍御嵩螺 初登第時

恭聞捷報，喜溢心顏，龍頭屬老成，果然必吾丈矣。國家設科取士，原爲得人。丈自鄉薦以後十五六年，循謹不異書生，清約儘同寒士。所謂澹泊明志，寧静致遠，丈所優焉。入官受事，舉而措之耳。都中費用自繁，交遊自廣，紫陌紅塵中自非蓬門蓽牖可比。節而約之，存乎人耳。昔者子夏出見紛華而悦，猶幸入見聖道而悦也。今所見者，滿眼紛華矣，不復覩聖道爲何物也。夫兩相悦，猶懼濃淡不相敵。而况出往游衍於紛華中，幾何不爲「物交物，引之而去」乎？立大以樹向往之標，擇交以資夾持之力。非繼往開來，不以盟諸心；非忠君愛民，不以萌於念。如此，則聖道可常爲主，而紛華之來直客感耳。以此涉世，不亦可乎？

又 初選侍御

劉親家北上，弟大病初起，故未能裁一言申候，至今爲歉。恭惟新命既下，自今以往，可一意修明職業矣。語云「一言爲智，一言爲不智」。人將以是而觀我，而舉動之初，尤不可以不慎也。大都今天下紀綱凌夷，人物凋耗，如江河趨下而不可返。須是大其胸襟，養其宏畧，兩手可以擎天而收旋乾轉坤之力，方稱大丈夫事業。而隨事補塞罅漏，則作用之甚小者也。何如？

何如？

柬劉春元裔鎬

前承尊札，欲會不肖談學，甚盛□□。夫道非他也，《大學》之「明德」，《中庸》之「性道」，人人□□習矣，特未嘗反求於心，隨令舉也懵懵耳。夫道之晦明，即世之治亂係之。孔孟汲汲明學，非無以也。序《中庸》者曰「憂之也深，故言之也切」，其知聖賢之心也夫。吾儕只辦一付憂心，不患不急於學矣。

復汝南道黄公祖縝軒

不肖明屈指海内士，久欽三巴二黄先生，不啻眉山蘇家昆仲也，第欲執鞭無由耳。乙未春，幸侍慎軒先生於會場，時或坐下風聆緒論，則見雄襟偉度，吞吐六合，果然名下無虚士，而又以不及侍老公祖爲歉矣。比不肖明被譴歸里，值臺端宦遊中原，負笈往謁，正其夙心。而瑣尾遷人，未敢援上，老公祖畧其疎節之愆，特勤折節之典。且「名世宏碩」、「有道仁人」之稱，詞屬溢美，豈不肖明之所敢承哉？感愧！感愧！

札中纚纚數百言，憂時之意溢於穎端。且臺度咸虚，惓惓咨諏，豈其以明識進於折肱之後乎？而明且傷弓驚餌，不敢緩頰談天下事矣。雖然，嫠婦知憂，杞人抱慮，明獨何心，可能晏然？夫豎璫用事，布滿域中，惡孽日深，勢必成亂，生民塗炭將不旋踵至矣。尊札謂「調停則宵人泛駕，激搏則懼于譴逮」。今之處宦豎，無逾此兩者。然逆瑾之禍成於一激，此後世之炯鑒也。無已，則惟有調停一節，而泛駕爲虞，無亦調停之有未至乎？

昔者薛文清不餞金英，則惡文清者宜莫如英矣，乃其稱於人曰：「南京好官，惟薛卿耳。」然則此輩良心無亦有未嘗盡泯者乎？感乎有道，駕馭得方，或者就吾條理未可知也。昔陽明先生處寧藩，措置規畫，每出經常之外，故卒收平亂之功。今日處中使，當亦有道存焉。而局曲焉守繩墨，較是非，鬥之不勝，則思一拚，以罹一朝之患，非所以語處變微權也。明問難虛輒，不覺刺刺如是，惟照諒是禱。

柬李侍御碧筠

吾儕世講分重，道義情深，不得朝夕砥礪學問，此之抱歉，可勝言哉！年丈品高望重，遠近共知，乃久卧煙霞，不酬初志，豈天之未欲平治天下乎？雖然，道在素位，位不同也，而無虧於素，則所以爲行者一矣。且「君子之仕也，行其義也」，義苟不行，安用仕爲？今吾儕之所汲汲者，惟是「修身見於世」一事而已。年丈功課何若，幸筆示一二，以慰遠懷。

柬李侍御中實

恭聞伯翁之訃，灑淚臨風，不勝痛讟。蓋不肖與臺端久辱投桃之雅，而其與伯翁曾叨御李之榮。祇以六舍程途，隨阻百年情好。其恙也不能侍藥物，其亡也不能視斂含，通家謂何？疎節若是，負歉彌殷，抱痛轉甚矣。且經歲以來，日月有幾，不肖喪母，臺端失父，撫書傳而魂搖，覩杯棬而血出。人生遭此，痛楚奚堪！然立身行道，顯親揚名，臺端之大孝無窮也。如不肖碌碌，則惟有一恨終天，瞻烏烏而心裂焉耳，他尚何言！

柬王憲副四州

小咏原以明學就正有道，蒙以「進道」許之，非求教初意也，便中仍祈批示。此道亘古亘今，更無兩事，本來具足，無俟外求，故名爲「易簡」。人惟不學則已，學則千萬人同心，千萬里合符，匪徒吾兩人用功同也。昔者道駕寓虞，常餽及吾母，料亦習聞吾母矣。然吾母閫德，實非外間所能悉者。不肖不能及，又不能忘，故於哀迷中草立一傳，謹呈尊覽，裁教是望。

柬烏程令何鴈里

來教以烏程爲難，審編爲難之難，而自咎夫不學無術，且於矇者問道焉，此可以觀咸虚之度矣，此固治理之從出也。幸甚！幸甚！昔孟子有言，「爲政不難，不得罪於巨室」。夫巨室者，其心私而難服也，必也勵羔羊素絲之節，令服吾之守；持鑑空衡平之心，令服吾之公；含知白守黑之意，令服吾之謙；敷行雲流水之署，令服吾之才。四者具而大本立矣。至一切庶政之當舉者，悉次第勉力舉之。如人才可養而養之，風俗可正而正之，節孝可旌而旌之，孤貧可恤而恤之，良善可扶而扶之，豪强可創而創之。種種善政日新而月異，彼觀望者雖欲不服，不可得也。

然今之爲政者疲於繁劇，自催科聽斷外無復他及，愚以爲此自擾之也。從古聖賢爲政，自有執簡御煩之術。「先有司，赦小過，舉賢才」，此崇體要之説也。先正其身，以爲民倡，宣明教化，使百姓回心而向道，此刑清訟簡之源也。不執其樞，而以其身困於繁冗中，惡能安以出慮而獲動罔不臧之效哉？諸政之中，惟守爲要，今海内從政者無不染於欲者也，可慨也。胡不諳於多吃少吃之説也？山居無事，有小刻一二種呈請大教，可以公於士民者，煩刊而布之。

柬學博郭鳴洙

小刻聊識山居鄙事，所謂有爲之應迹也。有此不加，無此不損，爲學問自有根源耳。會丈見而誤取，謂往年疑而不信，今始信之，且欲歸後北面受學焉。此豈不肖之所敢承哉？夫六經所載，非誑人語也。堯、舜、周、孔列聖之所爲，非顛人事也。天地間實有此一種理，實有此一件事。存之則爲大賢至聖，失之則爲下愚頑民。此中一念不純，一隙有間，即不可爲純天德，反之性分爲有欠。此聖賢所以亦臨亦保，而屋漏不敢忝也。餙詐欺人，釣名干進，世固有之，而實勝者羞焉，惡可槩視爲僞哉？且人果僞也，吾正當以不僞矯之，可遂因噎廢食哉？

會丈欲歸而受學，則當其未歸，果何爲也？必歸而受學爲是，則平生之未嘗學者皆非也。故嘗謂真儒有真事，僞儒有僞事，而惟不真不僞者則茫然無所事事，謂之「日用不知」可矣。自誤猶可，群士子之觀法係焉，惡可如世俗之草草尸素哉？

柬按臺金公祖麓陽

東明泥中人也，不宜啓齒煩談事。第聞古之人居鄉善俗，凡地方緊切事，有上司公祖欲聞無由者，敬一陳之。是亦所以通上下之脈，而共成濟世安民之志者也。則言何可已哉？謹按中州自河變以來，生民塗炭，遠不及知，如商、虞、永、夏之區，蒹葭極目，獐兔爲群，蓋儼然草昧未判之景象也。撫臺公祖目擊心恫，慨然發牛價，給子種，許以荒地不起科者三年。此所謂曠蕩之恩也。乃百姓無禄，去年傷雨，欲開墾而不得，今歲傷旱，欲播種而未能。閭閻之間，方且圉圉未舒，嗷嗷待命。乃一旦并徵三十五六年之額糧，又一旦督完二千五百之牛價，其他四季條鞭毫不敢缺，誠恐積苦災民敲骨剔髓不能應上之求矣。當此之時，即有良有司軫念民瘼，多方調劑，而迫於上令，且凜凜然有參罰之慮矣。豈不官民兩困也哉？願老公祖與撫臺公祖計，將荒地錢糧特行提免。不然，則再寬一歲，俟大熟之年，并牛價陸續帶徵，庶瀕河郡邑可以轉危爲安，而中州元氣不至剥蝕之盡矣。

至於弭盜一節，尤屬喫緊。蓋宋以東地連三界，戎寇易生，而萑葦之叢又可憑藉，河上招夫半屬無賴，以故商、虞、永、夏之區盜賊頗多，刦剠接踵，最可異者，天不祚良民，而遠近宦遊者常過仁於暴子弟，明知盜發而不問，或已成擒而釋之。間有嚴於捕盜者，一具申文，輒蒙叱駁。爲盜者縱之使去，捕盜者罹於重刑。於是盜乃無所忌憚，蔓衍日繁，境内騷然不寧。誠恐大勢釀成，合謀共起，然後徐議剿除，不亦晚乎！昔王堂、師尚詔一呼而數千響應，一鼓而直取歸德。往事不遠，可爲殷鑒。願老公祖與巡道公祖計，嚴禁有司，不得隱匿盜情。巡捕官以獲盜多寡爲殿最，又不時體訪，有隱匿不報者嚴提究治。至於剪窩主以清巢穴，修城池以峻保障，定保甲以嚴譏察，練民兵以備征調，皆弭盜急務，宜飭有司着實舉行。又近日河中水盜横行，隨波上下，擒捕爲難。宋碭之間，爲害甚大，謂宜將管河衙官移鎮河口，一取河務得專，一取就便擒賊。是亦廓清水盜之一策也。頃讀老公祖《報災疏》、《弭盜令》，其爲貧民乞命者既極其懇惻，爲民禁暴者又極其森嚴。蓋已灼見中土之情，而曲爲綢繆之計矣。顧德意烝烝，鬱而未流，則明何能以無言哉？

嗟嗟！廟堂之上，百度廢弛，積重難返，本實已先撥矣。而各省直枯旱怪雨，民不聊生，則枝葉未可謂無害也。所賴良有司念切國本，加意撫摩，毋炫虚文塗上之耳目，毋實囊橐剥民之脂膏，毋峻法嚴刑戕民之性命，庶幾生氣常盎於民間，緩急可恃以無恐。是在老公祖於激揚間加之意焉耳。東明跧伏草莽，緘口何難？顧出位多言之愆，不勝安危利災之懼。用是仰體皇華之盛意，俯竭芻蕘之愚悰，伏惟老公祖鑒察施行。中州幸甚！

柬劉侍御義齋

昨舍親劉貢士北上，僕大病初起，止具名帖申賀，更不一及闊情，至今爲歉。恭惟新命既下，可一意修明職業矣。古稱殿中執法及驄馬行部者，其風猷遺光百世，願丈效之。而屑屑瑣陳，不關理道大體，更當深以爲戒也。憶當年廷對策中，時出倨侮語。今非草野經生比也，須是明分誼，顧大體，稜稜風骨中有渾厚和平意。於此乎觀涵養，亦於此乎濟事機也。高賢以爲何如？

柬户部柴羽元

都中喜得諸賢，方期同心共濟，綱紀域中，少遂幼學壯行之志。詎意德薄命蹇，頓遇沉淪。古之大聖大賢如孔孟之流，道大莫容，固其宜爾。乃不肖竊聖賢之緒餘，稍稍欲伸其志而亦不可得，豈天之無意於斯世斯民乎？良可歎矣！光陰迅速，奄忽已入老境。已矣！無復用世之志矣！吾丈托志高明，向用方始，如蒙不負夙盟，卓有建樹，則區區陳人，即填溝壑，奚憾哉！昔者丈曾示我以言曰：「沉潛孔、孟，寤寐伊、周，未能願學，千古神遊。」壯哉志也！不肖蓋惓惓望之矣。

柬戴大尹剡山

不佞仰托天幸，獲與諸高賢遊，本期闡明道術，砥礪事功，庶幾於世道乾坤少有扶助。不意薄德蹇命，蚤被斥逐。旋里以來，日與二三同志究明問學，分願既足，功業似亦無減。惟是高賢遠在天涯，經年不獲一晤，此衷不無忉怛耳。昨邵司理偶以便道過虞，述吾丈舟中受驚事，不佞爲之膽寒。野水孤航，戒嚴宜至，此可以爲前車矣。丈老成練達，首出同儕，每對清顔，殊爲國家得人慶。茲者握符臨民，道行志展，百里之命脈係於斯，平生之事業亦係於斯。丈其慎勉之哉！

柬侯春元晉陽

向在貴縣談學，座中有許友善問，其言曰："聖人之心毋意、必、固、我，然則聖人果何以爲心乎？"惟時倉卒之際，答曰："聖人之心，惟恐其有意、必、固、我，是則聖人所以爲心耳。"此語意思頗深，許友未見許可，今試論之。從古聖賢君子，戒懼慎獨，臨保罔間，只是默默獨知中掃蕩塵心，不使累其空洞之本體耳。難説聖人不思不勉，無所爲事心之功也。吾輩試反觀此心，有多少龐雜不净在，寧止有意、必、固、我之私乎？聞許友已薦鄉書，從事於此，則爲求志？爲明體？他日彪炳事業，胥自此出。若不自治其心，只想像聖人之心，即揣度得是，與自心無所干涉也。丈持愚言與許友商之，若并肯發明一篇，匡我不逮，尤至望也。惓切惓切。

柬王春元謙中

承示二稿，領益甚多。不佞立言之意，不爲解"憤"、"樂"二字之義，只是欲吾儕識其所憤所樂者何事，而當下即從事於斯，俾自家胸中有此趣味耳。然非實見得，則終不知憤之即爲樂，樂之即爲憤也。此二句是吾夫子爲人之實。吾儕既頌法孔子，須尋其憤而亦憤之，尋其樂而亦樂之，是所以爲論其世也。鄙見如此，願與二三同志商之。

又

伏覩諸丈語録，各有入微處。士君子收拾此件事做，則此身不患無安頓處。甚幸！甚幸！《大學》一書以修身爲本，而其功始於格致。格致者，入道之門也。此義不明，則擇善固執、明善誠身，皆茫然無下手處。「格物」二字從來無定説，諸賢亦有發明處，不知何以實落下手也？此學天地間實理，位育性分中能事，第下手實做，不令些子放過。塵情習見徹底掃除，方能篤實光輝。高賢勉之！致意群賢，各加珍重。

柬汝寧熊司理

台駕兩臨學會，士氣一新，諸士喁喁向風，以不獲久侍門墻爲憾也。汝中人士興起，是門下平空種此學根，將來蔓延無窮，皆仁人不竭之澤也。何幸如之！僕聞風向慕，勃然有不遠千里之意，第目下炎蒸，少需秋爽圖之。來教謂「有限光陰，風塵溷過」，具見惜陰至意。愚謂道不可須臾離，何在非道？何在非學？即跋涉道途之間，綜核政事之際，煩而思耐，疎而加密，緣物求其情，隨分盡其心，無衆寡，無小大，無敢慢。此則心與事合，打成一片，風塵中皆練達之地，紛擾内悉精進之實也，曾何錯過之有？見羅與匡嶽并處閩中，此海濱士人大幸也。素位而行，蒙難正志，見羅先生有焉。惠書九種，更見接引至情。稍容涉其大畧，并匡嶽書一并裁答。不宣。

柬溧令李奎垣

不佞仰托天幸，獲與諸高賢遊。蓋將冀同心共濟，措斯世於太平之休。不期有懷未遂，頓遘沉淪。瀕行，渥荷雅情，餞燼交致，東郊握别，中心有違。旋里以來，亦惟是講學會友，不負初心。濟濟友朋，義重聚樂，未覩此身爲窮也。間覽邸報，知諸丈各握符爲宰，竊不勝沾沾喜。如諸丈道行志展，澤被生民，不佞即跧伏草莽，猶然吾道之行也。已而又念聖學久湮，修己治人之道，士多未講。則紛華靡麗之易移，而經綸康濟之無具，又於諸丈有不容已之慮也。適覩來教云云，則固已得其款竅而上下相安，率是攸行，無慮治道之不光也。惟不佞迂見，猶有所欲言者。

士生天地間，幸而際明盛，掇巍科，受朝家委任，作億兆父母，履位乘權，頤指氣使，此而不揚眉吐氣，展采宣猷，置赤子於生全，托吾身於不朽，豈非入寶山而空手回也哉？故持己則必嚴冰蘖之操，治民則必納衽席之上，俾昭代循良必稱曰「某如漢世所重卓魯者焉」，豈非男子生平一快哉？程子云：「有天德便可語王道，其要只在謹獨。」是故涵養本源無時可疎，是大業之所從出也。惟高賢注意。

又

仕路有炎涼，南北是也。不知人要作聖賢，亦限南北否？政事不煩，交際不擾，此上天玉成之地也，庸可忽乎？來札因循氣勝，自恕意多，自供何無隱情也？夫人苦不自知耳，自知之而不自圖之，人其謂我何哉！夫人誠以碌碌自處，甘與草木同朽腐也，則亦聽其玩愒已耳。苟念此生難再，凛凛乎虛生是懼，則雖欲因循自恕，胡可得也？

蓋愛器者必置諸安穩之所，愛身者不置諸仁義道德之途，而徒以碌碌庸流自居，是愛身不若愛器也。智者固如是乎？涉世之道，寧疎毋熟，寧拙毋巧。丈自處可謂得矣，而又懼困而不學，民之下也，則不知所解矣。夫其疎拙於世故也，爲其避冗習静，精敏於進修也，乃卒困而不學焉，則真懶慢偷安而已矣。豈不人己兩失乎！

象山之學要在事上磨練，故操舟者持其舵，則横行竪行無不如意。苟厭塵冗而疎拙自守，何異使船嫌溪曲乎？且學者學以體道也，以道爲主，則宜熟宜疎，宜拙宜巧，自有一定之則，使不得先作張主也。賢其思之。

又

足下入覲歸來，庶政一新。伏讀來札云云，其所爲軫念民瘼者，益密且切矣。「豈弟君子，民之父母」，正當如是。僕每念千載無真儒，百世無善治，自恨未得爲令，少試一割以爲吏則。有丈在焉，吾志慰矣。時事多舛，蒿目傷心，實政及民，惟守與令，丈慎旃哉！都中會諸丈意思何若？倘其有所未至也，須互相鞭勉，方稱道義相成之雅。不盡。

柬羅山徐愛堂

客歲辱道駕遠臨，一時友朋聚樂，真有童冠與偕之趣。所惜匆匆別去，未盡刮劘之意，此衷不無忉怛耳。語云「士別三日，當刮目相待」，言精進之未可量也。別來經歲，當必有日異而月不同者，幸直述見示，以慰遠懷。講語一通，關係學脈，敬奉清覽，天下公共道理，惟駁正是望。

又

賢資性高明，大是進道之器，惟意思猶覺向外，似難入微。前所告「闇然」二字，實上通天載之根，勿易視之。

東密雲王大尹曙峯

高賢當筮仕之初，遷轉凡四，若將謂天下煩難邑非王公莫可借重者。賢者處世，如錐處囊，信然哉！老朽固淹蹇山林，無裨世用，伏覩高賢措置，志展道行，能不爲吾道得人慶哉！古人云「仕而優則學」，是故體驗之功無時可息，未有天德不純而能達王道者也。方今域中多事，其勢必趨於亂，密雲肩左重鎮，宜有戒備，積貯訓練，非可臨時取辦也。何如何如？

又

佳刻二種，具見實心。任事固學問之得力，亦傳家之有素也。歆慰歆慰。交際雖人情之常，而過腆則去古意遠矣。如不相忘，一帕一履足矣。「門生」二字，前力講已蒙諸丈許允，用「晚生」者業已有年，今胡然頓忘其初哉！朽夫辭此，非敢矯情，薦賢爲國，原不宜私樹桃李耳。想孔孟處此，料亦不正此名也。會約一册、勉學語四幅寄覽，如有一得之愚，煩廣而公之後學，或亦吾道之幸也。

答徐大行雅池

乙未歲獲與諸高賢遊，良爲厚幸。别後每閲仕籍，不覩貴銜，二載後方聞憂制。山川迢遞，吊問情缺，可勝歉抱。不肖罪逆深重，禍延先慈。窆事粗襄而哀病未愈，忽承手教，纚纚數百言，肝膈至情溢於言表，讀未竟篇而泫然泣下，蓋不勝撫今思昔、浮沉聚散之感也。札中「故吾茅塞」等語，具見内省之功。然俗情世態、欲念名心，故吾也；仁義禮智，本來各足，亦故吾也。不故此而故彼，無乃昡於取舍乎？孟子云：「爲間不用，則茅塞之矣。」惟冀高賢知所以用之耳。方今世道洶洶，靡所底止，惟是人心不正，以至於斯。故學問也者，所以立天地心、立生民命者也，關係匪輕，可容作輟？不知高賢日來功課何若？交遊某賢士？孔聖云「事其大夫之賢者，友其士之仁者」，斯乃所以爲仁乎！惟高賢留意。

柬杞中二耿

不肖與二丈爲世交，疇昔辱二丈愛甚切，而不肖亦不嫌以通家尊長自居。每憶二妙瑩然如玉，向往更殷。近者鄉會兩試，貴昆玉并未得意，令人失望殊甚。然遇不遇固有命存，至於進修一事，則不假名位而至貴至尊，雖處塵凡而出類拔萃，從古以來實有此一件至大至久之事。奈何混於塵情，溺於舊見，而孤負生平爲也？惟二丈珍重不宣。

柬沈茂才用修

不肖素聞足下慷慨仗大義，多交納四方知名士，果如人言，則所謂吾邦豪傑之士也。敬之慕之。第不肖所聞豪傑不一其類，朱文公有云：「古之聖賢豪傑自戰兢恐懼中來。」夫「戰兢恐懼」與「任放矜隆」不可同語，而乃稱聖賢豪傑者，豈不以任放矜隆之氣有時而衰，亦有時而阻，而惟小心沉毅者乃可鼓大勇於不窮乎？是以古之聖人謹危微之辨，嚴敬怠之防，潛之惟恐不深，抑之惟恐不下，是以不任氣而浩然之氣自生，不賴勇而義理之勇自奮，以之建大功、定大難，隨所往而裕如焉。即令退然自守，俛焉示人以不足，而胸中之至大至剛者，直以塞天地而無餘欠。此方可爲振古人豪，而吾儕所當景仰效法者也。足下遭值大故，抱恨終天，此時哀痛慘怛之誠，即是慷慨仗義之本，而此外無所謂豪傑也。足下以爲何如？

柬汪户部斗崙

丈家學淵源，又承朱先生衣鉢，即不須奮發，而耳濡目染，自當善爲箕裘，况亹亹知所向往乎！以丈穎敏，當在賜也之科，明照所及，亦能屢中。恐深造自得，有德可據而仁可依，猶然未能到手也。吾於札中語知之矣。

貴部固繁劇，而一軍、一馬、一船、一夫必勘源委而後即安。此却是爲學實下手、實得力處，而又云「宵旦偷閒涉獵，惟此繕修」。夫到此而後繕修，則向所謂一軍、一馬、一船、一夫諸般應□□屬，對面錯過而無學問之功也。豈不分心與事而二之乎？

夫心與事二，則時習之功輟矣，惡在其□須臾不離也？焦漪園之專功静養，亦自值其閒暇然耳。脱一旦加以紛紜膠轕之務，豈遂無復學問之力乎？故學只在認得主腦真，守得主腦定，真而定，則千軍萬馬中所謂静者自在。不然即杜門兀坐，亦漫然於道無當也。周子所謂「主静立極」者，意蓋如此。明此而動静合一之旨可以了然矣。自世儒分心、事爲二，往往學問無成，弊非一日矣。賢其省夫。

又

日前商丘汪廣文寄吾丈札一、菊墨二，并見遠意。隨拜訖，具有謝言，想達掌記矣。邇來起居何似？交遊爲誰？進修之功何若？夫世塵紛紛，誤却無限豪傑。懵懵者姑無論，即浸浸然有向上志，而舊根少存、真脈未契，即功業彪炳於時，終非所以上達天德也。《中庸》論至誠功業必根於不見不動之妙，其論天地之大亦必推極於小德大德之微。故君子之學未有不徹底透悟而可以凝天下之道者。丈資性穎敏，入此無難，苟以穎敏自多，則入此亦未易。人生一世，惟有此事爲大，尚慎旃哉！

又

黄上舍寄尊札一函，拜訖敬謝。吾丈尊崇紫陽之學至矣。夫尚友千古，非徒敬慕之已也，必也見賢思齊，乃有益乎！紫陽先生之學，功在開繼，後世學者頌功感德之不暇，曷敢議之？前朽夫所言，意自有在，非實見得，難以深言也。凡學問之道，人之所是者，勿便以爲是，須實見得是；人之所非者，勿便以爲非，須實見得非，乃爲自得。馴而致之，可以資深逢源也。惟吾丈潛心圖之。

又

永城黄使持手書至，并惠紫陽類語四封，拜訖。夫紹明往哲，嘉惠後人，自士君子美行。第觀書當自得於心，吾之心與天地合，與堯舜周孔之心一，夫然後涉獵百家，有所主宰。不然鮮有不爲引而去者。紫陽先生殫竭生平之力，勤勤懇懇著書立言，從古志學之士，刻勵勤苦未有如是之篤者。每上稽古人，輒爲先生歛衽。第其務於博雅，而至約之處有不能令人無疑者。故讀朱先生書，須更有討論始得。來諭即仕爲學，即學爲仕，良然！夫奚止即仕爲學，日用間安往非事？安往非學？必如是方爲時習，方爲不離道於須臾。不然有時學，有時不學，一事合，又一事不合，其去道也遠矣。孟子云「勿忘勿助」，正好此處理會。

又

古人爲學，心專功到，如紫陽先生勇猛任道，卒集群儒大成，萬世景仰如山斗，胡敢輕置一喙哉！惟是道有真脈，學貴確見，升堂方知堂下之爲卑，入室方知堂簾之爲外境也。此之謂實見得。若非下手真修，未易到此。朽夫近日惟見得方寸一點靈明是我真實家當，堯舜禹湯文武周孔與我都不相干，日夜保持，猶慮出入，尚敢他及哉！

又

貴部爲稅使具疏，職掌相關，何恤利害？但審時度勢，智士之所不敢忽也。《中庸》論君子修德凝道之功至矣，而其究衹收功於「既明且哲，以保其身」。然則君子處世可弗慎與？丈志欲有爲，而才足以發之。然不處囊，不足以脫穎，而不括囊，亦難以無咎。孔聖居鄉不以賢智先人，竊謂處僚友亦當如是矣。吾儕學問在大本大原上致力，事功也者，緣所遇而出之者也。如向所呈《山居功課》，偶然應迹耳，算得甚事？丈須知所歸重焉。

又

恭聞高賢榮擢郡守，不勝喜慰。夫士君子得志行道，莫善於二千石，爲其位尊而與民相近也。昔朽夫筮仕，時有前輩謂我曰「是必作郡守，方可行其所學」，然竟不克如願。高賢既在其位矣，不可草草放過也。昔龔、黄輩未嘗聞道，而治聲遂絶響，千古無足與媲美者，豈不爲有志丈夫之羞哉？

柬孟我疆先生

與天地合德、聖人同流，後學看之都遜避不敢承當。然纔一策勵，便與天地聖人不相異，特天地聖人無間，我有間耳。存虚明久，至德在我而已，何難之有？近來儘於此一着得力，未審高明何以進我？

柬袁中書藎銘

過貴縣，辱愛稠疊，立談之間見諸丈俱浸浸有向上意。第不佞學鮮自得，靡所禆益，别後殊爲悵惘。然道若大路，歸有餘師。諸丈於家塾中互相砥礪，宜有超悟。昔陽明先生有言：「往古來今只有這些子。」人生一世，只有這件事。存此則進於聖賢，失此則墮入庸衆。此生難再，時光固不待人也，願各勉旃！

與呂生知畏

昨者宛丘之行，多士雲集，問難懇切，脱有一年之功，成就必多。吾子日來所進如何？願乘時努力，以爲朱門之蔡，豈不休有烈光乎？人心無所收攝，則如不繫之舟，汎汎然靡所依泊。所以孟子貴必有事，而戒爲間之不用也。童心、習氣耽誤生平，回頭視之，真成虚度。子資性聰敏，悟入不難，翻然舍舊圖新，在一念刻勵而已。慎之重之！

柬沈春元來遠

不奉色笑，倏忽又二載矣。歲月如流，桑榆景逼，可堪契闊如是哉！昔者徐公祖倡道中原，如恐不及，中原士聞風興起者亦自不少。自徐公祖行後，而學會頓覺寂寥。即足下及星河翘然稱深造有得者，亦不聞汲汲然熱中於此。所稱豪傑士無文王猶興，果若是乎？竊嘗謂士品有三：一循理，一縱欲，一不理不欲，第因循歲月而以常人自處焉。此三者宜有所擇矣。子輿云「必有事焉」，又云「爲間不用，則茅塞之矣」。吾儕須是有所事，勿令茅塞其心也。明行年漸老，此事不能，結局難免與草木同朽。惟道丈不時督誨焉。陳友襟懷坦雅，可與共學，惜病中未能究其底藴也。率焉奉復，幸惟照原。

又

頃所奉命，最微事耳，何以謝爲？所作《醒學歌》，實感正學不明，人心不古，舉世狂惑，將入於亂，故意之所至，成此俚言。謬承褒許，殊增赧然。其中「精一」之説，人視以爲神聖秘傳，而不知皆日用常行之理，簡便可用之功也。故往有小詩二句云「尋常日用帖然處，都與虞廷精一通」，未知尊旨以爲何如也。尊駕果肯東巡，容當面承大教。不宣。

柬商丘安茂才

往承道駕遠臨，兼蒙佳貺盛情，感激不盡。使命之辱，益見雅情。札中「不甘達下」與「少有參入」之語，見高賢托志亹亹，有火燃泉達之機。第衰朽如不佞，方凛凛然有日暮途窮、虛負七尺之懼，何能於熟睡中而呼人醒哉？自匡嶽先生去後，郡中學會寂然。孟子云：「爲間不用，則茅塞之。」今所間動以數年計矣，其中塞與不塞，未可知也，高賢宜以此而自省焉。若乃求所爲用力之方，則「志於道」一言盡之矣，術豈多乎哉？伻旋，復謝不盡，感悰。

柬杞縣徐茂才

頃承道駕遠臨，兼蒙厚賜，感不容言。惟是匆匆褻慢，未盡款曲，別後無日不抱悵歉也。兩日之聚，僅僅一刻談及學問，然又倉卒未得要領。至所云「亡而爲有」一節，爲作聖根基，理會得是，則性體可以想見，而作聖不待遠求矣。每嘗謂《論語》之「亡、虛、約」，《中庸》之「淡、簡、温」，皆是人性畫圖，聖賢苦心描寫出來，未可草草讀過也。賢侄德性雅馴，大是進德之基，勉哉！日月不居，此生不可虛度也。二耿素有興起意，可結社同心，共居百工之肆也。留意留意。

柬上蔡張茂才

伏承來教，知門下於此學，蓋嘗從惺堂、天臺處商訂久矣。且札中屬辭命意，往往出入釋典，則門下之潛心性命可知矣。然玩其語意，猶然有扞格支離之患。何也？蓋道本易知簡能，從易簡處理會，則一徹百徹，從繁難處討論，則愈求愈遠。來教盈楮皆嘵嘵焉與人辨口舌、較是非，無亦於易簡處忽而未講乎？夫子曰：「夫我則不暇。」當看他不暇處忙個甚底，則吾儕自治之疎自見矣。不佞顓蒙無似，至道未聞，門下不量淺深，輒欲北面事之，適足以見高賢愛道之切，其如不佞不敢承何，千里神交，締爲老友可矣。《饑民圖》，已往陳事耳。敬如命，附小刻一二種，并請郢正。北鴻有便，幸寄教言。

柬羅山劉茂才

不佞生來不敏，未諳大道，幸蒙先覺提携，隨乃窺豹一斑，然實未有大通之見也。惟是雅嗜此學，不能歇手，忘其譾陋，興學起會，與邑人士夾持而進，不意風聲所播，及於貴邑，辱翰札下詢，恍然若不佞之有得於道者。吁！此豈不佞之所敢承哉！愧矣，愧矣。夫不佞與足下無半面之識，而千里聞風，神情向慕，此孰爲之宰，而孰啓其機也？無乃天地之間有此一種神理根柢於人心，貫徹於今古？所稱「皇降之衷」、「民秉之彝」，殆謂是歟？識此之謂「智及」，存此之謂「仁守」，恐其未確，而親師取友、就正有道之謂「好學」，存之又存、緝熙無間、久而忘之、默順帝則之謂「純天之德」。吁！學之能事畢矣。來教苦無下手處，尚亦有外於是乎？一部《四書》頭頭是道，而喫緊處如「慎獨」、「克復」、「博約」等語，循之皆可入道。夫惟不肯下手，則終身苦無下手矣。伏讀令先大夫傳，勁節高風，足師百世，當於古人中求之。若乃紹明斯道，克振家聲，是又先大夫解頤於九原下者。丈共勉乎哉！

卷八 序文類

壽沈相國八袠序

維莫之春，廿有四日，相國行年八旬，此其初度辰也。聖天子追念老臣，下璽書存問，隆恩異數，朝野爲榮。遠近慕德而來，獻頌祝釐者座常滿且無虛日。明小子受相國之知有年矣，願效一言靡從也，乃歸商兩學諸生。鄧君杖策、張君烈等詣敝廬，以賀言見委。余即不嫺于文而不敢辭，乃叩諸君曰：「公等與相國同里閈，亦知所以享壽之道乎？願聞其畧。」曰：「相國天性孝，事親色養備至，兩居憂，不内處、不肉食者凡六年，此非近世人子所難乎？夫是謂大孝格天，所以能壽。」曰：「是矣，而未盡也。」曰：「相國渾厚恬夷，與物無競，有大不軌於道者，衆方憒憒，而相國漠漠如太虛廣運，麟鳳虺蜴交適而無害，夫是謂厚德載物，所以能壽。」曰：「是矣，而未盡也。」曰：「相國存惻怛慈愛心，行濟人利物事，建社倉以備荒歉，立義塾以誘群蒙，歲時伏臘，收所謂疲癃殘疾鰥寡孤獨者，款以賓筵，啖以佳味，曰：『彼孰非盡人之子歟？奈何不得口嘗天下之味也。』其隱衷懇惻類如此。夫是謂以仁存心，而仁固必得其壽也。」曰：「是矣！而猶非其至也。夫凡物費出無經者常不足，節宣不過者常有餘。瓶水貯盈，一傾則竭，草木花實，過盛者後必不繼。微獨物理，天道四時順布有漸不迫，而方暢於夏，輒歛於秋，□扃鍵於冬而固藏之。夫然後發育不窮，代禪不竭。此天地所以悠久無疆也。蓋造化不能不節約如此，何疑於人！」

相國自束髮及垂白，由筮仕迄台鼎，惴惴小心，罔敢踰越，節於交際而一介必嚴，節於請託而片言爲重，節於應事而細行之必矜，節於處人而匹夫不敢慢。猶記其掌詞林爲禮卿時，耻附權奸，不詭隨東嶽之禱；羞通中貴，不依阿從祀之談。當其時，欣以政本不爲動，愓以禍敗無所懾。蓋大閑所在，尤其兢兢。夷考生平，大都類是。則其德性堅定之中，已裕常永貞固之理。耄耋之年固所以自立其命，而非取壽於天也。

大哉！節約之道乎！用之身而身康，用之家而家寧，用之天下而常亨豐亨豫大之休，無顛覆陵夷之患。故孔子曰：「以約失之者鮮矣。」而《桑扈》美君子受福，必本於「不戢不難」。豈非節約致壽之説歟？諸君持觴上壽，毋勦襲南極海屋之陳説也，第願相國年彌高、德彌邵，永爲鄉邦人士式。又推廣錫類之仁，俾人各節約以共躋於壽域，則山林恬養之日，固不減廟廊贊化之功也。余所以代諸君祝者以此。夫八珍九章不啻備矣，而芹曝必獻者，要亦野人忠愛所存也，又奚恤其當與否？

匡嶽徐先生會語序

昔者余遇先生於燕邸，惟時湖海同心，聯翩雅會，而先生切切偲偲，獨精專也。已而督學八閩，參籓兩河，所在聚生徒開講，接引惓懃，四方士雲集響應，靡然從風。先生慮面命所及有限也，爰從有司之請，次問答之言，鋟梓成帙，流傳遐邇，於是有《明宗録》、《正學稿》、《漳浦梁宋問答》諸集。其中緣事發明，因人點化，如旱苗遇膏雨，沉疴遇丹砂，而迷者醒，懦者立，即窮鄉下邑素不知學之士，亦各隨所自得遞相授受，而裹糧負笈，不遠數百里就學者常絡繹於途。猗與盛哉！其斯道大明之會乎！

或乃疑曰：「士君子抱道乘時，各有應修職分，若乃置本實而談奧渺，光華著矣，職守謂何？」余喟然嘆曰：「是惡知明道作人正爲理道之最大者乎？試一蒿目域中，而不學之弊可勝慨然！天下民庶夥矣，其間强凌弱，衆暴寡，敗倫傷化，骫法干紀者不可勝數也。此何以故？夫民猶其愚者也，士大夫口誦《詩》、《書》，心同市井，齪齪者懷奸任數，誤國負民。乃愿謹長厚之士，亦僅僅守塗轍，保無大戾，而語以經濟遠猷，茫乎其無當也。此又何以故？夫道者，淑人之具。明道者，作人之功。道化不興，而欲士善民淳，此必不可得之數也。」

仁人君子洞其故也，憫然有兼善天下之心，又犁然得兼善天下之要，開科振鐸，啓聵發矇，陶鑄一世賢豪，偕之大道。然猶慮宗旨爽而趨向舛也，爰提止善修身，示爲指南。夫善，吾性也。性則一，一則通天下之志，此道之所以爲大也。然善無聲臭，止鮮持循，必修身有實功，斯止善有實際。蓋至善譬猶的焉，而修身則張弓挾矢以收命中之能者也。至善譬猶苗焉，而修身則耕耘灌溉以收稼穡之利者也。是故一止善而權謀功利之説無由入矣，一修身而談空炫僞之徒無容混矣。此孔曾真傳，見羅獨契，而先生則充拓闡揚，爛然光昭於天下者也。

蓋宇宙間，江河可使變遷，世代可使興替，人物可使凋謝，惟斯道不可一日而不明。必有至人焉，握一線之命脈，續千古之心源，而後乾坤不毁，人物不滅。方今之世，先生真其人哉！以是論理道、明職守，寧有尚焉者乎？或又曰：「士之從先生遊也，陽浮慕耳，未有虛往實歸、足承心印者。」余曰：「非然也。昔人有持海方異種者，遺一粒於中國，初則共相訝之矣，久則美而愛，愛而傳，不數年徧滿中國矣。故明學者，布種之意也，不患其久而不洽也。」余奉先生教，願爲執鞭久矣，故特著是説，以弁其首。然惡足以盡先生肫肫之意哉！

習課録序

汝寧舊有天中書院，士子攻文其中，而聖賢學術未之講也。豐城熊先生司理是邦，慨然以明道作人爲己任，新其宇舍，訂以講規，日群士子而提誨之。其學淵源見羅先生，而推廣其「止修」之説，令人攝知歸止，從本立宗，此大較也。夫止善則直探良知之本根，修身則不涉徒知之虛見，闡揚道脈，開示後人，最喫緊矣。

未幾先生以被擢行，士乃録其疇昔答問語梓之，以識不忘，命曰《習課録》，而屬不佞弁其首。余佳其事，任之而不辭。有友疑而問曰：「夫道本無言也，力行焉足矣。惡用侈齒頰之煩而來鸚鵡之譏哉？是録也，子可以無言矣。」余喟然嘆曰：「此乾坤何等大事也，而漫談若此。請得而陳其義，可乎？蓋天生蒸民，立之司牧，然廉遠堂高，詎能耳提面命？而民之恒性未復，天牖下民之心未已也，於是使先知覺後知者焉，使先覺覺後覺者焉。不假爵位，不操事權，名教以爲防，神情以爲契。宗盟一定，足令白首兢兢；督責不及，可使暗室凛凛。隻詞片語，得其解以相懽；朝往暮來，淑其身於罔覺。教行當世，則及門之想不阻封疆；澤被後人，則尚友之思弗隔世代。存之則仁義禮智之德備，措之則齊治均平之化成。此匹夫之微權，素位之能事，與乘權履位者并贊化育於域中，惡可視爲空談，厭薄而不爲哉！」

熊先生，江右人豪，力承絶學，明刑之餘，惟學是急。雖值煩冗而丰神整暇，隨所歷履而接引惓勤，精意潛孚，遐方風動，汝、潁、陳、蔡、陜、洛、宋、虞之區士雲集受業，雖所得各有淺深，而先生之教化行矣。余嘗嘆先生之嗜學也，如饑食渴飲；先生之誘人也，若拯溺救焚。雖司理一方，實振鐸八郡。汝人士謂先生學追孔曾，節高巢許，宦遊六載，不染一塵。士欲考行也，此亦足以觀矣。嗟嗟！先生行矣，而語録存也。時習以明，勤考課以居業，俾中原文獻絶而復振者，其在士之有志者夫！

張岐東諫草序

凡諫，補其所闕者也。以闕補闕，未有能補。故其道貴自完矣。身不行道，不行於妻子，闕故也。况君父之前，天下之大乎！顧夫世之諫者，各有其心，或擇奇事以立名，或就易事以塞責，或意念不在君父而攻麗語以悦人，或機軸不由本心而揣人情以附勢。嗚呼！内省多疚，闕孰甚焉！以此欲匡主德，濟時艱，收補益之效，是何異立曲木而求直影也？忠諫微而世道衰，予心有戚戚焉。何幸乃得憲周張公其人也！

公之疏温而栗，直而有體，如《内操》、《斥邪》諸篇，即批鱗折檻奚讓焉？而《修省》、《和衷》之疏，則欲畧疑忌之形，效公忠之義，戒詈駡之態，禁媟褻之辭，又何忠厚爾雅之至也！故其辭之直也可以立懦夫，而其意之厚也可以敦薄子。公於世道良非小補，而特不審其所自完者何從耳。已而得公所爲《砭己名言》一帙，展卷莊誦，莫非身心性命之資，宛若對症藥石爲己設者。予乃喟然嘆曰：「密哉！公之自補其闕乎！吐而爲疏，養盛之徵也。《傳》曰：『有諸己而後求諸人，無諸己而後非諸人。』諫説也，公實有焉。」予諫官也，愧補衮之未能，因讀公疏而弁其首，覩高山而興仰止之思，亦惟是汲汲然自補其闕而已。

報刻提要序

嗟與哉，世之喪道也。舛者固靡一矣，本功也而以爲罪，比知其功矣，而仍不解其罪，其舛抑又甚焉，則無如見羅先生之事矣。予方爲是太息未置也，乃客有惠《報刻提要》者，余受而讀之，喟然嘆曰：「此李長君感恩書也，亦鳴冤録也，所謂知其功而不解其罪者也。」

夫法者天下之平，間有不平，必其勘而未確者耳。據刻，則金騰之事，該省勘覈明矣，遠夷方物至矣，法曹伸其冤，臺省理其枉，閣部大臣有揭，舉貢編氓有奏。幾乎合天下知其冤矣，而不能出之陷阱，何也？當其時，出之囹圄，謫之海方，議者謂薄罰足爲幸矣，不知罪無大小，蘄於得真，事容脱誤，貴能歸正。始也既誤以罪而掩其功，終也復牽於誤而薄其罪，無稽之疏語一陳，有據之勳勞悉泯，連篇卷案，情罪了不相屬。一人之沉冤不足惘，三尺之倒置深可惜也。語云：「衆口鑠金，積毁銷骨。」今之不能脱然釋先生者，豈其猶在疑信之間乎？

夫指巢許乞墦、夷齊攫金，人必不信。何者？品素定也。先生學本孔曾，擔當斯道，止善本身之義，洋洋數千百言，剖决《大學》旨宗，昭示入聖竅竅。一生精力惟以開繼爲兢兢，半世功名不逐塵緣而碌碌。固允矣天民先覺，昭代碩儒也。謂其行不義而殺不辜乎，必不爾矣。

或乃見僞學之徒往往飾詐欺人，曰：「學道者類如是也，吾何以信見羅也？」嗟乎！世固有小人儒也，豈遂無君子儒乎？君子儒者，密修密證，闇然淡然，不聞覩而惺惺，無雷霆而懔懔，稍落知見，懼失吾常，一着聲色，慮非吾體。如此乎自治之嚴也，奚至叛而去之，如所謂貪功冒殺之爲哉？吾未及侍先生，而以觀其淵源之自，如獻和徐公、思誠熊公，諸大賢豪各翹翹鳴於當世，則先生之精誠神彩且將翔洽貫滿乎域中，脱令心非粹白，如世所稱僞儒也者，則惡足以致此？先生自矢曰：「一夢寐不敢怍神明，一動息不敢違矩矱。」此足以見先生矣。是故由《報刻》以觀其事，則但見其功，不見其罪。由學問以諒其心，則功且不必有，而何緣懼於罪也？余固表而出之，以爲未嘗識面之知己。

陟屺編序

《陟屺編》，頌岩渭先生思親之孝也。余與先生爲同門友，頗悉先生歷履，請以顯親之孝，闡先生思親之情，可乎？昔孔聖論孝曰：「立身行道，揚名於後世，以顯父母。」夫順志承顔，左右就養，此人子之上願也。顧夫身者，四方之身也。且道必有借而行，名必因功而起，則人子之不能不離親者，道之所不禁也。是故絶裾不爲是，叱馭未爲非，要在計顯晦，不計離合耳。先生寄百里，典六垣，參藩兩河，忠鯁著於廟廊，膏澤下於氓庶，功成名立，恩覃所生，顯揚大孝其在是乎！視夫依依孺慕，於親靡所增益，其大小果何如哉！

先生冢嗣爲渤海公，早登進士，握符栗陽，未匝歲，宦聲籍甚，薦拔巖邑，何其異也！蓋渤海公本親親以仁民，所以顯先生者爲益至，而先生借順孫爲孝子，所以顯太夫人者爲益隆。由斯以談，則山不必屺，焉往非行道之地？屺不必陟，焉往非展孝之時？故曰：「仁人不過乎物，孝子不過乎物。」夫誠不過乎物，則近而一室，遠而千里，暫而一日，久而百年，小而一草一木，大而塞天塞地，何在非物？何在非道？道與物俱，則孝與道存。

大哉孝乎！其無往而不在也。夫世之宦遊者未達此義，非不有奉親遠遊禄養備至者，然甫釋菽水，輒事敲朴，德澤不加，怨聲四起，是謂虧體辱親，奚取旦暮膝下哉！嗟嗟！自孝道不明而天下無孝子，無孝子則無忠臣，無忠臣則世道乾坤罔有攸賴。余顧因《陟屺》之編而明立身行道之義。爲人子者一違於道，則不孝之名歸之矣。其嚴乎！

宋誠前醒語序

夫誠前之所醒者，何也？道也。道則民咸用之，奚獨誠前醒也？蓋天下有向晦晏息頹然鼾睡者，是寐而不醒者也。有行不著、習不察，懵懵焉莫知所之者，是醒而常寐者也。衆人醒而常寐，于是誠前始獨稱醒矣。然是醒也，吾鏡諸唐虞而得堯舜，鏡諸三代而得禹湯文武，鏡諸春秋戰國而得孔孟。漢唐之世，寥寥乏人。《天人》、《原道》之篇，猶在朦朧之際。宋四大儒出而天下之寐者始稍稍醒矣。

我明開天啓運，振起斯文，薛、王繼興，鳴鐸倡道，天下所稱炯然醒眼者，非二公莫與也。夫由唐虞以迄今，醒者纔十數人，而誠前輒能醒焉，豈非眼穿今古者乎！或曰：「夫道何論醒不醒也？鳥棲木而忘木，魚遊水而忘水，人由道而忘道。忘則不醒而醒，醒者恒在，夫奚減於誠前也？」予曰：「否，否。夫道固無不醒，而人之於道則有醒、有不醒也。且醒之係於人也，豈淺淺哉？目之醒也，明以照物，故機阱不能陷也。心之醒也，明以燭理，故障蔽不能惑也。是故醒於孝則可以爲子，醒於忠則可以爲臣，醒於進退則不耽寵以敗節，醒於辭受則不苟取以傷廉，醒於懲忿則不忘身以及親，醒於臨變則不偷生而戕義，醒於無我之理則能視萬物爲一體，醒於無間之機則能通古今爲一息。小醒則小益，大醒則大益。彼不醒者，耳目口鼻焉而已，衣冠飲食焉而已，遑機械、逐名利焉而已。名爲人而不知所以爲人，由乎道而不知所以爲道。生無片善可聞，死與草木同朽。斯亦大可哀也已。」

誠前少爲諸生，與余爲同社友。比余宦遊十餘禩，得告還里，則見其罷舉子業，逍遥斗室中，退焉與物無競，澹焉與道合真。余異之曰：「誠前其有醒乎？」及觀其所著《醒語》，如「了了拙老」等語，大有老氏之風，則信乎其能醒者也。於是同里覽之而均欲醒也，遂捐金梓之。余爲序諸簡端，蓋亦求醒之意云。

贈李父母之任寧羌序

邑父母李侯居虞幾五稔，功深化洽，民物阜安。朝廷廉知侯才異，非邊徼弗殫其用，遂擢守寧羌，蓋借重之意云。惟時百姓視侯去如失怙恃，爲詣當道，請留不遂，乃卧轍遮留，又不遂，於是留其衣冠，肖之生像，期百世尸祝，以識不忘。邑人楊子喟然嘆曰：「嗟乎！吾觀於侯而知上下相與之機也。夫令與民也，初則湖海不相識也，一旦握符綰綬，蒞其疆土，命曰『父母子民』，分則相統，而情猶未相入也。匪分弗尊，匪情弗親，分以義合，情以心感，心孚則附，義勝則離。附與離，不視乎疇昔，而視乎解任而去、分不能統之時。侯之將戒行李也，問之士，曰『接遇以禮也』。問之農，曰『雞犬不驚也』。問之商賈，曰『市廛不擾也』。問之訟獄，曰『兩造悉平也』。問之無告窮民，曰『各得其所也』。總之，則皆掩袂涕洟而相告曰：『難乎其繼也。』嗟乎！非侯之情通於分之外也，胡以得民若是哉？」

或曰：「侯之用情於民者，可得聞乎？」曰：「細數之末易更僕也，第言其本。夫不齊者政，而主之者心。侯之持己也，廉静以爲心，而其馭民也，仁愛以爲心。廉無苟取，仁無苛刑。上不取則下饒矣，上不苛則下全矣，焉往而非侯情哉？故夫頌德於相臨之日，不若見思於去任之時。

去而見思，思之真也，下之情與上之情兩相孚焉者也。夫始而湖海不相識也，終而湖海不相逢也，而一思脈脈運乎其間，時不能間而地不能阻。故曰上下之相與有機也，則以情勝而已矣。世之闇於此機者，情以分暌，而虐用其民，民乃側目重足，恐其不去，去則掉臂不相顧，反面而相仇矣。夫士奉命爲民父母，至令民反面相仇，則亦安所稱夫哉？」

侯行矣，余春秋禮拜其祠，猶見侯也。然則侯其何以不忘余？古者不易民而化，羌民猶吾民也。侯持余言，無忽上下相與之機，則余豈遠哉？《詩》曰「瞻望弗及，佇立以泣」，又曰「不懈於位，民之攸塈」，敢并歌以送侯行。

夏邑曾公考滿序

粟邑侯曾公學古入官，勤恤民隱，三載考績，治行稱優。直指公上其事，天子嘉納，覃恩所生，錫之勑命，蓋侯之臣職盡而子道光矣。臨邑令陳抑吾昆仲，侯門下士也，走書徵予言爲賀。予與侯竊同臭味，寧靳一言乎？夫國家設官分職，凡以爲民也。人之親莫親於父母，而呼其令以之，則其所望於令者可知矣。乃輓近令急催科而緩撫字，明聽斷而暗保釐，往往草菅其衆而虜使其民，民乃睊睊興讒，時日起怨，猶靦焉自謂得計而朘削無已，則惡在其爲父母也？此無他，學術不明，世塵念重，本無萬物一體之懷，安望保民若子之政？噫！弊也久矣！何幸於侯一見之！

侯江右偉儒也，志在行義達道，不以名利累心。間嘗出所自得者，著《釋悟》數篇，以詔諸士。其微言奥義，未易悉迷〔二〕，如所云「人生不滿百年，悠悠逐逐與草木同朽，亦無爲貴此生矣」，又云：「學不嚴義利之辨，即使衾影不愧，未可謂大徹悟漢。」則侯之愛身重而悟道深也，即是可覩矣。

夫悟，入道之竅而衆妙之門也。一悟而知民物之同原，則胞與之量擴；一悟而知本性之無染，則冰蘗之操嚴；一悟而晰天人相貫之機，則惟恐虐吾民即欺上帝也；一悟而徹仁孝一原之理，則惟恐戕吾民即忘吾親也；一悟而諳循環不爽之説，則惟恐不保吾民即以不培吾後也。蓋方寸惺惺而經綸斯起，此侯之所以超群吏而奏上績者乎！

吾聞侯與南皐鄒公、匡湖羅公相友善，二公天下士也。侯思不負其友，奚至有負於民？頃者中州河變，民戕於役者以億萬計，未幾，當事者下檄募夫築捍水長堤。侯曰：「業已無面對吾民矣，去則去耳，不能驅勞民而從役也。」是語也，微獨軫念民瘼之意重，而利害毁譽曾無足以動心者，則惟其悟於道者深耳。余慨聖學久湮，吏治日敝，故推本侯之所以立業者，以明務學之益

〔二〕「迷」，疑爲「達」之誤。

有如此。陳伯仲趨步門墻，毋慕此治績爲也，《釋悟》其衣鉢云？

邑侯陳公榮奬序

我侯陳父母治虞甫半載，聲稱籍甚，按臺下檄旌之，於是學博陶先生等率其及門士屬予言往賀。余曰：「學校，文章所自出也，而用余乎？」先生曰：「僕等分在僚末，淺言之則見爲疎畧而不盡，深言之則見爲諛佞而不情。先生垂情桑梓，聞覩最真，故言務覈實，匪徒借重已也。」於是楊子爲之言曰：凡爲令，祈安民而已。凡治民，祈盡心而已。凡宅心，祈寡欲而已。欲寡則志明，志明則政舉，政舉則民安。故曰萬化之原在心，未有汶汶一腔之内而能井井庶政之間者。此體用一原之道也。吾虞河伯肆毒，蓋三十有餘禩矣。追惟往事，則固有民啼饑寒而吾務温飽，民鬻子女而吾實囊橐，父母呼之而仇讎應之，此無他，則其所以宅心者誤耳。侯不其然。侯曰：「吾之身，朝廷之所倚任也，蒼赤之所頂戴也，鬼神之所伺察也，子孫之所刑範也，而何敢不恪共也？」是故里甲偏重則爲均之，收役賠累則爲裁之，黌序傾圮則爲修之，城垣頹敝則爲葺之，河決横溢則爲塞之，積年逋負則爲寬之。善者旌，惡者懲，饑者粥，蕪者耕。蓋運赤誠於困苦流離之衆，有食息所不遑而左右不及知者。

夫侯何以若是其肫肫也？侯性恬淡，寡嗜好，雖拮据民瘼，而常超然有塵外之思。倘所稱宅心無欲者，非與？無欲則明生，幽隱之所以晰也；無欲則愛生，惠澤之所以流也。是則侯之所爲乎化揚休之本也。噫嘻！漢代循良，至今膾炙人口，而剥民自潤者，竟泯泯無聞。然則得失之效何如哉？故願爲令者，其胥若我侯也夫！其胥若我侯也夫！

賀郭鳴洙歲薦序

國朝用人法《周官》里選之制，凡郡邑歲各薦士以充任使。歲乙未，吾虞鳴洙郭君實膺其選。諸同社友屬予爲文以賀。余曰：「賀將安居？」諸君曰：「遲暮芹宫，一朝脱穎，懸旌樹彩，里閈生榮，兹不可賀乎？」余曰：「否否。」諸君曰：「歲薦士日暮途窮，志存在得。當官之際，計利纖毫，爲斯文辱。鳴洙仗義偉人，必不爾爾，兹不可賀乎？」余曰：「否否。諸君亦嘗舉眼觀治亂之故乎？夫天下之不太平者，由人心之不正；人心所以不正者，由學問之不明；學問所以不明者，由師道之不立。蓋自聖遠言湮，斯道晦如長夜。惟師與弟名分僅存，而或語及聖賢進修事，則懵然弗信，退然不敢當，甚且譁然搜索長短而濟其不學之非。嗟夫！以此教士，而欲賢才類出，世道有憑，何異不耕穫而欲得嘉禾乎？是故廟堂之上嗜榮耽寵，罔上行私，競如簧之巧，蹈乞墦之行。人皆曰當世之無賢臣也，而余以爲教化不明之過也。郡邑之中，朘民膏脂，實己槖囊，視困苦流離之衆如秦越然。人皆曰當世之無循吏也，而余以爲教化不明之過也。閭閻之内，徂許成風，廉耻道喪，子逆父，弟凌兄，恬然不以爲怪。人皆曰當世之無善俗也，而余以爲教化不明之過也。周〔一〕氏有言曰：『師道立而善人多，善人多則朝廷正而天下治。』有味乎其言之也！嗚洙操履端方，課士嚴正，甘澹泊而樂成人之美，藹哀然多士中君子也。行且觀光上國，膺師儒之選，舉其有諸身者，敷諸教化，多士其有興乎！余所爲嗚洙賀者蓋如此。」

諸公曰：「一舉賀也，而惓惓焉嘆世道之衰，汲汲焉望師道之得人，此古人欲明明德於天下意也。嗚洙無負於斯言，世道有厚幸矣。」遂書而賀之。

邑侯王公考滿序 有詞

虞瀕河邑也，地蕩於洪濤，民疲於奔命。境以内蒹葭極目，獐兔爲群，邑里幾爲墟矣。所冀仁明父母撫字生全，不啻旱苗之思膏雨也。歲乙巳，滇中王侯來牧斯邑，慨然以起敝興衰、拯溺亨屯爲己任。時吏鷹鸇，侯也鸞鳳；時吏漁獵，侯也冰蘗；時吏春華，侯也秋實；時吏蔽於煬灶，侯也明如觀火。三載之間，殫精竭慮，拮据靡遑，汙萊化爲沃壤，凋耗漸以生聚。于時循例考績，當道者疏奏於朝。天子嘉悦，寵以恩命。榮矣哉！侯之勤施於民也，乃其所以厚集於己

〔一〕「周」，原作「潘」。按此語出周敦頤《通書》，據改。

者乎！彼殘民以逞者，亦何榮幸之有？虞之人士感德獻頌，而屬言於余。余於侯道義切磋，荷愛尤不淺尠也，敢述其事而爲之詞。詞曰：

滇中賢哲，會握符虞陽，鳴琴展業。節峻羔羊，恩深鴻鴈，覆露萬民懽悦。三載晝簾閒静，一時當道傾折。真個是，治行越襲黄，郎星耀烈。

奇傑最優，是履畝闢荒，耕雲鋤月。天錫神君，作民父母，膏澤綿長靡竭。喜看紫誥榮封，還擬彤庭清列。試比那，秦越民者，雲泥隔别。《喜遷鶯》

賀邑侯王公壽序

仲冬朔有十日，我侯王父母初度辰也，闔邑士民感侯恩，登堂祝釐者雍雍如也。不佞視士若民，情更倍切，寧無一言以獻？夫君子之壽與齊民異，齊民之壽多歷年所，皓首龐眉，頹然龍鍾，於世靡所短長，即安期彭喬，何益之有？君子則聯萬物以爲一體，亦合萬民以成其壽。是故統馭中若少若長，若顛連無告者，□□澤於上，以立其命。而君子内軫痌瘝，外敷懷保，□□斯世斯民，共躋仁壽之域，而各遂其天年。於是乎家諭户傳，口碑載道，即有時拔擢以去，而尸祝者百世如一日。以此言壽，壽孰加焉！故曰君子之壽與齊民異也。非我王侯，疇足當此者乎？

侯滇南偉人也。師事海内名儒，得其旨趣。其初至吾虞也，地荒民貧，差繁賦重，民蓋岌岌乎不能聊生矣。侯視邑如家，多方調劑，凡所以拯溺亨屯、爲民立命者，夙夜靡少暇逸。由是，民乃得饑者食，寒者衣，瘡痍者起，轉徙者還，恬養寧適而無摧折疾痛之患。蓋侯之壽吾民也有如此。民感恩圖報，方且爲峴山碑，勒侯功德，貞石不朽而壽與之俱不朽矣。此又吾民所以壽吾侯者也。于以知君子之壽不在童顔鶴髮以延年，長生久視以住世，而在履仁蹈義、布德施恩，寄於無所限極之人心。故曰：「堯舜其心至今在此，乃君子之所以爲壽也。」噫嘻！道脈久湮，士不達永世之理，殘民以逞者，自促生機者也；粉飾治具者，先撥本實者也。吾故頌侯之所以爲壽者風之。

賀學博蔣先生序

國家設官分職，守令司牧，師儒司教，兩者并重矣。愚以爲司牧之職易舉，而司教之責難稱也。何也？夫司牧者興利除害，省刑薄歛，俾百姓不失其所，如是而已。若夫士則參天兩地爲襟期，繼往開來爲責任，輔世長民爲事業，博古通今爲學問，若是乎其責甚重而其道未易明也。所賴發矇啓聵，呼寐而使之覺者，非師儒而誰乎？是故士之責重而師之責亦與之俱重，士之事難而師之事亦與之俱難。故曰司教之職難於司牧也。

概自聖遠言湮，士鮮知學而師道衰。有善舉職者，不過修朔望之儀，勤考課之典，薄責歲時禮節，即可稱賢師矣。而於教士之道，茫乎未之有聞也。嗟乎！師道如是，將賢士安從出？而世道將焉賴哉？乃吾虞徼天幸獲蔣先生爲師，豈非瑞鳳祥麟，絶無而僅有者歟！

先生鍾靈西粤，發跡制科，冲粹恬夷，與物無競，有拂逆至前，人以爲不堪，先生處之宴如也。且其性雅嗜談學，間約諸僚友暨不佞明訂爲會期，偕諸士講學明倫堂，闡發天人之撰，研究性命之精，討論修己治人之理，一時人文濟濟，歌韻洋洋，稱盛舉矣。

先生論心性之旨曰：「先儒謂『心統性情』，又曰『心者，性之郛廓』，竊謂渾然無爲者性也，惺然有覺者心也。性非心無以見，心非性無以靈。性其海乎？心其海水之波乎？此其體用分合之間，當必有辨矣。」蓋心性理微，異同難析，先生見道分明，故其論精鑿如此。覺序有先生，真無負先知先覺之任者乎！撫按兩臺廉知先生賢，一時薦剡并及。朱先生偕諸士屬余言舉賀，余惟先生雅量宏猷，自足大受，行且魁南宮，兼善天下，區區榮遇，惡足侈談先生哉！余叨厠學會之末，知先生最審。故序其事如此。

賀夏邑陳茂才入學序

栗邑陳茂才以弱冠應試，三冠文場，無遠邇無不艷慕茂才者。余媚黨至情，宜有言志喜。

然茂才大器也，更宜以大者期之。夫今之所云入學者，特以由韋布登膠庠，出往游衍其地而已，未能繹學之實也。夫爲陶冶者理械器，服田畝者力耕作，有是業則必有是事，豈以士人獨無進修之實乎？夫循朔望之期，修磬折之儀，濟濟而聚，茫茫而歸，此不可謂學也。藉巾服之榮，復身家之役，訂文會之盟，習雕蟲之技，此不可謂學也。唾手青雲，致身樞要，徼恩命之榮，拓光裕之業，此不可謂學也。夫買櫝者還其珠，則空櫝而已。虎皮羊質，未覩爲真虎也。今之士者，無亦類是也乎？

自今論之，出入廟庭，仰瞻四顧，仲尼稱聖，何以聖也？諸子稱賢，何以賢也？堂曰「明倫」，肇修何若？才曰「俊秀」，清修何似？以至《大學》首言「明德」，而明德何物？《中庸》首言「天命」，而天命何事？《論語》首言「學習」，《孟子》首談「仁義」，而學習謂何？仁義謂何？對宫墻無仰止之思，誦詩書鮮體驗之力，經營身心之外，剽竊糠粃之餘，則名爲學而實無所學，名爲進而實無所進矣。此其弊也，不在一邑而在天下，不在一時而在累代。千載無真儒，百世無善治，皆起於學之不明也。

然則若何而後可？曰：仁義道德以爲趨，堯舜周孔以爲宗，天地萬物以爲懷，古今絶學以爲任，斯之謂學。日有就，月有將，如掘井之日就於深，爲山之日就於崇，斯之謂進。挺然如松柏之聳高嶺，瑩然如圭璋之列清廟，高曠修潔，毫無點染，斯之謂秀。學術貫乎天人，心思洞乎民物，左無不宜右無不有，斯之謂才。若是者，惟吾陳茂才可與於斯也，敢以是期而望之。

張華林詩稿序

華林張公以才望來署吾虞，一旦從盃酒之暇，出詩稿示余，且屬余爲序。有友謂余曰：「詩可作乎？」曰：「奚爲而不可也？」曰：「人無兩心，智急先務。故用於道德性命則可以配天地，用於經綸康濟則可以奠蒼黎，用於述作删定則可以憲萬世，此其爲文章豈不焕然霄壤間乎？若夫詩則鬥花鳥蟲魚之巧，逞風雲月露之奇，本之無裨於進修，推之不關於理道，且刻鵠起釁，咏檜招尤，是戕身之具也。七字吟成，數鬚拈斷，是無益之勞也。竊謂詩可無作矣。」余曰：「非然也，夫《毛詩》三百，自明堂大雅外即里巷歌謡，罔不備載，豈徒紀夫言而已哉？程伯子有言：『詩者，志之所之也。在心爲志，發言爲詩。言之不足故嗟嘆之，嗟嘆之不足故咏歌之，咏歌之不足，不知手之舞之足之蹈之也。』如是而徵涵養，如是而出經濟，焉往不可夫？詩奚爲而不可作也？」

張公風流倜儻，雅有晉人風致，政事之余，輒親翰墨，攻詩文。其藻思麗語，不暇悉述，如云「卑官寂寞愁羈旅，萬里遲回憶聖君」，則惓惓乎廟堂之憂也；又云「攬轡風塵裏，憂民志未忘」，則汲汲乎閭閻之慮也。憂時憫世之意，積諸中而發諸外，公之意固不在詩也。如其忽職分之常而攻無益之句，則騷人逸士之所爲，非所望於居官臨政者。公宜知所擇夫！

賀邑侯李公榮奬序

士君子拜命九重，握符百里，凡以計安元元之衆，而非循吏莫能辦此也。渾噩之世無不循之吏，故無循吏之名。當其時帝力且忘，奚啻言治？漢興，龔、黄繼起，循吏始稱，西漢治功，遂於今爲烈。余每讀其列傳，未嘗不拊髀興思而嘆古人之不可及也。

夏初，余得請還里，謁吾邑父母李侯。望其丰姿，恂恂如也；聆其譚吐，款款如也；已而察其政，蕩蕩平平如也；已而觀其俗，熙熙恬恬如也。乃喟然嘆曰：「循良之治其在是乎！又安用拊髀思古人爲也？」夫景星慶雲非不稱奇，而長養萬物必和風甘雨也；八珍五彩非不稱美，而日用所需必菽粟布帛也。故夫仕之道，貪名者炫聲，競功者振烈，豈不亦震當世而獵顯榮。乃若悃愊無華，與民休息，日不足而月有餘，必也其循吏乎！則侯之治吾虞是也。

頃者歲時豐稔，家給人足，黎民安堵，雞犬不驚，閭閻父老若不聞有令我者，則爲理之道得而循良之治成也。乃客有過虞者，謂余曰：「凡治道難以適中，而人情易於偏勝，是故務慈柔者啓强禦之路，習安静者隳明作之功。李侯洵良令乎，其於此若何？」余曰：「我侯運治之意，非淺淺可窺。蓋虞濱河邑也，節被其害，幾於殘矣。侯不敢先猛厲而後撫摩也，培養滋息，以俟生氣之充，兩期之餘，然後築堤防以禦河患，修黌序以振人文，逐妖尼以斥左道，嚴緝捕以遏寇虐。諸敝蓋彬彬然舉矣。此老成之見，寬綽之規，豈儇薄喜事者可同日語哉？」

先是，兩院暨諸監司廉知侯賢，交章嘉獎，侯輒置而不舉。至是則邑士夫促余言以贈，且曰：「將以展其崇功報德之私也。」余乃述其所爲循良之治者如此。余在署時，有僚友曲君特疏列新城令治狀，聞於當宁。如我侯勵精不已，能駕軼漢廷諸君子，是必有能言之者。

戒殺放生文序

天地以生物爲心，而人則稟天地生物之心以爲心者也。是心也，存之爲仁體，發之爲惻隱，總所謂不忍之心也。先王有不忍之心，斯有不忍之政。山林川澤，皆有厲禁，夫是以兩間生育，無有不若其性者。則聖心之仁，立萬物之命也。

世教既衰，而萬物一體之義不明於天下，謂天生萬物以養人也，天生萬民待物以爲養也，於是張四面綱，設絶流漁，家畜、野産、海錯、山珍備極而供匙箸之用。當其時，非不有哀鳴之聲接於耳，驚懼之狀觸於目，而以忍心當之，弗計也。迨其烹之釜鬵，列之俎豆，納之口哺，厭而飫之，以快一嚼者，則皆向之哀鳴驚懼畏死而乞生者也。静言思之，寧忍下咽？

夫人物不同，貪生則一。人强而食物，曰生物以養人也。虎强而食人，可曰生人以養虎乎？此一念推廣不去，不可謂慈祥善士矣。且夫物之所戕者，命也。而人之所戕者，心也。心爲萬事之源，吉凶由是而出，曾謂此慘忍毒害之心，可爲凝承吉祥之地乎？無俟輪迴因果之説，固知好殺生者必無幸也。或曰：若然，則朝覲會同、祭祀燕享之需可盡廢乎？曰：何可廢也，要在用之有節耳。釣不綱、遠庖厨，豈非君子養仁之善術乎？

吾邑范君炳急流勇退，澹泊自娱，有味乎戒殺之文，更附以放生等語，并付剞劂，用公觀覽。仁哉范君之心乎！余既爲言以弁其首，而尤有深慨於中焉。夫物命固爲重也，而人命獨可輕乎？邊臣貪功妄殺，動斃數千百無辜以廣級數；有司黷貨殃民，淫刑是逞，致斃杖下而殞獄中者不可勝數；奸讒毒計，含沙射人，修睚眦小嫌即落井下石所甘心焉。凡若此類，其設心不仁，寧啻戕賊物命哉！獨不知其陰自虧損者不少也。嗟乎！開方便門，行陰騭事，寬假於人即厚積於己。願仁人君子留意焉！

花蕚永芳序

昔唐玄宗建花蕚樓居同氣之親，友愛雍雍，千古垂爲芳軌。宋郡沈君存興幸昆季相得，作《花蕚永芳説》，蓋慕古之念殷而寄慨之意遠矣。余傷時之兄弟鬩墻而嫡庶相讎太甚也，更爲推演其説。

夫兄與弟，一氣而分兩形，雖各成其爲人，而其從來則一人也。異母兄弟雖不同胞於母，寧不同氣於父乎？總之亦一人也。夫人於一身未有自生戕害者，間以形骸而爾我分、讎怨起焉。甚哉！有我之爲害也。亦胡不遡觀其本乎？今有湖海萍逢之人，一旦意氣偶投合，輒披肝膽相示，朝夕相徵逐，惟恐情好不篤也。至於同氣懿親，乃路人視之，而仇讎殘之，抑何悖謬之甚也！

古人之於兄弟也，撫背而問饑寒，長枕大被而共卧，遇急難死生之際則寧拋妻子不棄兄弟。其篤念骨肉如此。若舜之爲兄，覽之爲弟，則又異胞相愛，不啻共母而出者。世之爲兄弟者，盍亦考鏡古人而興仰止之思乎？

且花蕚之説本論兄弟，而篇中推及母氏，意欲正庶母名，明相見禮。蓋曰母重則子不輕，此亦正本清源之説乎？余則於嫡庶之間重有慨焉。《易》曰：「二女同居，志不同也。」夫不同則乖，乖則生變。」世自人毀以來，而嫡之凌妾至斃者，未可窮極也。又或凌妾不遂而嫡因自斃，或忿嫡妾不相能而家長亦由以自斃，或幸不至斃而搜索事端多方禁制，甚則墮其已結之孕而殺其已生之兒，竟至白首煢獨，宗祀覆滅。則閫内之禍慘矣哉！夫故殺威逼，律有常刑，而不行於嫡庶之間；七出有去妬之條，又率耻焉不肯舉，彼悍婦何所憚而不肆哉？若是者，以爲名未正歟？禮未優歟？曰：非然也。夫嫡母以下孰非庶母，名固未始不正也。有子之妾，其子爲斬衰三年，長子、庶子爲服皆期，身殁之後得同夫穴而附葬焉，禮固未始不優也。以是而議，相稱相見之禮一如沈君所議者焉。非僭踰也，特以彼婦抱不同之志，則正名議禮適足爲啓釁賈禍之端耳。又安能借母重以重其子哉！然則若何而後可？曰：與其正母之分，莫若振夫之綱。昔者舜度温恭而克諧二女，文德敬止而慶衍百男，則惟其夫綱正而婦順彰也。晚近士君子不講修齊之道，閨閫之内辱言穢行，表則不存，彼悍婦方且藐無敬心而老奴呼之，則其戕殺覆滅之害，何莫非自弛其防而遺之厲哉？是故君子立身行道，匪徒自淑己也，立嫡庶之命，導昆弟之和，培宗枝綿遠之慶，胥從此出矣。可忽乎哉？

嗟乎！彼婦無知者也，乃有丈夫子，儼然具鬚眉而位具瞻，或才能相忌、名位相逼，輒頓忘塤篪之雅，含沙暗中，落井而下之石。夫夫也，脱令比肩而事一夫，其相戕之慘又寧啻妬婦已哉？噫！大道不明，人懷有我，令太和元氣獨在古花萼樓中，吾滋戚矣。

郡庠諸士約會序

萬曆壬子冬，予遊宋郡，惟時郡伯鄭公祖新起講院，兩庠諸士邀予會講其中，予不揣謭陋而赴之。諸士蓋嘗經匡嶽先生鑄錘，非漫無見解者，於是各有陳説，就予折衷。凡予所稱提，亦各欣然有當於心。一時維新氣象，如旱苗得雨而生機油然不可遏。不圖偶爾聚談，而春風沂水之樂乃見於斯也。

昔予寓宛丘，歷洛陽，抵新安，而地主如匡嶽、雲浦、西塘諸公，各率生徒邀會。惟時人文濟濟，歌韻洋洋，遠近傳爲盛事。乃吾郡今日之會，殆亦居常所不多見者。猗歟休哉！諸士試默體此趨慕之意，何以不約而同？此鼓舞向上之機，又從何自而起？莫非性善爲根，所稱秉彝好德者即是物歟？

諸士興學之念已如火燃泉達，不忍斷滅，乃命予訂學約、執牛耳、綜理厥事。予莞爾而笑曰：「甚哉！諸君嗜學之篤乎！靡所禀承而屬心於予，無亦田公單假藉神師之意乎？予滋愧。予舊有學約，臚列會規頗詳，遂書之卷端，與諸士共之。所願諸高明翻然自新，毅然猛進，毋以天地賦予之美而自令淪亡，毋以父母生成之身而自底不類，毋涉獵章句反失易簡之常，毋沉溺貨財自損高明之品，毋信道不篤聞謗言而輒阻撓，毋有初鮮終行半塗而甘自畫。如此乎立志專而用功鋭，有不立躋聖賢之域者，未之有也。蓋碌碌與草木同朽，與挺挺與日月爭光，品不難辨而力不難爲也。惟豪傑之士蚤自圖之！」

賀見浦郭先生壽享八旬序

歲在癸丑新正廿九日，爲見浦郭翁八旬之期，鄉紳咸往賀之，余亦追隨其後。或乃問余曰：「君知郭翁之所以爲人乎？」曰：「知矣，而未能悉也。請言其槩。」曰：「翁領甲子鄉薦，司牧棗强，無何解組歸，不設城府，不生機械，歲入多寡有無之數，悉置不問，身若逆旅，家爲傳舍，若罔聞知。冢嗣年逾二旬，未知承家之艱，次者甫離襁褓，漠然不爲裕後計。行年既耄，不慮後事，若可長生久住於世者。其愿悃不二之衷，大都類此。此於享壽之道奚當乎？」曰：「人之獲壽不一，有數定於有生之初者，有積德累行而陰增其算者，有呼吸吐納而導引延年者，有寡思少營，渾渾噩噩，神不擾而精不耗，因而多歷年數者。郭翁遵生之術誠不知其何若，由其生平之致觀之，殆所謂少思寡營、渾渾噩噩者乎？此其所以能壽也。不觀南山之木乎？生於懸崖闃寂之區，斧斤不加，芻牧不及，風雨霜露惟所凝承，夫是以天全性得而遂其參天之勢。郭翁之壽，其殆有類於是乎？吾怪世之人以有限精神供無窮嗜好，攖情非分之求，役志難盈之欲，焦勞愁苦，展轉相尋，於是精用而不已則竭，形勞而不息則敝，渥然丹者爲槁木，黔然黑者爲星星，而壽命乃由以促焉。嗚呼，其亦未聞郭老之風乎？」吾固表而出之，以爲役役自戕者戒。

贈獻庭朱先生致仕歸養序

先生司訓吾虞，不獵聲華，不矜猷畧，不規規較友朋隆殺，恬然夷然，抱一真以自適，而潛孚諸士之心。居三載，遷除且在眉睫，而突起尊鱸之念矣。諸僚友偕及門士懃懇相留，弗能奪。

余叩所以，先生曰：「不肖有老母在，行年九十餘矣，風燭之勢，日惕於懷，又安能以五斗粟遺終天之恨哉？」語畢歔欷，泣數行下。余喟然嘆曰：「夫世塵迷人久矣，當塗者忍辱於彈章，山居者攖情於振滯。破甑且顧，唾核猶惜。故北山移文，終南捷徑，訕誚所從來矣。夫孰肯急流勇退，飄然掛冠而去哉？」

先生白首窮經而博一官，難可知矣。乃篤念所生，棄如敝屣，無乃攬德輝而翔千仞者乎？然人知先生有是高蹈，而不知其出之有本也。夫功名道德兩相低昂，未有內不重而能輕乎外者。先生雅嗜明學，多所自得，其論情理之辨曰：「天理、人情，原不相離。故理者，天之情也；情者，人之理也。彼有順乎理而拂於情者，豈其情理固相齟齬歟？至於心迹之判，猶有可疑。夫心猶月也，萬川無不相映；行猶華也，千條罔不歸根。彼有其心然而其迹不然者，豈其心迹固相枘鑿歟？」先生之意蓋欲攝情歸理，制行符心，天人兩不相違，心迹毫不容爽。深哉！先生之於道也。今之棄官而歸，殆理順情得而心迹雙清者乎！區區高尚之節，惡足以盡先生哉！往矣，行見白首慈親，天涯遊子，久離而忽合，悲罷而成歡，油油然適天性而樂天倫。夫豈三公之所能易哉？虞人士濟濟陽關，高歌白駒，先生其殆登仙乎？而曷能罄其景仰之意也。

卷九　雜著上

記、傳、説、墓表、誌銘、祭文

鹿邑令張君去思碑記

張君于萬曆五年爲鳴鹿令，既遷去，越十有餘禩。邑孝廉葵吾張君詣余言曰：「敝邑張父母善政得民，去後常見思。竊謂口碑不堅於貞石，而不朽須托於名言，盍爲一言以永我侯乎？」遂出治狀示余。余覽竟，喟然太息曰：「嗟乎！張侯其繫民之思也非偶矣！」夫思生於心，而心通上下，必上之心運其思於下，而後下之心結其思於上。蓋神感神應，非可以勢驅威刼而得也。乃張君胡以得是哉？張君之心運之政而入於民者也。其大者，如該縣田損舊額三千餘頃，影射之弊極矣，憚其難而弗釐者更幾令也，公鋭意括丈，田賦均平而民賴以安。渦河下通淮、泗，邑之水利在焉，厥後塞而不通，商貨不至，且漫延而害稼矣。公下令疏濬，通利如昔，商農便之。斯二者皆本境百世之利也。學田所以恤寒士，則創置廿餘頃，而沾惠者曷可勝計也。種植所以便民用，則緑陰徧通衢，而材木豈可勝用乎！他如懲吏書之舞文，革里甲之繁費，禁隸役之需索，裁庫收之加耗，葺境内之橋梁，懸鳴冤之金鼓，罷市廛之官價，減徭役之加征。公蓋無一事一念不竭心思於民，而其尤得理道之要者，則肇建尊經閣，博收載籍，勸勵諸生，正學紹明，功化宏遠，又非但一政一事之善也。

故公去矣，而公之澤一日不泯，則思公者亦一日不衰。迨今十有餘載，而民思且愈殷焉。是豈有所爲而爲之哉！公之遺其思，與民之結其思，總之一心相爲感應也。因思觀政，因政觀人，如張君者可以不朽矣。嗟嗟！世之司牧者孰不知留芳遺臭之辨哉！顧往往不慎所思而虐用其民，民乃恐解任不早，何論餘思？夫國恩不可負，民望不可孤，此生不可虚。一任而無可爲思者，亦足爲丈夫羞矣。張君諱朝瑞，鳳梧其别號也，海州人，萬曆戊辰進士，後副憲東省。鹿民往謁者絡繹不絶，公其有餘榮哉！

西川尤先生祠堂記

西川先生倡道中原，振鐸伊洛，蓋粹然理學醇儒云。某年，先生歿，門弟子固嘗即其家而祠之矣。已而按臺臨川周公謁先生祠，曰：「先生天下士也，宜從祀。」疏奏，不報。於是門弟子議曰：「昔孔子之道經累代推尊而後有今日，先生從祀，宜有待矣。盍姑祠於鄉，以慰通國景仰之意乎？」遂白其事於當事者。時署學憲燕臺王公可其議，復請於按臺南昌涂公，按臺韙之。無何，督學邯鄲張公至，復贊其成，而建祠之議定。蓋三公皆吾道中人，而一時偶聚，成先生百世彝典。豈非先生之道之在人心，有不可磨滅者與？

祠卜於洛城西關某里，坐坎向離，蓋郡邑公以官田易某氏宅而爲之者。宅凡七楹，中三楹爲正門，進而爲儀門，爲甬道，爲月臺。臺之上爲先生祠，凡三楹，左右翌室如其數。祠後爲講堂，七楹，以備門弟子及諸同志之會講於斯云。祠之工費捐自郡邑及四方同志者，而率作布置補所不足，則西泉劉公暨育吾李公也。工肇於某年月日，至某月日竣事。規模宏敞壯麗，西與周元聖、宋二程祠儼然并列，其稍稍增吾道之光乎！

時余有關中之遊，過洛謁先生祠，而西泉、雲浦諸公遂屬余爲記。余私淑先生久矣，弗敢辭。余惟聖人之道猶植木然，不培其根固無以達枝，假令枝有不達，亦惡覩根之能培也？蓋合内外，徹顯微，物理爲然，而何疑於學？自姚江開良知之傳，令天下學者知吾心之靈明即道，無事遠求，此培根之説也。世儒失其意旨，遂重頓悟，忽漸修，動談奥渺而踐履實疎，借口融通而幾乎無所忌憚，指其事而責之，則曰：「吾和其光、同其塵焉耳，吾之良知固炯然不昧也。」嗟嗟！以是爲道，是枝葉瘁而本實先撥者也，豈非學問之大蠹歟！

先生學本良知，而不敢信心遺行，以徹悟則洞晰乎天人性命之精，以躬行則致謹於視聽言動之際，晚年充養完粹，渣滓消融，宛然有明道先生氣象，而進乎恭安之境。先生其内外合而顯微一者乎！故其著爲語録，言近指遠，辭平道大，即任放無所事〔二〕。學者讀先生書，莫不心悦誠服焉，則先生之於道可知矣。故論先生於往聖，爲宗子之正傳；論先生於時賢，爲對症之藥石。此即如侍御公從祀之請，大足增輝俎豆，而區區一祠，惡足以盡先生哉！

抑余猶有説焉，凡營建者，紀歲時、列顛末、詳規制，俾後人有所考據，不至湮没，此作記本意也。然堯舜周孔之所以不朽者，其在記乎？抑有出於記外乎？是故建祠以崇祀，而祠有時圮；作記以永祠，而記有時湮。其惟紹先生之心法，世守勿失，斯其爲祠也，不依形而立，其爲記也，不賴言而永矣。敢以是爲同志望。

義田記

昔范文正公置義田贍養貧困，今古稱爲美談，亦遂似爲絶德。余以爲富有力者捐十分一，舉此奚難？然而海内義莊常寥寥若辰星不可多見。甚哉！好義之難其人也。吾聞古之聖賢

〔二〕「即任放無所事」，清同治三年秦茂林刻本《擬學小記合編》所收《西川尤先生祠記》無此六字。按其義，與上下文不屬，疑爲衍文。

以萬物爲一體，即一身且不爲己私，而區區頃畝吝而弗公，即令貧且困者日接於目而漠然不動其心也，斯不可謂忍人乎？

余季弟國子生諱東曙者，爲人慷慨正直，好善樂施，邑中橋梁、道路無遠邇，皆其經理，而其他隨遇施予者不可計數，殆所稱一鄉善士乎？甫中年不幸有疾，沉痾奄奄者逾數月，而爲善之心未已也。時邑經大雨，中外阻絶，猶拮据指揮葺邑東西兩巨橋，邑人稱便。已而疾益篤，猶怏怏據床自念，若不了其心事者。余詢之，曰：「弟且死，然於世靡所裨益，死且不瞑。計可以托吾心者，其惟義田乎？宜擇膏腴田十頃立爲義莊，自公家租賦外悉以贍鄉黨鄰里之窮乏者，而規制之詳則惟兄裁焉。弟從此瞑矣。」議既成，逾旬而長逝。嗟乎痛哉！吾遂不能生吾弟也夫！

昔曾子論士之任仁曰「死而後已」。乃吾弟猶垂身後之澤，殆所謂死而未已者歟？假之以年，其美善寧有窮乎！於是偕仲弟東光擇典守之人，定施予之則，大段計歲入多寡，視情分疎密，量事體巨細，而酌中道以爲施。已給者不再，過望者難徇，或邑有堪舉重大事，不妨罄所有佐之。仲弟仁厚廉明，俾歲職其事，後世子孫宜仰體先人心，恪守勿替。此田存一日，則吾弟心在一日矣。

萬曆三十一年二月朔日記

鹿邑重修城濠記

夫衛民者尚保障，理荒者先賑貸，二者政之大經也。理其一猶或難之，若乃審時酌便，事節約而功用倍，則其經畫之妙真可垂諸不朽者。若鹿邑濬池之役……〔二〕惠借賑修池，爲智。穀入貧民，豪滑不得射利，爲公。功成旬月，爲敏。久缺之典成於一旦，爲勇。一舉而數善備，即令鹿之民百世誦功，奚過哉！余又聞鹿隣潁、亳，草澤之氓易爲亂，則修城鑿池誠捍衛急圖也。然地利人和，孟氏又低昂其説，何也？蓋衛民以險，不若衛民以道。險以防民身，道以淑民心，民心得而無形之險固於山谿矣。公學宗羅明德，政尚循良，膏澤下於民者深矣。區區城濠，惡足以識公！公諱一瀾，萬曆癸未進士。其他董役效勞如某某，例得并記記之。

司寇吕先生傳

吕司寇者，兩間名士，千載真儒也。古以立德、立功、立言稱三不朽，公兼而有之。昔温公爲一代大儒，無問識不識，知爲司馬相公，乃其學問在一「誠」字。司寇以「去僞」名齋，誠心可

〔二〕此處底本原缺一葉。

想，而生平德業咸本此矣。余忝在同心，知公最審，敬爲立傳以闡幽光。

先生姓吕，諱坤，字叔簡，號新吾，別號抱獨居士。家世淵源載《吕氏家乘》及仲子所撰《年譜》中，不復贅。姑撮其大者，見獲上、事親、信友、服官、居鄉有所本云。

先生幼寡言笑，不好嬉戲。五歲爲父母禱疾，過大士宫，有「泥土地，鐵金剛」之對，識者知爲不凡。六歲讀《論語》，詢首篇六「信」字同異，發揮「三年無改」之説，語并卓絶，里師爲之避席。八歲知學文，以其暇日兼讀《易》、《書》、《禮記》、《左氏》。稍長，汎濫《性》、《鑑》諸書，厭薄舉子業，豁然悟夜氣之旨，而立論專主躬行。甫弱冠，受知文宗而首諸生，講先聖之學，多所羽翼發明，駁正《綱目》，比擬《春秋》，儼然理學先生也。一日偶過太丘，諸生諂爲祭酒，無不人人心折，瞿然顧化，北面蒲伏執弟子禮。

辛酉舉於鄉，辛未成進士。以母憂，廷試甲戌榜。曩戊辰贈公卒，籲天無從。迨辛未之役，以母病弗赴，强而後赴。棘闈事竣，馳歸，而母先逝已半月。嘆曰：「天乎！前速余父，又速余母，安得贖九原而肉之？長已矣！」悽然有廢書執棬之思焉。

筮仕，知山西襄垣縣。襄，巖邑也，俗頑地瘠。先生一以撫字教化行之，暇則留心學問。繼而宦聲鵲起，調煩得大同，古稱不毛之地，數苦虜患，治行一如在襄，而邊防一節愈加毖慎。兩臺文章薦，於是「慈母神君」之號遍域中矣。考最貤封，尋轉銓部。故事，天官必由行……〔二〕我疆、鄒南皋、焦漪園、孫月峰、劉晉川、顧涇陽、徐匡嶽、馬見素、吕盆軒、康莊衢諸君子皆雅稱同心之契。所著論，靡匪關切世道。其義膽忠肝、嘔心瀝血者，如薦相國王對南一疏，計安天下本，明神宗决不廢長十條，上沈龍江相國言「宰相之職至憂危」一疏，齋戒七日，慟哭朝門，忠憤一念，上徹九天，神廟動色，當食而廢，有以也。

當是時也，華夷屬望，朝野傾心，銓衡薦總河，薦工部尚書，薦總督陝西，薦左都御史，會推南京兵部尚書，會推内閣郎，未獲遭際。殆一身繫天下安危者乎！且其蚤討遼事，洞察逆謀，先見若李文靖，借先生而出也，不噉其肉而寢處其皮不止也。

先生歇歷中外三十餘年，素心確議可貫金石。家居二十餘年，杜門掃迹，獎勵後學，而江湖廊廟時切於懷。庶幾我昭代殊絶人物哉！

所著有《奏疏》十卷、《去僞齋語》、《安民實務》、《呻吟語》、《閨範》、《四禮疑》、《四禮翼註》、《解陰符經》、《小兒語》、《宗約歌》、《邊防城守明職會》、《太極招》、《良心一師六友圖》、《理欲消長圖》、《盛衰循環圖》、《交泰韻》、《無如》等書行於世。

〔二〕此處底本原缺一葉。

外史氏楊子曰：余嘗待罪掖垣，身依日月之際，有善必書，故敢僭妄一語尾太史公後。吾宋稱内行純備，表裏如一者，必首先生。蓋先生以平生學問發爲崇論，其直攄性靈，露徹心膽，類歐文忠公；爲韻語，類柴桑處士；爲譬詞隱語，類蘇長公；根極理道，發所未發，又與程邵諸子鴈行。進無官謗，退無家讁，存無藏慝，歿無留殃。快哉！可以無憾矣。《禮》有卿大夫歿，迹其素履能庇社稷、福生靈、睦鄉鄰而淑後進者，家祀於鄉，國祀于祠，其最表表者請于朝，協于輿論，贈以爵，錫以謚。先生非其人耶？先生未就窆，墓門之石有待余亟表而出之，以俟操觚者採擇。顧拙于詞，未能揚厲，則負先生良多矣。

報德罔極圖説

父母劬勞之恩，即千萬言不能盡，而古孝子約之九者，非畧也。繹思九者之義，而父母與子真有心膽相維者矣。余怪世之爲子者少慕父母，長而移焉，或溺於枕席，或黷於貨財，或馳逐功名，或周旋交際。百年之間，懃懇焦勞者，皆身外物也。至於身所自出之父母，則頓忘不報，姑無論逆子，苟有服勞奉養無缺者，即世所稱孝子矣。於是舜也、參也、閔損也，彼二三聖賢遂爲千古絶德。可勝嘆哉！

夫人情於簞食豆羹之微必孳孳焉思報，不則以爲負義而懷慚，獨奈何視父母恩不若簞食豆羹哉！嗟乎！惟天爲大，而親恩與同。報之難也，衰暮之年，如雪已霰，不可常恃無恐也。以難報之恩，值不可恃之年，即令聚精會神，惟悦親順親是務，猶恐一念不純，一事有歉，倏忽幽明別路，即殺身圖報無及者，尚忍忘哉？余煢煢在疚，痛感是圖，故爲之説，以寫終天之恨。嗟乎！茫茫兩間，誰非人子，覽是圖者，願猛省而興孝云。

風水説

朱紫陽《昭穆葬圖》，儒家相與守之，則報本睦族之義備矣，真塋制之善經也。自堪輿之術行，而昭穆之法壞，不知家門興替係德厚薄，操縱予奪，天司其柄。故天所予者必不以無地獲咎，天所奪者必不以有地蒙休。何者？地之理當不勝天之靈，而以術求，終不若以德致者不爽也。且彼信地理者，謂地靈乎？不靈乎？不靈也，擇之奚益也？果靈也，又奚至不論其人而槩予之福乎？然此猶以禍福言也，若論其流弊，則葬而復遷，遷而復改，令死者骨骸轉徙靡定，甚且停柩待地，至子死孫衰不克下土。此豈仁人孝子所忍乎？

昔者聖人制追遠之禮，所以明一本而教民厚也。有如擇地而葬，則四時展省，顧此必至遺彼，久且忘其所自出，有累歲經年不以抔土加祖墳者矣。崇報之義不明，宗盟之聚亦疎，而睦族洽情之道并由以失，則皆堪輿之術誤之也。嗟乎！無故之獲，有道者羞，乃至借先人遺體覬非分顯榮，違天理不修，忽心地不治，其市井規利之謀，縱應若影響，非士君子之所屑也。

絶穴説

世俗於無子者葬絶穴，有女者葬女穴，此市井俗見，邪術亂談，詩禮家相襲不變，殆所謂承訛踵謬者乎！夫生前骨肉相聚，父母在堂，兄弟在列，不聞以某也無子而斥之也。比其死也，遂置之寂寞荒凉之所，曾不得儕伯仲而聚骸焉。少有骨肉情者，忍爲之乎？彼爲是者，獨以其無子不祥而忌之耳。不知人生子女係命於天，有無轉移機存乎己。不信天命，不修己德，徒謂死者能操生育之柄，而仇其既化之身，不亦惑之甚乎？

且世俗既嘗忌之矣，固宜人人有子也，乃乏嗣者常相接踵焉，則又誰爲之祟也？故使化者無知，則不必忌，如其有知，又寧不以見擯爲憾而令仇我者獨享有子之榮哉！嗟嗟！自絶穴之説行，令垂老鰥夫常抱身後之慮而靦焉。骨肉相對亦輒目其爲絶而懷將來必擯之心，傷情分，悖倫理，干名教，壞風俗。事之大謬不然，莫此爲甚。第緣習既久，無有見超利害之外而開先改正者。余不幸兩傷手足，并無嗣，并處之正穴。信道君子踵而行之，弊俗其可變乎！

沈完我輔仁館説

昔有子論仁，以孝弟爲本，《中庸》謂「思事親不可不知人」，則知人固事親之資也。及孟子論信友之道，則又以悦親爲先。何聖賢立言之異如此也？大抵學以求仁爲本，而取人爲事親之資，悦親爲信友之地，其理固相貫，而其功則宜互用也。

沈仲子生有至性，事母以孝聞。爰闢隙地，起危樓，每當母氏誕辰，輒稱觴拜祝於樓下，命其名曰「知年樓」，而喜懼交致之情皇皇，愛日之念可想見矣。已而思曰：「仁者，人也，親親爲大。匪仁也，何以親吾親乎？然君子以文會友，以友輔仁，匪友也，奚以成吾仁乎？」乃更其樓爲「輔仁館」，日聯同志，借文會以資刮劘。豈其遂忘知年哉？蓋廣夾輔之益，正以明因心之孝。仲子其善於求仁而篤於事親者乎！

夫孝爲百行之原，仁則通天地萬物爲一體，推是心也，可以父事天，母事地，民吾胞，物吾與，將成其身爲道德仁義之身，而天下稱其母有道德仁義之令子。其爲顯揚之孝，不既大哉？仲子其必有進於是乎！世之學者溺於舊習，茫然不知仁爲何物，輔仁爲何事，抑孰知友道與孝道相關涉，而不學不可以爲子哉？人子省夫！

蔡先生默齋説 先生光山人，檢討中山君之父也

語云：「萬言萬中，不如一默。」則默固蓄德之要也。先生取號於斯，其密慎之思，寡尤之效，可想見矣。然是默也，寧一緘忍足盡其義乎？夫道竅於言而藏於默，默固衆妙之宗也。是故不言而存諸心曰「默識」，未發而成其行曰「默成」，不動聲色而神感神應曰「默奪」，端凝思道曰「恭默」，安定不擾曰「静默」。天地之道不見而章，不動而變，無爲而成，默所運也，故曰「惟玄惟默」。默之義大矣哉！

是故學道者求諸言，不若求諸默。簡默以守口，不若淵默以澄神。蓋從其本來無言者以爲默，而默斯至矣。先生有味乎其默也，意者有在於斯乎？先生有令子爲中山公，潛心聖學，振鐸中原，可謂吾道中白眉矣。向使庭訓所及，僅得默之粗迹而已焉，惡能深造如此乎？余懼學者淺之乎論默，并以淺之乎觀先生，故爲之發其義如此。

孟我疆先生墓表

東省茌平我疆孟先生，理學真儒也。萬曆某年月，先生卒。予年友孟叔龍爲之傳，江右鄒爾瞻爲誌銘，而墓表尚缺焉未備。丙申，予會叔龍於新安，舉以屬予，予以弗文辭。叔龍曰：

「休矣，海内同志非乏知先生者，獨以丈質悃而務學，先生重之。先生往矣，顧不能爲一言以揚先生乎？」予爲之歔欷改容，隨取誌傳讀之，則見先生道大德全，茫然無所措手。復即叔龍謀曰：「予奚以表先生哉？先生由恩選領鄉薦，成進士，官卿貳。是可表乎？」曰：「黄甲之英，卿寺之選也。表哉！然所重不在此也。」

曰：「先生令昌黎，茂循良之績；任廷評，著明允之猷；守山海，嚴譏察之令。心緣職盡，業隨分修，是可表乎？」曰：「實心實政，有體有用之學也。表哉！然所重不在此也。」

曰：「先生用行舍藏，囂囂自得，牛車歸去，有琴鶴之風，梁木既頹，無含歛之具，清風高節，百世可師。是可表乎？」曰：「競榮者昧止足之義，嗜利者縱無厭之求，先生退決一辭，守嚴四知。表哉！然所重不在此也。」

曰：「先生力學甚鋭，造道甚精，著書立言，往往擴前聖所未發。如論心也，謂無方無體非血肉之軀；論性也，謂未發之中不外已發之和；論聖學正脈，謂惟在志仁，不以改過爲先務。合下本真，無煩擾支離之病，是往聖之嫡派，而世儒之灸針也。是可表乎？」叔龍驩然曰：「宦跡，風萍也；勳猷名節，春華耳。予所以傳先生者，正惟其力學鋭而造道精也。表哉！」

予曰：允若是，是先生之所造，而非先生之存心。昔大人之學，欲明明德於天下。先生生平精力務在興起斯文，無論朝市山林，所至興學起會，接引惓惓。嘗致予書云：「數日無車從相過，無乃奪於俗而倦於學乎？」又云：「數年前公嘗以希聖自許，今何如乎？夫聖體各足，爲之則是也，幸無怠。」嗟嗟！劣如不肖，而先生曲致提携如此，則其與人爲善之意可覩矣！故予嘗爲之咏曰：「一從老鳳去，稀見儆予篇。」蓋於先生有苦思云。

予聞程正叔有言「孟軻死，千載無真儒」。夫世非無儒，患不真耳。先生學外無長言，道外無遺行，精神命脈與道合真，自幽獨細行及進退取予之大，卒無得先生之間者。故其言曰：「道貴超悟，學務真修。」噫嘻！千載真儒，舍先生其誰與歸？昔孔稱求仁，孟重取義，張子教人以禮，陽明標示良知。然末學之弊，則有色取行違，而中外不相孚者，不信故也。先生稱提「真修」之説，其殆拈一信以詔後人，而俾學四德者無淪於僞乎？其於開繼之功顧不偉歟？先生嘉言懿行散在諸集者，未易殫述，而兼善之心、真修之志，實惟千古聖學正脈。吾固表而出之，俾同志者有所考鏡云。

孟雲浦墓誌銘

余年友雲浦孟公卒，遺孤一誠走使千里屬余誌。公名世高賢，一旦棄人間世，此乾坤世道所關，匪細故也。余方仰天痛悼之不暇，何能爲公誌哉？獨念余辱附同心，公之隱德有家人弟子未及知而余獨知者，又安忍禁一言，不令盛德光昭於永永哉！

按狀，公諱化鯉，字叔龍，别號雲浦，家世陝西郃陽人。洪武初，祖諱好古者偕從兄好義、好德、好然徙新安家焉。高祖直生聰，聰生倫，倫生三子，曰秋，曰夏，曰仲。秋即公父也，贈南户部主事。配衛氏，封太安人，以嘉靖二十四年閏正月二十四日生公，公生有異質，讀書一目輒不忘。少爲邑庠弟子員，居嘗默然循省，謂舉子業不足盡人也。乙丑始拜西川尤先生，讀其所著諸書，忻然有當於心。片言隻字，罔不籍記。佩服久之，皤然解悟，吟弄而歸。創立文峯會講，興起斯文，而遠近趨門下受業者彬彬然雲集矣。西川先生曰：「吾道大明於西方。」蓋謂公也。

己巳膺恩選，癸酉領鄉薦，庚辰成進士，同年友有連名呈請坊價者，公曰：「優士厚典，而求得之，豈禮哉？」不列名，識者已知公非常品矣。某年除授南户部主事，尋值外艱，遵禮守制，酌古準。俗，皆可爲後人法。癸未建兩賢祠，設西川、方山二先生位，率諸生展拜，日講學其中。尋以服闋北上，復除户部主事，領河西鈔關。已而直隸、山東饑，公以望奉命往賑之，全活以百萬計。於是功業益弘暢，大爲士紳推重。尋轉吏部主事，歷官選司郎。公掌選，裁奔競，拔淹滯，吏胥積弊，搜剔殆盡。往還除方面重臣，先白政府，公以用人取自上裁，遇缺輒具名疏請，不爲白。政府以公大賢，亦不以往例束之。舊凡大選，近幸巨璫輒請托罔利，公拒之毫無所徇，中貴乃啣公，日欲伺間中之。

前諫臣張可菴棟以建言奪爵，時論屈之弗敢伸也。公曰：「薦賢爲國，利害曷計？」疏上，遂大忤上意，合司被譴。公意氣自若，徐理案牘付典守，葛巾野服，飄然歸去。山居習静，即大貴顯可仰而不可即，聯屬舊同志日講學二賢祠中。陝、沔、永、盧、汝、潰、光、羅間翕然風動，負笈至者數百人。公爲僦民間舍居之，日與討論刮劘，無少倦。

丙申夏，余遊關中，道新安，拜二賢祠，坐諸士下風，而座中若長若少，若儒紳韋布士，濟濟然和，森森然序，偲偲然質疑問難，少頃，歌韻洋洋，響徹洛澗之濱。猗與盛哉！□□指「中行」章爲問。余曰：「中行非絶德也，日用間一點良知恰當處即是。人自中行，論甚狂狷？」公曰：「然哉！堯舜執中用中，亦只此子伎倆，更無別法。信得及，便知人皆可爲堯舜。只是成就自家物事，無俟遠求。」余復設難曰：「堯舜大聖也，吾儕當下反觀，憑何抵當，而猥云可爲，不亦過乎？」公曰：「我以無堯舜者抵堯舜。夫良知無知也，無知乃無不知，存此是爲未發之中，措之即爲中行之士，此人心虛體，萬化根源，學者須宜理會。」一時友朋聞之多有省云。

比余關中還，復詣公請益，公出所著《讀易寱言》示余，大都以心體立説，與程朱訓異。余竊訝之。公曰：「《易》，萬古心學之源也。觀象玩占，淺孰甚焉？予固謬歸諸心，俾學道者知所原本云。」余乃益嘆公精心卓詣，非淺淺可窺，千古絶學方有深賴，乃一疾不起，豈天之將喪斯文與？何奪公之速也！

公制行謹嚴，取予尤慎，自恩選鄉舉，輒辭常例不受，迨署銀庫，榷鈔關，典銓衡，靡匪利藪，而所至輒有廉聲。家食數年，力絶餽遺，有以苦節病之者。公曰：「吾第見世儒利心不下，不敢蹈之耳。」公學有深詣，至其教人，則一以孝弟忠信爲本，不爲玄杳高深之談。歲時享祀，必誠必信。子弟有不閒禮度者，輒嚴督不少貸。修身教家，踐履篤實，視夫空譚盛而實行踈者，未可同日語矣。高卧東山，望隆朝野，兩臺交章力薦，動以皋、夔、稷、契、濂、洛、關、閩目之，則公之所養所負可知矣。卒之日，哀動遠邇，行道之人無不隕涕。著有葬禮、冠禮、焚黄諸《儀註》，《讀易寱言》，《功臣理學名賢讃》，《名臣嘉言善行録》，《晁公粹金集》，《丁亥遵聞録》，《增減性理》，《二十一史摘句粹語》，《五經音釋集註》。門弟子皆手録家藏，以需刊布。享年五十有三，萬曆二十五年正月二十六日卒。虞城楊子抆淚銘之。銘曰：

公之志，淵源洙泗。公之行，規矩準繩。公之品，珠藏玉韞。公之造，玄微閫奥。謂公非天民先覺，胡然聲教翔洽乎河洛？韓子謂孟氏醇乎醇，公殆其人！方五十學《易》而天年止，吁嗟彼蒼，實損吾道之宗子！

徐古淳墓誌銘

古淳徐翁捐館舍，其嗣春元公槐束具狀屬余誌。余惟世之爲誌者，生無片長，死兼衆善，濫加褒美，真贋不分，誌不足憑久矣。及讀徐翁行實，則言簡事核，二三善外無紀焉。親之實德，子之直道，并有足嘉者，安可無誌？

謹按，徐公諱衛，字安民，古淳其别號也。先世爲東魯人，曾祖桊始徙居歸德。桊生朋，朋生訓，即翁父也。翁賦性坦夷，不設城府，不生機械，不矻矻營家，不役役勞神，放情盃斝，脱畧形骸，興到狂歌，反復不厭。比嗣君登第，差可假借自潤，而翁坦蕩如初，不爲加損。

翁嘗與惡少爲隣，惡少好使酒，醉則詈翁，垂二十餘年，翁不一校。後惡少移居去，翁款留至再，戀戀不忍别，而惡少亦赧然愧悔。有武姓者素善偷，往往盜去翁物，一日延翁飲，而所竊物方在床頭，未及匿也，翁佯不視，且故起入厠，比反，物已藏去矣，翁乃與開襟暢飲，抵夕而歸。其寬裕有容類如此。夫忍，人所難也，而尤難於廿年之駡詈。寬，人所貴也，而難寬於目覩之顯跡。昔顔子犯而不校，張齊賢不發竊器僕。彼二公者，大賢之德，相臣之度，故不難此。翁布衣野老，未嘗學問，胡然而雅度若是？彼其心獨不欲以世故攖肺腑，故一切置之不校耳。嗟嗟！世之人褊衷狹量，動與物争，無論禍機隱伏，彼其心曷嘗有一日寧適哉！若徐翁者，未易多得矣。

翁生於正德十四年三月十四日，卒於萬曆二十四年二月二十日，享年七十有六云云。卜於萬曆二十五年十二月十七日，葬於方家廟祖塋之昭。銘曰：

自古在昔，先民有作，風淳龐人，冲漠陶然，鼓腹以爲樂。吁嗟！古淳襟磊落，命之曰葛天無懷之民，奚愧怍！

王雙泉墓誌銘

耀州守王公，曹人也，諱儆，字守省，别號雙泉。卒於隆慶元年五月五日。是時厥嗣抱疴，誌銘未備。越萬曆癸卯，凡三十有七年，而嫡孫太學生肖曾持狀詣予乞銘，曰：「先太父宦聲籍甚，兩任口碑猶存，然葬無誌銘，豈惟不孝曾無所逃罪，先君子亦不能瞑目地下矣。敢借一言，以垂不朽。」余喟然嘆曰：「自世風澆而民德漓，疇有知慎終追遠之義者？王生乃能揚祖德以承父志，詎非孝子慈孫乎？余何禁一言？」

按狀，王氏，曹巨族，漢宋來代有顯人，九世祖茂在勝國爲福建行省左丞，茂生麟，國子祭酒，麟生導，導生蘭，俱贈都察院右都御史。蘭生珣，成化乙丑進士，歷官都察院右副都御史。珣生四子，開府者三，季爲葯塘公，巡撫寧夏。夫世固不乏開府者，而父子相繼則奇矣，昆季相繼又大奇矣。若王氏族者，詎止甲東省已哉？

葯塘娶侯淑人，生知州公。知州公生而穎異，日誦數千言，博學能文，尤雅好鼓琴。客至，中丞公命鼓之，泠泠然有高山流水之趣，客爲擊節。中丞公奇公才，屬望甚厚，嘗手書對聯勉之曰：「莫學乃翁第二，當如老子連三。」而公亦刻苦自勵，期纘箕裘，乃厥志未遂，竟以中丞公恩例授官判廬州府。廬人士以公貴倨，或不諳治理。公乃守嚴四知，政成五美，折節下士，推誠愛民，廬人士爲之拭目。有大豪者毆殺人，且冀賄解，公置之法不少貸。是時冬不雨雪，郡守元洲張公命公禱，輒應。元洲公爲作《靈雨篇》贈之。自是治聲蔚起，乃借署合肥，署六安，所至釐奸剔蠹，庶政犁然。當道交章薦之，天子下璽書褒異。廬有進士方公介者，贈之詩曰：「清白共誇隋趙軌，風流人擬晉王祥。」其見重如此。

某年以績最擢知耀州。乃以獨任之權，殫生平之畧，飭綱振紀，扶善鋤强，州乃大治。士若民方欲借公久任。公曰：「儌借先人福庇，承天子寵靈，一倅郡事，再握州符，分已足而心已盡矣，不去奚待？」遂乞閒歸里，搆一亭，扁曰「歸來」，植松菊其中，日拉知己，引滿導歡，分韻賦詩。有曰：「鄉人笑我歸來早，松菊嗔予税駕遲。」其瀟灑恬熙類如此。先是公初授官時，中丞遺之詩曰：「負暄好爲酬明主，返哺還同及壽親」，勉以忠孝也。曰：「莫爲催科居上考，百年逋負總瘡痍」，教以惠愛也。公奉庭訓周旋，故卒能報國承家，以完節終焉。公之美善，厥有自哉！

楊子曰：自聖教久湮，士罔聞道，即起家科第者往往剥民膏自潤，若廢官則更任放恣睢，潰廉隅而敗官常，上負國恩，下失民望，中爲家世羞。如此者吾見多矣。若知州公者，可以風哉！兹若孫之所爲，没世不忘也。銘曰：

莫爲之前，靈寵奚憑？莫爲之後，祖武奚繩？承家克孝，報國克忠。晚賦歸來，清節高風。吁嗟乎，使天下廕官皆如此，奚忝於朝家之任子！

性軒袁公墓誌銘

曹有性軒袁公者，余舊遊也。若孫獻可爲余門下士。公不幸捐館舍，若孫持狀懇余爲誌。余痛若祖亡，復憐若孫孤也，弗敢辭。按狀，袁氏始祖諱成甫者，元季避兵曹、單間，及天朝定鼎，乃携子士能即黄堽西家焉。士能生忠，忠生林，林生起，起生敖，敖生旺，皆明農而隱於耕。旺生道，倜儻負氣，有古俠士風，大司空郭黄淮公表其墓。蓋發祥毓秀，實自此公始矣。

道生子五，長箱，次筩，次籩，次⿱竹豆，次⿱竹鈞。筩即性軒公也，生而奇異，十歲能屬文，二十補博士弟子員，蔚蔚有聲，以國學掇科差易，遂用例爲國子生。公負性豪邁，智畧過人，其生平敦倫理、厚俗化者，大段可歷歷指。當童稺時輒知奉親禮，問寢侍食，宛若成人，有不豫必多方致娱，色不霽不已也。伯兄卒，無嗣，俗禮當葬絶地。公泣曰：「吾何忍絶視吾兄哉！」竟正穴焉。有姊少寡，遺孤在襁褓，貧無依，公刻意撫恤，三十年如一日。姊以完節終，而孤亦卓然成立焉。

公家故有留衛祖軍，歲索軍餉甚劇，族人困累。公割腴田三十畝爲軍田，族人乃安業。癸巳、甲午間，歲大祲，道殣相望。公慮族衆不能免，乃計口給錢穀，族人賴之無饑死者。先是余據占法逆知歲將饑，走書曹諸大姓約爲社倉。公慨然捐穀，爲庶民倡，不旬月，穀幾盈千。無何，歲果大饑，出前穀賑之，全活甚衆。向微公應余，則余約畫餅而已，曷能濟哉！公隣邑有劉烈女者，墓在道傍，與群冢雜處。公嘆曰：「士之敗名喪節、辱身降志者，比比然也，如烈女即不獲龍章褒美、建坊立祠，獨奈何雜處墦間，不爲閭里重乎？」乃捐貲爲築垣立碑，仍歲給其父粟若干，爲春秋祭掃具。蓋公有豪丈夫風，恥與齪齪者伍，故重烈女若此。

公以奇抱未試，稍稍效季然、猗頓術，輒拓産累鉅萬。人但知其營營焉爲治生謀也，而夷考其行，則孝親、敬長、睦族、周急、崇節、慕義，日不暇給。公殆富而好禮者乎！比當謁選簿而不就，築圃近郊，日觴咏其間。邑有重大事，罔不詣公取裁焉。蓋曹之人士方大利賴於公，而公且一疾不起矣，可勝嘆哉！

公享年六十有九，配朱氏、王氏、劉氏，側室傅氏。子一，俊，太學生，娶舉人劉熙久女，王氏出也。孫男一，獻可，太學生，少孤，志行老成，旋以例補文華殿中書舍人，而先業由以益振，公可謂有後也哉。虞城楊子曰：「世之富有力者固不乏人哉，然率務厚自封，不肯損涓滴濟人急，且吸人髓以自膏潤者，吾見多矣，如袁公好善樂施，慕義無窮，殆所謂積而能散，以義爲利者乎！」余憐其卒，爲潸然作銘。銘曰：

和之璧，不售奚傷？豐城太阿，彌掩彌光。曹有隱君子，没世不忘。黄壚之右，鬱鬱蒼蒼。

佳光維新，百世彌昌。

坦吾楊公墓誌銘

坦吾楊公以疾終於正寢，仲子錬馳狀徵銘。予於公誼忝世講，又惜公豪舉之志未遂也，弗敢以不文辭。

按狀，公諱仁，字子元，别號湯野，晚年抱一守真，於人情世味澹如也，復號曰坦吾云。公家世穀熟，大父曾海公生文通，文通生繼道，即公父也。明農樂善，慥慥樹惇，《長發》之祥，實啓於此。娶畢氏，生二子，長曰儒，四川道監察御史鎬之父，次即公。生而警敏沉毅，長治《尚書》，爲府庠弟子員，屢居高等，聲施燁燁梁宋間。乃以時名見忌，中以他事，不克終舉子業。

公才堪大受，而志乃中沮，不甘泯泯已也。嘗抵掌自奮曰：「丈夫進不能追踪伊、吕，寧不能退比陶朱乎？」於是操奇贏之術，酌低昂之利，諸農桑樹畜舟車魚鹽之間，罔不殫慮籌畫。不數歲，家累巨萬，爲郡邑巨室，亦大奇矣。而公豪舉之志未已也，復群侍御君昆弟及己子，闢塾延師，朝夕督誨，不以子侄異視。後侍御成進士，籍蔚臺中，子鑣亦負雋才，入泮選，時乃翕然多公善教。而公豪舉之志猶未已也，謂：「人生不朽事，莫先樹德。」乃煮粥贍饑民，施藥救疾苦，歲不惜數百金費，人有急難求濟者，輒以數百金貸之，無難色，其樂善好施類如此，而猶未盡其豪舉之志也。晚年厭棄紛華，欣慕彭僑攝生術，數致予書，爲覓《道藏》全經，時與方外士究極鍊神伏氣之説，若謂長生可立致者，乃一遘瘡瘍，溘焉長逝，死生真有命哉！

初予與侍御同除諫官，公遺書曰：「須效讜言，圖報稱，聽否不必計，譬之農人望歲，豈逆慮不熟而輟耕哉？」聞者以爲名言。余每見宦家父兄，憑權藉勢凌轢鄉曲，苟濟己私，即捐廉耻，遺笑罵，大爲居官者累，皆悍然不遑恤矣，又安知以忠義勉其子弟哉！若公者，殆明義方而篤忠貞者乎！謂之豪傑之士，非歟？藉令一遇，必有非常建樹，而竟賫志以殁，可勝痛哉！

公生於某年月日，卒於某年月日，享壽六十有一。配宋氏，側室侯氏。子二，長即府庠生，宋出，娶興安州守尹公女，俱先公卒，仲即鍊，侯氏出，娶鹿邑張春元女弟。仲君以垂髫承家，老成持重，先業彌光，由泮選補光禄寺丞。尋侍御晉爵開府，寺丞砥德勵行，伯仲頡頏，公其有後也哉！某月日窆公穀熟之陽，從先兆也。予悼公不可追矣，抆淚銘之。銘曰：

和璧不售，奚損於良？干將埋没，莫掩其祥。於惟人豪，晦而彌揚。而迹畎畝，而心廟廊。晚抱一真，體受歸藏。厥靈坦坦，穀熟之陽。

見河王公墓誌銘

按狀，公諱雲鷺，字翀霄，號見河，而虎澗居士則别號也。公先世爲江右安福人，某代祖徙夏邑家焉，遂世爲夏邑名族。某生文，文生尚貞，即公父也，以公貴，歷封吏部考功司郎中。公賦性醇謹，雅不事鉛華。仲兄雲鷺先公中丙午鄉試，公方在垂髫，輒慨然欲接乃兄武，下帷發憤，攻苦茹淡者十餘祺，遂以庠員領甲子鄉薦，登辛未進士。時例當館選，公弗願，除潞安府理刑。

先是山西郡動以邊緣致罪隸役，公爲伸冤理枉，脱永戍者不可勝紀。任六載，遷南計部主事。未幾，除禮部郎。又未幾，改吏部考功郎。又未幾，改北兵武庫郎。蓋公雅負時望，留曹之轉，士論屈之，故當事者迭致遷除，誠補不足而示優異也。當武庫時，廷議欲雪靖難諸臣冤，乃主本兵者謬相左。公毅然草覆，疏得報可。於是主本兵者領公，出守揚州。公不以外補介意，下車勵精圖治，以古良二千石自期，一切釐夙弊、剔巨奸，殫精竭慮，不遺餘力。時揚饑，公請蠲賑，設粥廠，多方救濟，全活無算。會有野鶴集庭鳴舞，甚馴，公爲作來鶴亭，諸名公題咏其中，大都謂公治行如群雞野鶴，故感招之異如此云。揚之俗，愛養艷妹規厚利，時有當道者托公卜嬖，居五日，意念甚殷，公弗應。當道者含怒去，抵都中傷，遂調東海登州守。公自審直道難容，曰：「成功者退，時序則然，風塵中安足久羈人哉！」遂解綬歸，徜徉緑野堂，山居十有六年，未嘗啓齒頰談及仕進。臺省交章薦，或走書相援，公堅卧不爲動，課耕教子，足未嘗履城市。世有憑藉宦勢規取人華屋良田，輒洋洋作富貴態者，公視之若將浼焉，曰：「安用此長物爲哉？且兒女態非老成者所屑爲也。」居嘗語人曰：「吾平生無過人者，惟是不説謊以欺吾本心，而吾本心亦鮮所繫戀，則可謂云爾已矣！」夫不欺則誠，誠則無着，安所生繫戀心哉！公宅心若是，則其敭歷中外，所在著績，厥有本哉！性雅好書籍，於揚得《隸釋》，登得《蓬島仙槎》諸籍，皆未經人目覩者。又《愫談》一書，則公所自著，而生平精藴在焉。

公生於嘉靖十五年丙申三月二十七日，卒於萬曆三十五年丁未三月初六日，享年七十有三。卒之日，諸子有患清乏不敷日用者，則公之操履可槩見矣。配夏氏，誥封安人，側室曹氏、李氏。丈夫子四，長曰獻可，安人出也，次獻掄，次獻韞，季獻奇，俱曹氏出，四子者并補邑庠弟子員。女五，孫二，孫女四，重孫女二。某年月日葬某地，諸嗣君走虞請銘。余於公爲年家子，誼不敢辭。銘曰：

孰匪登第？孰匪宦遊？若心緣職而盡，澤隨地而流，則虎澗先生未易與儔。惟誠惟直，厥賦本然。生也弘敷，没也歸全。全則形化，而神且不朽。彼矯僞者流，命曰尸走。

振川王公墓誌銘

語有之，「十年樹木，百年樹德」，又曰「大成若缺，其用不敝。大盈若冲，其用不窮。」執此衡士，吾鄉振川先生深於此道者也。公於余爲行輩，問其年，則先余一歲。幼同里閈，出入先於吾，考德問業先於吾，余所嚴憚而兄事也者。近以余孫女嬪於孝廉君之季子，爲公孫婦，稱新特而情益加密矣。古者杖國之老有執酳、執醬、祝鯁、祝噎之禮，公正逢其會，余亦以去歲謝事還里，僅一二望見顔色，詩壇酒社尚有待焉，而胡溘先朝露耶！嗣子將奉公柩，就窆有日，托不朽之業於不佞。不佞不能文，第少而壯而老，情好篤摯，知公莫如不佞，即不文，安辭？

按狀，公姓王氏，諱入諫，字汝玉，别號振川。其先世籍山西潞安府長子縣漳澤里。永樂末年名士能者商於虞，雅慕虞人士俗樸民淳，因卜居於舊城東北八里，治地多頃，入籍家焉，是爲公之創祖，蓋勃乎瓜瓞之思也。能生澤，澤生道，道生孟暘，即公之王父，有聲庠序間，明經得貢，任廣文，先鉅鹿，後威縣，以視篆有保障功，祠於名宦。暘生延祺，公之尊大人也，生公伯仲四人。爾時家難集蓼，惡少交横。曩日祖遺囊橐什且九空，傳至公而專意儒業，不治生産，盡拓落無遺。公曰：「儒者不醜窮。」畧不介意也。當公甫離襁褓時，立志便迥與凡兒别，稍長就外傅，壹意力學苦攻，澹泊明志，視一切世味於何有，即一嚬笑亦不苟爲。赤子時已具有大人之志，比年十九，補邑博士弟子，益勵志好修，擇地而趨，足不履偃室，稱斤斤質行長者，雅負國士之譽。士且不肅而化，目其所居爲德門，以故舉德行之優者凡三。

蚤年失恃，居喪有禮，戚然有桮棬之感，人咸奇之。其事繼母也，孝養百倍，忘其箠楚窘辱，而卒得其歡心。厥後尊公寢疾，昕夕衣不解帶，步禱神祠，願減己年，蘄以身代，及無禄即世，力襄葬事，悉遵古禮。既葬，廬於墓，三年如一日。里中稱王孝子云。時則諸弟尚幼，念己爲家督，殫力呴沫，克相於成。其伯父貧不克葬，公雖貧甚，鬻己地助殯資。種種孝友，未能縷述。壯年家業偶落，以舌爲耨，而硯爲田也。束脯而來者未嘗無誨，苦志者旋爲補助之。迄今門下士稱頌不去口，且愛慕不去心。生平非仁義之言不道，偶有及曖昧閨閣中事，輒掩耳不欲聞，且戒勿輕信，并不輕談，曰：「口頭語最壞天理。」更有可奇者二事，孩提時居一危樓，樓板從高而墜，中公股，折其骨，體無完膚，厥後竟不爲恙，若有默相者然。壯歲嘗暮夜行，途遇緑林十數輩圍而迫之，諗知公名，手額曰「公好人也」，不忍加害，且攬轡遠送而去。是非信格豚魚，烏得化强暴爲善良若此！

舉丈夫子三，其仲乃孝廉君，以丙午領鄉書，樹德之效庶幾萬一，而公視之漠如也。傴僂循墻，倍加挹損，伏而曰「吾王氏自先世而下，寔式靈之，以有今日，稍有屑越，何以地下見先人乎？」耆年謝去青衿，甘以一丘一壑自老。督學使者高其誼，爲錫之鞶帶。其不言躬行似萬石君家，里人每事諮爲祭酒，邑大夫遇鄉飲酒禮輒踵門延之上賓，而堅卧不一就，識者高其品。至於義方之訓，老而彌篤，毋論季子在耳提面命時，即伯仲年已及艾，夏楚之威不以老幼别也。暇則日録古文辭及醫方諸書不輟手，動輒稱聖賢。易簀之日，猶叮嚀以訓諸子，若家人生産絶口不吐一辭也，此當於古人中求之者。余嘗横襟往古陳太丘、龐鹿門兩先生，伏處嵁巖深谷，而子孫貴盛累世。今公德爲人鵠，齒當杖鳩，階庭復競爽玉立，家世亦隆隆起，乃嗒焉故吾，視之若素。每見世人稍得意，陵轢侮詆，靡所不至，而公曾不浸淫世味，點染純白。不知者謂白首奄奄未及綰半通之綸，爲公惜，而不知自適其適者所全彌大，所垂彌遠，曾無待於子若孫爲重也。此樹德樹木，大盈不窮之説也。嗚呼！九京而下，吾知其目之瞑已，誌之。

公生於嘉靖丁未五月十九日子時，天啓甲子三月初十日酉時卒於正寢，得年七十有八。卜於本年十一月初十日葬公於隹城。其元配李爲庠生李文淵女。其丈夫子三：長體乾，冠帶官。次體蒙，即孝廉也，萬曆丙午舉人，陞授高郵州知州。又次體恒，生員。孫男九人，曾孫八人，皆英英乎青雲之器，法得并書。藏玉之所，蓋新阡也。左數武，孝廉之元配劉先祔葬焉。銘曰：

世人容容兮，公揭揭也。世人儇巧兮，公胡拙也。高誼可風兮，邦之傑也。有子若孫兮，美且竭也。更有孝廉兮，明且哲也。里有月旦兮，名不竭也。我銘貞珉兮，永不滅也。

元旦祭先師文

惟歲序之不待人，倏行年而入邁。念至道之不易聞，徒白首而興慨。果暴棄以自甘，即因循亦無害。顧此生之難得，忍同倫於草芥？明師事先師，昕夕禮拜，不知金聲玉振以求全，竟爾管窺蠡測以自隘。起先師於九原，即鳴鼓其奚怪？願自今年今日，痛加自怨自艾。徹底以掃塵情，凝精而承真派。如負心痛之疾，一刻難忘；如行逆水之舟，一槁不怠。必往哲之克紹，斯後賢之有賴。庶不負乎百年，亦無辱於四大。明香既焚，清酤既載，仰類聖容，洋洋如在。

祭莊敏宋公文

天地正氣鍾爲正人，其出也，濟時艱，定國是，握蒼赤之命脈，壯廊廟之精神。遡稽諸古，如汾陽、文正，近考於今，如剛峯、月林，皆秉道嫉邪，正笏垂紳，勳猷彪炳，亘古維新。蓋自古國家之興，必有二三君子如若人者，以翊皇運而彈經綸。猗歟！我翁非若人之儔而孰與爲倫！翁爲大司農也，值饑饉薦臻，持籌而計盈縮，不病國亦不病民。其爲大冢宰也，鳌奸剔蠹，舉錯維均，苞苴無路，請托無因，有權貴求而不遂，忿且挫之，翁終不枉道而曲徇。其遇讒慝也，萋菲中傷者屢矣，而屹然鎮静，不校不嗔，若滄海納汙，茫乎莫窺其涯津。其計大事也，有衆人屢争不得者，翁從中觀變，不勞力而力重萬鈞。蓋勁擬松柏，粹若璘珣，朗如懸鑒，機類斲輪，有海之剛而不褊，有丘之直而更絖。豈非全天地之正氣，浩然超萬物而常伸者乎？

翁嘗謂小子明曰：「學貴實踐，奚事講論？如樹竿而結社，適滋僞而亂真。」明以爲不察不著，亦豈不由之終身，而揆諸孔顔之訓，未謂識仁。方欲與翁歸一乎此事，而翁已騎箕尾而上賓。此余小子所爲拊膺疚心，而號泣於蒼旻。翁靈之歸里也，無貴無賤，無疏無親，見者悲悼，聞者酸辛。此以徵踐履之所感乎，而亦見秉彝咸具於斯人。以此訂學，宜瞑而窆。清酒既載，和羹既陳，吾爲乾坤世道而哭翁。若夫生死別離之爲感也，付諸弱草之輕塵。尚享。

祭兩峯陳公文

嗟乎痛哉！余之來初登公堂，不見其人兮涕泗滂滂。夫終始循環，榮枯倚伏，從古爲常。若乃合抱之木不霜而斃，躡雲之駿一蹶而僵，此路人爲之酸鼻，而余托在葭莩，能無斷腸？

無論公刑罰明允，無論公骨鯁封章，無論公閭閻厚德，無論公廊廟清望。惟夫雄姿挺挺，如山如岡，朝焉跨馬，意氣揚揚，暮焉騎箕，魂魄茫茫。如蜉蝣暮化，等薤露晞暘。人生七尺之軀，安所恃而綿長？

當余之初聞危急，夙夜徬徨，躬調藥物，延醫滿旁。覩形容之漸改，慨拯救之無方。嗟乎痛哉！倏忽兮幽明異路，擗踊兮舉室驚惶。余一痛五内俱裂，逾三月病猶在床。嗟乎！德而靡壽，壯而見戕，果彼蒼之有知，何作善之弗祥？嗟乎！世路傾危兮哲人亡，江河趨下兮鳳歸藏，旅櫬迢迢兮片帆故鄉，雛鳳嗷嗷兮形毁神愴。有殽兮盈簋，有酒兮在觴，陳辭兮有盡，抱痛兮無疆。靈如不寐兮，來格洋洋。

祭雲浦孟公文

嗚呼！年丈其遂已乎！年丈之身，斯道絶續之身也，可遂已乎？夫道在天下，如水由地中，無斷而不續之理。我明自薛、王鳴鐸，陳、胡振響，天下始曉然知趨於學。迨流派漸遠，寖失其真，於是有陽浮慕之而内乏真志者，有初艷慕之而中道自畫者，或飭躬勵行而了悟爲難，或强探力索而一塵未化。蓋學問之弊已久，而斯道不絶如綫矣。曠古一脈，久屬年丈，而年丈可遂已耶？

年丈初事西川先生，輒毅然以道爲己任。漸磨既久，與道合真。是故充實光輝，睟面盎背，道之見於修身也。展采宣猷，功崇望著，道之見於服官也。世不我以，跨蹇歸田，道之見於舍藏也。清約自娱，一介不取，道之見於辭受也。酌準喪制，盡禮盡哀，道之見於居憂也。潛心理奥，闡發幽微，道之見於著述也。興學起會，倡道作人，縉紳韋布負笈受業者，風動數百里之遠，道之見於俱立俱達也。

夫孔孟之道，不藉名位，不假功能，惟是講學修德，潛收位育之功。此素王事業而神聖的傳也。年丈嘉惠來學，彬彬興起。王子以悟鳴於陜，張子孔訓鳴於洛，徐子汝騰鳴於光、羅。其他飲醇含和、虚往實歸者不可勝數。則年丈之道已光而業已弘矣。《易》爲斯文鼻祖，《十翼》後未有能得其宗者。丈《讀易寱言》獨脱塵詮，直攄心得，羲畫正印數千年斷而復續者，年丈也。而謂不與於斯道之傳也，可乎哉？功方進而未止，化方興而未艾，奄已溘然長逝焉！豈天無意於斯文與？何奪我哲人之遽也！

嗟乎！中原人士亦繁夥矣，二百年涵育薰陶亦孔厚矣，而僅僅可屈指者，河之曹，洛之尤，新安之孟，三君子者不啻晨天稀宿也。既絶無而僅有，倏方有而復無。如何不令人神傷哉！不肖弟謬從學問，至道未聞，就正方殷，典刑忽遠。天之摧年丈，實困不肖也。可勝痛哉！千里束芻，肝腸割裂。年丈有靈，尚牖我於冥冥之中，俾末學小子得與於斯文，則不倦之誨，生死罔間矣。嗚呼哀哉！尚享。

祭雲樓李公文

嗚呼，昊天不吊，元老上賓，人瑞云亡，遠邇傷神。余忝瓜葛，痌瘝切身。亘古於斯，疇無始終。繁祉駢集，曰惟我翁。緬然思之，如刃在衷。

惟翁之德，卓爾不群，克仁克寬，克儉克勤，所居成聚，生齒紛紜。惟翁之名，甲於梁園，縉紳景慕，干旄盈門，瑶章佳韻，四壁駢繁。惟翁之富，甲第璘珣，堆案圖書，夾道松筠，積而能施，崇愷匪倫。惟翁之貴，不爵而崇，父緣子顯，祖以孫榮，北斗太山，居然尊隆。惟翁之壽，九十春光，既昌而熾，復壽而康，古稱睿聖，翁也齊芳。惟翁之嗣，桂茂蘭叢，棠棣聯輝，橋梓崢嶸，河東三鳳，荀氏八龍。五福稱完，翁享其六。彼蒼匪私，德福相屬，宜永天年，云胡不禄，嗚呼！當元夜之風霾兮屋瓦震驚，乃上帝之歸還老成兮風伯虔迎。翁乃乘風馭鶴兮回首幽冥，況乎桂子蘭孫兮龍章可俟。展也生榮死哀兮化去猶生。嗚呼！窀穸邇兮將掩玉，靈輀駕兮歸佳城。子若孫兮腸欲碎，隣與巷兮倍含情。致薄將兮寫我痛，詞未畢兮雨泪傾。靈有知兮聊陟降，呼不應兮涕交横。尚享！

卷十　雜著下

詩

七言律

友人索稿賦此謝之

乾坤一脈有真傳，旨訣原不在簡編。堪笑還珠留空櫝，應須得兔更忘筌。三千獨重如愚子，一貫堪嗟多識賢。自是辭章多障礙，好披雲霧看青天。

懷韓淳寰兵憲

斂翼歸來歲月遲，故人無日不懸思。每從夢裏談封事，空憶花前對酒巵。立雪苦儒憐此日，登壇大將正當時。數行書信遥相寄，男子當爲天下奇。

謫後閒居詠懷

荒唐歲月到于今，獨喜猶存赤子心。依傍言詮翻掛漏，直從易簡轉精深。芝蘭滿室堪攻玉，葑菲盈篇任鑠金。打并此心莫別向，尼山泗水一長吟。

赴楊滄嶼書樓獨坐達旦楊亦黎明馳至喜而賦此

匹馬西風道路長，歸來星月已煌煌。談經喜傍芝蘭室，問寢愁離萱草堂。四壁圖書渾汗漫，一腔瀟灑見羲皇。懷人不至空忉怛，鳴鳥嚶嚶噪曉窗。

羅山徐仲雲見訪

千里來遊覓道真，寰中密切幾如君。已經西洛傳衣鉢，更向東虞辨主賓。何事須臾難離道，應知終食不違仁。洗心藏到淵微處，此個功夫宜細論。

仲雲往謁孔林 用雲浦韻

幾載庭闈戀白雲，北風匹馬大河濆。欲從闕里瞻前聖，先向虞封滌舊氛。林木森森足晚眺，秋陽皜皜須朝聞。俯躬一拜遊千古，應是洙源一派分。

仲雲辭歸

舞雩遊罷抱琴還，虚往實歸意氣閒。高士從來稱孺子，老夫無自望龜山。脱胎换骨翻成易，涉水登山終是艱。好把《中庸》勤理會，闇然兩字是玄關。

和王文宇心如鏡臺詩

曾把靈心作鏡臺，時時用力掃塵埃。雲間浩月明還暗，江上洪濤去復來。幾載憂勤探聖域，一朝滲漏墜凡胎。鏡臺不作常明主，畢竟心非明鏡臺。

畢竟心非明鏡臺，真心無地着塵埃。萬生萬滅皆成幻，無臭無聲是本來。莫向繁難尋聖路，須從易簡覓靈胎。鏡光照處原無照，照且無之何論臺。

和宋石丘韻

平步直登萬仞頭，千年絶學豈容休。須從性命尋真訣，莫向風塵誇壯遊。一眺乾坤同浩大，欲擔今古莫優游。男兒勿懈惜陰志，轉盼浮生七十秋。

寓陳登絃歌臺

當年偶爾絃歌地，遺址輒傳百代芳。豈是洋洋垂韻遠，應知皜皜貫時長。花明臺榭尼山麗，池傍宮墻泗水茫。仰止聖容無限意，也令小子一升堂。

贈新安楊誠宇

化育如何常顯行，一誠原自貫群生。兩儀四象縱横布，萬態千形燦爛明。要把人心合太極，須將真念遣塵情。于今喜見立誠士，造到輝光更有成。

和友人韻 二首

萍水相逢纔覺親，一堂意氣便歸真。年來坐井堪憐我，老去登壇恐誤人。千聖淵源渾舊有，六經功課在知新。頂天立地男兒事，莫自荒唐墮世塵。

落落人群未易親，精神感召□由真。欲專獨力須修己，要取同心敢棄人。萬葉千枝渾是舊，一知半解浪言新。欲尋入聖超凡路，珍重靈臺莫染塵。

賀壻吕知畏遊泮

下帷奮志幾經秋，脱穎聯從□冰遊。□□詎云□竹馬，傳家應自善箕裘。軒昂事業由攻淡，惇大規模須化浮。帝里椿庭頻□望，願言努力慰貽謀。

賀甥張元恭遊泮

多士郡中奪□還，□□□□□□。□甥遊泮人争羡，汝母歸泉我□□。□□□□須變化，乾坤歲月莫遷延。千年道脈憑誰寄，仰止宫墻一勉旃。

代孫仰哲賀門徒陸子入庠

花發雷鳴二月天，少年奪得錦標還。行方久已慚前輩，立大于今望後賢。讀盡五車渾技倆，闢開一竅見淵泉。低回芹藻生香處，底事先師聖萬年。

賀甄生傳少年遊泮

及肩短髪正青年，纔發羽毛便戾天。莫訝甘生能蚤第，多應解子有真傳。古今宇宙原吾分，富貴功名自儻然。趨步宫墻勤省念，洗心切莫愧前賢。

飲范鳳翥宅和江右徐得吾韻

瑶池春樹露華濃，鳥語花香總化工。酒泛琉璃披肺腑，詩裁珠玉擅豪雄。江關高士來千里，河洛賢星動九重。促膝傾談過夜半，二難曠世一奇逢。

壽葛義士 曹人

曹虞百里阻河流，景仰高明意氣投。曾見同胞相枘鑿，那能異姓爲綢繆。忘家俠氣雄齊魯，周急仁風貫斗牛。滿目榴花初度日，願君海屋歲添籌。

挽李雲樓翁

黯淡乾坤鎖未開，元晨元老馭風回。蒙莊夢蝶真仍幻，李白騎鯨去不來。幾處荒林含雨泣，滿城寒雀帶霜哀。仙郎并是雲霄客，瞑去恩綸到夜臺。

李見虞侍御卒厥配死節然公實殞於少婦也詩以哭之

梁苑陰雲黯柏臺，彼蒼奪我謫仙才。琴堂美業清朝露，驄馬英風弱草埃。鶴髮老親魂欲斷，鴈行昆弟痛如摧。錚錚鐵漢冰消去，千載蛾眉共一堆。

杞中余三年友，楊光禄澄懷，徐侍御仁宇，皆慷慨負奇，并以壯年化去。乃知丈夫肩鴻樹駿，先以保身爲要也。而輓歌之作，不獨哭一李丈矣。

七言絶句

咏學 十首

往古來今只此人，寢興食飲聖凡均。原來此外别無道，識破尋常俱是仁。道本平常，不須隱怪。

此理完全自降衷，如何終日費磨礱。直須會到一真處，無事支離補湊功。會得本來，易簡理得。

千聖相傳只一中，此中渾與世人同。尋常日用貼然處，都與虞廷精一通。衆之天則，聖之真傳。

入聖超凡匪異傳，本來性上自完全。無端棄却真修路，走向迷途未肯還。聖匪難爲，惜哉自棄。

至道難從粗淺求，莫將口頰了源頭。性天微處絶聲臭，不是極深終末由。口耳浮談，難入至道。

不用功夫是間時，功夫纔用又添枝。等閒識破鳶魚趣，中道何曾費勉思。凡用功夫，期於不用。
博古通今代有人，談天論地絶群倫。千年道脈無關涉，畢竟斯文別有真。多見多聞，爲知之次。
繩步尺趨範此身，稜稜風骨逼先民。賢豪聲價隆當世，語到性天隔幾塵。敦行自佳，仍須察著。
沙裏淘金原有金，淘時恰亦苦難尋。試看沙净獲金後，底事勞君更費心。初亦苦難，熟後無事。
昏鏡求明未肯磨，猥云吾鏡已明多。靈臺些子無分曉，誤却生平將奈何。强所不知，求明無日。

謁太昊陵 二首

混沌初開文未通，劈空畫卦牖群蒙。開天闢地前民用，鼻祖斯文萬代功。
信手成來三十六，便經列聖義難窮。學人欲透先天秘，未畫前頭原未空。

丁祀 二首

秋日肅瞻孔廟中，明禋一舉萬方同。當年皜皜幾微處，直與乾坤百代通。
天下雷行物與時，無餘無欠此良知。百官宗廟完全具，只自模糊拜仲尼。

和孟我疆韻 三首

參兩乾坤惟此身，生來自有此天真。目今只是還吾舊，何事更求日日新。
開眼達觀試一明，莫將學問遠人情。烏泥不染芳蓮色，磨涅場中好立生。
萬語千言只要真，真源會處莫詢津。而今拚作沉舟計，一跳徜徉岸上人。

中秋和徐得吾韻 四首

青霄露下水晶盤，涼月冰懷一味寒。湖海幾多人共賞，吾儕不是等閒看。
仙掌瑤臺承露盤，氣橫北斗劍光寒。清風盡掃浮雲去，萬里晴空一色看。
誰分地軸與天盤，幾度春和幾度寒。自有至人探月窟，古今宇宙一齊看。
世事渾如棋一盤，惟餘此月不炎寒。清光正到中天處，好與人間公共看。

送徐仲雲歸

風塵千里接丰顏，快覩天中第一班。泗水尼山登眺罷，等閒吟弄抱琴還。天中，汝寧書院名。

和王文宇韻 二首

聖學淵源自有真，波濤無限浪尋津。靈光些子常不昧，便是參天兩地人。

人人有路透皇都，瞬息能登萬里途。九仞功程缺一簣，也令千載笑非夫。

窗上蠅

青蠅來往鬧瓊窗，無路出頭空自忙。繡幕高懸天際闊，但知回首任翱翔。

有友談學色厲偶春遊遇雨感而賦之 二首

濛濛春雨灑征鞍，雷電不驚四野安。試問狂風及驟雨，可能萌蘖不摧殘？

韶華滿目鬥芳姿，此是玄穹呈象時。最喜東風能育物，都歸陶化總不知。

憂中憶親 聞鴉

幾番彩線漬啼痕，無計堪酧罔極恩。忽聽啞啞反哺鳥，如兒呼父斷人魂。

又 感夢

欲覓音容何處覓，依稀夢裏暫相親。覺來杳杳無踪跡，合眼還愁夢不真。

憶孔門 四首

不攻文藝不求官，終日空談意未闌。一唯一愚千古秘，學人莫作等閒看。

一場大事甚驚人，沉夢覺來汗滿身。孔孟源流湮滅久，曾無一個肯詢津。

乾坤何地不學宫，多少賢豪在此中。遊到晚年人老去，問君學字竟懵懵。

誰個不讀孔孟書，到頭書我不相如。半生嚼蠟全無味，縱破五車也是虚。

五言律

密縣觀白松念爲地方累賦書壁間

萬木各蒼蒼，白松獨見芳。人情多好異，物理自如常。臺榭輪蹄集，閭閻供億忙。由來尼父意，隱怪有深防。

過盧岩觀瀑布泉

瀑布山岩掛，涓涓不記年。無雲常注雨，不鑿自成泉。濺石躍珠玉，乘風散霧煙。生平學探本，到此便留連。

思孟我疆先生

嗟哉孟夫子，品格何超然。奉身無長物，入道破玄詮。性善提宗旨，真修啓正傳。一從老鳳去，稀見儆予篇。

思楊復所先生

十載長安裏，高賢喜景從。聯床剖聖秘，促膝證真宗。原憲非顔子，圖書即《學》《庸》。至言猶在耳，仙駕已無蹤。

思耿楚侗先生

卓彼天臺叟，斯文賴主盟。位高心愈下，身老志常明。道抉天人秘，交聯湖海情。登壇麈尾在，何處覓先生。

思孟叔龍年丈

兩程日以遠，聖學久迷津。崛起叔龍子，披雲見日新。行藏純奉道，述作總根仁。伊洛風流在，淵源一派真。

思張陽和先生 公曾作《惜陰篇》自勵

科名魁五百，道岸更先登。雅意儕王薛，壯心希孔曾。惜陰憐寸晷，錫類締良朋。化去不忘我，夢魂幾度承。

喜雪

三冬憂旱魃，瑞雪壓梅新。黯淡乾坤合，瀰漫壠畝勻。酬歌應有客，僵卧豈無人。飛入紅爐裏，消融不見塵。

五言古風

題曹邑郭淑宜卷

東家連理樹，灼灼花正妍。一簾風雨驟，瑶琴驚斷絃。曉窗塵寶鏡，深夜泣啼鵑。自古皆有死，之子最堪憐。不惜芳年少，勸夫重結緣。夫子苦相違，雨泪輒潸潸。一夕抱危病，慫慂愈益堅。夫子勉從之，新婦哭床前。手牽新婦衣，一笑乃歸泉。夫子痛無聊，爲作《賢婦篇》。嗟彼小星明，樛木下盤旋。樂只與淑宜，芳名并可傳。乃有丈夫子，履地而戴天。峨冠且博帶，意氣何翩翩。比肩事明主，媢嫉阨才賢。落井下之石，已燼慮復燃。愧煞郭家婦，臨風一哽咽。

歌

勉學歌

壯年學聖道，于今復十年。擔簦從先覺，燃藜披舊編。脱胎苦素習，入聖久遷延。忽爾靈光徹，道如大路然。人人足太極，刻刻自行乾。尼父垂名教，求仁最爲先。支離千萬載，骨血失真傳。道州開聖路，浙水渡迷船。獨揭良知字，雲開復見天。此是求仁訣，即爲太極圈。譬彼有源水，泉流自涓涓。譬彼有根木，枝葉自芊芊。何期性乃爾，貧兒珠萬千。覓珠不用遠，一復是真詮。伐木聽鳴鳥，一朋一加鞭。人生不解此，百年同醉眠。勞勞我心憂，慇懃勸時賢。絶學來千載，男兒須硬肩。

醒學歌

古今共此學，今學與古異。古學重身心，今學徇名利。均讀聖賢書，共遊學舍地。操心迴不同，蒼素非一類。岐路幾時分，千載成昏寐。聖狂從此別，理亂由斯致。何日迴狂瀾，偕君共商議。堯舜示精一，孔孟傳仁義。古今只一脈，巋然樹赤幟。功力匪繁難，請君莫自棄。

學會座銘 二首

勉學儆語

塵世茫茫，半生已過，往者不可諫，來者如之何！念此生之難再，可恣意而蹉跎？胡不奉此身，與覆幬持載同其大？胡不永此身，與元會運世共不磨？胡爲懵懵然同草木、并蟲蟻，無之不爲少，而有之不爲多。嗟嗟！惟狂與聖，判若玄皤，一念萬年，永矢靡他。苟三年之艾不蓄，將終身奚免於沉痾？

因循戒語

方其未學，患在沉淪。既知學矣，患在因循。會講則逐行而趨，有道亦乘興而親。既淹數載於兹，猶然故吾之身。總之徇名而浮慕，幾曾聚精而會神。命曰藐忽聖教，宜與暴棄同倫。尚其勉之又勉，新而又新。毋浪擲有限之時光，毋耽迷無限之俗塵。有如玩月愒日而不振，奚以戴天履地而爲人？

贊

至善贊

於惟太極，散爲民彝。毫無所過，毫無不及。探之靡有，收之靡遺。不豐於聖，不嗇於迷。齊治均平，如鏡之象。仁敬孝慈，亦履之迹。不與惡對，不以善奇。命曰至善，嗚呼精微。

贈警齋胡先生入鄉賢五言長篇 先生，光山人

何以稱不朽？曰惟道脈長。羲農不可遡，唐虞世寖昌。喫緊十六字，剖開萬古藏。列聖遞相續，宣尼稱素王。六經炳日月，數仞聳宫墻。七十沾時雨，三千附景光。當年學未殫，奕世道彌彰。普天崇廟祀，歷代侈褒揚。懿厥及門士，配享共升堂。一鄉有善士，詔許祀其旁。藤蘿施松柏，與世并無疆。不爵而自貴，愈久而彌芳。王侯屈其勢，賁育失其强。此種留天地，吁嗟人自戕。於惟胡氏翁，慕道得津梁。奉先隆孝思，貽謀篤義方。友愛聯同氣，恩施逮孤孀。譽髦資啓祐，世教賴扶匡。天民伏岩穴，月旦重膠庠。輿情既允協，儼然祀於鄉。泉臺應動色，芹藻爲生香。云胡成此美，惟是警爲常。顧瞻樞要客，石火倏滅亡。長呼早擇術，勿謂我言狂。

夏一無像贊 亳州人，官侍御

大江之北，誕毓英賢。厥貌朴如，厥度坦然。琴堂豸繡，化溥威揚。厥施未竟，林莽徜徉。謂紛匪要，抱一自適。謂一爲有，化而無迹。一丘一壑，若將終身。一僕一馬，與物相親。闡發性命，意趣深長。微言不朽，公也不亡。

青瑣藎言

［明］楊東明　撰

青瑣藎言序

《青瑣藎言》者，晉菴楊公居諫掖時所上牘也。公性與道契，無所師承，崛起中原。方爲諸生，即以聖賢自期負，通籍以後，益與海内名儒講明性命之學。所交遊如孟我疆、鄒南皋、孟雲浦、顧涇陽、潘雪松諸君子，皆莫逆於心，而楊復所、焦漪園兩太史尤推重焉。

既居諫掖，多所建明。今其牘具在，試取而讀之，《饑民圖疏》似鄭監門，《保安聖躬》、《建儲》、《豫教》、《請朝》、《禱雪》諸疏似賈洛陽、董江都治安、賢良策對及劉更生、匡衡灾異封事，《保全善類》、《停逮安希范》等疏似師丹、辛慶忌輩之訟劉輔。條列營務、蒐簡軍實，種種擘畫，似《管子》「内政」，又似蘇文忠公策畧。至言東事言播事，於衆論棼囂之際不避嫌疑，獨持正論，又甘爲魚肉，犯一二大奸負虛聲者，皆言人所不能言與所不敢言，即汲、雲未許過之。然亦惟是事關大體，人繫大奸，斯發憤上書，自非然者，寧省議論，爲國家愛惜人材，不欲豪植譸張搏擊爲風力也。

夫臺省作天子耳目，言之得失關世理亂。昔人謂「不爲宰相，則爲諫官」，國家雅慎斯選，非其人不授，誠重之也。今主上仁聖，時賢幸際不諱之朝，明目張膽，靡所顧忌，心切壯之。但建白不必可行，惟臆見是逞；譏彈不必不肖，惟修卻剪忌是快，似不無豪植譸張之氣。年來益覺歙訿相扇，機態横生，鷙悍蜂鋭，悻悻然争不勝不休，攻不去不止。部分南北，黨甚洛蜀，忮懻猜狠，縱横捭闔，睚眦必報，莫須有可殺，蘭可艾，白璧可玷，楹棟可摧折，翬然如醉、如狂、如夢，如虎狼咆哮不可嚮邇，使大臣不敢主持，朝廷靡所適從。假令江河不返，有載胥及溺已耳。如是爲言，即奏牘三千，將焉用之？亦奚怪乎九重厭聞，一切寢閣。毋寧如寒蟬抱葉，猶勝鴞鳴不祥，猫不捕鼠而捕鷄也。

公積思舉念，無非社稷蒼生，立朝數年，愛君憂國之誠，時形於色，一切功名富貴、毁譽得喪，悉置度外。故持論正而不激，通而不隨，不傍人門户，不同衆歙訿。彼豪植譸張，鷙悍蜂鋭，如虎狼咆哮者，視公言何如也？謂之曰藎，其真藎言也已。公既謫都諫籍，絶無幾微見於顔面，退處孟諸之野，與二三子孳孳講學，若將終身焉。竊嘗謂：「職業之外，别無性命。阨挫之餘，乃見學問。」以公出處進退，即聖賢何以加諸？吾乃益信其性與道契，而居恒所講明，與生平所期負，非苟爲名而已也。

余往從諫掖，隨公後，每見奏一牘，未嘗不嘆服有道之言，與衆自别。及以諫逮彭侍御魯軒遭譴罷，即聞有欲甘心公與吕新吾司寇先生者。已而果然。蓋先是一二三執政别有憾於侍御，欲借湖州事陷之，而吾三人力持不可，故相繼斥逐。嗟乎！嗟乎！余何足爲國家有無哉？惟是以公有道君子而不得久居諫職，今林居幾二十年，髮種種矣。與司寇皆屢起不報，徒使天下後世誦其言，以忠藎惜之，可嘆也夫！

舊寅眷生寧陵喬胤頓首拜書。

卷上

保安聖躬疏

拾柒年拾壹月貳拾日

題爲恭進保安聖躬之謨，以展微忠事。頃蒙皇上廣開言路，衆建言官，拔臣爲禮科給事中，天下事臣固皆得而言矣。方今四方水旱，北虜驕横，孰不可爲隱憂者？然以朝廷視之，直皮膚毛髮之病耳，臣不暇言。臣所憂者，惟聖躬不安爲方今第一大事。而冬至一陽初生，尤善攝生者倍加愛養之際也，臣敬具保安之説披誠以進。

頃該九列大臣具疏，爲感時事，念聖躬，懇乞視朝御講，以保太平事。伏奉聖旨：「覽奏，知道了，但朕疾未愈，食寢尚廢，非取安逸。卿等爲國大臣，當爲君任職，爲民任事，豈以文言沽譽爲是？這問慰該衙門知道。欽此。」夫大臣以憂國奉公爲心，不忍坐視不朝之治，故同心合辭以爲請，實不料皇上之疾至於食寢尚廢也。

夫皇上今且食寢尚廢，爲臣子者方當爲皇上曲覓静攝之方，奚忍復勞以政事乎？獨念臣之事君猶子事父，父不幸有疾，爲子者必食不下咽，衣不解帶，左右扶掖，旦夕不離，痛癢呼吸，罔不流貫，此父子之至情也。今聖體違和以來，幾一年矣，大小臣工曾不聞用者何醫，服者何方，聖體强弱何狀，日進御膳幾何，上下之情睽隔不通，傳之天下後世，謂一時君臣相與者何如哉？律之以子事父之義，諸臣無所逭其罪矣！

臣伏覩聖諭，一則曰「朕連日服藥，火疾未平」，一則曰「朕疾未愈，食寢尚廢」，則醫藥罔效，亦既明矣，胡可安常習舊，不爲更新之圖乎？臣請聖駕暫移文華殿，日召輔臣二員、講臣四員，候於近便直房，服藥之暇，則與大臣商確時政一二事；又令講臣取古帝王保身圖治之道，敷陳一二條。皇上更須濃艷不御，喜怒不形，凝神壹志，頤養天真。如此調攝旬月，必有勿藥之喜，此却疾之上策也。

皇上即不喜御文華殿，請五日一御平臺，輪召大臣二員入候起居，或命侍食，或與參酌藥物，更須闢霽龍顏，有懷必吐，俾得隨事□□，以開聖懷。則君臣喜□，志意流通，無慮痰不清而火不降，是却疾之次策也。

釋此不爲，徒曰宫中静攝，臣恐左右近習之人，使令不足以當聖心，言語不足以開聖意，必將煩燥易生，忿怒易起，日夜之間，鬱然不得其樂者，恒多矣！何時爲痊可之期哉？夫身，皇上之身也；天下，皇上之天下也。天下不可常常卧治，則身不可不急急愛養。皇上如不自愛其身，即群臣有忠肝義膽，何能措毫髮之力哉？臣又惟静攝者，却疾之方；操心者，静攝之本。蓋人心，活機也。操之則存，而天君常定，雖大庭廣衆之際，不害其爲静；舍之則亡，而百欲交攻，雖密勿燕閒之中，不害其爲擾。昔人有言：「萬般補養皆虛僞，惟有操心是要圖。」伏望聖明留意焉。臣不勝懇切祈請之至。

請立東宫疏 拾捌年正月　日

爲懇祈宸斷，及時建儲，以重國本，以慰群情事。臣伏覩皇長子睿齡漸長，久宜正位青宫。年來諸司屢請，未荷允從。臣蓋日夜皇皇，懷隱慮也。兹遇拾捌年立春令節，適當元旦，臣伏而思曰：「以春宫正始之期，值元旦立春之歲，此天啓令辰，不謀之嘉會也。皇上所以延遲不舉者，意者機在今日乎？」臣等不勝懽忭舞蹈，拜手颺言，謹再懇於君父之前。

切惟天下有小事可以置而不行，有緩事可以遲而有待。太子天下本，豈小事乎？皇上御極拾捌年而元儲未建，豈緩事乎？如其終不容罷，决不可遲，曷若斷然蚤舉之爲愈乎？且夫宜君之道，不在臨御之日，而在蒙養之時。今名位未正，則無以備輔導之官；輔導無人，則無以獲講讀之益。臣慮德性無以涵養，聰明無由開發，他日察百官、裁萬幾、悉四海利病、辨古今得失，其道恐無繇矣。即將來有必立必教之時，臣又慮其知識漸啓，情竇漸開，心易放而難收，時一過而難再，雖欲進啓沃之方，效糾繩之力，其機恐未易入也。夫延遲於目前，若無大害；關係於他日，乃至匪輕。皇上試蚤夜以思，寧無惕然於心乎？

臣查得太祖高皇帝建儲在洪武元年，成祖文皇帝建儲在永樂二年，仁宗昭皇帝建儲在洪熙元年，宣宗章皇帝建儲在宣德二年，英宗睿皇帝建儲在天順元年，憲宗純皇帝建儲在成化元年，孝宗敬皇帝建儲在弘治五年。惟世宗肅皇帝建儲在嘉靖十八年，可謂至遲矣。今速之不能如二祖列宗舉於一二年之前，遲之亦當如肅皇帝舉於十八年之際。皇上繼體守成，動遵成憲，如兹大事，豈可任情？況前星耀彩，震位騰輝，仰以慰九廟之靈，大孝也；俯以答臣民之望，大順也；踐二三年後必立之言，大信也；割三五年來不斷之意，大勇也。一舉而衆善悉備，何憚而不爲哉！

夫父子天性至親，建儲國家大計，以至親圖大計，即臣等不言，皇上猶當自急之，況相繼以請者累歲月而連篇牘乎！伏願皇上順時令之宜，遵祖宗之法，篤父子之情，恊臣民之望，勑下該部，擇日具儀，完此懿典。則宗社生靈長久之計，未有逾於是者矣。臣等不勝激切祈請之至。

預教皇儲疏 十八年二月十五日

題爲懇祈聖明，採藎言，慎預教，以重國本，以信明旨事。頃者閣部大臣及科道諸臣連章請立東宮，伏蒙皇上嚴旨以拒册立，委曲以從預教。臣等竊意皇上必將自信明旨，沛然下明詔，舉懿典，一快臣民之願矣。乃待命旬餘，不蒙傳示，則又將并預教而罷之矣。臣待罪該科，不容默默，謹披肝膽爲皇上直陳之。

夫皇嗣天下之本，蒙養聖功之原。未有怠荒於沖齡而能濬哲於臨御者，此自然之理，易明之事也。皇上顧獨輕之，何哉？臣聞皇上諭輔臣曰：「也要生來自然聰明，安能一一教訓？」夫以聰明委於生來，此預教所以忽而不舉也。臣考太祖高皇帝有言曰：「人君聰明雖得於天性，然物理必察識而後知，人情必諳練而後熟。」恭誦皇祖之訓，則聰明不可廢學也明矣。蓋語君臨之道，惟徒端拱穆清，恭默講筵，票擬付之閣臣，奏章下之該部。此誠不待教而可能者。若夫照百官之臧否，察四海之情形，裁萬化之機宜，洞歷朝之治亂，此豈資稟之所能辨哉？臣以爲嗣君不可無教也，謂學問之功大也。

臣又聞皇上諭輔臣曰：「已令内侍授書誦讀。」夫以授書委於内侍，此預教所以畧而不備也。臣又考太祖高皇帝有言曰：「朕今立東宮官，必須勳德老成者爲之。」恭誦皇祖之言，則輔導不可非人也明矣。蓋語讀書之道，惟徒斷章句，通訓詁，課記誦之功，習翰墨之末，此誠不擇人而可能者。若夫闡性命之精微，遡帝王之道脈，研六經之奥義，析百家之微言，此豈内侍之所能辨哉？臣以爲預教必貴擇人也，謂師保之責隆也。

伏望皇上體皇祖垂訓之言，念元子睿齡之茂，信目前預教之旨，勑下閣部，愼擇於廷臣之中，并博訪山林隱逸之士。必學有淵源，致行端謹，無愧古憑翼孝德之輩者，俾司輔導。隨卜吉期，令元子出閣受學，庶乎親正人，見正事，聞正言，習正行，日就月將，緝熙光明，將使天下臣民仰皇子之有令德，而誦皇上之有聖子，皆基於今日一教之力也。如以延緩於册立者，復率意於教導，臣恐册立之期，隨時可以旋卜，而失教之性，多方難以挽回，關係甚非眇小。惟皇上慎圖之。臣不任瞻天仰聖，激切祈請之至。

請朝疏

爲世道人心漸入不競，懇祈聖明急加警惕，勤政視朝，以保治安事。臣等竊惟人主擅富貴尊榮之極，其勢甚得自逸，而其心不可自逸，即其心欲自逸，又當視時之可以自逸否也。若時已變而不憂，災屢見而弗恤，目前雖若無虞，而天下大可憂者將不旋踵而至，是不可不爲寒心也。

我皇上臨御以來，十五年前太平無事，皇上乘國家閒暇，静攝深宫，臣等亦私計曰：「聖體爲重，苟得海宇昇平，即無勞以政事可矣。」豈期三五年來，世道日弊，東征西討，歲歲戰征，亢旱淫潦，處處饑饉，時而妖星見，時而天鼓鳴，時而城門災，時而河水赤，時而巨星殞地，時而雌鷄化雄，種種災異，疊見層生。尤可憂者，則人持有我之見，朝無濟美之風，上下相猜，直枉莫辨，國是分摇於衆口，王綱竊弄於旁門，大臣無所擔當，邊帥動遭掣肘，議論多而成功少，安其危而利其災，是謂病在腹心，又非邊患可比。

皇上深居無慮，自謂太平猶昔也。豈知世道人心之壞一至此哉！臣等謂時不可以自逸者，正謂此也。夫法宮之内披覽文書，在聖意非不憂勤，在群臣無所感奮。方今遐邇臣工畢集闕下，伏望皇上深惟時變，翻然勵精。如川貴土酋作何擒制？遼東逆虜作何蕩平？各省直水旱饑饉作何撫安賑濟？明詔該省之臣，俯賜臨軒之問，則不惟四海九州安危之狀可洞燭於聖心，而龍顔快覩，精彩倍生，鼓舞萬國之人心，消弭天下之災變，其機莫要於此矣。夫人君奉天理民，以視朝爲職。自古未有人君怠於常職而天下不亂者，皇上慎念之哉！臣等不勝懇切祈請之至。

慎終疏

爲懇祈聖明勵精圖治，慎終如初，以保治平，以光君道事。臣竊惟天下之治，本於人主之一心，而人主之心，則常始乎勤而終乎怠。所貴明主採納忠言，振勵逸志，斯可以保治平於無疆，而垂休光於有永。

恭惟皇上踐祚以來，躬勤庶政，皇猷美善，未易殫述。臣幸生盛明之世，叨膺獻替之司，以爲清朝無闕，可以行所無事矣。乃臨御既久，漸致因循，□□不□□□□□□□□□□

□安視膳，曠於兩宫。儲貳本當册立，乃諫疏徒勤，不蒙俞允。章奏非不覽發，而一關緊要，輒爾留中。凡此數事，俱屬罔終。皇上蚤夜以思，應自知其不逮於初矣。夫以皇上宅至尊之位，操威福之權，居九重深邃難以進見之地，即累歲月不出，積章奏不下，忠藎之臣有浩歎而已，如皇上何？臣以爲臣子之所敬而畏者，皇上也。至於皇上之所敬而畏者，亦有上天之明命，祖宗之典章，與夫大小臣工、四海九州向背之人情。凡此三畏，皆明主之所凛凛不敢忽者，不得曰「吾爲天下君，欲勤則勤，欲怠則怠」，可以任情自用也。

且皇上每以盡職責臣下矣，豈以大小衙門各率其職，遂可宴然無慮乎？夫天下猶一家也，家長不視事，則子弟童僕必將各荒其業，而家道日隳矣。人君不勤政，則百司庶府必將各怠其職，而國事日非矣。邇者議論繁興，忠邪莫辨，以致國家十餘年來所簡拔忠直賢士相繼摧殘。臣以爲此時政之大闕也，則皇上深居不悉下情之過也。從此不易絃轍，流弊可勝言哉？

然皇上久不臨御，動曰聖體違和。臣聞輔臣蒙召之日親見龍顔開霽，天語春温，想静攝以來，久有勿藥之喜矣。兹者仁聖皇太后聖旦在邇，而二月春和，又當開講之期，臣叨禮垣，輒敢布款款之忠叩闕上請。昔唐太宗末政之衰，聞魏徵十漸之諫而嘉納之。我皇上固薄唐主不爲者，幸於臣言少留意焉。

禱雪疏

二十一年十二月十三日，有旨禱雪，得雪甚眇，因具此疏

爲恭承明旨，推廣齊戒之説，願君臣共修實政，以弭災變事。臣聞之，漢臣董仲舒云：「天心仁愛人君，必先出災異以譴告之，不知自省，又出怪異以警懼之，尚不知變，而傷敗乃至。」蓋天人之勢雖邈不相及，而感通之機實捷於影響。凡人君一動静、一語默，即有天地神明臨之在上，鑒之在旁，隨其善惡潛移禍福，甚可懼也。故前代明君克謹天戒，永迓鴻休，而任情自恣者，往往天心厭棄，禍敗相尋，覆轍芳軌，烱烱具在。惟明主慎擇而行之耳。

頃者三冬無雪，萬姓憂惶，該部以禱雪具請。伏奉聖旨：「今歲雪澤愆期，朕於宫中齊戒虔禱，百官都要痛加修省，以期感格，毋事虚文。欽此。」臣仰見陛下上畏天命，下悲人窮，仁言一出，必足以格玄穹而來靈貺。已而齊戒甫完，微雪即降。夫一霎之雪，何補下民？而一念之虔，即通上帝。臣是以知天心仁愛皇上，示以感通之機。

若曰：居雖高也，而聽實卑焉。有所以感之，即有所以應之。感之以薄誠，則亦不予以厚澤，若有所劑量而爲之者。臣乃知祈天之道，不在臨時之祈禱，而在疇昔之精誠。古之帝王欽若昊天，顧諟明命，惕於念慮，見於躬行，遇罪人則有下車之悲，飲旨酒則惕亡國之戒。不耽逸豫而旰食宵衣，恐天下有荒淫之誚；不寶財貨而棄金投璧，恐後世有好利之譏。無一念不敬，

無一事敢忽，惟恐以上天付托之身而困於衆欲交攻之内。以故精誠感格，燕及皇天，風雨以時，品物昌遂，保世滋大，諸福駢臻。其所謂疇昔之精誠，而致天心之類應者蓋如此。

國家承平既久，警報希聞，上下因循，庶政頹隳。如開荒非無專責，而屯地之蓁蕪者盡於九邊；督糧設有專官，而金花之拖欠者不止百萬。民生憔悴，不聞撫字之方；邊備廢弛，未覩振刷之策。貪官有禁，而論貪者常至連篇；民俗甚偷，而教民者未聞一語。此四方之政無當於天心者也。

堂屬有名分，而犯上者率以爲常；衙門有職掌，而越俎者恬不爲怪。考選公典，胡然而詰冢宰於公門；冗費當裁，胡然而辱司空於禁地。讌會有禁矣，而戲子小唱未絶歌拍之聲；憲約有條矣，而奢侈僭踰猶然燦爛之習。紀綱幾於掃地，詔旨輕如弁髦。既無憂國憂民之真誠，并忘奉公守法之體面，此國中之政無當於天心者也。

往年聖衷警惕，庶事惟康，十五六年太平無事。邇年以來，宴安成習，講筵不御，寶座不登，廟享不親，郊壇罕至。無辜死於一怒，或傷天地之和；燕樂每至通宵，似鮮欽崇之意。善言不見嘉納，而端人正士每懷掛冠之思；採辦日有增益，而財盡民窮未動覆隍之慮。以若所爲，皆屬闕政。聖心自審克當天心否耶？是以昊天不吊，災變疊生，饑饉數年，徧乎四海，妖星垂象，動至浹旬。火生於旄頭刀柄，明示兵興盗起之端；血湧於農舍民田，似有脂盡膏竭之咎。上天震怒，昭昭甚明，皇上徒抱憂勤，未加振勵，無以新臣工之耳目，未能鼓天下之精神，玩愒因仍，利災釀亂，臣竊憂之。

伏願皇上親郊廟之典，復朝講之儀，時召三公商確大政。理財用則召司農，叩其經國之畧；議兵機則召司馬，詢其戡亂之猷。舍己從人，納言官之直諫；夙興夜寐，循起居之常規。體上天愛民之心，法帝王賤貨之德。然後策勵廷臣，各修實政，無泄泄於方蹶之時；督責外吏，各殫厥心，無昏昏於安民之務。一或怠玩，必加重懲，則上下交修，精誠罔間，時時皆爲齊戒，念念悉屬虔誠。如是而天心有不感格，雨雪有不時若者，臣請甘妄言之罪。臣目擊時事，扼腕傷心，竊不愛七尺之軀，欲爲陛下一興太平之理。顧皇極未建，而惟末之圖，恐三令五申，卒之不應，詔旨徒勤，何裨理亂之數哉！萬里山河，累朝宗社，安危治亂係皇上一念轉移之機。願皇上永言念之。嗟嗟！天如彼其高也，皇上三日齊戒，隨感即通，豈以元首耳目之近，如臣迫切籲鳴，皇上獨不少垂省覽乎？伏惟聖明俯賜採納施行。幸甚！

崇重孝經疏 擬而未上，存是稿以俟同志者

奏爲恭望聖明表章先聖第一經，以隆孝治事。竊惟至聖先師孔子之道，祖述堯舜，憲章文武，而以大孝稱帝舜，以達孝稱武王，則祖述者固祖述其孝，而憲章者亦憲章其孝也。及門弟

子，惟曾參之傳獨得其宗。《孝經》一書，實孔子作之以授曾參者。孔子平生述而不作，且不自名經，獨是書既自作之，又以經名之。又嘗曰：「吾志在《春秋》，行在《孝經》。」由此觀之，孔子之繼往開來，孰大於孝？而他經之删述，豈得與《孝經》擬耶？故曰：「孝者，天之經也。」道以天爲至，則經以孝爲尊。國家以經義取士，諸不在六藝之科、孔子之術者，勿使并進，教至純也。而《孝經》獨不列於學官，不試於制舉，臣竊痛之。豈以其言約而習之者易耶？殊不知其言雖約也，其義則甚大；其習雖易也，其明則甚難。臣請畧陳其端。

蓋經曰：「孝者，德之本也。身體髮膚，受之父母，不敢毁傷，孝之始也。」夫由本可以該末，由始可以貫終。故曰其義也甚大。然孰能知本？孰能知始？故曰其明也甚難。今之群黎百姓，誠知身體髮膚受之父母而不敢毁傷，必不罹於刑辟，而民德歸厚矣。今之治人者誠知身體髮膚受之父母而皆有不敢毁傷之情，必不忍誤國誤民而以其身爲不仁之身矣。夫舉天下皆知自愛其身而不敢慆心逸志，以自底於不類，如是則陛下可以垂衣而升斯世於大猷也。是故天以好生爲心，人以不敢毁傷爲孝。人之不敢毁傷，即天之好生也。此孝之所以爲天之經也，而人其可以一日不講哉！

陛下累歲下停刑之詔，好生之德與天無間。而百姓未能不犯法，有司未能盡愛民，以致干天地之和而災異流行，死者甚衆。臣竊以爲孝道之不明，故悖逆作亂之所由起也。故曰「孝弟爲仁之本」非虚語也。臣請令天下學校師儒以《孝經》同《四書》誦習，及鄉、會二試科場題目以配《大學》爲首題。庶乎習之者衆，則孝義日明。臣復思之，陛下孝養之隆根極天性，真有不學而能，不勉而中者。《書》曰：「作之君，作之師。」陛下幸加意表章《孝經》，而不躬御於廣厦細旃之上，非所以師天下也。臣請經筵日講得以《孝經》講章進，使講臣悉意敷陳不敢毀傷之旨，則於陛下養德養身之助非尠小矣。而天下臣民亦將謂陛下隆重是經，而寳之如蓍蔡，奉之如神明，而不敢忽。將見孝治淪浹，順德旁孚，天地位而萬物育，三光明而九疇叙。經曰「孝弟之至，通於神明，光於四海，而無所不通」，此之謂也。

臣向待罪中書舍人，每念以此上陳，而未有言責。今幸叨聖恩改臣以給事中，待罪禮垣，凡臣一念耿耿，欲效其愚忠者，皆孝所移也，輒敢仰干聖聽。若果臣言不謬，伏祈勅下該部覆議。及今未當科舉之年，預行天下學校，使得及時誦習講明，以待選舉。仍祈勅諭輔臣講臣，及時講求其義，以待來春開講之期，上供天聽。臣愚不勝激切屏營之至。

保全善類疏

爲懇祈聖明保全善類，以協輿論，以隆治道事。臣惟善人國家之紀，而上臣以人事君。古之明君碩輔勞於求賢，搜岩穴，詢夢卜，吐握折節，惟恐不及，誠有見於親賢之爲要耳。若乃作養已成，拔擢既久，一旦摧殘而去，豈不深可惜哉！

恭惟皇上鋭意太平，求賢若渴，老成者起用，罪廢者召還，規模渾厚，士類傾心。以故彬彬然布列有位者皆負偉懷奇，極一時端良之選。說者謂國家十葉以來，用人圖治之美，未有盛於今日，良非虛也。奈何邇來議論繁興，致皇上厭聽，謂法令不嚴，終煩言不息。遂創懲太過，致善類弗安。自冬徂春，爲時無幾，而光禄寺少卿王汝訓去矣，吏部考功司郎中張一元去矣，禮部祠祭司郎中陳應芳去矣，吏部文選司員外郎趙南星去矣，吏科給事中史孟麟去矣，刑部山東司主事吳正志去矣。夫此五六臣者，爵位雖未崇，才品雖各異，要皆志定名立，中外共仰爲賢者也。即使隱逸在下，猶當物色求之，况向用方新，可使淪落以去乎？

至於留都根本重地，頃者歲饑軍驕，時事可慮，正賴蹇諤骨鯁之臣相與彈壓。今王藩臣、黄仁榮、王麟趾等又相繼去矣。夫賢者之身止於一人，而賢者之望關乎衆志，有國家者至於棄賢人、違衆志，臣恐堯舜不能爲理矣。孔子曰：「舉直錯諸枉則民服，舉枉錯諸直則民不服。」今舉錯如斯，欲令人心服而群喙息也，得乎？

臣近見都門外輪蹄相雜，日餞送賢者，竊爲傷心。固不意聖明在御，而令端人正士凋落如此之甚也。伏望皇上念人才之盛衰係治道之隆替，敕下吏部，將王汝訓等亟加擢用，置之要途。庶裁抑於始，既足明馭下之權，而録用於終，又不失登俊之意。輿論可以允協，忠賢不至解體。

國家億萬年太平之治，端在是矣。伏惟聖明採擇焉。

優處良吏疏

爲優處賢能官員，以均賞罰，以興吏治事。竊惟人主勵世磨鈍，使天下鼓舞不倦者，惟其有賞罰大權也。故有罪不懲，則作奸者肆志；有功不賞，則自好者灰心。二者不可偏廢，猶陰陽寒暑之不可失均也。頃當三載計吏之際，有部院考察，有科道糾拾，又有當陛露章彈劾，所以懲創不肖者不啻嚴矣。而旌善之典，獨可缺焉弗講乎？

隆古之世，如所謂車服有庸、璽書有褒者，姑不暇備舉。洪惟昭代，雅重循良，或宴於朝，或宴於部，或賞鈔百錠，或賜衣一襲，或引至御前，面加獎勞，或勑下該部，紀録優遷。令甲昭然，足稱盛事。比及近歲，沿革靡常，或疎畧而不行，或久曠而一舉。大抵崇德尚賢之意少，而感發興起之機微矣。

夫德意不施，而務一切嚴法以束群下，何其霜雪摧殘之甚重，而春温含育之頓泯也！且人之才品不同，操心亦異。中人以上，自有高賢。如自庸劣之外，一槩以平等視之，不惟賢者無由以自見，而國家馭吏豈宜若是之混而無別哉？臣等請令部院并臣等科道等官，各舉所知，類加評品，拔其卓異，開具奏聞。有如濫及匪人，并以連坐舉主。皇上乃法古昔之令典，修祖宗之成規，榮以章服，錫以宴饗，仍勑該部破格推陞。務使賢者必得爲善之報，無與庸衆吏計俸而并遷。如是鼓舞人群，而海宇臣工有不感恩圖報，聞風響應者，臣等不信也。或謂：「品藻不真，則煩言滋起；賢士見録，則不肖者思以中之，是不若不舉之爲愈也。」嗟嗟！懼僞者亂真，并置真者於不用；慮讒口戕善，竟掩善士於無聞。此不幾於因噎而廢食也乎？《傳》曰：「見賢而不能舉，舉而不能先，命也。」從古帝王爲政，未有專懲惡而不舉善，可以措天下於上理者。

如果臣等所言不謬，乞勑下該部覆議。上請俯賜施行，仍立爲定規，三年一舉，庶不肖者憚威嚴之不測，而賢能者恃慶賞之有常，吏治可興，而太平之理可立致矣。

卷下

東事疏

東征之役，厥□甚明，而論者反以爲罪。誠懼朝廷難以用人也，因具此疏

爲秉虚心，持大體，以明功罪，以勵人心事。臣惟國家奔走臣民，與臣民樂爲國家奔走者，有大機焉，曰賞罰是已。故士有捐身家、冒矢石、棄性命於須臾者，非其愛生之心與人殊也。前以利賞，後以懼罰，其勢不得自愛耳。故王者不出皇序而能得士人死力樹功邊徼者，執此機也。如功罪不明，賞罰不當，無論當事者灰心解體，而後來者且視爲殷鑒。卒有大難，誰肯竭心力自扞文網哉！

頃者倭奴狂逞，蹂躪朝鮮，虜其臣民，奪其都邑，大張聲勢，意圖内侵，誠天誅所不赦者。皇上弘恤小之仁，奮伐暴之勇，以經畧付宋應昌，征勦付李如松。二臣奉命而往，遵旨而還。論二臣者，紛紛靡定。頃奉明旨：「目今四方多事，朝廷之上必須功罪明白，方能使人。這本着吏、兵二部會同查議宋應昌、李如松是功是罪，從公據實來説。欽此。」是諸臣之參論，與明旨之會議，非有成心，無非核功罪之實，持賞罰之機而已。臣竊思此事係朝廷勸懲之典，係九邊將士觀

望之心。又當時事多艱，策勵人心之際，不爲二臣計，當爲國家計也。臣安可徇衆論之同，昧獨見之異，不揚眉一吐其愚乎？

謹按東征之事，有失利之罪，亦有克敵之功。克敵之功大，失利之罪小，朝廷用人當存其大，畧其小，録其功，赦其罪。是所謂持大體也。檢髮而櫛，數米而炊，是有司細事，豪傑笑之。當朝鮮之畏倭遠遯也，所不失者，全羅、慶尚兩道耳。今一旦舉故土而盡復之，將謂朝鮮自取，則望風而逃者必不能完璧而有；將謂倭奴自退，則力戰而得者必不肯棄利而歸。非麗人之自取，非倭奴之自退，則是功也豈一無所屬哉？且二臣之功可無論，而從征血戰之軍士可不酬其勞乎？陣前死敵之幽魂，可不恤其後乎？不酬其勞，不恤其後，是朝廷自今以後，不欲復使一人。如酬其勞，如恤其後，則寧可念追逐之功，而忘發縱之力乎？臣反復思之，欲不録叙二臣，不可得已。

然臣亦有以責二臣者，二臣亦不得辭焉。當應昌既取王京也，宜的據情形明報天子。如倭果可剪，則當謂乘勝長驅，以成破竹之勳。倘勢不能爲，則當謂臣力已竭，宜别選代庖之將。奈何計不出此，倭未歸也，而詭云「盡去」，川兵本見殺也，而詭云「亂民」，且謂「倭往來無常，難爲確報」，夫一確報不能，尚可儼然稱經畧乎？今都人士總不知倭之兵馬若干數目，倭之糧餉若何轉輸，倭之盤據意欲何爲，倭之乞款有何指據，憑沈惟敬之遥語，執平行長之游言，廟堂不得真情，策士無由藉手。覬全勝之賞，忽後事之圖，應昌不得辭其責矣。如松之從事西寧也，臣聞其衝鋒陷陣，收退虜之功，乘瑕先登，建焚巢之績，綽有戰將之風矣。第賊所括民間財物甚厚，如松悉取爲己有，輦載而歸，寧夏人皆得言之。古大將勾當公事回還，篋中惟圖書衣衾者，豈若是乎？平壤之戰，力拔堅城，碧蹄之兵，得失相半，臣亦爲如松壯也。第縱恣我軍掠取朝鮮財物，朝鮮被慘不異倭人。古大將秋毫無犯，即取一笠必斬以徇者，豈若是乎？故謂如松爲戰將則可，謂爲廉將則不可。謂有戰勝之功則可，謂爲節制之兵則不可。如松應難置一喙矣。

臣誠愚謬，謂應昌之功宜録也，因其塘報含糊，或伏隱禍，姑以薄報其功。如松之賞當明也，因其兵無紀律，貽怨麗人，姑以量行其賞。其他諸將領、諸戰士、諸陣亡之卒，宜速加精覈，厚行賞賚，生者酬其本身，死者録其後裔，庶慰前人之忠義，又結後日之人心。然今之罪二臣者，多謂倭奴結聚，春訊可虞，假封貢成儌倖之功，啓釁端蓄無窮之禍。諸臣遠慮，悉屬忠猷。臣則謂此當視簡書責望之初情，自可爲二臣功罪之斷案，非難決之疑也。如必欲縱横釜山，俾無噍類，驅除一旦，杜患百年，國家且將自屈其力，韓、白亦難遽效其能。臣恐斬二臣之首，無以服二臣之心矣。

然臣猶有説焉。昔趙子弟無尺寸之功，而漢高輒捐四千户之賞，誠謂吾不愛爵土，則人不愛死生。帝王勵世磨鈍，機全在此。昔東南倭患之烈，至今寒人心膽，胡宗憲一舉而平之，而卒從吏議，身死牢獄，豈不冤乎？頃者劉哱之變，朝廷亦嘗示帶礪之封、萬金之賞矣。總督葉夢熊壯懷激烈，自請平賊。賊平之後，即一尚書銜吝不肯予。委曲間關，剪賊羽翼，卒成内變，克滅元兇，周國柱之功，婦人孺子所知，而僅僅世以指揮使。國家之待功臣，匪徒寡恩，蓋亦不信之甚矣。臣懼豪傑之不爲用也。今宜急叙東事之功，并録用宗憲之後，於夢熊、國柱易其封而優叙之，更破格以待岩穴懷奇士，毋若書生拘攣於毫髮間，則海内英雄有爲陛下出而了倭事者矣。

奉聖旨：「吏、兵二部一并看議來説。」

播事疏

爲議處播事，以服罪人，以安地方事。臣聞義所當誅，戰雖危而兵不可罷；法不當罪，人可殺而心不可服。則今日之播事是已。

蓋楊應龍兇殘不道，多所殺傷，我興問罪之師，冀其悔悟，彼犯無將之戒，益肆猖狂。既負其固以自雄，又賺我兵而縱殺。名雖爲臣，勢同叛虜，是可逭罪，誰不效尤？將王法有所不加，而國體因之重辱。臣謂戰雖危而兵不可罷者，此也。顧臣推引往事，未嘗不原其情焉。向者四川用兵，兩調征勦，而應龍聞命即行，所至血戰，可不謂忠乎？及被部民揭告，撫院一紙拘提，而應龍聞命即至，械繫經年，可不謂恭乎？甫釋縲絏，即請征倭，許之不敢不來，止之不敢不退，可不謂順乎？且重慶久羈，候審一訊，可伏其辜。而未完即放，既放復提，淹禁於前，反復於後，此何法也？虎兕出柙，勢難再入，即令抗拒不來，罪止不服拘唤。既無悖逆之詞，又無反叛之狀，乃題請用兵，驟加勦滅，情輕名重，啓懼生疑，此何體也？凡此皆當事之臣處置失宜之過也。迨大兵之既臨，實奉旨而討罪，爲應龍者止宜袒縛詣闕，剖心自明。朝廷念其舊勞，嘉其新悟，即有十惡之罪，自從八議之條。奈何計不出此，堅卧囤中，縱令苗兵横肆殺戮，情欲辨而難明，罪積小而成大。堂堂天朝，統六合之衆，當全盛之時，土司么麽敢敵君父，此億兆蒼赤所不平，而百萬貔貅所共怒者也。於焉大興問罪之師，永除跳梁之患，即應龍亦難以自解，而天誅豈可以復留？第川貴兩省之事，宜責川貴兩省之臣。乃貴州按臣之疏，已無同心共濟之義，而四川撫臣之奏，又無獨力敢任之能，以兩不相協之心，兼兩不相下之勢，祇徒坐誤軍機、養虎遺患耳。

臣以爲携貳之見既不可憑，而專制之臣所宜亟遣。請一面行令就近省分整備兵馬芻糧，以俟緩急調遣；一面遣才望大臣一員往勘奏中之事。如果興師拒敵不係應龍，國家即當赦其死刑，從寬議處。若其孽自己作，怙終不悛，即以所遣大臣總督軍務，調發川湖雲貴之兵，假之便宜行事之權，且懸封拜重賞，昭示四方，無論本酋部内之民，遠近異能之士，有能斬應龍之首出獻者，即以其爵土財貨盡畀之。彼居則如入角之鼠，出則如失水之魚，不數月而首領懸於闕下矣。

或謂區區小醜，無煩大臣之行。臣一觀應龍，再觀兩省，非假重臣難濟厥事。或又謂播山勢四塞，勦除未易。不思長江天塹，渡可如飛；劍閣排空，裹氊可下。奚有於彈丸播土哉！嗟嗟！避嫌者誤事，好大者喜功，禍既起於有所威逼，變且釀於兩相推委。此臣之所以日夜憂也。故不勝杞抱，進此謬言。如蒙勑下該部覆議施行，於播事未必無小補矣。

萬曆二十二年月日奉聖旨：「兵部看議來説。」

直鼓懲刁疏 十八年三月　日

禮科爲直鼓事。本月二十四日，據錦衣衛中所總旗蘇朝用稟稱，本日西長安門外有擊鼓聲冤男子二名，一係旗手衛軍人龔進忠，一係保定中衛舍人李三變。當審得二犯各有狀詞，在龔進忠爲伸冤事，在李三變爲勢豪侵銀、謀反大逆、冤殺全家事。據此，臣查得萬曆十七年四月內，該户科給事中劉弘寶題爲擊鼓聲冤事，奉聖旨：「法司知道。舊例，極冤重情方許擊鼓聲冤，其一應詞訟俱赴法司告理。近來不論大小事情，驀越擊鼓，漸長刁風。以後有這等的直鼓，巡視官連人狀徑送法司究問。欽此。」今據二犯情節，在龔進忠事係奸情，不關重大。李三變釁端起於錢債，事體已經遠年，且詞語謬亂，似涉風狂。臣謹遵明旨，俱送法司究問外，但三變本内所稱冤殺等語，係干人命，不敢不爲題知。今將原本原狀隨本以進。

臣伏思登聞鼓之設，本以宣通冤抑，然惟事關重大，方許鳴冤，信有如明旨所云者。今錢債奸情，公行瀆奏，且一日輒有兩番，如履無人之境。是奸民之術不售於法司，不行於通政，可以徑達至尊之前矣。誠恐刁風一倡，源源而來，將令鼓下爲聚訟之所，法司爲虚設之官，臣等六科胥爲奸民抱告之人，甚非所以尊朝廷而嚴禁地也。伏乞勑下法司，將李三變嚴加鞫審，如係冤情，從公昭雪。一涉誣罔，亦宜重加究治，無事姑息。庶法紀明而禁地可肅，奸民懲而刁風用息矣。

奉聖旨：「法司知道。」

援李見羅疏 十八年二月　日

爲遠夷向化，邊功已明，懇乞聖明矜釋久繫邊臣，以重封疆，以平法紀事。先年該金騰兵備李材、遊擊劉天倖報功不實，奉旨着照官員人等説謊律行監候已久。臣以事在萬里外，聞覩未真，不敢輕爲置論。頃因看詳章奏，有雲南撫按諸臣各一本爲進貢事。大畧爲孟養僻處荒徼，世稱藩臣，自緬酋不逞，該司被逼而去。恭惟皇上神聖當天，威靈耀日，遂令聲教久絶之方，一旦傾心内附。我皇上内修外攘之盛，真有以炳耀當時，光昭萬世矣。顧其本内所稱，一則曰「一聞天兵」，一則曰「聲援疆圉」。則其進貢緣由，似非無因而至。臣竊計之，此豈非材等奉揚聖天子德威，建功萬里之外乎？不然其所謂天兵者，果係何人之指揮？所謂聲援者，果係何人之調遣耶？臣猶恐紙上之言，或未可盡憑，及聞禮部諸臣面詢通使，滇中事凡材之發縱指示，與天俸遣兵赴援，歷歷言之甚詳。且云夷人感天俸之功深入骨髓，一聞被逮，莫不灑泣相告，痛其非辜。是材等之功，質之夷人之言，益信也。

夫緬酋却矣，孟養安矣，滇民無荼毒之苦矣，牙象方物燦然陳闕庭之下矣。顧乃納遠夷之款，忘經畧之臣；計報級之細過，棄招攜之大功。古所謂「兔死狗烹，鳥盡弓藏」，其材等之謂乎？真可憐矣！材之前備兵金騰者，傅寵也。寵先因蠻莫叛而罹罪，後得材等收復而獲全。是材等之功足以脱人之罪，而不足自全其身。材等即死，無以服其心矣！且臣聞李材倡明聖賢之道，綽有經濟之才，一任廣東而功成於海寇，再任滇南而績茂於迤西，亦世所稱豪傑士，而國家不可輕棄者。方今土蠻突犯於遼陽，俺酋盤據於西土，邊臣徼報交馳而來，正皇上拊髀思將臣之際也。臣愚計謂留此已試之能臣，以備緩急，是亦深長之慮也。昔漢文帝以魏尚上首功不實下獄，一聞馮唐之論，遂持節赦之，即日拜爲雲中守。今材等之事，正與魏尚相同。陛下獨不能如文帝一聽臣言乎？

臣於材等無一面之識，特以遠稽撫臣之本詞，近憑夷人之口語，的據貢來之方物，謹循職掌，一爲哀鳴。伏乞勑下三法司并科道諸臣，將進貢夷人面加審問，取詞奏聞。如果孟養進貢之事的係材等之功，即望皇上俯念邊勞，特從末減，庶久繫於前，既已嚴冒功之戒，而矜全於後，亦不灰立功之心。法紀斯得其平，而邊臣不至解體矣。臣不勝隕越待命之至。

生員徐大望宜改正中式疏

十八年二月，擬而未上

爲懇乞聖明究正科場錯誤，以伸士冤，以明公道事。臣待罪禮科，稽查章奏，看得宣城縣儒學廩膳生員徐大望一本，大畧爲試卷已明，乞恩俯准中式事。伏奉聖旨：「禮部知道，欽此。」隨該本部移文應天府查勘。今據回文到部，内稱：「硃卷俱在，號簿無差，的係本生中式。」該部方在擬覆，而群言淆亂，與不與者相半。大都事在既往，人屬寒微，故忽畧含糊，不肯充類至義之盡，遂令朝廷有不正之法，士子有不白之冤也。

臣反覆思之，徐大望之與曹祖正，是非不兩立，去取不同條，彼非則此是，彼去則此存，自然之理也。說者謂凡中式者必稽榜上之名，此大望之所未有也。臣以爲凡登榜者必稽卷上之文，此大望之所可憑也。故非其文也，雖既登榜之祖正，既在所必革。是其文也，雖未登榜之大望，宜在所必取。且弊端未發，雖無干之祖正可使冒榮於終身；及謬誤已彰，而負實之大望不得蒙恩於一旦。是天下事但可駕虛而遷就，不可核實而歸正也。

臣聞該部之議，欲與之一貢，以示優處之情，而又慮一貢之微，不足以償負屈之大。凡若此者，總以其宜中而不中，故委曲以從優，然竟於人情未慊耳。臣愚謂國家有例：「凡臣子一切差誤之事，自檢舉者許改正行。」今宜因主考諸臣之檢舉，欽命改正，去祖正而收大望。則揆之典章法度，既不差訛，而質之天理人情，亦屬妥當。如以爲榜定録成，不可白中一舉，臣謂祖正之退不在榜定録成之前，則大望之進奚嫌於榜定録成之後？且臣聞本生矢志典墳，絶迹城市，名實并茂，文行兼優。如遇鄉舉里選，應爾脱囊，况其獻策明經，業已入彀。伏乞勅下該部再加酌議。如果臣言不謬，將徐大望給之引文，准其會試。庶寒微無抑鬱之冤，而科場無潦草之弊矣。不然，是一誤而不覺其非，再誤而不改其非，主考之檢舉，祖正之革黜，與夫旨下於禮部，文移於應天者，不皆歸於無爲乎？一寒士雖微，而關於制科者甚大。稽之祖宗額定之數，亦不容從中而缺一，故據法原情，特爲陳瀆。且場屋干涉臣科，歷來參黜冒籍倖進者，不知凡幾，今於大望不爲昭雪，是臣科臣長於惡惡而短於善善也。豈所以昭公道而服人心乎！

近來科場之弊極矣。不惟罰罪甚輕，亦且處人欠當。如徐大望明係中式真卷，理當准其中式。乃勘問已明，而但與一貢，曰「未嘗登榜也，不可以爲舉人」。獨不曰：「非係考貢也，而可准其出貢乎？」本欲正訛，而其訛反甚。夫士子求博一第，難如登天。幸而中式，又被作弊者竊奪。及其發覺，又不蒙改正。機會一失，遂有白首不獲一遇者，不亦負冤之極哉！余感徐君之事，而謬具此疏，惜未及上而准貢之命已下也。姑存是説，與秉公者覽焉。

請停繫逮疏

二十一年正月　日

懇乞聖恩追停逮繫，以安輔臣，以光君德事。臣等於除夕在科辦事，接得本科給事中葉繼美一本，爲輔臣受謗有自，小臣論列無他，懇乞聖恩宥小臣，安輔臣，以收人心，以息群議事。伏奉聖旨：「葉繼美這畜蔓詞傍引，黨救同類，好生可惡。孫繼有着革了職爲民，不許朦朧推用，譚一召、安希范着錦衣衛差的當官校杻解來京究問。葉繼美姑且罰俸一年。欽此。」惟時臣等以駕帖不敢擅留，薄暮不遑具草，遂負罪含鬱，走歸私寓。元旦之日，天下臣民以化日舒長爲樂，而臣等獨以職掌未盡爲憂。今駕帖之發雖已出而難留，而越宿之行尚未遠而可返。臣等是以立候履端之後，急效弼違之忠。

切惟人主欲安大臣之位，先安其心；欲安大臣之心，先成其美。輔臣王錫爵忠誠爲國，不惟皇上深知，臣等亦知之。譚一召、安希范出位妄言，不惟皇上盛怒，臣等亦怒之，但差官杻解，國家極重之法，所以待元兇大憝，非所以待建言小臣。譬之疾風迅雷捲海開山，必加於鯨鯢魍魎，而後天威始尊。非謂尋常么麽可槩而施也。一召等藐然郎署耳，罪止建言耳，即使其言狂妄，削其職已爲盡法。錦衣官校之遣，無乃過用其雷霆乎？

數年以來，諸臣得罪皇上者多矣，罪皆止於爲民。而語及輔臣乃加繫逮，是輔臣之不可犯甚於皇上，臣恐輔臣之心必無以自安。輔臣方以休容雅度爲美德，昨對臣等蹙眉欲泣，惟恐不協於公論。皇上顧罪言事之臣，以益其過。臣恐輔臣之美因是而有損，損其美則謗愈集，其心不安，則其志不能固。是皇上以優之之道而疎之，非計之得也。且皇上猶天也，天以震怒爲威，以開霽爲常。當官校之初遣也，聖怒有餘；及官校之既遣也，聖心必悔。聖怒有餘，則必罪臣之多言；聖心有悔，則必罪臣之不言。臣等寧甘皇上有餘之怒，不敢成皇上無及之悔。伏惟俯納臣言，追還官校，皇上宥過之仁，從諫之勇，與成全輔臣之美，慰安輔臣之心，并得之矣。臣等干冒天威，不勝隕越待命之至。

條陳營務疏

爲條議京營要務，以振神氣，以備緩急事。臣等承乏巡視，春季已完，蓋常周覽營規，徐察利弊，見得行伍整肅，號令嚴明，猛士材官，林林總總。惟此居重馭輕之地，允稱有備無患之師矣。第緣承平日久，不無弊隨怠生。謹因臣等陋見所及，并各營將領所議得其可酌處者，凡六事。其中有最係緊關之務，最失訓練之宜，一日不可因仍，百年不知更變者。臣等廣詢博訪，曲意調停，雖匪遠猷，實殫精力。蓋疆埸之干戈未靖，根本之桑土宜周，轉弱爲强，實係此舉。如果所言不謬，乞勑該部覆行。若乃三官五教之詳，四機九變之妙，俟訓習少進，次第舉行。所願當事同心，庶幾有裨營務。謹列如左，伏惟聖明留意。

一、練火器以精長技。夫虜倭所畏，與中國所恃以威虜倭者，惟火器耳。大將軍一發可糜爛數十百人，而湧珠、夾把等器皆可斃人數百步外。信哉！軍中神物，無敵利器也。乃其教演則非法矣。今以一司二百五十人擁立一處，卯時演放，辰時散歸，其勢固難周也。惟其勢之難周，遂令一齊燃發。又因衆聲齊發，遂匿鉛子不入。故操之日，炮聲震耳，率屬虛聲。而各軍工拙勤惰，漫無稽查，知此虛文，何裨實用！臣等反復思之，欲增添鉛子，則慮錢糧之難；欲少遲時刻，則慮饑疲之難；欲錯綜隊伍，則慮地勢之難。蓋嘗勞費形神，詢訪故老，謹得通變之方，可少裨火器之教。宜令一司之軍分爲二隊，每隊各一牌把，每軍鉛子三枚，甲放而後及乙，籍記而行賞罰，以錢糧則不加添，以時刻則不加久，以地勢則不患狹，以鉛子則不得侵，以工拙則可稽考。循是以行，火器或可精乎？又照，營地本自廣大，近因租種蠶食，教場日蹙，合無於有礙演放處所，待今歲收成之後，量加充拓，排列火器，以便演習。庶軍人不至叢立，射打得以精專，中國長技愈無敵於天下矣。伏乞聖裁。

一、公選驗以恤貧軍。照得軍士替補，初告於營，營行衛，衛行所，有結而後許驗。營中總識有需索，衛所官胥有常例，始進之費已屬不貲，及其入選，又遷延於驗軍司，遲留於下糧廳。一日不收，即誤一月，故有應役已逾歲時，而月糧不沾升斗者，甚可憐也。臣等思得簡便一策，大有益於貧軍。但遇替補軍人，先於該營陳告，每至雙月初三，各掌印指揮、千百户等官帶領告補替役老幼等軍聽候，臣等衙門先委副將選試。如果精壯堪補，即令面具結狀。各副將將選中軍丁，造具年貌、疤記、衛所文册於初七日投送總協，聽其揀驗。於十二日，各具一册投送兵部驗軍司及臣等衙門，并户部下糧廳。至二十日，驗軍司約會臣等及下糧廳聚於公同處所，各執前項文册驗中者，當面同收。兵部即收入軍籍，户部即收入糧册，該營把總即具收管。如此則軍丁足不至衙門，身已列行伍，既以恤其貧苦之情，自可作其勇敢之氣矣。伏乞聖裁。

一、增犒賞以作士氣。諺云：「軍無財，士不來；軍無賞，士不往。」今京營以數十萬涣散人心，數十年頽靡弱氣，欲一旦卒之使起，勇氣倍生，非有賞以勵其心，竊恐三軍不奮矣。今營中額賞歲以萬計，以十萬衆計之，每軍歲得銀纔一錢耳。以見行賞格計之，中二矢而賞完矣，其餘無所充賞也。以故犒賞動支馬價，臺下借用，各營方春操而秋賞已完，未逾歲而來年已用。將官難於展布，軍士無所振興，率以是耳。然此在尋常玩愒猶可言也，今倭夷鴟張於東南，達虜狼貪於東北，一關爲限，所恃幾何？臣等竊抱杞憂，欲不急急操練不可得。急急操練，欲不加犒賞不可得。查得京營子粒三萬餘金，舊屬該營徵用，後改兵部催徵，太僕收貯，而營中止給萬金，遂不敷用。今雖不必盡復原額，亦宜□□一萬，聊佐賞資。蓋禁□爲重，時事爲急，小利非所計也。或謂用於初事足爲膏澤之施，遺於將來適遂谿壑之欲，年復一年，妄費可惜。臣等則念，財用可惜於臨時，精兵難覓於一旦，誠以是萬金易精兵數萬，居常則消變未形，有事則臨敵制勝。兵不煩調，餉不加增，所省財用，寧可以億萬計乎？此小費乃所以大省，治兵正所以惜財。況臣等設法鼓舞，三軍已自懽騰。若由是賞賚不加，機括復□，臣等且與諸將之術并窮矣。脫有緩急，即十□□□濟於用哉？伏乞聖裁。

一、增選鋒以廣精鋭。該前巡視右給事中吴□□題，於標兵兩營加增選鋒千名，業已蒙旨□□。然至今未加挑選者，則以月糧之費，欲取□□□□班銀。故緩不及事，遂成畫餅。夫兵無選鋒□□，昔齊以伎擊强，魏以武卒奮，秦以鋭士勝，□□□□□□□。今以天下之大□此千人□□□□曰國初常供五十萬軍之用□，今額遠不□□此奚難？臣等請遵前旨，會同總務，挑選武藝精通者千名，收補雙糧，分□操練，月糧取給太倉，不須班銀幫助。各營遺下伍缺，責令照數補完。至於選鋒既廣，馬匹當增，又不必零星招買，稽遲歲月爲也。宜於寄養馬内兑領千匹，則軍得騎乘，民免累苦，實兩利俱存之道矣。伏乞聖裁。

一、選教師以精訓練。《傳》云：「士不選練，卒不服習，其法百不當一。」今營中練習之術則疎矣。業弓矢者以習射爲事，業火器者以演放爲事，惟業短兵者則累年鵠立而一無所事。何者？模範不立，即强有力者亦苦於無所觀法耳。臣等會同總協，下令營中各選教手，本營之人益以招募。今已選得武藝精熟堪充教師者百有餘名。顧三軍之士則因停操而樂罷矣，臣等乃思前項題准選鋒，正宜借以鼓舞軍士。乃令三軍凡願充選鋒、食雙糧者，許就師學藝，出隊報名。臣等立馬一呼，而應命者遂至數千人。乃總協亦不勝躍然喜也。於是採各營將官之議，擇就近地方，給教師工費，督以廉勤把總，歆以不時賚予。臣等復與總協及各將相約，輪至其地試驗之，察其學藝，先精者當即充補選鋒。如此則選一人而千人知，□□雖歇，而教演不停。比至開操，除武藝精熟者拔充選鋒，其餘俱布散各營，充當尖手，令其隨在而皆師，無人而不學，則不出一年之內，悉成强盛之兵矣。至於教師之內，類多出衆之才，如所教軍士果能自一而十，自十而百，則宜將首功之人授以名色把總，許其號領一隊，時加教演之功。若果才高名著，不妨以次加陞，則豪傑有進用之望，而教練益不遺餘力矣。臣等又念時事孔急，全營强弱喫緊惟在此舉。有如各營仍前苟且，不期成效，臣等無拘年終舊例，不時查參，用懲怠玩。伏乞聖裁。

一、明舉刺以一軍政。照得臣等巡視者，京營也，非所以巡視七十二衛也。舉刺之典，宜若無與然，使各衛與臣等無所干涉，即有干涉，而與營務無所妨害，則亦何樂乎收此冗雜之武弁，而勞費心力於其間也？顧其事相關涉者不一，而撓阻營務，使不得行者亦不一。姑以各衛虐軍之事言之，如初選有保結之費，按月有票銀之索，或措勒糧籌而不散，或冒支糧石而不給，或隱匿故絶軍丁而支糧肥己，或刁難替補軍役而數月無糧。賄賂得行，即軟脆流來俱可應役；需索不遂，即壯丁親子未得爲軍。夫營軍本至貧也，而重以多方掯抑，百計剥削，軍且保生救死之不暇，而安所得投石超距之氣哉！以故軍士赴愬於臣者紛紛踵至，臣下令曰「汝勿冒支軍糧」，弗應也。曰「汝勿隱匿逃亡」，弗應也。曰「汝勿延捱新收，使軍士當無糧之差」，弗應也。曰「汝勿抑勒保結，使壯丁無進身之路」，弗應也。新軍赴驗，臣慮有顧覓掇石之弊，欲令指揮等官從旁辨詰，而呼之不至也。月糧循環，臣慮有隱匿冒支之弊，欲合三大營册一爲查理，而招之不來也。故軍之冒役，任之而已矣。糧之冒領，任之而已矣。□□□□□□□□□□□□□□□□□□□□□□□□□□□□□□之□□□□□等故衛官無□□□□弊由之以生矣。臣前查得布花差所□者布花之事，所有事者□月□季□□得舉劾。存恤差所清理新軍不逾百名，□存恤各軍不過三月，亦例得舉劾。若臣等所巡視者十餘萬之官軍，百餘萬之糧餉，且事相干涉□終年之久。此而獨無舉劾，則冒軍、冒糧等弊，奚獲而釐正哉？若謂各差舉劾已衆，衛所不勝其彈壓，臣以爲此惟當論事體相關與否，而舉刺多寡奚論也？如畿輔郡縣八差皆得舉刺，則亦未聞□多矣。且各衛與營務相關之事，率皆各差論列之所不及，而臣等復不干與，則軍糧重務竟歸於無所綜核矣。寧非缺典乎？合無年終復命，總計各衛掌印等官，查其補軍無私、放糧不染者，列名特薦，遇有營官員缺，破格陞補，否則開款參劾。庶各官有所警懼，而貧軍之始進不費一錢，既進不虧斗粟，勇敢之氣不待作而自奮矣。伏乞聖裁。

二十一年四月二十四日奉聖旨：「户、兵二部看議來説。」

論劾協理京營賈侍郎疏

爲衰老樞臣不堪協理重任，乞賜更置以飭戎政事。臣等聞之：「天下雖安，忘戰則危。」故簡將練兵，清朝不諱。況今四方多事，在在興戎，而輦轂禁兵，關係尤重。若以桓桓武勇之地，用奄奄待斃之人，在居常猶且不可，況時事孔急之際乎？

臣等奉命巡視以來，竊見協理京營戎政右都御史兼兵部右侍郎賈仁元者，大不克稱厥任矣。請先言營務之難，而後及仁元衰頽之狀。蓋國家承平日久，武備廢弛，將不諳韜鈐，士不充行伍，目不習旌旗之色，耳不審金鼓之音，器械敝而未修，馬匹弱而難用。非不時時操演，率皆供具靡文，如遇對敵當鋒，難免望風奔北。武備衰微若此，言之可爲寒心。當此之時，即有鷹揚尚父，猶以振刷爲難；若非矍鑠馬援，祇見頽靡日甚。彼仁元□□□□□□高邁態度□羸，力衰而舉步最艱，氣微而出言甚澁。即使輕裘煖帶，難得四體從容。若令振武宣威，安望三軍鼓舞？蓋數十萬渙散人心，數十年堅牢積弊，必非老且病者可以展風行雷厲之猷，振投石超距之氣也。臣等亦聞仁元馳聲郡牧，著績邊疆，駸歷有年，名實并茂。第聖如尼父，亦嘆「吾衰」，智若孔明，難支食少。今仁元自審老且病矣，舉朝視仁元老且病矣。京營何等地？乾坤何等時？而以干戈爲扶病之資，營壘爲養老之地，竊恐用人之未當，而慮變之未悉也。如憐其老成忠厚，可鎮雅俗，則莫如更調别曹，徐圖展布。嗟嗟！老馬終難任重，倦鳥自宜知還。造化有盛衰之常，臣子有止足之義。雨雪已霰，日月幾何？是又仁元所當自裁矣。

臣等蒿目時事，日夜憂惶，欲伸狗馬之忠，少振貔貅之氣。第協理委靡於上，則一切窒礙於中。用是不避怨尤，形諸論列。如果所言不謬，乞敕部覆施行。或授以輕便職銜，或聽其自解組綬，遺下員缺，作速簡除。庶營務之振舉有期，而仁元之瘝曠亦免矣。

二十一年五月□日奉聖旨：「吏部知道。」

救降夷山查疏

爲降夷向化，教藝頗優，懇乞聖明電察，發回營伍，以廣招携事。臣等竊惟克敵之方在於精敵之技，而募兵之要貴能用敵之人。精敵之技，則彼不得恃所長以乘吾之短；用敵之人，則吾可得結其心而悉彼之情。故兵法不殺降卒，而因間用其鄉人。古名將類多如是矣。

臣等往聞倭刀最利，倭人運刀最精，常恨不得其人而悉其術。頃者東征諸將帶回降倭，業已分布各邊收用。謝用梓往取王子陪臣，帶回一倭，名曰山查。本兵發付營中，令其教演刀法。標下坐營官何良臣具申總協及臣等衙門，俱蒙批允，立爲教師，收入軍册，月給倉糧。兩月以來，軍士習學倭刀，精熟可用者百有餘人。臣等私自喜幸，以爲得以用倭人而悉倭技矣。乃東廠緝事人役誤以爲奸細，擒之。夫京營十餘萬衆勿論也，有總協提其綱領，臣等察其奸弊，各營將領亦□□□餘員□□□務。有□奸細不知，尚需廠内擒拿，則又豈可以言京營哉！大凡奸細之人，潛藏踪跡，密探情形，而不使人知。未有發之本兵，收之營伍，係名軍籍，日與十餘萬衆相朝夕，而可以言奸細者也。往年總兵戚繼光在營，所用倭夷甚衆。今各營將領帶來真夷家丁，食用雙糧者，亦不計其數。何獨於山查重疑之？今方與倭搆難，彼收中國人，則厚加優禮，資其謀猷。今我得彼一人，輒加重困，何其所見反出倭奴下哉？

臣等不揣駑鈍，振刷營規，日來招集四方教師，頗有其人。若槩目爲奸細，擾以緝拿，是使四方精鋭之士皆裹足而不敢前也，臣等不能爲營伍計矣。大都軍中無便宜之權，動則有掣肘之患，邇來中外軍事，率坐此失。此臣等所爲日夜腐心，苦不能争者也。伏乞皇上念倭事未寧，弘懷柔至意，勑下該廠，將山查放回本營，照舊教練。臣等叨承委命，一切營中利弊，臣等任之。

八月二十三日奉聖旨：「兵部知道。」

稽查勇士四衛兩營馬匹疏

爲稽查營馬，以釐夙弊，以肅營務事。竊照勇士四衛兩營馬匹，例該太僕寺一年兩次點查，而職等巡視其中，共察奸弊。於六月二十九等日，會同該寺少卿王士性、兵部車駕司主事賈維鑰，共在演象所公同點驗。職等素知此馬有名無實，詐冒錢糧，思欲清之。然念積弊難革，繩之以法不若諭之以理。於是進軍士而告之曰：「汝等受朝廷養育之恩，寧忍欺乎？」曰：「不敢也。」曰：「有人於此節年騙汝錢糧，汝能甘乎？」曰：「不甘也。」曰：「汝既知朝廷不可欺，錢糧不可騙。今汝等本無馬也，奈何欺騙錢糧，節年不止乎？今宜各發良心，毋得仍前作弊。若依法追究，汝等何堪？」軍士聞言感泣，而僞馬之去者紛紛矣。

軍士又向職等言曰：「往當查點之時，即街頭駝煤駕車之馬，無不覓來充點，委可痛恨。但其中有僞馬，亦有真馬，僞以亂真，真者難辨，遂致每年不給草料，不勝賠累之苦。今蒙稽查積弊，不若少剪耳，稍使真馬有辨，草料畚給，是亦優恤貧軍至意也。」時坐營等官亦僉云：「此法擬行已久，舍是則營馬終不能清，而下以欺上，上以疑下，弊端何時已哉！」於是職等採其言而行之，而僞馬之去者又紛紛矣。

職等又念軍士住居窵遠，出示曰：「凡續到馬匹，一體准收。」又念老馬無不倒之理，出示曰：「凡買補之馬，一體准收。」議既定，四臣乃協心舉事，凡四日而始畢。職等尤慮遠軍不能悉到也，復出示曰：「十日之内續到者，一體准收。」故於初四日續收馬二百七十四匹，十二日續收馬一百三十九匹。蓋察弊之中曲盡恤軍之意矣。

以上共查得勇士營驗准馬八百三十五匹，倒馬一匹，雙瞎及瘦損馬三十四匹，無印馬一百五十匹，如三大營禁用兒馬九十六匹。四衛營驗准馬四百一十九匹，瘦損馬一十九匹，無印馬八十一匹，不到馬九十一匹，兒馬五十九匹。

查既清矣，職等切思營馬本有定額，節年關領草料，未可以私意短少也。今除驗中并瘦損應變賣者，准作正數外，其兒馬原非營中所有，無印馬顯係臨時顧覓，不到者人與馬并無下落，且查三次不到，則無馬明矣。馬數既虧，錢糧攸係，豈可漫無稽查哉！合無行令該營，追究弊孔，或係倒死，或係盜賣，或係隱匿，或係走失，務要比照原數，一一無差，該營坐營官耿宗義、曹林、王添爵、左承廕、姚光祖、田汝耕職司營務，漫不經心，以致馬數短少，合當重加罰治，以儆不職。自今以後，宜令加意整頓，按月點查，瘦損者責罰，倒死者呈報，或令交納椿銀，或令陸續買補，一如三大營事例。而軍士有玩法如昔者，即重懲革役，無事姑息。至於驗中馬匹即係實數，宜及時給以草料，庶免賠累貧軍。此一驗也，除倒死一匹外，裁僞馬六百七十匹有奇，實收馬一千三百匹有奇。上爲國家歲省草料銀四千兩有奇，下爲貧軍實支草料銀七千兩有奇，上下兩利，情法兼全，不惟馬歸實地，軍士懽騰，而夙弊一清，即通國無不稱快矣。如果職等所言不謬，伏乞勑下該部議覆。應截支者截支，應給與者給與，應查考者查考，應罰治者罰治。庶乎馬政修明，軍心儆戒，而營務爲之益肅矣。

七月二十九日，户、兵二部覆，俱奉聖旨：「是。」

巡視京營復命疏

爲條議京營未盡事宜，以裨戎務事。竊惟臣等本非軍旅之才，濫叨巡視之役。向嘗不揣庸愚，條陳六事，伏蒙採納，見在遵行。玆者閲歷經年，機宜益審，一切利弊，尚費調停。謹列五端，仰瀆聖聽。如果所言不謬，乞勑該部覆行。蓋誠使十萬貔貅常奮發而不倦，則臣等一念狗馬，亦托寄於不窮矣。臣等不勝惓惓仰望之至。

計開：

一、議清汰老弱。爲照，軍稱健卒，非膂力方剛，難充是役。自選汰之法久廢，而壯丁半入衰頽。平居尩羸喘息，僵走不支，欲其衝鋒陷陣，賈勇先登，何異驅鷄肋而扛洪鼎哉！故兵非練不精，非選不强。臣等蓋嘗設爲公同選驗之法，而軍士以省財告替者幾至數千人。循是行之，未必非轉弱爲强之計也。第恐法久弊生，時移政改，因循之弊仍復猶前。請將公同選驗之法再行申飭，立爲定案，永久遵行。又聞有等老猾軍人，不肯替役，把總通同隱匿，共分月糧者。是又當設法嚴爲之處也。合無每當秋操將畢，行令各營從公清汰，多者百名，少者五十名，最少亦不下三十名，各將汰去名數册報總協及臣等衙門，一面知會下糧廳除名止糧，作缺更選。夫以三千計之，在百名者爲三十去一，在三十名者爲百名去一。立法原不過嚴，軍政亦難姑息。

至於年例布花，係役過應得之賞，宜一體頒給，以恤貧困。仍責令老軍各報壯丁，速與替役，毋得仍前抑勒，貽累貧軍。夫有公選之法，則願替者在下；有清汰之例，則搜選者在上。兩者交相爲用，雖未必一時盡化爲精鋭，而龍鍾不堪者可漸以去矣。伏乞聖裁。

一、議考選雙糧。爲照，人情見利則動，士有赴湯蹈火、冒矢石不避者，非其愛生之心與人殊也，有利以繫其心耳。今營中選鋒月食雙糧，非衆軍垂涎欲得者乎？往日遇雙糧缺出，不以藝補，有力者直以謀取，無財者不可必得，三軍之士囂然喪其學藝之心矣。夫以有用之缺，不用爲鼓舞之術，甚可惜也。今計營中選鋒六千人，每年逃故之數不下三五百名，而此三五百名缺，必毋令如尋常混補也。合無將臣等新收選鋒一千餘名分散各隊，立爲教師，每一教師撥以精壯軍丁十名，教習武藝，訓練有成，照前另撥。平居則各營比驗，分別勸懲。春秋兩操畢日，行令各營將考過一二等軍人造册呈驗。臣等同總協衙門公同比試，取武藝精熟者爲一等，稍熟者爲二等，類定次序，張掛榜文，一等超補選鋒，二等挨補尖手，原係尖手即補雙糧。挨名順次，一如學校補廪之例，毫不容紊。至於年老選鋒濫冒雙糧，宜令各營每當十月一報，多則五名，少則三名，裁革作缺，即以選中軍按序頂補。如此則高等者即補於目前，下等者亦想望於日後，已得者有患失之念，未得者懷患得之心。雙糧缺出而不窮，則人心鼓舞而不倦。率是以行，而營伍不化爲精兵者，未之有也。伏乞聖裁。

一、議犒賞軍士。夫三營十餘萬衆，稱至涣矣，而欲勢聯臂指，馳驅用命，非賞胡以動之？查得營中舊規，調弓矢有賞，調火器有賞。兩項之外，調不及而賞不加也。夫荷戈持矛之士，焉往非軍，而犒賞毫釐不沾，法可若是之偏乎？頃臣等設法教藝，而刀鐮等隊賞賚始及。然立法之初，恩施猶然未溥也。今議合三大營每營每隊必設學藝之軍，師範學徒各給日用之費。庶人不苦枵腹，則藝可得專攻，即久留操練，無所怨也。其在弓箭火器隊内，宜於散操之際各設銀牌三面，下令三軍，不拘隊伍，願射者聽，不論迴數，中盡而止，射中銀牌即付本軍作賞。其長短各兵在總協并臣等，亦不時調試，有技藝精熟堪居一等者，破格賞賚。超等者即犒以銀牌亦不爲過。夫軍士月糧之外無所資生，一旦中銀牌，蒙厚賞，在本軍必極懽悦，在衆心必爲感奮，有不殫力畢智求精其技者，臣不信也。蓋今歲臣等常多設銀牌，軍人往試射法，而習射者遂紛紜瀰滿，抵暮方歸，效可立覩矣。况臣等請有加賞銀兩，正可用爲練兵之資。故當立定賞規，永永遵守。如師範雖設而督率不至，賞賚薄行而冒破過甚，則容臣等巡視衙門特疏參處，不俟年終論斥也。伏乞聖裁。

一、議稽查錢糧。夫京營每年例該赴太僕寺領馬價銀一萬二千兩，犒賞銀一萬六千兩，收貯戎政府庫，分發各營中軍等官，充買馬犒軍之用。此舊規也。但法行日久，弊端叢生，有先事預支者，收放私家，任情自便；有後事剩餘者，不還公帑，恣意乾没。或移東而就西，或借新以償舊，千瘡百孔，莫可究詰。凡此皆出納弗明，稽核不嚴之過也。臣等竊思太僕寺收放錢糧必公同臣等監視，出納之際頗覺分明。戎政衙門何獨異是！蓋戎庫所貯，莫非京營錢糧，而臣等巡視關防，則專以錢糧爲重。此而不行清查，徒以循環往來虛應故事，日滋月長，弊將曷極！合無今後中軍領到前項銀兩，即赴戎府交收。其支銀之期，馬價每季一支，犒賞每操一支，季終及住操之後，各造支用清册，送臣等查算。果有餘剩即還庫收貯。仍比照太僕寺事例，凡遇收支，臣等親詣戎政衙門，公同總協二臣，將收支數目親筆登註。在總協則註戎政印簿，在臣等則註關防簿，一并固封貯庫。其庫門仍用臣等關防封條封識，不許私開，庶稽查嚴而夙弊清，臣等之職掌亦修矣。伏乞聖裁。

一、議調和將士。夫天下事未有不濟於同心、敗於異志者。況京營十萬之衆，聯屬甚難，積衰之餘，振刷匪易。各營將領正當努力同心，協恭趨事，期以興衰起弊，共詰戎兵。何乃互修嫌怨，妬忌功能，職業不修而厭人勤事，韜鈴不諳而惡人談兵？如五軍八營參將朱紹慶先遞教師名册，而人忌之；左標營佐擊包節、右標營坐營何良臣苦心教練，兵馬獨精，而人忌之；神機十營中軍葉尚義首報學藝方所，而人忌之；神機三營中軍丁坤條陳處補單糧，而人忌之；標兵營千總王承烈、曾向臣等密談倭事，而人忌之。夫數臣者，謀猷方展，而萋菲已興；墨跡未乾，而謗書輒至。是修業爲修怨之資，奉職爲罷職之地。彼力量不足者，方將聞謗心寒，望門謝過之不暇，又安能奮志立功，先諸將而整戎務哉？昔廉、藺失懽，猶云争道；渾、濬搆怨，猶爲平吴。未聞因人盡職而遂起相傾之念也。夫忌人之賢，必同歸不賢而後可矣。嫉人之功，必同歸無功而後可矣。營務安所賴哉？且營官大小不一，孰非世受國恩，而存心若是，可謂無人臣之義矣！臣等謂此弊不除，營規終難整頓，而不奉明旨申飭，人心終不改圖。合無恭候命下該部，嚴諭各該營官，自今以後，各修常職，無起怨尤，拙者以能爲師，惰者以勤自勵，務篤同舟之義，共成報國之功。有如踵襲前弊，相忌相傾，容臣等衙門先將造謗投揭之人以嫉賢名色特疏彈擊。庶忮求之私泯，而寅恭之義孚，營務可幾而理矣。伏乞聖裁。

二十二年十二月二十六日奉聖旨：「該部看議來説。」

附録　本書所收各家傳記資料

穆孔暉

南京太常寺卿贈禮部右侍郎謚文簡穆公孔暉墓誌銘

王　道

嘉靖己亥八月，南京太常寺卿玄菴穆公以疾終於家。訃聞，士林驚嘆，上悼，念經幄儒臣，詔贈禮部右侍郎，謚文簡，遣官諭祭兼營葬事，蓋備數也。公諱孔暉，字伯潛，自號玄菴，山東堂邑人。曾大父弘，潞州訓導，妣南氏。大父彪，□朴菴，處士，妣任氏。父清，耆儒，妣任氏，繼黄氏。公既貴，貤恩，初封父徵仕郎、翰林院檢討，贈妣孺人。繼贈大父、父皆通議大夫、南京太常寺卿，祖妣、妣皆淑人。公少穎悟凝重，未成童即文章奇古，爲識者所器。年十八遭母任淑人憂，哀毁嘔血，以善喪聞。弘治甲子，舉山東鄉試第一，乙丑登進士第，被簡爲庶吉士，讀書中秘。丁卯，授翰林院檢討。己巳，預修《孝廟實録》成，忤逆瑾意，調南京禮部主事。瑾誅，還舊職。辛未，同考禮部會試。壬申，遷南京國子監司業。癸酉以外艱歸，服闋，改北監司業。尋丁繼母黄憂，服闋，改翰林侍講，充經筵講官。嘉靖紀元壬午，主順天鄉試，乙酉預修《武廟實録》成，陞左春坊左庶子兼翰林院侍講學士，修武官續黄。丙戌，主考武舉。公凡三執文柄，皆號得人。試録出，識者輒指其深于理者曰：「此玄菴筆也」，已而果然。是歲入直便殿日講，公既以經術侍，謂足以行也，因攄所得發□講義，簡明剴切，寓誠規諫，聞者皆悚敬焉。未幾進掌院事，兼撰文官誥勑。首遵聖諭，崇雅革浮，遂定□一代詞命之體。庚寅冬十有二月，上於文華殿奉安先聖先師神位，因諭講臣人各陳經書大旨一章，冀以不□所望。於是公獨取《孟子》卒章發其見知聞知之奥，以祇若聖天子，纂承群聖之志。篇末獻言，指切時弊，則所謂啓沃交修之實、目前緊要之事，以仰副聖明之望者也。大畧謂用人者不肯體聖心、布公道，使私求者易進，直道者難容，由是内外大小臣工罔不改操趨時，道化未洽皆由于此。故欲用人之得其當，在聽言之致其審，偏聽則蔽，兼聽則明。以一人愛憎之口□人才邪正之據，此用舍之際或有未究於理者矣。奏入，聞者韙之。明年春，某月日，公已赴闕候講，以陰雨免朝，隨衆而回，俄聞上御文華殿，亟馳以趨，已不及矣，即上章自劾。明日得旨，改南京尚寶司卿，舉朝駭愕。給事中葉洪上言：「穆某聖代淳儒，留之左右，必足以裨益聖德」，不報。公惟循省自咎，無幾□見于顔面。壬辰轉南太僕少卿，癸巳遷南太常寺卿。公德望隆重，善類推先，自爲學士至官太常，凡十擬侍郎，皆不果用，然益昭輿論之有在矣。甲午夏，以疾自陳，得致仕歸。公自是杜門静養，與世相忘，而望實益彰，薦剡交上，朝野顒顒，冀其復起，不幸天不慭遺，奄忽至此。嗚呼悲夫！

公資禀既純，問學尤邃，初留意古文詞，已嘗闖其奥矣。既知其無益，棄不復爲，乃篤志正學，研究義理，體之身心，其所造卓然處可與儒先君子同不謬於聖人，而公不自以爲足也。嘗謂古之人窮理盡性以至於命，今於性命之原，習其讀而未始自得之也，顧謂有見，安知非汩慮於俗思也邪？於是抉去藩蔽，力肆恢弘，經訓之外雖世儒所斥以爲異端如佛老者，悉取其書，精擇而詳説之，以與吾聖人合，曰：「性中固無是分別相也。」久之，洞見道原通達爲一。嘗論心學之要曰：「鑑照妍媸而妍媸不著於鑑，心應事物而事物不著於心。自來自去，隨應隨寂，如鳥過空，空體弗碍。」觀此則公所得信乎玄矣，故其見之行也，無事矯飾而中正純懿自中禮則，孝友之實取重鄉評，忠信之德孚於朝著。在南雄時，父封君適患風疾，公左右醫藥，食寢俱廢，及卒，柴毁骨立，殆不勝喪。後喪繼母，亦如之。有弟八人，相繼夭逝，公哀悼之，久而不置，子其孤遺，皆至成立。宗尚□□姻友婣睦周至，不以貧格恩。教人每薰以和，人一親之，故及門之士多所成就。立朝雖久，而位不稱德，未究厥施，然志操雅正，宇量深沉。當事變揮霍波瀾反覆之際，人多不能自持，公處其間，超然無預，確乎不移，泊如也。同時縉紳無問趨向同異，咸宗仰之，以□不可及，知德者至擬諸程伯子云。晚年病脾，不能食者數月，而神志益清，文思焕發，皆寫其自得之妙，有塵垢斯世、遨遊太清之意。其於死生去來，蓋亦翛然，庶幾孔子所謂聞道者矣。公所著述，有《讀易録》、《尚書困學》、《前漢通紀》、《諸史通編》、《遊藝集》各若干卷，其《大學千慮》、《玄菴晚稿》則病筆也。生成化己亥正月十六日，享年六十有一。

（録自焦竑編：《國朝獻徵録》卷七十，明萬曆四十年徐象橒曼山館刻本。）

南雍志·穆孔暉傳

黄佐

穆孔暉，字伯潛，山東堂邑人。少端慤寡言，博覽經史，有深湛之思。弘治甲子，有詔用洪武舊制以京職兼主各藩試事。主事王守仁校文山東，置孔暉舉首，時論稱得人焉。乙丑連取進士，改翰林庶吉士，除授檢討。每玩索有得，輒輯成編。同館崔銑見之，嘆曰：「横渠妙契疾書，今復見矣。」正德己巳，逆瑾用事，惡翰林儒臣不附己，因纂修後，以擴充政務爲名調南京禮部主事。庚午，召復檢討。同考辛未會試，所得多知名之士。壬申，陞本監司業。既至，以身率諸生，惟令静默窮究義理，毋瑣瑣口耳記誦，中人以上類多從之。癸酉，改北監，罹艱歸，然後被教之徒思模範如孔暉不易得也。服闋，改翰林侍講。在經筵，進講經書，多所規諫。嘉靖壬午，主考順天鄉試，簡拔尤精。尋歷春坊庶子兼侍講學士，太常寺卿，仍兼學士。卒贈禮部右侍郎，謚文簡。孔暉天性好學，雖王守仁所取士，未嘗宗其説而非薄宋儒，晚年乃篤信之，深造禪學頓宗。臨没作偈有「到此方爲了事人」之句，論者以此窺公所詣云[一]。所作詩文精確不苟，在南監時，宅中多竹，吟諷有得，輒題其上。後郭維藩爲司業，南行，贈之以詩，有句云：「書聲山下月，詩思竹邊秋。」崔銑謂：「玄菴一聯摹寫臻妙境矣」，每舉以爲詩家三昧云。玄菴，盖孔暉别號也。

（録自焦竑編：《國朝獻徵録》卷七十，明萬曆四十年徐象樗曼山館刻本。）

明儒學案·穆孔暉傳

黄宗羲

穆孔暉，字伯潛，號玄菴，山東堂邑人，弘治乙丑進士。由庶吉士除簡討，爲劉瑾所惡，調南京禮部主事。瑾敗，復官。歷司業、侍講、春坊庶子、學士、太常寺卿。嘉靖己亥八月卒，年六十一。贈禮部右侍郎，謚文簡。

陽明主試山東，取先生爲第一。初習古文詞，已而潛心理學。其論學云：「古人窮理盡性

[一]「論者以此窺公所詣云」，《明代傳記叢刊》所收《南雍志》作「論者以此少之」。

以至於命，今於性命之原，習其讀而未始自得之也。顧謂有見，安知非汩慮於俗思耶？」又云：「鑑照妍媸而妍媸不著於鑑，心應事物而事物不著於心，自來自去，隨應隨寂，如鳥過空，空體弗礙。」又云：「性中無分別，想何佛何老？」臨卒時，有「到此方爲了事人」之偈。蓋先生學陽明而流於禪，未嘗經師門之鍛煉，故陽明集中未有問答。乃黄泰泉遂謂：「雖陽明所取士，未嘗宗其説而菲薄宋儒。」既冤先生，而陽明豈菲薄宋儒者？且冤陽明矣。一言以爲不知，此之謂也。

（録自黄宗羲撰：《明儒學案》卷二十九《北方王門學案》，中華書局，一九八五年，頁六三六—六三七。）

明儒言行録・穆孔暉傳

沈佳

字伯潛，山東堂邑人。弘治乙丑進士，仕至南京太常寺卿。淳懿温恭，早負文望，弘治甲子王陽明主試，舉第一。登進士，授翰林院檢討。正德間，宦瑾擅權，卿佐皆伏謁跪拜，先生挺立不屈，與安陽崔銑獨長揖，瑾怒，矯旨出公南京禮部主事。瑾誅，復原官，進南國子司業、左庶子，充經筵講官，因攄所得，懇惻規切。嘉靖初，進學掌院，以忤權相，改南京尚寶司卿。給事中葉淇上言：「學士穆孔暉，昭代醇儒，留之左右，足以裨益聖德」，不聽。尋遷南京太常寺卿，致仕。

初工古文辭，有聲，已棄去。研精六籍，潛心聖學，雖二氏諸書，時擇其精者詳說之，久之穎脱超悟。嘗論心學之要曰：「鑑照妍媸而妍媸不著於鑑，心應事物而事物不染於心，自去自來，隨應隨寂，如鳥過空，空體勿礙」，識者服其妙悟。平生無疾言厲色，變故猝至，神氣坦然，人比德於程伯子。居官三十年，茅茨僅蔽風雨，卒贈禮部侍郎，謚文簡。所著有《讀易録》、《尚書困學》、《諸史通編》、《大學千慮》、《四史弘裁》諸書。

焦澹園曰：「先生弱冠志性命之學，取古人之言精思力踐之，勿造微勿止。王文成道學傾一時，先生適其闈中所拔弟子。顧學取自得，不輕信而從，其所反覆議論可見也。即服膺考亭而心有所疑，亦力辨不置。至釋氏尤考亭所斥，先生乃深味其言而時有取焉，此豈無得於心而第爲觀場之見者倫哉？先生於經筵，啓沃朋輩，往復往往疏往哲之奥言，明羣生之理性，令聞者聳聽，玩者心開。至上前反覆開諭，務詳於君子小人之際，其心冀以自盡，而要人忌之日甚。雖踞師席、晉清卿，非不尊顯，而道不行於朝，自此始矣。嗟乎！士非不自詭於聞道也，迷謬於趨舍操術之異，顛沛於得喪憂樂之際，壯而學，老而悖，而得其所謂道者鮮矣。先生學不衒於繁而能獲其要，其用也不在其身而思以致於君，及其老，含和葆真、安以儉退而無累於得，三者人之大節而先生能兼之，不謂之聞道不可也。余謂先生於師友間不爲苟合，宜所立乃爾，而文成公知人能得士，此亦其一驗云。」

（録自沈佳撰：《明儒言行録》卷八，四庫本。）

尤時熙

中州人物考·尤時熙傳

孫奇逢

時熙，字季美，洛陽人。生而警敏，嘉靖壬午領鄉薦。計偕入京師，時姚江《傳習録》始出，時熙一見輒自省，嘆曰：「道不在是耶？」自是深信潛體，毅然以聖賢爲己任。常以不及師事文成爲恨，且曰「學無師終不能有成」，于是受學于文成之門人劉晴川，尊信師門良知之説。由學博遷國學正，未幾陞户部主事，榷税滸墅關，一介不取。尋以母老乞養，里居三十年，日以修德明道爲事，足未嘗詣公庭。所居環堵，諷詠自若，郡守或以官地遺之，謝不受。後進有來學者，輒喜動眉宇，與之言終日不倦。陝、洛間聞其風擔簦而至者，百數十人。學者稱爲「西川先生」。嘗言：「能翻前人案，始能得前人意。若不得其意而務爲紛更，是妄也。」又曰：「講學是解縛之法，有世俗縛，有賢傳縛，有聖經縛，有師説縛，有意見縛，皆是名利做根。解得此縛纔是學，此師門宗旨也。」後御史董定策薦時熙與曹端、孟化鯉于朝，曰：「古人以學爲實，今人以講學爲名。若臣鄉三賢，皆務實者也。」所著有《擬學小記》、《聖諭衍》行于世。

野史氏曰：西川《要語》一編最喚醒人。世以爲傳陽明之學，愚謂陽明之致知非陽明之致知，孔子之致知也；紫陽之窮理，孔子之窮理也。總不謬于孔子而已矣，何至相牴牾、分水火乎？即如格物之説，紫陽而在，亦可以此面質，共偕大道，爲諍友，爲功臣，奚不可？由也不嘗不説于夫子乎？夫子雖折之，未嘗不重其人，曰：「志意不立，子路侍。」何至以朱陸同異聚訟于生前，朱王同異又聚訟于身後哉？皆緣不明于學者助之攻耳，失紫陽意。

（録自孫奇逢撰：《中州人物考》卷一，四庫本。）

明儒學案・尤時熙傳

黄宗羲

尤時熙，字季美，號西川，河南洛陽人。舉嘉靖壬午鄉試，歷元氏、章丘學諭，國子學正，户部主事，終養歸。歸三十餘年，萬曆庚辰九月卒，年七十八。先生因讀《傳習録》，始信聖人可學而至，然學無師，終不能有成，於是師事劉晴川。晴川言事下獄，先生時書所疑，從獄中質之。

又從朱近齋、周訥溪、黄德良考究陽明之言行，雖尋常謦欬，亦必籍記。先生以道理於發見處始可見，學者只於發動處用功，故工夫即是本體，不當求其起處。濂溪之「無極而太極」，亦是求其起處，爲談學之弊。堯舜之執中，只是存心。明道之識仁，猶云擇術。以白沙「静中端倪」爲異學，此與胡敬齋所言「古人只言涵養，言操存，曷嘗言求見本體」，及晦翁「惟應酬酢處，特達見本根」工夫一也。静中養出端倪，亦是方便法門，所謂觀喜怒哀樂未發以前氣象，總是存養名目。先生既掃養出端倪，則不得不就察識端倪一路，此是晦翁晚年自悔缺卻平時涵養一節工夫者也，安可據此以爲學的？先生言近談學者多説良知上還有一層爲非，此説固非，然亦由當時學者以情識爲良知，失卻陽明之旨，蓋言情識上還有一層耳。若知良知爲未發之中，決不如此下語矣。

（録自黄宗羲撰：《明儒學案》卷二十九《北方王門學案》，頁六三八—六三九。）

明儒言行録・尤時熙傳

沈佳

字季美，河南洛陽人。嘉靖壬午舉鄉薦，仕至主事。受學王文成之門人劉晴川，尊信良知之説。授户部主事，榷税滸墅關。尋以母老乞養，里居三十年，遠近學者宗之，號曰西川先生。

常曰：「能翻前人案，始能得前人意。若不得其意而務爲紛更，是妄也。」又曰：「講學是解縛之法，有世俗縛，有賢傳縛，有聖經縛，有師説縛，有意見縛，皆是名利做根。解得此縛，纔是學，此師門宗旨也。」後御史董定策薦曹端、尤時熙、孟化鯉於朝曰：「古人以學爲實，今人以講學爲名。若臣鄉三賢，皆務實也。」其門人孟津李根能崇師説，官至僉事。

（録自沈佳撰：《明儒言行録》卷八，四庫本。）

孟化鯉

中州人物考・孟化鯉傳

孫奇逢

化鯉，字叔龍，新安人。萬曆庚辰進士，初授户部，榷河西務，清白自操，羡餘悉捐而不受。與諸士專明正學，河西祀之。奉命賑山東、江南，盡心區處，活數萬人。擢吏部文選郎中，秉公直，謝請托，仕路一清。以建言與顧憲成、鄒元標同被譴。倡道函關，闡明學術于曹端之後。其言曰：「孔孟演虞廷之傳，又千餘年而周程續之，曰太極，曰誠仁，盖得一貫、集義之學大宗旨。此學不明，即終身從事，恐不免義襲冥行。聖門四科，必首德行，顔不違仁尚矣，其次若閔若冉，孝敬自足取信。至伯牛獨以疾見惜，而齊魯《論語》、六經舉無片言隻行可考，乃儼然廟庭，七十子且多讓而坐下。總歸于躬行實踐而聖人之道賴之愈久愈光。」鯉生平服行曹端，爲祀典尚格，參對盈廷，卒無定議。張棟以建國本被謫，化鯉起之，忤政府，附籍。時交章保留，化鯉乘蹇而歸。築書院川上，倡明道學。居仍先世，不過數楹，薄田數畝。嘗徒步布袍，一時從游百人，學者稱爲「雲浦先生」。所著有《尊聞録》、《讀易寤言》、《春秋正旨》、《諸儒要録》、《理學功臣言行條》、《文集》諸書。天啓朝，冢宰張問達等題贈光禄寺卿，祟祠鄉賢。

野史氏曰：雲浦之學，從統宗處理會，其魄力自大。「孔孟演虞廷之傳，周程續之，太極、誠仁便是一貫，集義大宗旨」，只此數言盡之矣。主腦不清，文辭繁多，終是曲儒。

（録自孫奇逢撰：《中州人物考》卷一，四庫本。）

明儒學案・孟化鯉傳

黄宗羲

孟化鯉，字叔龍，號雲浦，河南新安人。由進士授南户部主事，歷稽勳、文選郎中。萬曆二十年，給事中張棟以國本外謫，會兵科缺都給事中，先生推棟補之。上怒，謫先生雜職。西川既傳晴川之學，先生因往師之。凡所言「發動處用功」，及「集義即乎心之所安」，皆師説也。在都下與孟我疆相砥礪，聯舍而寓，自公之暇，輒徒步過從，飲食起居，無弗同者，時人稱爲「二孟」。張陽和作《二孟歌》記之。罷官家居，中丞張仁軒饋之，亦不受。書問都絶，宦其地者，欲蹤跡之而不得也。

（録自黄宗羲撰：《明儒學案》卷二十九《北方王門學案》，頁六四七—六四八。）

明儒言行録・孟化鯉傳

沈佳

字叔龍，河南新安人……〔一〕進士，仕至吏部文選郎中。兒時嗜讀《小學》，十三讀《易》，旁通經史。隨補諸生，以古道自任。聞西川尤先生倡道淑人，往師事之。讀《擬學小記》，曰：「濂洛真傳，其在是矣。」凡西川所言，手自籍記。尋貢入成均，與孟我疆以道相砥礪。舉鄉試，例同年具呈坊價，公瞿然曰：「吾輩方將起家清仕路、抑奔競，乃先行請託耶？」及計偕，有司以故事徵驛遞路費，皆峻卻不受。成進士，授南户部主事，時相欲致公爲重，終不往謁。官户部，榷河西務，惟與士民講上諭，發明正學。去之日，士民肖像祀江干。奉命賑江南山左饑，全活無

〔一〕 此處原書有註：「闕」。

算。兩執親喪，一準古禮。起復，補稽勳，歷文選郎，一意孤立，雖貴要不少徇，内外率側目視。會張可菴棟以都諫建言國本謫，公疏起之，遂仵上意，調外。尋以中外力救，削籍歸。以恬淡古樸爲里俗先，所至人多化之。公精神强毅，每漏下五鼓即起課諸子弟，夜分咿唔不倦。所著有《尊聞録》、《讀易寤言》、《諸儒要録》等書。學者稱「雲浦先生」。孫鍾元曰：「雲浦之學，從統宗理會，其魄力自大。」

（録自沈佳撰：《明儒言行録》卷八，四庫本。）

張信民

中州人物考·張信民傳

孫奇逢

信民，字孚若，澠池人。讀洗心藏密之語，自號「洗心居士」。父泰，性謙和，喜賓客，夢神人送玉麟而生信民，端穎不類常兒。四五歲時，出見羣兒畫地，圓内方外爲戲。先生從旁正之曰：「天包乎地，何爾爾乎？」識者已知其不凡。七歲就外祖郭鳳池學，稟鄉之先輩曹端爲學程，作聖之志即基之矣。十五遊膠庠，聞新安孟化鯉倡道函關，負笈從遊，毅然以斯道爲己任。

主盟興起，陶鑄後學，反復忘倦，時巡撫吴公聘信民纂修程、邵諸書。及化鯉卒，信民恐學會落寞，約王以悟于分陝龍興寺，學者如歸。

尋以萬曆朝選貢授隴西令。下車剔蠹綏甿，撫摩噢咻，種種德政，民慶更生焉。隴西號爲天水，艱于取汲。信民引闊羊河水入城，地方至今永賴。士鮮知學，爲之建社學、社倉，選師督教。刊《洛西三先生要言》與《訓蒙要纂》等書，啓廸多士，而士風丕變。未幾，以不避權貴謫西安藩司檢校，亦恬然安之。與馮少墟訂商問學，日夜匪懈。

及誣詆白，授懷仁令。下車即訪民大害，如馬頭苦累、銀力包賠、地糧欺隱三事，一一斟酌興除，百廢具舉。又刊《四禮述》等書行于世，風俗翕然改觀。後以歸養告休，疏十上始得允。懷民建祠從祀，自信民始。

丁艱，鬚髮一夜如銀，杖而後起。當是時，秦、晉之間以及汝、潁、睢陽之士相繼而來問業者，室不能容，創正學會所五楹，開示蘊奥，環門墻觀聽者數千人。御史李日宣請信民至韶陽會，禮數備至。後過澠，造廬以請，恨相見之晚，爲建正學書院，日與王以悟、吕維祺等講《太極》、《周易》。又建景運山堂以課多士。

天啓之季，學遭厲禁，信民卜東山下建静室，養晦其中。崇禎御極，御史吴、李交辟請益，又約結雒社會，共推上座，發明致中和之義，聞者嘆服。即疏薦爲成均主講，一日無疾忽端坐而逝，壽七十有二。

所著有《日鈔》、《理學彙粹剖疑》、《講學會解》、《月川年譜》、《訓蒙要纂》、《四禮述》、《一噱録》、《印正稿》、《洗心録》諸書。

（録自孫奇逢撰：《中州人物考》卷一，四庫本。）

張後覺

明儒學案・張後覺傳

黄宗羲

張後覺，字志仁，號弘山，山東茌平人，仕終華陰教諭。早歲受業於顔中溪、徐波石，深思力踐，洞朗無礙。猶以取友未廣，南結會於香山，西結會於丁塊，北結會於大雲，東結會於王遇，齊、魯間遂多學者。近溪、穎泉官東郡，爲先生兩建書院，曰「願學」，曰「見大」。先生聞水西講席之盛，就而證其所學。萬曆戊寅七月卒，年七十六。其論學曰：「耳本天聰，目本天明。順帝之則，何慮何營？」曰：「良即是知，知即是良。良外無知，知外無良。」曰：「人心不死，無不動時。動而無動，是名主静。」曰：「真知是忿忿自懲，真知是欲欲自窒。懲忿如沸釜抽薪，室欲如紅爐點雪。推山塡壑，愈難愈遠。」

（録自黄宗羲撰：《明儒學案》卷二十九《北方王門學案》，頁六三八。）

明史·張後覺傳

張後覺，字志仁，茌平人。父文祥，由鄉舉官廣昌知縣。後覺生有異質，事親孝，居喪哀毀，三年不御内。早歲聞良知之説於縣教諭顔鑰，遂精思力踐，偕同志講習。已而貴溪徐樾以王守仁再傳弟子來爲參政，後覺率同志往師之，學益有聞。久之，以歲貢生授華陰訓導，會地大震，人多傾壓死，上官令署縣事，救災扶傷，人胥悦服。及致仕歸，士民泣送載道。東昌知府羅汝芳、提學副使鄒善皆宗守仁學，與後覺同志。善爲建願學書院，俾六郡士師事焉；汝芳亦建見泰書院，時相討論。猶以取友未廣，北走京師，南遊江左，務以親賢講學爲事，門弟子日益進。凡吏於其土及道經茌平者，莫不造廬問業。巡撫李世達兩詣山居，病不能爲禮，乃促席劇談，飽蔬食而去。平生不作詩，不談禪，不事著述，行乎遠近，學者稱之爲「弘山先生」。年七十六，以萬曆六年卒。其門人，孟秋、趙維新最著。

（録自張廷玉等撰：《明史》卷二百八十三列傳第一百七十一儒林二，中華書局，二〇一三年，頁七二八七—七二八八。）

趙維新

明史・趙維新傳

維新，亦茌平人，年二十，聞後覺講良知之學，遂師事之，次其問答語爲《弘山教言》。性純孝，居喪，五味不入口，柴毀骨立，杖而後起。鄉人欲舉其孝行，力辭之。喪偶，五十年不再娶。嘗築垣，得金一篋，工人持之去，維新不問。家貧，或並日而食，超然自得。亦以歲貢生爲長山訓導。年九十二，無疾而終。

（録自張廷玉等撰：《明史》卷二百八十三列傳第一百七十一儒林二，頁七二八八。）

楊東明

中州人物考・楊東明傳

孫奇逢

東明，號晉菴，虞城人。萬曆庚辰進士，授禮科給事中，請立東宮，又請預教，疏凡數十上，轉刑科。萬曆三十年河決，大侵齊、梁、淮、徐間，東明繪《流民圖》上之，上惻然，傳示西宮、中宮省覽，遂出帑銀三十萬往賑。乙未分校禮闈，稱得士。因抗疏左遷陝西布政司照磨，泰昌御極，晉大理、光禄卿。始建首善書院，與鄒元標、馮從吾羽翼聖學，後轉南京通政使。卒贈禮部尚書。

野史氏曰：晉菴、述復皆私淑新吾先生之學者也。余嘗問其鄉之後進，言其學有本源，故附之。

（録自孫奇逢撰：《中州人物考》卷一，四庫本。）

明儒學案·楊東明傳

黄宗羲

楊東明，號晉菴，河南虞城人。萬曆庚辰進士，授中書舍人，歷禮科給事中，掌吏垣，降陝西照磨，起太常少卿，光禄寺卿，通政使，刑部侍郎，乞休回籍。天啓甲子卒，年七十七。先生所與問辨者，鄒南皋、馮少墟、吕新吾、孟我疆、耿天臺、張陽和、楊復所諸人，故能得陽明之肯綮。家居，凡有民間利病，無不身任，嘗曰：「身有顯晦，道無窮達，還覺窮，則獨善其身之言有所未盡。」其學之要領，在論氣質之外無性，謂「盈宇宙間只是渾淪元氣，生天生地，生人物萬殊，都是此氣爲之。而此氣靈妙，自有條理，便謂之理。夫惟理氣一也，則得氣清者，理自昭著，得氣濁者，理自昏暗。蓋氣分陰陽，中含五行，不得不雜揉，不得不偏勝，此人性所以不皆善也。然太極本體，立二五根宗，雖雜揉而本質自在，縱偏勝而善根自存，此人性所以無不善也」。先生此言，可謂一洗理氣爲二之謬矣。而其間有未瑩者，則以不皆善者之認爲性也。夫不皆善者，是氣之雜揉，而非氣之本然。其本然者，可指之爲性。其雜揉者，不可以言性也。天地之氣，寒往暑來，寒必於冬，暑必於夏，其本然也。有時冬而暑，夏而寒，是爲愆陽伏陰，失其本然之理矣。失其本然，便不可名之爲理也。然天地不能無愆陽伏陰之寒暑，而萬古此冬寒夏暑之常道，則一定之理也。人生之雜揉偏勝，即愆陽伏陰也。而人皆有不忍人之心，所謂厥有恒性，豈可以雜揉偏勝者當之？雜揉偏勝，不恒者也。是故氣質之外無性，氣質即性也。第氣質之本然是性，失其本然者非性，此毫釐之辨，而孟子之言性善，即不可易也。陽明言「無善無惡者心之體」，東林多以此爲議論，先生云：「陽明以之言心，不以之言性也，猶孔子之言無知，無知豈有病乎？」此真得陽明之肯綮也。

（録自黄宗羲撰：《明儒學案》卷二十九《北方王門學案》，頁六四九—六五〇。）

明史·楊東明傳

楊東明，字啓修，虞城人。官給事中。請定國本、出閣豫教、早朝勤政，酌宋應昌、李如松功罪之平。上《河南饑民圖》，薦寺丞鍾化民往振。掌吏科，協孫丕揚主大計。後以劾沈思孝，思孝與相訐，貶三官爲陝西布政司照磨。里居二十六年。光宗立，起太常少卿。天啓中，累遷刑部右侍郎。既歸，遂卒。崇禎初，贈刑部尚書。

（録自張廷玉等撰：《明史》卷二百四十一列傳第一百二十九，頁六二七〇。）

圖書在版編目(CIP)數據

北方王門集/(明)穆孔暉等撰;鄒建鋒等編校.
—上海:上海古籍出版社,2017.10
(陽明後學文獻叢書)
ISBN 978-7-5325-8371-3

Ⅰ.①北… Ⅱ.①穆… ②鄒… Ⅲ.①哲學思想—中國—明代 Ⅳ.①B248

中國版本圖書館CIP數據核字(2017)第041088號

陽明後學文獻叢書
北方王門集
(全二册)
[明]穆孔暉 尤時熙等撰
鄒建鋒 李旭等編校
上海古籍出版社出版發行
(上海瑞金二路272號 郵政編碼200020)
(1)網址:www.guji.com.cn
(2)E-mail:gujil@guji.com.cn
(3)易文網網址:www.ewen.co
常熟市人民印刷有限公司印刷
開本890×1240 1/32 印張38.625 插頁10 字數742,000
2017年10月第1版 2017年10月第1次印刷
印數:1—1,300
ISBN 978-7-5325-8371-3

B·986 定價:166.00元